园林与景观设计资料集

水体与水景设计

主　编　薛　健
副主编　毛培琳

知识产权出版社
www.cnipr.com
中国水利水电出版社
www.waterpub.com.cn

1

内容提要

本套资料集是国内第一套采用铜版纸彩色版印刷的园林与景观专业工具书。

与以往出版的黑白资料集相比，本套资料集除了有同类资料集所具备的图量大、数据全和各种参数丰富的特点外，其论述中的引证、举例和实例多为现场拍摄的彩色照片，因而，相较同类的黑白资料集，本套资料集具有更丰富的直观、形象和实证性。此外，本套资料集特别注重设计理论与实际应用、艺术表现与工程技术的有机结合，是国内第一部内容全面、系统、丰富的大型园林与景观系列工具书。

本套资料集内容的全面性体现在不同的层面：从传统园林到现代景观设计；从园林设计原理、方法到工程技术和做法；从古代到当今设计的演变发展。本套资料集各分册既单独成册，又相互有联系，整套资料集脉络清晰，资料翔实；内容极为丰富、涉及面极为广泛，涵盖了园林与景观设计的所有门类，其中包括：园林与城市空间，景观与绿化设计、水景与水环境设计、园林道路设计与铺装、景观设施与标志、园林景观建筑、雕塑与小品、园林光环境与景观照明以及护岸驳岸与亲水设计等等。为了更紧密地联系实际，本套资料集的编撰者在每一章节后都附有设计施工实例。

本套资料集十分注重专业理论和工程实践的结合，是一部设计人员的案头必备工具书，既适用于园林与景观专业的设计人员、工程技术人员，也面向环境艺术、建筑设计、城市景观规划以及城市水利、水利景观的设计人员，同时还可以用作高等院校园林与景观专业、建筑专业和室内外环境艺术设计专业的教学参考书。

《水体与水景设计》（第1辑）的主要内容有：园林理水的艺术手法；水景设计的基本原则和方法；水体生态和水环境治理；湖泊水形与景观设计；湖泊、水库的工程设计与施工；水溪、河渠的流水形态与景观设计；园林小水面与景观池塘；瀑布、跌水和滚槛的落水设计与做法；喷泉的设计布置与工程做法；景观泳池设计与做法；水生植物的类型、品种和应用等。

责任编辑：张宝林　阳　淼　　E-mail：z_baolin@263.net；yangsanshui@vip.sina.com
文字编辑：莫　莉

图书在版编目（CIP）数据

水体与水景设计／薛健主编．—北京：知识产权出版社：
中国水利水电出版社，2007.4
（园林与景观设计资料集）
ISBN 978-7-80198-626-9

Ⅰ.园...　Ⅱ.薛...　Ⅲ.理水（园林）-景观-园林设计-
资料　Ⅳ.TU986.4-67

中国版本图书馆 CIP 数据核字（2007）第 007084 号

园林与景观设计资料集
水体与水景设计
主编　薛健　　副主编　毛培琳

知识产权出版社　出版　发行（北京市海淀区马甸南村1号；电话：010—82005070
中国水利水电出版社　　　　　北京市西城区三里河路6号；电话：010—68331835 68357319）
北京科水图书销售中心（零售）　电话：(010) 88383994、63202643
全国各地新华书店和相关出版物销售网点经销
北京佳信达艺术印刷有限公司印刷
889mm × 1194mm　16开　20.75印张　874千字
2008年2月第1版　2008年4月第1次印刷
印数：0001—3000册
定价：**138.00**元
ISBN 978—7—80198—626—9
TU · 234

薛　健

薛健环境艺术设计研究所主持人，教授、著名设计师，中国环境艺术设计专业的开拓者及学术带头人之一。兼任中国矿业大学艺术设计学院教授、山东建筑大学艺术设计学院客座教授。

20世纪80年代以来，长期从事建筑和环境艺术理论与实践的研究，充分发挥自己长期身处设计、施工第一线的实践经验，并及时总结、深入分析研究，取得了丰富成果。特别是在设计与应用、材料与构造和作法等方面具有独特建树，创新了多项施工作法。2000年以来，开始关注和探索研究中国与欧美环境设计的比较研究。先后六次出国，考察了21个国家，出版多部介绍欧美、澳洲设计发展状况和最新设计作品的专著。近年来，在设计、施工、科研和教学等方面拥有诸多成果，在解决当前设计教育脱离实际问题以及设计、科研、教学相互关系和有机结合等方面上成效显著。

主要设计作品：北京长城饭店分店室内外设计、北京亚运村宾馆室内设计及园林设计、中国国际贸易中心商场室内设计、南京金谷大厦室内设计、江苏银河乐园环境设计、江苏副食品大楼室内外设计、北京紫竹宾馆室内及园林设计、北京光大购物商场室内设计。此外，还主持或参与设计了雾灵山森林公园园林设计、北京云岫山庄古建装修及庭园设计和多个大型住宅区的环境设计等大型项目。

主要著作：《装饰装修设计全书》、《室内外设计资料集》、《装修设计与施工手册》、《易居精舍》、《景观建筑》、《国外室内外环境设计丛书》、《世界园林、建筑与景观丛书》和《景观与环境设计》等。

毛培琳

北京林业大学园林学院教授、博士生导师。兼任浙江林学院教授和北京大学城市与环境系博士生指导教师。长期从事园林工程方面的教学和科研工作。特别是在自控喷泉的研究开发和GRC假山造景工程研究方面，成绩突出。

教学方面：参加教学、教材编审工作，研究和制作了多种演示教具，在教学中发挥了较好的作用，教学效果好。1993年获北京市优秀教师称号。

科研方面：从事自控喷泉的研究工作，1987年《自控多变花型喷泉》获林业部科技进步三等奖。1997年《GRC假山造景工程研究》获林业部科技进步二等奖。

主要著作：《喷泉设计》、《园林铺地》、《水景设计》、《园林铺地设计》、《装饰装修设计全书》、《室内外设计资料集》等。

前　言

中国经济的发展促进了设计的进步。设计作为新兴行业的兴起得益于20世纪80年代的改革开放。追溯历史，从西方到中国，“设计”的演变可以看出其自身的发展和社会的认知度：美术—工艺美术—商业美术—美术设计—艺术设计—设计。从工艺美术到设计概念的转化在20世纪经历了繁杂并混沌的过程。除建筑设计外，室内设计也经历了从室内装饰—室内设计—环境艺术的演变；20世纪90年代初，现代景观设计的引入，使传统意义上的园林设计陷入尴尬。

实践证明，在没有弄清环境艺术和景观设计的真正内涵和找准在中国的对应学科之前，就仓促引入，以至于引入后又被不恰当地滥用，导致对环境艺术和景观设计的理解出现混乱，并在业内引发无休止的争论。根据著名环境艺术理论家多伯(Richard P. Dober)对环境艺术比较全面、准确的定义，环境艺术“作为一种艺术，它比建筑艺术更巨大，比规划更广泛，比工程更富有感情。这是一种重实效的艺术，早已被传统所瞩目的艺术。环境艺术的实践与人影响其周围环境功能的能力，赋予环境视觉次序的能力，以及提高人类居住环境质量和装饰水平的能力是紧密地联系在一起的。”尽管多伯声言这只是从艺术角度讲的，是“作为艺术的环境艺术定义”，但它的核心应是人与周围、人类生活环境和活动场所相互作用的艺术。由此可见，环境艺术是一种场所艺术、关系艺术、对话艺术和生态艺术。包括城市规划、城市设计、建筑设计、室内设计、城雕、壁画和小品等都属于环境艺术范畴。

遗憾的是，环境艺术首次被国内引入使用竟是在室内设计专业。上世纪80年代末，清华大学美术学院(原中央工艺美术学院)室内设计系为赶时髦，将系名由定义准确、内涵清晰的“室内设计”改成了内容广泛的“环境艺术设计”，而其原有课程设置丝毫没变。一时间，全国众多设计院校步其后尘、纷纷效法。改名称成了时尚，一阵风似的，很少有人冷静思考。加之环境艺术又常常被简称为“环艺”，以致有许多学生毕业了出去找工作，人家总要问：你们学环艺的是干什么的呀?有的甚至问：你们是搞环保的吗?

景观设计的引入与中国传统的风景园林设计直接碰撞和冲突。自从1998年北京大学开设“景观设计”专业以来，景观建筑或景观学这个专业已经在许多学校成立。据说是Landscape Architecture(简称LA)的对口，我们在此且不论其汉译名称是否准确，单就“景观设计”专业引入后所开设的课程看，与中国原有的风景园林专业相同的多、区别的少。而景观所涵盖的设计内容又很难界定，以至于学术界就其名称及与风景园林的关系争论不休，分歧甚大。其实，人们常将景观设计称为现代景观设计，以区别于传统园林。这个由西方引入的新兴学科确实带给我们许多变化：首先是观念上的，相对传统园林来说，现代景观设计更具有宏观的、生态的观念，强调构成、文脉和民众的参与等等；在设计创作方法上，具有清晰的创意—布局—空间—构图的设计路线和区域—边界—路线—节点的思维方式；表现技法多用马克笔、油画棒和CAD的表现方法；表现材料更倾向于金属、玻璃、拉膜、塑料等现代材料和木材、岩石、黏土、乡土植物等原始材料的大量使用，以及反映现代科技的声、光、水、电技术的广泛应用等等；所有这一切又都参杂着现代西方流行过的结构的、解构的、极简的、高技等流派和主义，为景观设计，特别是城市景观设计提供了广泛的创造性。

面对时尚的、现代色彩浓厚的景观设计，曾经创造过世界最高水平的中国传统园林，越来越不适应社会实践发展的需要，显得有些老气横秋。中国的风景园林需要在广泛地汲取世界各地文化精华后，抓住中国经济、文化长时间高速发展的罕有机遇，开创出景观建设的一片新天地。有学者认为是“唯审美”论，主观上限制了中国风景园林学科的发展，因为风景园林设计专注于人居环境中的以审美为主要目的的规划，使园林成为营造风景的艺术，局限在构筑“景色”、“景物”和“风景”之类的追求“艺术”和“美化”表象层面上，而没有致力于改善人居环境。在强调生态、环保和新技术应用的今天，中国的风景园林确实不具有生态性、生物多样性，也无法用环保的科学标准或科技的先进性来衡量。

然而，现代景观设计在处理城市环境时存在明显的不足，景观设计师接到工程后，设计方案通常在设计室里构想和表现，即使去现场往往也是走马观花，偏好新奇的创意、精致的平面构图和漂亮的技法表现。而不是像中国传统造园那样讲求实地踏勘(叫作“相地”),纸上表现只是整个设计过程的最后一步,因而设计者多在现实空间中发挥想象,把心思放在营建的本质内容上,比如何处应高,何处要低,何处可凭,何处可借。宜亭则亭,宜榭则榭,这叫作“立基”。接下来则是在现场进行更深入的观察和构思,例如如何做到步移景异,如何互为因借,如何起承转合,如何组织旷奥变化等。构思细微到将厅堂、掇山、铺地、栽花、种树、题词、作赋等事项贯穿其中,形成一个有机整体。有着“人性”、“生态”标签的现代景观设计,构筑的大量城市绿地、广场并不尽如人意,为了表现“新奇”和“生态”,硬是在城市公园或道路两旁种上芦苇和野草,有时不惜把优美的缓坡改造成大规模的平台和阶梯。设计大广场更离谱,我所在的城市修建的市中心大广场,完全是大连的克隆版,十几公顷的广场上竟见不到一棵能为市民遮雪蔽日的树,据说是为了景观的需要,白天空无一人,成了名副其实的市民“晨练广场”。后来又不得不在广场上补栽树木,但由于最初的方案设计没有考虑树木的布置,因而即使补栽也显得极为勉强。人类之所以要在各领域持续不断地发展,是因为它们仍有需要完善的地方。比较而言,观赏园艺失却了空间,传统园林失却了生态,景观设计失却了生命,环境艺术失却了科学,城市设计失却了文化,国土规划失却了艺术。

于是,有人提出将园林、景观和环境三学科结合起来,这样就能扬各学科之所长,或一主一辅,为主的一方对应于完整的LA学科,为辅的一方对应于LA学科的一个局部。实际上,当专家学者还在喋喋不休地争论时,社会早就根据大众的理解将这些名称组合起来并广泛使用了,“园林景观”、“环境景观”、“园林环境”、“景观环境” 等叫法见诸专业报刊、杂志、书籍和网站。知识产权出版社与薛健环境艺术设计研究所共同策划的这套大型资料集系列,内容涉及园林、景观、环境艺术和公共艺术领域,故将丛书名定为《园林与景观设计资料集》。

组建于20世纪80年代末的薛健环境艺术设计研究所,是中国第一批成立的、真正致力于环境艺术设计与研究的民营研究所,现已成为中国最具影响力的民营设计研究机构之一。20年来,主持设计并施工完成了数十项大型工程,部分被评为优质工程和样板工程。与国内一般的设计院和设计施工公司不同的是,薛健环境艺术设计研究所采取设计、施工、科研与教学相互穿插、有机结合的方式,从自己设计施工第一线的实践中及时总结、系统分析并作深入研究,取得了丰富的成果。《园林与景观设计资料集》丛书的出版是研究所在城市公园、绿地广场、住宅区、城市街区、环境设施和建筑小品等方面的设计和研究总结。

为使该资料集丛书的内容更全面、丰富,而且信息量更大、资料性更强,我们组织了清华大学、北京林业大学、中南林业学院、深圳大学、北京建筑工程学院、山东建筑大学和中国矿业大学等八所院校,以及部分设计院所和设计公司的几十位专家学者,共同倾注心血编写完成。该资料集丛书包括《城市空间与景观设计》、《水体与水景设计》、《园林道路设计与铺装》、《人性化设施与景观标志》、《园林空间与绿化设计》、《景观建筑与景观雕塑》、《光环境与照明》和《护岸与亲水设计》共八本,预计每年出两本。

《水体与水景设计》一书,由薛健环境艺术设计研究所与北京林业大学联合编写,薛健担任主编,毛培琳担任副主编。各章节编写分工如下:第1章,第2章,第3章,第4章,第5章第3节,第6章第2节和第7章由薛健编写;第5章第1、2节,第6章第1、3、4、5、6、7、8节由毛培琳编写;第8章由刘晓明编写。本书彩色图片除署名者外,均由薛健拍摄。

由于资料集丛书工程巨大,涉及面又广,加之时间仓促,肯定会有疏漏和错误,真诚希望广大读者、有关专家和同仁予以指正,以便今后再版时进一步修订。

薛 健

写于2007年初春

目　录

一、基本概念

水体有两种含意：一般是指江河、湖泊、水库和池塘中的容积水域；而在环境设计和环境科学中则把水体当作包括水中的水生植物、悬浮物、底泥及堤岸树木、建筑物和相关设施等的完整环境系统和生态系统来看待。水景更多地强调景观和园林效果，侧重于人工制作的水环境及相关设施、景观等，例如城市公园、绿地和住宅区中的湖塘、水池、水渠、小溪、喷泉及瀑布等。

二、生命与水

水是孕育生命的摇篮，人类具有亲水的天性。人体的65%是由水构成的，而且人体内大多数生化反应都离不开水，因此，可以说水是生命的核心，见图1。当一个人断绝食物时可以生活几个星期，如果没有水他仅可维持几天，夏季甚至更短。长期以来，水对于人类的生存是极为重要的，远古时代的人类，就是择湖畔、河边和山林小溪傍依水而居。中国的黄河和长江、巴比伦的幼发拉底河和底格里斯河、埃及的尼罗河以及印度的恒河成为四大文明古国先民繁衍生息的母亲河，不仅提供饮用、灌溉之水，而且成为农耕社会人们交通与交流的纽带和娱乐的场所。

三、生活与水

人们需要水，就像需要空气、阳光、食物和栖身之地一样。

水是工农业生产之必需，是人们生活之必需，是人类维持生命之必需。因此，最早的城镇建筑依水系而发展，商业贸易依水系而繁荣；今天，水仍是决定一个城市发展的重要因素。

水对于改善环境卫生和医疗保健具有一定的影响——水能减少空气中的尘埃，增加空气的湿度，降低空气的温度。水珠与空气中的分子撞击能产生大量的负氧离子，被誉为“空气保健素”。各种矿泉水具有医疗的特殊作用。而听泉水叮咚、潺潺流水，看湖光水色或大海波涛，都能使人身心畅快，有宁神安眠之功。

对现代社会的人们来说，水不仅仅能够满足他们最基本的生活需求，还成为他们提高生活舒适度、进行娱乐和健身的必不可少的东西。水的流动、溅起的水花和水的声音，都会深深地吸引我们，比如，当我们行进在丛林或山地中，叮咚的溪水、波光粼粼的水塘或是远处瀑布的轰鸣声，都会像磁铁一样让我们改变前进的方向。这就是为什么任何形式的水体都会吸引人们，为什么任何时候的水体都让人着迷的原因，见图2~图4。

四、愉悦之水

人类的祖先很早就知道水的娱乐功能，并开始充分利用。殷商时期甲骨上的象形文字就有“浴”、“澡”和“洗”等的原始记载；“泅水”一词的“泅”字始见于公元前1066~249年的春秋战国时期。《列子》曰：“习于水、勇于泅。”《山海经》曰：“大荒之中有渊，……南旁名曰纵渊，舜之所浴也。”说明舜帝常在旷野水中洗浴。夏开始就有浴器的制造，洗浴也从自然水体中移到了室内。公元前的青铜器“燕乐渔猎攻战图壶”就有如今日的自由泳或侧泳姿势的情景，是迄今发现的人类最早的游泳姿势。人类亲水娱乐的历史是从洗澡发展为“泅水”的，这与古罗马、埃及和巴比伦传说中游泳起源于“沐浴”的说法是相吻合的。

伊特鲁里亚的古墓壁画以及在巴比伦、埃及和欧洲等地的古代遗迹考古发掘，证明浴室在以上古代文明中已有4500年的历史了。会游泳，在古希腊被认为是有身份的象征，同时代的古罗马人也沉迷于游泳和洗浴之中。保留至今的古罗马浴池的数量之多和规模之大足以表明公共浴室作为社交场所在古代文明中的重要地位，帝国时期，浴池男女混用，洗浴与娱乐、社交紧密联系在一起。古罗马的贵族小姐和贵妇人佩戴首饰，一边沐浴，一边款待客人。

水具有特殊的魅力。波光晶莹、色彩缤纷的水能发出悦耳的音响，在水上还能从事项目众多的娱乐活动，如划船、游泳、垂钓、漂游和冲浪等。因此，人类本能地喜爱水、接近水、触摸水。水对老人、青年和孩童同样都有着不可抗拒的魔力，图5描绘出成人和孩子在浅水泳池中尽情欢乐的场景，对水的娱乐性表现得淋漓尽致。

1 雨水、露水、雨雾和喷灌的滋润使植物生机勃勃

2 山溪落水形成诱人动势，吸引孩子们不顾危险，攀岩接近寻找刺激

3 发现叮咚泉水，忘却了登山行程

4 潺潺的流水，引人注目，让人身心畅快

5 现代文明的城市，应更多关注人的娱乐需求，提供休闲和娱乐设施。图为游人在城市广场浅泳池中尽情玩耍、戏水

一、水的特性

水是孕育生命的摇篮，人类具有亲水的天性。水不仅具有晶莹剔透、既柔媚又强韧的自然特质，而且还最富有融合性，能适应任何环境的变化和根据各种形态储器的不同而改变自己的形状。清代汤贻汾在解析水在自然景观的特性时写道："水性至柔，是瀑必劲。水性至动，是潭必定。江海无风也波，溪涧有纹亦静"(《画筌析览》)。

由此可见，水无常态，非定型，变化万千，有着刚柔相济、动静结合的特性。

二、水的可塑性

水是无色、无味的液体，水本身无固定的形状，水的形状由容器的形状所造就。丰富多彩的水态，取决于容器的大小、形状、色彩和质地。从这个意义上讲园林理水设计实际上是设计一个"容器"。

三、水的状态

由于水受到地球引力的作用，或相对静止，或运动。因此水可以分为静水和动水两类。

1. 静水　静水是指园林中成片状汇集的水面。它常以湖、塘、池等形式出现。静水是无色而透明的。安详、朴实是静水的主要特点，它能反映出周围物象的倒影，这又赋予静水以特殊的景观，给人以丰富的想象。

静水宁静、安详，它能忠实地、形象地反映周围的景物，给人以轻松、温和的享受，见图1。

1 凡尔赛御苑小园林区的镜池，设计者巧妙利用地形地势，加上水池的位置及池岸坡度的因素，即使有风徐来，一泓绿水仍平静如镜

2. 动水　水因其不断变化而表现出无穷的迷人魅力，我们经常能看到发生在身边的动水景象。山雨欲来之际，水气不断凝集成云，美丽的积云预示着一场暴雨的来临。有时候雷雨突如其来，有时候狂风卷动着乌云铺天盖地向我们倾来。噼噼啪啪，展现出"大珠小珠落玉盘"的景象，见图2。

2 这幅图片展示了暴雨中步履匆匆的过桥人，图中无数雨珠形成的短斜线形成了整个空间的动态水景。加上小桥流水和红色雨伞，使景象更富有诗意

此外，动态水景明快、活泼、多姿和富有激情，声形兼备，多以声为主，形态也十分丰富，因而，动水又被称为激情之水，见图3～图6。

景观动水中，潺潺流水，逗人喜爱；波光晶莹、色彩缤纷，令人欢快；喷射变化的水花令人兴奋、激动；瀑布轰鸣，使人冲动激昂。因此，从这个意义上讲，水的设计是情绪和趣味的设计。

3 陡落之水，水花飞溅，具有冲动激昂之势

4 急流中的叠水和落瀑，具有激情澎湃之势

5 山谷中的激水溪流咆哮而下，一路欢歌

6 到湖海浪涛中戏水，弄潮儿激情澎湃，勇于挑战

一、水与自然生态系统

水是生态系统的命脉,地球上动物、植物和微生物生存活动的圈层称为生物圈。据测算,生物圈中生物水的总量约为 1120km³。在生物圈中,自然生态系统是在一定的空间内由生物—化学—物理学活动所组成的,是物质—能量—信息相互依存和作用的一个整体系统。在地球上,生态系统可分为生命系统和环境系统,进一步又可分为生产者、消费者、分解者和环境要素四个基本成分,而人是其中的高级消费者,见图1。

在自然生态系统中,太阳能是地球表面自然生态系统的原动力,土壤是自然生态系统的载体,亦是其生存和进化的场所,而水则是自然生态系统的介质和其赖以生存的"血液"。太阳辐射为地球提供了一种连续流能量,太阳能不仅提供了生态系统光合过程的能量,而且驱动了水在生态系统的转化。流动的水被太阳能蒸发,通过气候输送和凝结,水汽转化液体状态的水,形成降雨并进入陆地生态系统。因此,水体在太阳能和地球引力的驱动作用下,不断循环转化和迁移。所谓的卡诺(Carnot)循环,就是指水在液态流动和渗透、气态蒸发漂移和固态冰雪融化等典型的热力学上的循环过程,见图2。

自然生态系统通过光合作用,将太阳能转化为生物化学能量形式,是更高级生命形式生存和进化的基础,因此,光合作用被公认为是地球上最重要的生产过程。在自然生态系统中,各种能量转换过程(包括光合作用)是受热力学定律支配的。这就说明太阳辐射能量的转化效率是有限的。除仅有的0.12%(3.1×10^{21}J;0.03%在陆地,0.07%在海洋)被用来支持地球上的生命,其他部分都被高空大气层和地球表面反射出去了。就是这一小部分却是人类年能量消耗量的10倍,而实际上,生产者也只利用了辐射到地球表面太阳能中的极小部分,并靠其维持着整个地球上的生态系统。各种物种的光合效率是不同的,但却基本上处在同一个数量级。而动物从食物中能量同化效率在70%~100%之间,见表1。

不同类型的生物对于同化能量的分配与利用是各异的。例如,植物将同化吸收能量的40%用于呼吸,60%用于生长;肉食动物相反,将65%的能量用于呼吸,仅用35%的能量用于自身生长。人类是地球上自然生态系统中最高级的动物,能够利用自然生态中各个组成部分,但归根结底,其能量还是来自太阳。

二、水与自然生态系统的进化

生态系统是"活"的系统,为了自身的生存,也倾向于保留足够的"水"。但是,生态系统涵养截流水的能力与生态系统本身生长的成熟度密切相关。其生长和发展的形态受热力学理论的支配,其发展成熟时表现为多样化和复杂的结构,可以提高能量吸收利用的效率,并以一种系统地增加耗散进来的太阳能的能力的方式在发展,通过应用热红外多谱仪技术来评价陆地生态系统的能量流或能量耗散水平。不同类型生态系统的热红外分析见表2。

为了便于理解,从宏观层面上可以将自然生态系统抽象为覆盖在地球陆地表面的一层"活"的生态膜。其功能主要是吸收转化太阳能,各种组分在其中生生死死、循环往复,将太阳能转化耗散为各种形式的能量。不同类型的生态膜对太阳能吸收程度的比较见表3。成熟的自然生态系统能够有效涵养净化水源和保护土壤。研究表明,树冠可以截留15%~30%的降雨,但截留的多少取决于树种、郁闭度、覆盖层和降雨量等多种因素。比较成熟的树林,有5%~10%的水分从林内蒸发,50%~80%被林下枯枝落叶层吸收和渗入土壤,只有10%以下的降雨形成溪流。因此,地面森林生态系统能够减少地表降雨径流,阻止对土壤的冲刷,避免形成洪水。

目前,我国森林覆盖率远远低于世界平均水平,而且结构不合理,这就意味着我国自然和景观水体及土壤处于脆弱的环境中,极易受到破坏。深入理解和掌握水与自然生态系统的关系、具体方式和作用及其定量关系具有重要的意义。

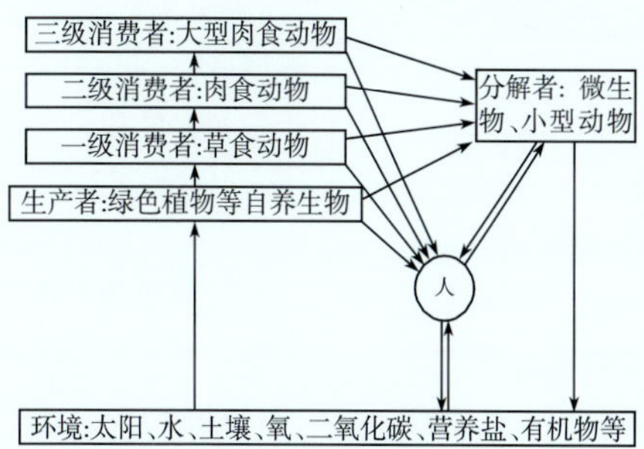

1 地球自然生态系统示意图

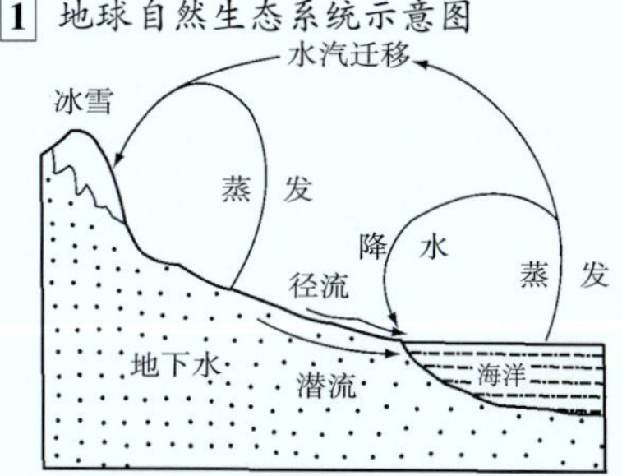

2 水汽循环示意图

水汽循环过程为各种化学反应的发生和生命的进化提供了条件。水是优良的溶剂,而且具有极性,能够发生离解,这种离解水像弱酸,氢离子浓度为 10^{-7}mol/L(20℃)。这种特性能够使得各种各样的晶格离子离解为带电离子。水离解后形成的氧气被释放到环境中,相反进行的生物过程称为生物呼吸。生物呼吸释放能量,水重新被形成。

各种有机体的能量同化效率　　表1

有机体	能量同化效率	有机体	能量同化效率
鱼	食物的85%	人	食物的75%
蛇	食物的89%		

不同类型生态系统的热红外分析　　表2

项目名称	采石场	采伐现场	人工植被	天然森林	400年古老森林
太阳辐射能量 K	718	799	854	895	1005
净长波反射能 L	273	281	124	124	95
净转化能量 R	445	517	730	771	830
表面温度 T(℃)	50.7	51.8	29.9	29.4	24.7
能量吸收百分比 R/K(%)	62	65	85	86	90

不同类型的生态膜对太阳能吸收程度的比较　　表3

地　区	表面能量吸收[W/(m²·d)]	长波能量(%)	可探测热流通量比例(%)	蒸发(%)
巴西亚马逊流域	184.7	17	15	70
美国中东部	220.2	18	19	61
亚洲混合林地	223.4	24	26	50
撒哈拉沙漠	202	41	56	2

注　表中所列参数,是日本佐腾在夏季测算了地球上4个地区生态系统约50d内平均表面能量流所得:①亚马逊流域均匀覆盖的雨林;②美国中东部地区(庄稼地、草地和一些混合林);③亚洲混合的热带雨林森林、庄稼地和沙漠;④撒哈拉沙漠。实验数据来自卫星地球辐射实验和地球气候模型。

三、水与人类生态系统

1. 工业、城市化与水环境污染 地球上的人类进化速度，远远快于自然生态系统的进化，今天，我们人类已经从原始社会进化到高度发达的信息社会。在以体力劳动为主的原始社会中，人的体力还是来自食物消化产生的能量或是借助被驯化的动物的体力，因而，其对自然生态系统所产生的影响还是极为有限的。

然而，在人类发现了化石能量和发明了机器进入工业化社会后，人类的活动开始对地球自然生态产生根本性的影响。人类合成了自然界原本没有的各种有机物质和材料，并利用现代工业技术对传统的农业和牧业进行了彻底的改造，发展出了独立于自然生态的现代农业和牧业。被改造了的地球自然生态系统开始影响人类社会的发展和生存。人类大规模的开发活动正在不可逆转地破坏地球环境和自然生态内在运转规律，进而影响人类自身的生存条件。现代社会作用下的自然生态系统见图3。

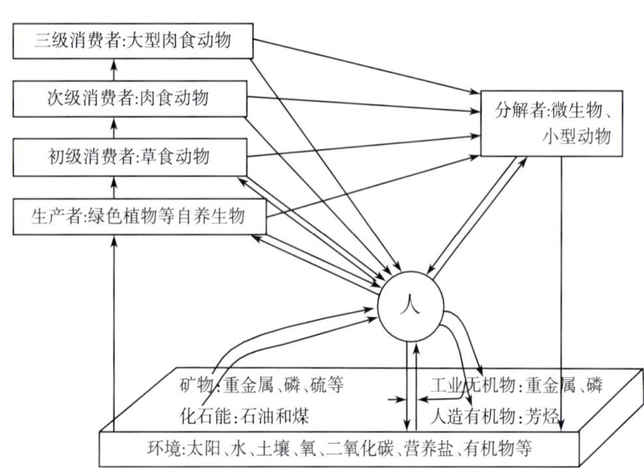

3 现代社会作用下的自然生态系统

现代工业化社会对水环境的影响是惊人的，有污染物在固定地点连续排放的“点源”；有分散的非定点连续排放污染的所谓“城市面源”；还有工业区和城市密集闹市区产生大量大气污染物随雨水进入陆地水体的所谓“大气沉降”。特别是发达的现代都市，建筑和道路密集使得不透水面积的比例高达80%以上，且降水无法渗入地面，冲刷城市地表和建筑物后成为污水，除少量蒸发被截流外，大部分通过地下水管道系统排入自然水环境，加重了水体的污染，见图4。

为了减少污染，应提倡清洁生产和绿色消费。尽管发达国家广泛开展了环境保护活动，并不断地提高物质的循环使用比例，其生产和消费规模仍在不断扩大。而发展中国家，由于发展过程的不成熟性，对于各种物质和能量的利用率比发达国家低，因此往往产生更严重的污染。

4 以往清澈迷人的北京万泉河，在20世纪80年代以后逐渐被污染，水质混浊，污物漂浮

2. 农牧业与水环境污染 现代化的来临使农牧业的效率得到大幅度的提高，但现代化的农业和牧业也对自然水环境产生了深远的影响。其影响甚至超过现代工业对自然和景观水环境的影响。工业过程和产品可以被限在一定的范围内，其产生的污染物也较容易收集和集中处置，而农牧业活动量大面广，并且直接影响整个自然生态系统。比如长江发源地及流域区的农牧业活动，影响到整个长江及支流和湖泊的水环境。

农牧业污染是一个分散的环境污染物排放过程，不能采用常规的处理方法，属于非点源污染或者面源污染。污染包括农业施肥、农药、大气沉降和养殖动物排泄等。面源污染分为溶解态和吸附态两种形式。在不同类型的土壤和农业区域，两种形态的比例相差很大，见表4。

农、林、牧三种不同类型生态膜的对比分析显示，果农从果林中收获水果而并不破坏果林即生态膜；牧民从草地放牧中收获牛羊，但过度放牧将破坏草地生态膜，导致水土流失；而农民每次收获粮食都伴随着对秸秆的清除和对土地的翻耕。而翻耕时的氮磷流失率可能是草地的10倍甚至数百倍，加上农田化肥过量施用导致超过50%的化肥流失，因而，农业正成为影响我国生态环境的主要污染源，是造成湖泊等水环境富营养化的根本原因。据监测和统计，我国农业污染对水体的影响已经超过工业和城市系统，成为我国和地球上最大的污染源。

5 由湄南河放射出的条条水渠小河，密如蛛网，编织出“东方水都”曼谷纵横交错的田园水系，也孕育出独具风情的水乡。在工业、城市系统特别是郊区农业污染的多重戕害下，美丽的小桥流水变成了黑水沟

地表径流中溶解态和吸附态的氮和磷比例 表4

项　目	氮的总量		磷的总量	
形　态	溶解态(%)	吸附态(%)	溶解态(%)	吸附态(%)
闲地	2.3	97.7	0.6	99.4
玉米(连续耕种)	3.1	96.9	2.2	97.8
玉米(轮种)	3.3	96.7	2.7	97.3
燕麦(轮种)	11.0	89.0	4.6	95.4
牧草(轮种)	97.8	2.2	97.1	2.9

四、水体生态与水环境

水体作为地球生态水圈的重要组成部分，是以相对稳定的陆地为边界的天然水域，包括海洋水体和陆地水体。海洋水体由海和洋组成，陆地水体则包括河流、湖泊、堰塘、水库、泉和溪等地表水体，以及地下水体。水体生态系统就是把水体看作完整的生态系统，具有水的栖息地，当然还包括水中的悬浮物质、溶解物质、底泥和水生生物等。

与海洋和陆地生态系统相比，淡水生态系统虽然只占地球表面很小的部分，但却对人类具有重要的作用和影响。它是生活和工农业生产用水的主要来源。另一方面，在水文循环中，淡水系统起着重要作用。通过水体的自然净化作用，淡水生态系统对人类生存环境起到废毒物处理系统的作用，同时，园林景观所指的水景主要是淡水水体，因而，它的生态状况如何将直接影响和决定水景的命运。

1. 水环境 本节所讲的水环境主要指淡水环境，根据淡水栖息或生境状态不同，又分为静水生态系统和流水生态系统。静水生态系统包括湖泊、水库、沼泽和池塘，动水生态系统主要包括江河、溪流和井泉等。这些不同的淡水系统在地表往往彼此为邻，如池塘与泉水，江河与湖泊，溪流和水库等，或者相互联系，或者相互作用。

溪流和江河随其长度和大小不同，而具有很大差异，并且在不同区段有着不同的特征。一般来说，愈接近河流入海口，其结果是水流速度降低，溶解氧减少；河流经过其流域时水量因积累而增加，河溪能量变小，悬浮物质沉积，河床由细小的颗粒和淤泥构成；河床因大量的河水侵蚀出更宽的河道，并变得十分平缓；人类活动的影响增加，使许多河流经过农田、城市地区和工业区，从而汇集了来自这些区域的径流水、处理过的污水和其他水流，导致河流有机物含量增加，使河流出现富营养化。天津海河和流经苏北的故黄河就是如此。

湖泊和池塘中无水流或水流极小，从而造成水体按温度和化学组成不同层次，即垂直成层性。表层有光照的、温暖的湖水，不如下层无光照的、温度较低的湖水密度大，而密度的差异阻止了上下层的混合。一般来说，往下深度每增加 1m，湖水温度约下降 1℃。很深的湖泊只在浅表受到干扰，深层几乎是恒定不变的。在较浅的湖泊中，夏季表层水温变暖时其上下层次静止不变。秋季来临，表层湖水开始变凉，然后下沉，取代下层较温暖的湖水，养分得到补充，氧随上下湖水的循环混合进水中。在冬季，由于温度低于 4℃，表层湖水密度小于下层，湖水只在表层飘动。到了春季，随着表层水温升高，上下湖水再一次交换，此时，整个水体养分和溶解氧充足。随着季节的交换和推移，湖水的成层性在不断加强。

2. 淡水生物群落 根据生活方式或生活习性，淡水生物群落可分为底栖、附生、浮游、自游和漂浮等 5 类生物。底栖生物生活在水体的底部或在水底沉积物中，如蛤、蚌和蜗牛；附生生物附着在其他生物体上；浮游生物是水流中漂浮的生物，不能逆流运动，如一些藻类；自游生物能在水中随意游动，如鱼类、两栖类和昆虫等，见图6；而漂浮生物只能在水体表面栖息或游动。

淡水生境中，藻类是最主要的生产者，其次是水生种子植物。

6 淡水中的鱼类

淡水生态系统的消费者主要有软体动物、水生昆虫、甲壳动物和鱼类。其他次要生物的生物量较小，如环节动物、轮虫类、原生动物和蠕虫等。还原者是腐生生物的细菌和真菌，在未污染的水体中其数量较少。

(1)静水生态系统 静水生态系统由沿岸向中心，通常有 3 个明显的带：光线能透到底部的浅水区为沿岸带；达到有效光线透射深度的开阔水面为湖沼带；有效光透射深度之下的底层深水区为深水带。透光带是指整个有光照的水层，包括沿岸带和湖沼带。沿岸带的生产者为有根的植物或底栖生物，浮游或飘浮生物主要是硅藻、绿藻或蓝藻。

由浅水区到深水区有代表性的植物带排列为：挺水植物带（如芦苇、香蒲、慈姑和黑三棱）、浮叶植物带（如睡莲和菱）、沉水植物带（如眼子菜、苦草和狐尾草等），见图7，消费者为浮游动物、虾、鱼类、蛙、蛇和水鸟等。湖沼带的浮游生产者还有甲藻类、

7 沿湖岸生长的挺水植物香蒲、慈姑和浮叶植物睡莲

裸藻和团藻等，浮游动物种类少，但数量多，以桡足类、枝角类和轮虫类为主，自游生物几乎全部由鱼类组成。深水带没有光线，生产者不能生存，其他生物以底栖动物和嫌气性细菌为主，依靠各种下沉的有机碎屑为食。

（2）流水生态系统 流水生态系统分为急流生物群落和缓流生物群落。一般来说，江河上游落差较大，且水的流速大于50cm/s，为急流；而江河中下游水面宽阔，流速低于50cm/s，为缓流。流水生态系统及景观见图8～图10。急流生物群落的生产者多为附着于石砾上的藻类等，如毛藻、有壳硅藻，以及水生苔藓。初级消费者为昆虫，能用其钩和吸盘紧附在光滑的石面上，有蚋和网蚊的幼虫及纹石蛾等；次等消费者为鱼类，身体较小，具流线形。

缓流生物群落的生产者除藻类外，还有高等植物；消费者为穴居昆虫幼虫和鱼类，可能与一些池塘中出现的生物相同，如豉甲科昆虫和蓝鳃鱼。通常把急流生物群落看作典型的河流生物。

（3）淡水生态系统的环境问题 无论是静水生态系统还是流水生态系统，只要不受人类生产和生活带来的污染影响，就能够保持自身生态的循环和生态位的多样性。而这种生态健康的循环和生态位的多样性，不仅局限在以陆地为边界的天然水域，而且体现在沿水岸草丛、岩石和树林的生态区域。也就是说水体生态环境好，与之相邻的陆地生态也会良性循环和呈现多样性，陆地动物更会喜欢栖息和活动在水边，见图11。

由于重发展、轻环保，许多河流下游平原地区水体，因为农业和城市发展带来的污染，生物多样性趋于下降。很多河道被人为截弯取直或开挖人工河后，水体环境发生根本改变，河岸植被生长潜力变小，水体生物的生态位的多样性巨减。湖泊普遍遭受工业污染，一些浅的人工湖受到含磷污水的污染，水体出现富营养化，藻类生长加快，使清澈透明的水体变为污浊的浑水，大型水生植物窒息而死。例如，近年被污染的云南滇池和济南大明湖就是天然湖泊和人工湖被污染的典型例子。

9 水流湍急的武夷山九曲河水流景观局部

10 武夷山清玉溪的流水生态系统及溪流景观

8 武夷山九曲河的流水生态系统及河流景观

11 栖息在布里斯班河边的蜥蜴

一、按水体状态和功能分类

水景设计类型及分类（一） 表1

分类名称		类　型	举　例、说　明
静态水景	大型水面	天然湖泊	太湖、鄱阳湖、洞庭湖、莱蒙湖、英国尼斯湖等
		人工湖	杭州西湖、上海滴水湖、堪培拉格里芬湖、埃及纳赛尔湖
		水　　库	北京密云水库、官厅水库、新安江水库、台湾石门水库
	中小型园林水面	公园主体水景	颐和园昆明湖、北海太液池、扬州瘦西湖、南京的玄武湖和莫愁湖
		小水面	小型园林及私家花园水面，如苏州网师园中央水池、退思园、留园、怡园水面，南京瞻园水面等
		水　　庭	以水池为中心，并以水充满整个庭院，如北海画舫斋、静宜园的见心斋及颐和园的谐趣园
	景观泳池（嬉水池）	人造沙滩式	模拟自然沙滩的园林式，可供游泳和儿童戏水，如布里斯班南岸公园沙滩泳池
		规则水池式	多为方形、长方式和圆形水池，酒店和度假村户外园林式泳池多属于此类
动态水景	流水	大型河川	自然与人工的大江大河，如长江、黄河和京杭大运河等
		中小型河渠	自然与人工景观河渠，如黄河故道、北京护城河
		溪　　流	自然山林中的溪水，公园和绿地中的人造水溪等
	落水	瀑布、水帘	天然与人工瀑布，如贵州的黄果树瀑布、广州白天鹅宾馆的“故乡水”瀑布
		跌水（叠水）	指天然与人造的成台阶状、突然下落的水景
		滚　　槛	指水流越过下面阻碍的横石翻滚而下的水景
	喷水	单　　喷	由下而上单孔直喷，犹如游鱼吐水的喷泉
		组合喷水	由多个单喷组成一定的图形
		复合喷水	采用多层次、多方位和多种水态组成的综合体复合喷泉

二、按水形及风格分类

水景设计类型及分类（二） 表2

分类名称	特点及类型	举例、说明
规则式	讲究对称均齐的严整性，外形轮廓均为几何形，多采用整齐式驳岸，水景类型以整形水池、壁泉、整形瀑布及运河为主，见图1、图2	有方形、长方形和圆形及其他几何形，如中国的北海静心斋（方形）、南京煦园水面（长形）等，法国凡尔赛宫大水渠（十字形）、卢浮宫喷泉水池（三角形）
自然式	与规则式相反，自由灵活不拘一格。其轮廓为自然的曲线，岸为各种自然曲线的倾斜坡度，水景类型以湖泊、池塘、河流、溪涧和自然式瀑布为主，见图3	如苏州网师园的若方形水面、颐和园的谐趣园的若三角形水面、承德避暑山庄的自然式水面、纽约中央公园的主体水面及一些英国的风景式园林水面
混合式	集规则式与自然式相结合的园林水面与水景，见图4	混合式静态水体，以颐和园的扬仁风内水池称著

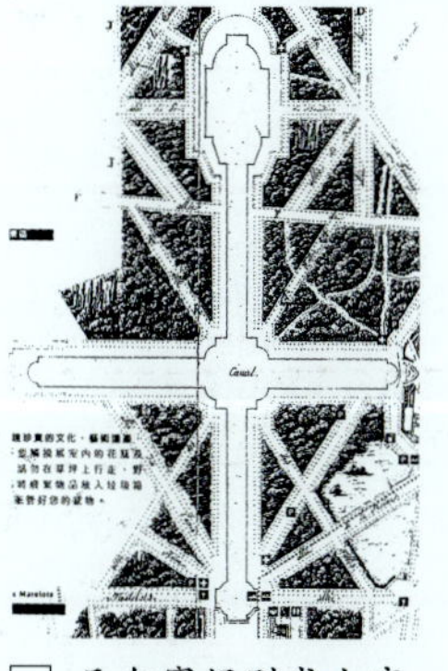

1 凡尔赛规则式十字大水渠

2 在十字大水渠东端看水体的环境效果

3 澳大利亚昆士兰州拉明顿国家公园的自然风景湖泊

4 上海徐家汇公园的混合式景观池塘

一、科学依据

园林设计和造园绿化虽是艺术创作活动，但最终是要创造出富有意境、景色怡人的景观环境。它又是一项涉及多学科的工程项目，特别是园林理水设计和施工，所进行的是一定水面湖泊水体的开挖、疏浚河渠，设计者必须对项目所在地的地质、水文、地貌和土壤状况等进行全面了解，如果项目地在北方，还应了解冰冻线深度，对缺失或资料不详实的，应进行补充勘察。如果园林水体引自天然水域、水库，或是与防汛调洪的水利水网相连，应符合水利的规范要求和防洪排汛的需要。

由于蓄水引水牵扯到水安全和工程可靠性问题，必须在充分掌握可靠的科学依据后，方能实施，也为地形改造和水体设计提供物质基础，从而避免发生水体漏水、土方和驳岸塌陷等工程事故。此外，与水体有关的以及水景建筑、水景设施和堤岸护栏等工程设施，更有严格的规范要求。总之，园林理水设计关系到科学技术方面诸多问题，是典型的交叉学科，交叉的领域有水利、土方工程、建筑科学、植物学，以及动物学和生物科学等。

二、功能合理、社会需要

园林水景设计要符合大多数社会成员的审美要求、游戏规律和功能要求等。由于园林设计艺术属于上层建筑范畴，它不仅反映社会的意识形态，而且也是一个社会精神与物质文明程度的集中体现。因此，设计者应体察社会广大成员的心态，了解他们对园林水体及开展水上活动的要求，才能创造出适应不同社会阶层、不同年龄层次和不同爱好群体的需要的水环境，为广大民众提供一个富有创意、环境怡人、景色优美和舒适方便的水景空间环境。

园林水环境设计，还要满足人们的游览和休息要求，特别是在现代社会中，人们的工作、学习节奏加快，工作学习压力增大，一个山青水秀、鸟语花香的环境，能令人们心情舒畅并缓解压力。此外，除了创造一个富有诗情画意、令人流连忘返的环境外，水体水景设计更要考虑青少年的娱乐和中老年的健身活动功能；有条件的还应考虑不同的水域功能分区，例如，儿童活动区应尽量独立，加强安全设施和防护，提供便捷畅通的交通等，见图1。

三、经济适用原则

水体和水景具有吸引人的特性，特别是动态水景，如喷泉、瀑布、叠水和溪流等，不仅对市民和游人具有很强的诱惑，还有着极好的展示作用。因而，水景成为城市决策者和房地产开发商展示政绩和赚取巨额售楼利润的金字招牌。许多城市往往不从实际需要出发，盲目疏浚天然河道，为追求单纯景观美化，强行将河道截弯取直；在"广场风"的带动下，几乎所有的城市都争建音乐喷泉，且一个比一个先进豪华。但遗憾的是，三天热度一过，由于维护、运营费用昂贵，致使占地庞大的水景喷泉长年停摆，甚至废弃。苏北一中心城市在市中心的广场建一现代化的声控音乐喷泉，只在上级来检查或节假日每天开放几小时，平时废弃不用，巨大的投资几乎成为一种摆设。

急功近利的开发商为吸引购房而投巨资修建住宅水景，在住宅区投入使用前，水景投资和耗费都由开发商承担，与售房回款相比，前期的水景运行费用可谓九牛一毛，但移交使用后，物业公司和广大业主都不堪负担每月十几万甚至几十万元的消耗和维护费用。于是就出现了水景入住前是活水，入住后变成死水的现象——喷泉周末开放，平常关闭；到冬天把水抽干以保护管线。许多建有溪流的住宅区，由于水循环投入大，水泵长期不开，水溪变成了尘土沟。近年来，一些城市公园也紧跟"城市化妆运动"大潮，不切实际地投巨资建造大型音乐喷泉，又无力长期运行和维护，不仅造成很大浪费，还占用了宝贵的土地，更严重的是，这种心血来潮的短期行为造成了整个园林环境的极不协调，使公园的整体设计效果受到破坏，见图2。

1 著名的布里斯班南岸公园，建有庞大的实用与景观相结合的理水系统，沙滩式泳湖、浅水滩与溪流、瀑布和喷泉连为一体，而专为儿童娱乐的浅水区相对独立，两岸又与主园路相通，既方便又安全

2 上海某公园中心园区的大型理水设计，大型喷泉干涸废弃，管泵锈蚀

四、可持续原则

水景设计应遵循反对浮躁、浮夸之风，本着节约、实用和量力而行的原则。其实，"经济适用"不光是要求设计者"因地制宜"，讲求科学性和功能性，更表达了一种设计理念——仅靠赶时髦、出花样弄出来的作品是没有生命力的，只能是昙花一现。因此，中国的城市决策者和设计者要转变心态，回归寻常，追求朴素和诗意的境界，才能创造出永恒的、长久性的园林作品。苏州园林之所以让人激动、散发出永恒的韵味和魅力，是由于当时的人们有一颗平静的心，并投入长期的精力去用心做好一件作品，而不是像现在这样几天就造出个广场，一夜之间就冒出个喷泉。当前，政府提出的"科学发展观"，联合国提出的"可持续发展"概念，得到了广泛的认同。务实、协调和可持续的理念，是中国设计界未来的发展方向。

一、水景设计程序及方法

水景设计程序及方法 **表1**

项次		分项名称	内容及要求
设计准备阶段	摸底、了解环境及条件	业主的要求	业主对设计要求及标准和投资额
		园林总规划与水景的关系	了解园林总体设计及城市绿地总体规划与水体的关系
		水景周围的环境及特点	周围有无文物、人文资源
		水景周围景观状况	水体附近的建筑、设施及环境色彩
		水景的供电、给水、排水	可用电、水的供给情况及排水出路
		水景用地的水文、地质、地形和气象资料	了解该区域的地下水、降雨量、气温、风向风力、冰冻线深度及地质资料
		周围植物绿化情况	了解原有植物、生态、群落及乔木年龄
		施工主要材料来源	如各种石料、砂、其他建材及苗木
	搜集图纸资料	地形图、规划图	从地形图和园林规划图了解水体设计范围、地形、标高及现状物
		局部放大图	主要用于水体局部详细设计，要满足水景及周围景观的详细布局
		现有植物分布图	用于标明要保留植物的品种、位置、生长状况及观赏价值
		地下管线图	图中应包括要保留的给水、排水、雨水、污水、暖气、电缆等位置及井位
	现场勘测	核对、补充收集的图纸资料	对各种图纸资料进行现场核对，发现错误及时纠正，特别是水文、地质、地形及建筑、树木情况
		现场观察，增加感性资料，决定取舍	感受现场，增加构思灵感，确定可利用、可借景的景物，形成初步构思，如果现场环境复杂，则可多次勘察
	编制设计任务书	将搜集的资料分析、整理，制定出总体设计原则，编制出设计要求和说明	(1)水体与绿地系统的关系。 (2)水体所处环境特征及周围情况。 (3)水体水形、面积和水容量。 (4)水体水景的艺术手法和风格。 (5)建设实施的程序和投资框算
总体设计方案阶段	主要设计图纸内容	位置图	示意该水体、水系在园林中或城市中的位置，应简单明了
		现状图	依据搜集资料，经整理归纳后，对现状进行综合评述，并分析设计中的有利因素和不利因素
		总体设计方案图	内容包括：水体、水系与周围环境的关系，如相邻区域、道路名称、尺度、水景主要通行道路系统、水景周围建筑物情况、沿岸植物设计图等
		地形设计图	整个理水系统的地形结构，有掇山的自然山水园，要表达出山体与水系的内在联系。除了要表现山地形体、制高点、起伏和走向等，还要表示出湖池、潭、港、湾、涧、溪、滩、沟、渚、堤和岛等水体形状。还应标明湖面的最高水位线、常水位和最低水位线，以及入水口和排水口位置等
		种植设计图	根据总体设计图的布局及苗木情况，确定整个水景的植物构思，包括沿岸乔灌木、水生植物。同时确定全水系的基调树种等
		管线总体设计图	标明全园给水引进方式、排放方式、水的总用量、管网分布、管径大小
		电器设计图	供电、配电方式、电缆的敷设，各水体区、各点的照明方式。大型音乐喷泉要与管网和泵结合标出
		建筑、小品布置图	要在平面上反映出整个水景区的建筑、小品、设施等在全区的布局，如亭、台、楼、阁、榭、桥、塔等
	鸟瞰图	一点透视鸟瞰	绘图形式有钢笔画、钢笔淡彩、水彩、水粉和中国画等。无论采用哪种绘图形式，都要求鸟瞰图在尺度和比例上尽可能做到准确反映
		二点透视鸟瞰	
		多点透视鸟瞰	
		轴测图	
	总体设计说明书	是一份全面介绍设计者的构思、设计要点等内容的文字说明	(1)位置、现状、面积。 (2)工程性质、设计依据。 (3)水体功能与水系分区。 (4)主要设计内容。 (5)水管网、电器线网规划说明。 (6)维护与管理
	工程总框算	即工程总概算	在规划方案阶段，可按面积框算或按项目、工程量分项估算再汇总
局部详细设计阶段	平面图	即详细设计平面图	一般比例尺为1∶500，等高线距离为0.5m，要求标明建筑平面、标高，道路的宽度，水体面积大小和标高，驳岸的形式、宽度、标高及雕塑小品造型
	剖面图	即横纵剖面图	一般比例尺为1:200~1:500，剖切在局部重要和地形变化部分
	种植图	即局部种植设计图	一般比例尺为1:500，表现乔木用1:300或1:200反映水生植物、灌木丛
	施工设计	施工设计图纸及要求	(1)符合《建筑制图标准》的规定。 (2)标明基点、基线位置，为施工放线依据。 (3)要注明图头、图例、比例尺和标题栏。 (4)施工放线总图要标明准确的位置。 (5)地形图应确定制高点、山峰、缓坡等。 (6)水系的形状、大小、深浅及工程设计要求。 (7)管线及电讯的详细布置

二、水景设计目标及评价方式

水景设计目标及评价方式 **表2**

项次	分项名称	内容及要求
综合评价	在综合分析后确定水景设计目标，所有其他设计都围绕这个目标进行	一个设计有了明确而准确的设计目标就等于有了灵魂。那就是以水体为中心确定目标，如水体的利用率，包括节假日高频率利用和平时低频率利用、早晚和白天的差异等情况。要区分公园中的水体和城市中水体的存在价值的不同
分项评价	实用性	水体水景的实用性要强，不仅应具有一般意义上的景观效果、观赏效果和娱乐作用，还应成为社会基础设施的一部分，如作为防洪设施和水工设施、城市基础设施等
	亲水性	即整个水系使人接近水滨的方便程度，包括成人、儿童接近水边的可能性和安全性，沿水滨道路及通行条件等
	水面空间的有效利用	沿水滨的静水，或绵延连续的河流，都应当根据水体、水形和城市的、自然的沿岸状况充分利用水面空间，做出长期的、有价值的、持久的和有意境的设计方案
	环境保护	包括水体生态系统的保护措施，自然山水公园中的水体成为自然景观风貌所具备的条件，城市中水体水景水质保护的方法，以及确保水量的方法等

一、水性生情

水，本身是大自然的一种物质和物体，本身没有生命和情感，但由于水的形态富于变化，中国哲学家将水拟人化，说它具有德、仁、智、义、勇、善、平……的特性；水又是文人笔下富有生机和感情色彩的托物，亦有柔情似水之说；无数的诗歌、绘画、小说、雕塑和电影等都以水为主题。由于他们的渲染，为水增添了浪漫的色彩。虽然也有山洪和水灾，但人们依然对水充满了眷恋之情。

水是纯洁、智慧、永恒、崇高和神圣的象征。在西班牙，十字形水渠，是"古兰经"中所描述的天堂的梦境，是穆斯林与主对话的地方，对西方园林理水有一定的影响。

水者，地之血气，如筋脉之流通也。"仁者乐山，智者乐水"，寄情山水的审美理想和艺术哲理，深深地影响着中国园林。秀丽的山川湖泊、浓郁的乡土风情，创造了诗情画意般的中国园林，而理水又成为构成景观的基本因素之一，是中国园林的重要组成部分。"风乍起，吹皱一池清水。"园林只要有了水，一切都活起来了。从这个意义上讲，可以说水是中国园林的灵魂。

在设计或营建园林水景时，要充分理解水的特性、发挥水性生情的优势。例如，香山饭店12个小庭园之一的"金鳞戏波"小水池，池壁陡峻，池中有数块"影石"，与岸边环境相呼应，水池的循环系统，使其在隆冬季节仍然有潺潺流水，池内锦鲤嬉水，逆流而上，金鳞戏波，别有一番情调，见图1。此外，还可利用天象、气候、光照……等来创造水景情调，如利用光的折射形成彩虹，利用雨声创造"夜雨芭蕉"，利用水流特性发出悦耳的"琴声"，或利用水的柔性及可塑性制造形形色色的水态等。

1 香山饭店庭院十八景之一的"金鳞戏波"

总之，水性生情，是由人有感而出的，因此，要善于从游人的角度来设计如何亲水，如何赏水，如何设计不同类型的水景来激发或引发游人触景生情，从而引起共鸣，使人们在赏景的同时，得到一种艺术的感受，陶冶情操。

二、借自然之形

大自然中，从江河、湖海到池潭、泉溪，水体多种多样，水态丰富多彩。将其缩景入园，分析或整合这些水体水态，能给人以亲近自然的感受，此谓直接借形、仿形法。另一种则是完全以人工构筑容水物和构筑几何形体形梯级跌水、瀑布和喷泉等几何形体的水态。不过，无论水体构筑物及其环境如何人工化，其形成的水态形状都是来自水本身的自然之态。例如瀑布的形态，不论采用何种人工构筑物，所落之水必然成布。但自然界中的瀑布类型有人字形瀑、线形瀑、帘形瀑等，要塑造这些瀑形就必须建造形成这些不同水态的构筑物。

中国绘画自古就有师造化、取法自然的传统，所谓"搜尽奇峰打草稿"就是从自然汲取灵感的形象写照。受其影响，中国传统园林理水，多以静态湖、池等水面，并亦多仿自然之形，极少用几何形。尤其是大水面的划分，并在其中设置岛、堤和堰等，例如，颐和园昆明湖、杭州西湖等都是自然式的。

三、意境的创造

水由于其特殊性呈现出多种景观：

(1)色的景，新绿、晴空、红叶、雪影等。

(2)风的景，静水在风的吹拂下，会产生微动的波纹或层层的浪花。

(3)光的景，倒影、逆光和反射等都能使静水水面变得波光晶莹，色彩缤纷。一池静静的水，给庭园带来的光辉和动感，确有"半亩方塘一鉴开，天光云影共徘徊"的意境。

(4)冰的景，即结冰的水面，一池平静不动的水，可能看起来颜色深沉。而结冰后，表面却是明亮耀眼。流动的水，在结冰后常常产生独特的纹路和图案。

这些自然之美，在阳光的辉映之下，更显得风采动人。而那些富于想象力的、赋予哲理的动人诗句"飞流直下三千尺，疑是银河落九天"，因水体直泻而引发联想所产生情意，也是园林创造意境的手法之一。例如，香山饭店庭院中的"清音泉"，即是再现山水田园派诗人王维"诗中有画"的境。在庭园一角较高地势，叠石堆山，使水池源于峭壁之上，瀑布自高崖直落潭中，三叠水流，顺山谷溪涧而下，汀步飞梁，注入流华池。秋月挂空，古松翠柏，清泉潺潺，确有"明月松间照，清泉石上流"的诗情画意，见图2。

一方静水，平淡得可以说是不能再简单了，但它建在纪念诗仙的地方，题名"洗墨池"，当你站在池边，"泉水幽幽，只是洗濯笔砚的遗痕？……"你一定也会有很多思索。从这个意义上讲，水的设计是意境的设计。

2 香山饭店表现"诗情画意"的清音泉

水的基本型不外乎有"流水"、"落水"、"静水"和"喷水"等四种。根据儿童游戏的需要,可以建造出各种各样的水游戏场。

一、静水的游赏形式

静水的游赏形式以静态观赏为主,常见形式有"水滩"、"镜池"、"栽花池"和"水池涌泉"等,见图1,实景见图3~图8。

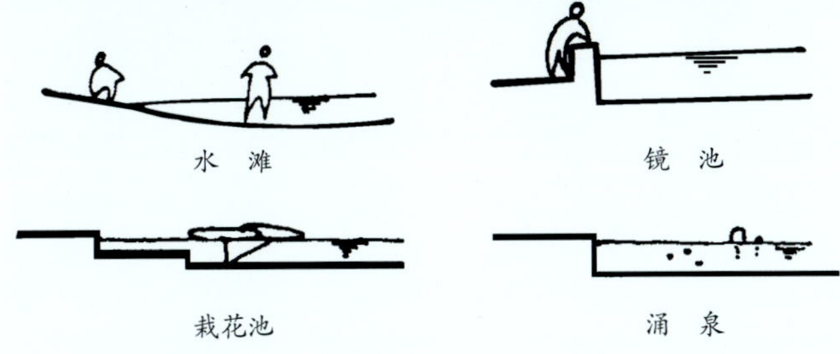

1 静水的游赏形式

二、流水的游赏形式

流水的游赏形式多以动态和娱乐性为特征,形式丰富多样,例如"溅水、摸鱼"、"戏水"、"水阶梯"、"水滑板"、"放船"、"游泳"和"漂流"等,见图 2 ,实景见图9~图16。

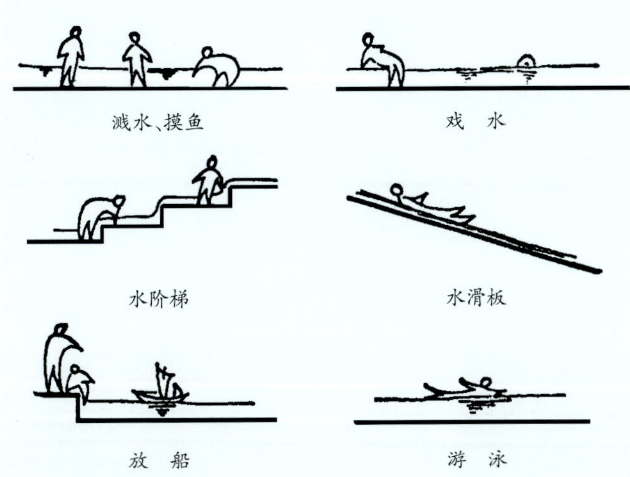

2 流水的各种游赏形式

3 人造沙滩和浅水滩,是妇女儿童最喜爱的地方

4 明净如镜,倒影迷人

5 浮萍满塘的观赏花池

6 专供游人观赏的鳄鱼景观池

7 为游人观赏喂食的公园鱼池

8 静水池中的涌泉

9 溅水、摸鱼的小溪

10 可涉入戏水的水阶梯

11 利用山谷溪流进行的竹筏漂流

12 主题公园里的放船河溪

13 刺激、吸引人的遥控快艇

14 急流中的气垫漂船

15 水上乐园里的儿童水滑板

16 公园中可供游泳的景观池塘

三、喷水的游赏形式

喷水的游赏形式以动态水形为特征，具有活泼、生动和吸引人的因素，也是深受儿童喜爱的戏水形式之一。常见的喷水游赏方式有“触及、饮水”、“飞溅、钻水洞”、“喷雾”、“微波”和“人工制浪”等，见图17，实景见图18～图24。

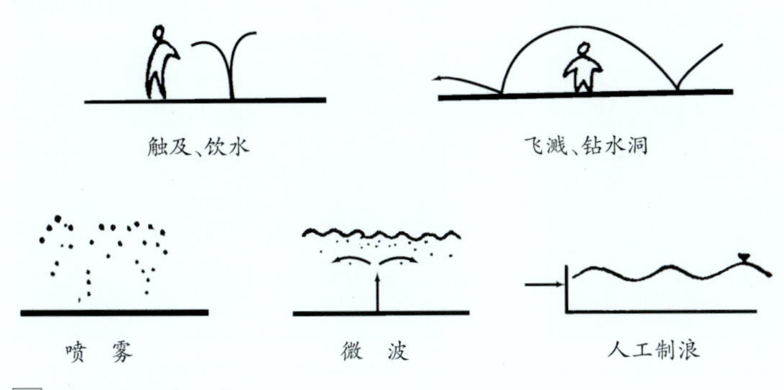

17 喷水的游赏形式

18 孤岛式由桥相连的喷雾戏水

19 可触及、饮用的喷水池

20 图21飞溅喷泉局部

21 石桥两侧石龙栏装上飞溅喷泉，形成钻水洞的戏水空间

22 从水池一端陆岸向另一端飞溅的戏水喷泉

23 连续喷水形成的“钻水洞”戏水空间

24 一排排喷头像一组榴炮射出的抛物线水流空间，穿行其间，犹如置身水宫

四、落水的游赏形式

落水的游赏形式与流水和喷水游赏形式相比，水形及布置方式相对单纯。常见落水形式有“触及”、“淋浴”、“水帘洞”和“溅水”等，见图25，落水实景见图26～图29。

25 落水的各种游赏形式

26 可触及洗玩的落瀑

27 可观赏戏淋的“自雨亭”

28 汀步、浅水池和几眼线落水组成的戏水空间

29 水帘洞前可观赏与洗玩的水帘

一、形——动、静水体的形态

无论是动态水还是静态水，其形态都是随着水体的形状而定的。特别是静态的水，都是以湖、池、潭、塘为稳定水体的，也就是说，湖、池、潭和塘作为容器的形状，也就决定了水面的大小、形状与水的景观，见图1~图4。

1. 动态水体的形 动态水体的形比较复杂，又分为喷、落、跌、滚、流等多种类型。动态水体的形状并不像静态水体那样完全取决于盛载它的容器，其形态受到喷水（出水）口、喷水组合方式、压力的大小、喷嘴旋转度、喷出方向和角度等一系列因素的影响。而落水和跌水除受到出水方式的影响外，还受到构筑物形态和受阻物设置的影响等等。有关动态水景的造型请参阅本书“喷泉”、“落水”、“流水”等章节内容，本节重点叙述静态水的形及水面划分。

2. 静态水面划分 许多风景区的湖泊和池塘都是自然形成的，因此具有岁月演变形成的自然形态，优美动人，浑然天成，见图4。但较大的水面，边际线和水形对观者来说变得十分模糊，最多只能看到局部的水际线，见图5、图6。因而，风景园林中的较大的静态水面多设置堤、岛、半岛、桥和洲等，既能起到划分水面的作用，又能增加水面的层次与景深，扩大空间感，见图7~图10。有时，这种手法也用于增添园林的景致与趣味。

4 自然环境中的小水面的形

1 日本造园家归纳的水际线变化的基本形

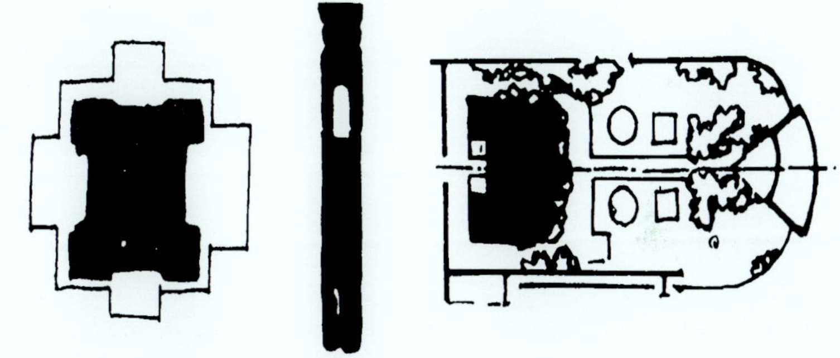

a 方形（北海画舫斋） b 长形（南京煦园） c 混合式（颐和园扬仁风）

2 规则式与混合式水池的形

3 各类自然式水体的形

水体的造型分类 表1

分类	名　称	分类	名　称	分类	名　称
按来源分类	天然形	按水体形态分	动水形	按水际线类型分	规则形
	人工形		静水形		自然式
	半人工、半天然形		动静结合形		混合式

城市公园及大中型园林也多采用划分水面的办法来组织较大的自然式景观湖泊和池塘，使水面形态和水体空间更加丰富，更富有变化和趣味性。

江苏的云龙湖，水域面积 5.8km^2，陆地面积 5.6km^2。宋代文豪苏东坡曾在此发动当地人民筑大堤以防湖水泛滥，故有与杭州西湖同名的“苏堤”。云龙湖的水面，主要是历史上由整治山洪、蓄水和泄水等水利需要及景观、风光的需要而逐渐形成了今天的东西湖和小南湖的划分，设有二堤、三岛、九桥、十八景。

二堤、三岛对湖面起到主要的划分作用，也决定了云龙湖的基本形态。“苏堤”长 2km，设有三桥，从东向西将主体水面与小南湖既隔又通；俗称“湖中路”的中心大堤将云龙湖主体水面一分为二，形成两个既隔又连的东湖和西湖。再加上三个湖中岛的进一步划分，不仅使整个湖面变化有致，也产生了许许多多的景，湖三面的山虽不高，但层次丰富，山形线条幽远；水虽不深，但平满如镜，使湖的形状和景色更美，见图9～图12。

5 大水面中的局部水际线

6 大水面使水际线近处清晰，远处模糊

7 半月形的半岛伸入湖中，像臂膀一样揽出一个避风的小港湾

8 一边是半岛，另一边是湖中有栈桥相连的小岛，形成一个蟹钳形的划分形态

9 云龙湖著名的“苏堤”，分隔出多个小水面的南湖景区。图中所示是苏堤中三桥之一的“十七孔桥”

10 贯穿南北的中心大堤，将大水面一分为二，形成两个相对独立的水域。图中所示是被称为湖中路的大堤北段

11 堤湾、小岛和栈桥划分出的与湖泊连通的小水面，成为小游船的避风港

12 堤外大水面风吹浪起，堤内小水面却水平如镜，一堤相隔景象大不相同，水态的动静对比，大小水形的变化，使湖泊更具有景观性和趣味性

北京颐和园主体水域的昆明湖，是仿照杭州西湖建造的，湖中划分主体水面的西堤即以西湖苏堤为模式而建。“背山面水池，明湖仿浙西，琳琅三竺宇，花柳六桥堤”(乾隆《万寿山即事》)。

颐和园昆明湖西堤，是以较长的堤偏于西南一侧，而不作对等湖面划分——比较讲究水形、堤线的自然曲折，并通过从南向北依次置筑柳桥、练桥、镜桥、玉带桥、幽风桥和界湖桥等六座式样各异的桥亭，来丰富长堤，见图13～图16。

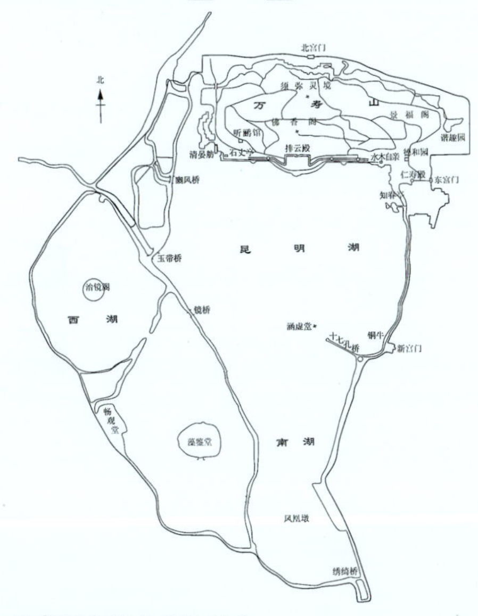

13 北京颐和园水面的划分

14 从界湖桥向南看西堤走向及两侧水域

15 从柳桥向北看西堤及两侧水面

16 在南湖柳岸看西堤景观

颐和园昆明湖中的西堤，只是对昆明湖水面的基本划分，偏于西南侧的狭长水面，又被进一步作了分隔。几个短堤又划分出了诸如耕织图景区、西湖和藻鉴堂水面等，最终形成有大有小、大小分明的水面组合，见图17、图18。

17 从西堤南端看被划分出的藻鉴堂水面，远处是分隔小西湖的短堤

18 划分小西湖的短堤及两侧水面

19 从新宫门昆明湖一侧看十七孔桥及南湖岛

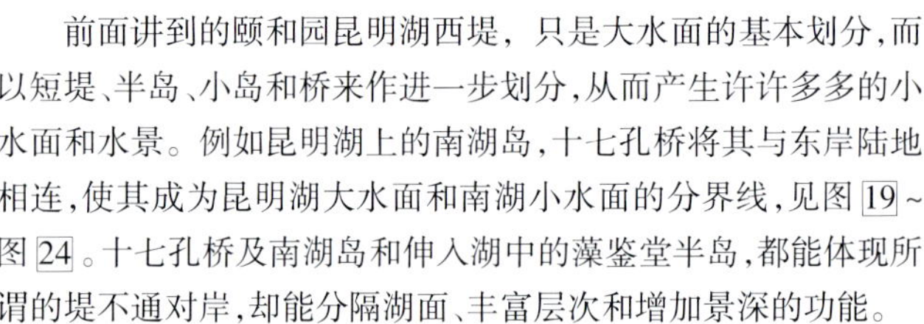

前面讲到的颐和园昆明湖西堤，只是大水面的基本划分，而以短堤、半岛、小岛和桥来作进一步划分，从而产生许许多多的小水面和水景。例如昆明湖上的南湖岛，十七孔桥将其与东岸陆地相连，使其成为昆明湖大水面和南湖小水面的分界线，见图19~图24。十七孔桥及南湖岛和伸入湖中的藻鉴堂半岛，都能体现所谓的堤不通对岸，却能分隔湖面、丰富层次和增加景深的功能。

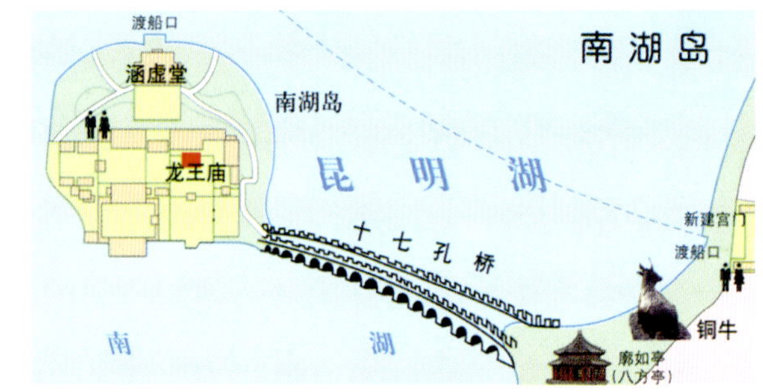

20 划分昆明湖与南湖的十七孔桥及小岛

21 从西堤练桥看十七孔桥及南湖岛

22 从南湖柳岸看十七孔桥及南湖岛和昆明湖北岸万寿山，层次丰富

23 伸入湖中分隔两大水面的十七孔桥及南湖岛

24 从万寿山顶看西堤的划分和十七孔桥的分隔

二、声——水的音响

运动着的水，无论是流动、跌落还是撞击，都会发出各自的音响。涓涓细流，断续滴落，噗噗冒泡，喷涌不息，浪涛澎湃——这一切都是那样的迷人。因此，水的设计包含了音响的设计。

大自然中最具有撼人的音响效果的是浪涛声——“八月涛声吼地来，头高数丈触山回。须臾却入海门去，卷起沙堆似雪堆。”江河湖海的浪涛声，有着“百里闻雷震”的鸣响，产生一种汹涌澎湃的气势，又能给人一种“洪水猛兽”般潮水的恐惧感，见图1。

自然界中各种能发出声响的动水水态，一直是古代文人细心观察和欣赏的对象。“声喧乱石中，色静深松里”是王维描绘一条溪流蜿蜒于青石上，发出叮咚的水声，然后流入一片浓密的松树林中而水又慢慢地缓下来、静下来的迷人画面。着墨不多，观察入微，使读者吟而生景，继而听声，最后生情。这是典型的动(声)与静的对比，是水、石、林的交响曲，见图2~图4。

1 浪涛声起，不仅靠推挤拍打，激浪卷起的水空间，成为发出浪吼声的“音腔”

2 溪水落差，产生鸣响

3 溪水遇挤下落，声响增大

利用水的自然声响而成景，或是用水声来增添意境、烘托艺术气氛是理水艺术的设计手法之一。无锡寄畅园“八音涧”就是运用这一手法产生的一种具有诗情画意的水景。从惠山引泉成溪，沿溪叠山作堑道，泉水跌落于堑道，在山石间发出一种滴滴哒哒、叮叮咚咚的回音，犹如不同音阶的琴声。这是利用特造轻水声形成的一种幽静、闲适而高雅的水景。

4 由急到缓的山谷小溪

任何纯自然或半自然的水声，都能作为园林理水的创作表现资源，即使是气势磅礴的潮水声和高山轰鸣的瀑布落水声也是如此。例如北京王府酒店大堂的多级落水瀑布，从20多米高处飞流直下，由于水量充足，声响如吼，又似夏季雷声突起，天暗云低，大雨滂沱，走入这种水声环境，有使人为之一振的感受。瀑布落水声传得很远，即使在餐厅就餐也能听到，见图5。

香港及东南亚各地的海洋公园，利用电脑、电讯手段建成海涛馆，在一个较大的水池中，放置大块堆叠的岩石，使池中的“海涛”激浪而起，高达1m的浪涛拍打岩石，顶层的电脑声控产生一种极其逼真的海涛声响，使人产生犹如置身海边的感觉。

响泉和喊泉是一种奇特的“天然声控”流泉。四川省酉阳县和湖南省慈利县都有神奇的“喊水泉”。这种泉平时无水，但当电闪雷鸣，或是有奇声异响，就会哗哗啦啦流出清泉水，音息则水枯。于是人们便利用这一点，当路过此处想喝水时，就大声对着它喊，水便流出，故称喊泉。其实，这种自然声控的流泉并不神秘——地下水处于岩石的空隙石缝或石洞中，平时，地下水慢慢渗透，暂存其中，一旦声起，则产生声波的压力而迫使水涌出。根据喊泉的出水原理，完全可以利用人工的办法制造出喊泉的声控流泉效果和水环境。

集多种现代科技于一身的音乐喷泉，不仅音乐配合和声控水体惟妙惟肖，而且随着水体的翩翩起舞，喷泉水池成了一幕幕的舞台表演。作为园林理水艺术的一部分，悠缓的滴水声、叮咚的泉水声、潺潺的小溪声以及轰鸣的瀑布声、激流的浪涛声等，构成了园林水态音响丰富多样的效果，既可以单独使用，也可以组合使用，运用得当，会使整个园区富有生机和神韵，从而使水景具有高远清雅的境界。

5 上下贯穿于多层采光庭的大堂瀑布，水声隆隆

三、光——光与影的艺术

1. 水面的光影效果 光影手法的运用，在中国传统园林中有着悠久的历史，据记载，早在汉代造园家就知道利用水面设计影景了。史书记载，汉武帝曾凿影蛾池以赏月色，在池旁建望鹄台，观月影映于池中，并令宫中人乘舟以弄月影。

水面波光粼粼，利用池塘水面的倒影作借景，能丰富景物的层次，扩大视觉空间，能增强空间的韵味，从而产生一种朦胧虚幻的美感，是水面造景的又一手法。例如，一座半圆洞的拱桥，倒影成双，变成了圆桥，见图1。

1 分隔两个小水面的圆拱桥，不仅上下交映，光影动人，而且变大的桥圆洞成为一幅迷人的观景窗和风景画，起到了功半景倍的作用

静态的湖泊和池塘本身，如无风起，则一平如镜。此外还常常表现出虚实变幻、滟潋柔媚的意境。光影构成的极其丰富多彩的水景，不仅令人陶醉，更是园林理水艺术手法的重要一环。水中倒影虽然是由水边周围景物生成的，但如果岸边景物零乱，则不能成景，所谓"景物如画，影也如画"，说的就是这个道理。因而，岸边和水体附近的设计十分重要，一定要精心布置，才能获得双倍的光影效果和虚实结合、相得益彰的景致，见图2。

2. 逆光剪影 利用阳光的投射，在水体中形成光束或逆光剪影，也是光影手法之一。水中或岸边的景物，被强烈的光线投射（见图3），或是被逆光反射到水面，呈现景物面的深暗和清晰的轮廓线，而出现"剪影"，有的甚至能产生版画的效果。比如，云龙湖小南湖苏堤西侧的石瓮倚月，在黄昏时分，自东边向西望去，在

2 香山饭店庭院中的流华池，溢香厅外立面鲜明、强烈的特征，素雅而富有内涵的造型，使池面获得极佳的光影效果

3 倾泻而下的阳光与洒下的水帘交织在一起，与幽暗的岩洞形成鲜明的对比，集形、声、光、色于一体，奇特、动人

4 江苏云龙湖小南湖中的"石瓮倚月"，三个方位的石瓮门洞可以在不同时间，使日（月）、光和水形成逆光投射，石瓮倚月的剪影、西山上的夕阳和鲜红的水上光影，构成一幅美丽动人的画面

石瓮倚月前后，有着强烈的逆光照射，此时，远山、堤岸、廊桥和树木都处于背光面，所以，向水中望去，只能看到它们的轮廓线，夕阳把这些景物简化成了水中的剪影，见图4。

3. 优化画面 岸边陆地上的景物，有时在组合和色彩上不十分调和，或是色彩组合单调，而倒映在水中，不仅有了统一的色调，而且由于水波的作用，色彩变得丰富起来。由于倒影概括、整合了岸边复杂的景物组合，反而使整个水景更加统一和协调。从图5中我们可以看到，绿色、墨绿色的树木在水中变得更深，而在岸中比例较小的红、黄等暖色，由于光反射的原因，在水中被放大，亮度也明显增强，构成了一幅色调和谐、质感近乎油画效果的

5 泰国芭堤雅植物园中湖的倒影，水面具有绘画效果

风景画。从图4、图5的实例中,我们可以得出这样一个结论:冷色系的颜色(如绿、深绿、蓝和深蓝)在水中的倒影会使颜色变重变深,从而使色彩变得更冷,图2中的天空倒影就是如此;而暖色系的颜色(如红、橙和黄等)在水中的倒影颜色会变得更鲜艳、更亮丽,整个暖色调会变得更暖,如图4中的夕阳倒影和图5中的红黄植物倒影。

此外,倒影的清晰度既受影物的色彩、景物的清晰度和水的透明度影响,也与风力、天气和明亮度等有很大关系。一般而言,视距近、景物低和结构完整的景物,其倒影的清晰度大,见图6、图7。图7小水面中的"三潭印月",观赏距离近、水平如镜、光照明亮及景物体量小、轮廓清晰等诸多因素都具备,水中倒影极为清晰。而图8建筑景物轮廓线复杂,视距较远,景物色彩倾向不明显(灰色系),日照光线明亮度不高等,再加上微风徐来,水面泛波,倒影清晰度不高。

4. 水中"印月" 在日常生活中,人们见到水中的月影,会觉得很普通,但由于文字和传说中的描述却被大大地美化和神秘化了。在园林设计中,以月或月影为主题的园景就有了高雅的意境。承德避暑山庄文津阁前,隔水相对,有一座嶙峋的假山,在堆叠时在山体适当的位置上,留出月牙形的孔洞,在晴空骄阳照射下,在阁前的池塘里,在山体背阴的水面上,正好投射出一弯明月,呈现出日月同辉的景象,见图9。

网师园月到风来亭中可以充分享受"月到天心,风来水面"的情趣。静凭栏细赏"涓涓流水细浸阶,凿个池儿招个月儿来,画栋频摇动,荷蕖尽倒开"、"最宜人处水晶宫,桂楫兰桡处处通,直把江湖与沧海,并教缩入一壶中"的风采。造园家又在亭内悬一面大镜子——每当明月初上可以看见水中、镜中和天上三个圆月。水中的倒影、镜中的虚像和空中的真月三个月亮融为一景,虚实相生,引发无限情思。

七星印月是广州矿泉客舍的一个景点。在有白色格子的竹席天棚上,布置了星星月亮的灯光造型,使其倒映在下面的池水中,而形成"印月"的景色。这使人产生一种虚幻的感受与联想,见图10。

苏州宝带桥300多米,是我国古代桥梁中最长的一座。它有53个孔洞,倒影在水面上构成一个个圆圈。每当月出时,泛舟河上,在每个桥孔的水面上,都可以看到一个摇曳晃动的明月。许多月亮连成一长串,所以人称"环洞串月"。据说古代才子每当中秋皓月都坐着箫鼓楼船,来此欣赏这绝妙的月影。

6 滨水而立的公共建筑,与其清晰倒影共同构成了迷人的景观

7 小水面中"三潭印月"的清晰倒影

8 半月池水波泛起,复杂的景物轮廓倒影朦胧、模糊

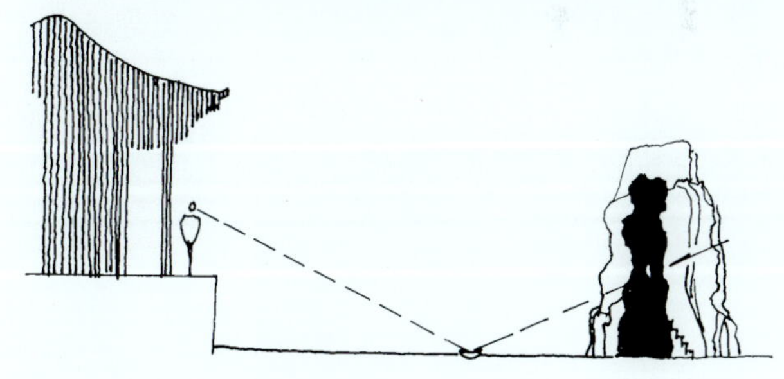

9 避暑山庄文津阁前的月影

10 广州矿泉客舍七星印月

5. 倒影设计原理及运用 在水面上看到物体的倒影，确有浮游飘洒的情趣和飘渺、神秘的联想，它为单一平静的水面增光生辉。那么，如何利用和设计水中的倒影呢？倒影的形成和规律并不复杂。如一个人站在亭内，前面是一池平静的水面，水边的灯柱的倒影应在哪儿？我们通过画法几何的原理作图很快就可以求得，其方法见图11。

把这一基本原理，运用到我们的设计中去就可形成倒影。例如，某公园局部，在水边想建一座观赏月影的亭子。当某时月亮的高度角为∠α，亭基的位置为A，月影在水面理想的位置为B时，求亭基的高度，见图11～图13。

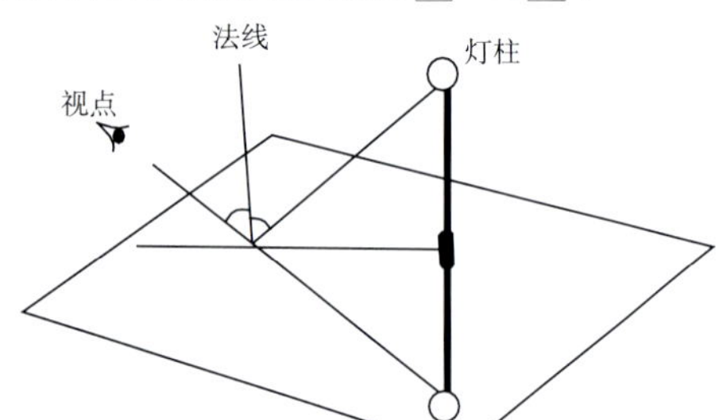

11 灯柱在水面的倒影的形成

12 承德避暑山庄磬锤峰倒影

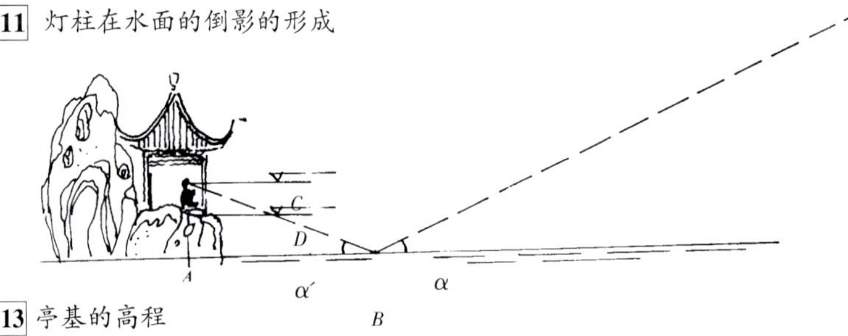

13 亭基的高程

根据∠α=∠α′，AB的距离已定，则不难作出△ABC。这样就求出了AC的值。用AC减去CD，即可求出AD的高程，见图13。

利用这一原理，我们可以合理地规划水面的位置，确定赏景点垂足点的高程，以获得美的山影、月影和塔影等。利用水面借来另一种情趣的风光，见图12、图14、图15。

14 水边观赏明月和月影

15 隔湖观赏避暑山庄磬锤峰及水中倒影

四、色——为水体带来生机与绚丽

科学概念上的水，是无色无味的。但在现实世界中，水中总是含有不同的物质，又因其受光线的照射和所处环境的影响，水总给人以不同的色感，例如，海水是蓝的，而湖水和池塘水则呈现绿色等。园林景观理水中的用色手法主要有以下几个方面。

1. 环境配色法 通过水岸边的景物和植物色彩直接反映于水色上。这种方法必须与整个园区环境的色彩相谐调，特别是应注意地域特征和地理气候。例如，北方寒冷的季节长，多雪；南方炎热的季节长，热带植物多——这些差异对水环境配色有较大影响。比如，在以草木绿色为主的地域，应配置或掺和一些红黄等暖色，或是白色和浅色等较明亮的色彩。这些颜色与大片绿色环境相配、反射到水面上，会给人一种色彩丰富、鲜艳的感受，也会令人产生亲切感，见图1。

1 红、橙、黄树冠穿插在绿的林海中，倒映在静静的湖泊里，使生态的水环境变得绚丽多彩

2 湖蓝色的池壁、池底，桔黄色的地面，加上池中的花卉图案，使泳池水体色彩鲜明、优美，极具景观水环境效果

2. 色彩补偿 景观水体给人的色感觉是单调的，特别是人工环境中的砌池水体，如喷水池、景观泳池等，水质纯净，水中产生颜色的介质消失，且又不能依靠水边植物的反射投影产生色彩，因而就需要对池壁和池底进行着色。此外还可以根据环境需要绘制各种图案，使水体更具有装饰性。池岸和水池边地面的铺装，如能与水池色彩形成烘托、对比，则更会收到良好的环境效果，见图2、图3。

3. 水中加色 水中加色有两种方式，一种是直接往水中加颜料，但这种方法使用时一定要慎重，因为更换的水排出如不进行净化处理，就会污染环境，见图4。因此，加注颜料一般仅限于较小水面和小型的动态喷泉。

另一种是通过往水体中施放动植物的方法，来为水体添色。这种方法既环保生态，又使环境充满生机。动物添色多采取放养金鱼及各种色搭配的锦鲤等，见图5。

植物添色一般采用各种水生植物，特别是浮水植物、沉水植物和漂浮植物。沉水植物能够产生植物间接映出的色彩，浮水植物和漂浮植物则覆盖水面而使人直接看到植物色，见图6、图7。

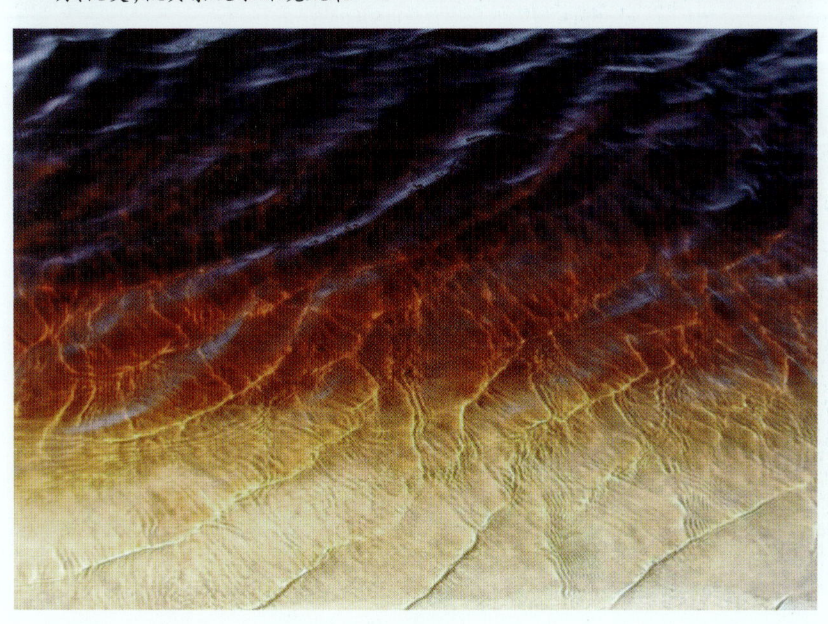

3 池底由浅黄到绛红，水体由浅渐深，形成黄—红—深红三个梯次的色彩变化，使本来无色的水变得奇特而富有韵味

6 沉水植物、河沙与光反射形成的梦幻色彩

7 水体漂浮植物的鲜艳色彩

4. 光的渲染 水体的光色分为自然光和人造光，自然光主要是借助太阳一天丰富的光照变化渲染水体。人造光源主要是在水中或水旁，也可在水面上方的景物上，见图8～图13。

4 既是泳池，又是景观水体，经过着色和消毒处理后，池水犹如海水一样

5 五彩斑斓的观赏鱼为池水增加了鲜活的生命，也为水体增添了独特的情趣和四季常鲜的色彩。它们不断的游动和优雅的姿态，在光的反射下，交相辉映，为静态水池和碧波的水面更添流光溢彩

8 从水底投射的彩灯，将两朵蘑菇球喷泉渲染成绚丽的彩球

9 人造光源设置在水旁或借助水边建筑和景物投射到水面上形成的光色

10 水上水下各色彩灯，将水环境渲染得绚丽多彩，光影色俱佳，分外迷人

11 泳池环境色与光色交相辉映

12 泳池下的灯光使蓝色水体更加亮丽透明

13 水边灯光和建筑，为水面抹上动人的色彩和光影

一、水体的功能划分

1. 水体的功能区 水体的保护标准与要求通常是根据水体的功能划分来制定的。水体功能指水体的水质所能支持的某一使用功能。一定的水质只能满足一定的使用要求。通过水体功能的划分,可以实施不同的水污染控制标准和保护目标。根据我国情况,一般把水体功能划分为以下6个功能区。

水体的功能划分 **表1**

项次	功能区名称	功能特征与说明
1	源头水及自然保护区	未受任何污染的源头水及国家与地方法定的自然保护水体
2	集中式生活饮用水源地	即集中式供水的饮用水地表水源。按照不同的水质标准,可以划分为一级保护区、二级保护区和三级保护区或准保护区等
3	渔业保护区	地表水体中鱼、虾、蟹和贝类的产卵场、索饵场、越冬场、回游通道以及水生生物养殖场等,可分为珍贵鱼类保护区、鱼虾产卵场以及一般鱼类保护区。以保护水生生物的急性或慢性基准作为制定水质标准的依据。若标准值中有一项不符,即表明它不能保证鱼虾蟹贝的正常生长繁殖,并产生危害
4	风景游览区	分为与人体直接接触的游泳区和与人体非直接接触的娱乐用水区。特别应强调色、嗅、漂浮物、透明度、水温及总大肠菌群数等水质指标。此外,还有一般景观用水区,与上述娱乐用水区的水质要求相同
5	工业用水区	可分为高级的工业用水(如食品工业用水)和一般的工业用水(如一般工艺用水、冷却用水等)
6	农业用水区	指农作物生产的取水区,其水质以不发生急性公害为基点

2. 地表水水域功能分类 不同功能区的水质标准应满足相应的标准。在国家《地面水环境质量标准》(GB 838–88)中,我国的地面水水质标准,是按照不同水域水体的功能制定的。依据地面水水域使用目的、功能和保护目标将其划分为5类,见表2。

地表水水域功能分类 **表2**

分类	水域功能	水污染控制区	污水综合排放标准
Ⅰ类	源头水及国家自然保护区	特殊控制区	禁止排放污水区
Ⅱ类	集中式生活饮用水源地一级保护区、珍贵鱼类保护区、鱼虾产卵场等	特殊控制区	禁止排放污水区
Ⅲ类	集中式生活饮用水源地二级保护区、一级鱼类保护区、游泳区	重点控制区	执行一级标准
Ⅳ类	工业用水区、人体非直接接触的娱乐用水区	一般控制区	执行二级或三级标准
Ⅴ类	农业用水区、一般景观要求水域	一般控制区	

二、水环境质量标准

1. 地面水环境质量标准 同一水域兼有多种功能的,根据最高功能划分类别。有季节性功能的,可按季节划分。不同功能水域所要求的排放标准及水污染控制要求也不同,它们之间的关系见表2。在我国的《地面水环境质量标准》(GB 838–88)中,对各类水体规定除应满足地表水的基本要求外,还对各类水体规定了30项具体应达到的标准,表3所示的是一些典型项目的具体标准值。

地面水环境质量标准(节选) **表3**

序号	项目	Ⅰ类	Ⅱ类	Ⅲ类	Ⅳ类	Ⅴ类
	基本要求	所有水体不应有非自然原因导致的下列物质:①凡能沉淀且令人厌恶的沉积物;②漂浮物,诸如碎片、浮渣、油类或其他引起感官不快的物质;③产生令人厌恶的色、嗅、味或浑浊度的;④对人类、动物或植物有损害、毒性或不良生理反应的;⑤易滋生令人厌恶的水生生物的				
1	水温	人为造成的环境水温变化应限制在:夏季周平均最大温升≤1℃;冬季周平均最大温降≤2℃				
2	pH	6.5~8.5				6~9
9	硝酸盐(以N计)≤	10以下	10	20	20	25
13	总磷(以P计)≤	0.02	0.1(0.025)	0.1(0.05)	0.2	0.2
15	溶解氧≥	饱和率90%	6	5	3	2
16	化学需氧量(COD)Cr≤	15以下	15以下	15	20	25
17	生化需氧量(BOD_5)≤	10以下	10	20	20	25

注 表中未注明单位的均为mg/L;括号中的值为湖泊和水体的控制值。

2. 水质指标 自然界中没有绝对纯净的水。无论是天然水还是各种污水、废水里都含有一定数量的杂质。所有的各种杂质,按照它们在水中的存在状态可以分为3类:悬浮物质、溶解物质和胶体物质。悬浮物质是由大分子尺寸的颗粒组成的,它们靠浮力和黏滞力悬浮于水中。溶解物质则由分子或离子组成,它们被水的分子结构所支承。胶体物质则介于悬浮物质与溶解物质之间。仅仅根据水中杂质的颗粒尺寸还不能全面反映水的物理学、化学和生物学方面的性质,要评价水的质量,必须建立水质和水质指标的概念。

水质是指水和其中所含的杂质共同表现出来的物理学、化学和生物学的综合特性。各项水质指标则表示水中杂质的种类、成分和数量,是判断水质的具体衡量标准。水质指标项目繁多,总共可有上百种。它们可以分为物理的、化学的和生物学的3大类。

物理性水质指标主要包括感官物理性状指标(如温度、色度、嗅和味、浑浊度、透明度等)与其他的物理性水质指标(如总固体、悬浮固体、溶解固体、可沉固体、电导率等)。化学性水质指标主要包括一般的化学性水质指标(pH、碱度、硬度、阴阳离子、总含盐量、一般有机物质等)、有毒化学性水质指标(如各种重金属、氰化物、多环芳烃、各种农药等)与氧平衡指标(如溶解氧DO、化学需氧量COD、生化需氧量BOD、总需氧量TOD等)。生物学水质指标主要包括细菌总数、总大肠菌群数、各种病原细菌与病毒等。下面简单介绍几种常用的和主要的水质指标。

3. 几种常用的和主要的水质指标

几种常用的和主要的水质指标　　表 4

指标名称	分项指标	水质指标及说明
物理性水质指标	浑浊度（Turbidity）	天然水中由于含有各种颗粒大小不等的不溶解物质，如泥沙、纤维、有机物和微生物等而会产生浑浊现象。水的浑浊程度可用浑浊度的大小来表示。所谓浑浊度是指水中的不溶解物质对光线透过时所产生的阻碍程度。因此，浑浊现象是水的一种光学性质。 浑浊度是天然水和饮用水一项非常重要的水质指标，也是水可能受到污染的重要标志。常用的浑浊度单位有两种，包括使用杰克逊烛光浊度计测定时使用的杰克逊浊度单位（Jackson Turbidity Unit，JTU）和使用光电浊度计测定时使用的散射浊度单位（Nephelometric Turbidity Unit，NTU）。两者测得的结果相差不多，但不完全一致，在测定报告中应予以注明
	颜色（Color）	纯水是无色透明的，清洁水在水层浅时应为无色，深层为浅蓝绿色。天然水中存在腐殖质、泥土、浮游生物、铁和锰等金属离子，均可使水体着色。纺织、造纸和有机合成等工业废水中，常含有大量的染料、生物色素和有色悬浮微粒等，因此常常是使环境水体着色的主要污染源。有色废水常给人以不愉快感，排入环境后又使天然水着色，减弱水体的透光性，影响水生生物的生长。水的色度是评价感官质量的一个重要指标，有异常颜色的水体也是受到污染的一种标志。 水的颜色可区分为“真色”和“表色”两种。真色是由于水中所含溶解物质或胶体物质所致，即除去水中悬浮物质后所呈现的颜色。表色则是由溶解物质、胶体物质和悬浮物质共同引起的颜色。测定真色时，如果水样浑浊，应放置澄清并取上清液或采用去除悬浮物后的水样进行测定。测定较清洁的、带有黄色色调的天然水和饮用水的色度，常用铂钴标准比色法作真色的测定，方法是先用氯铂酸钾和氯化钴配成与天然水黄色色调相同的标准比色系列，然后将水样与此标准系列进行比色，结果以“度”表示。1L 水中含有相当于 1mg 铂时所产生的颜色规定为 1 度，也称 1 个真色单位（True Color Unit，TCU）。 对于废水和污水的颜色不作上述真色测定，而常用文字描述。必要时也可辅以稀释倍数法，即在比色管中将水样用无色清洁水稀释成不同倍数，并与液面高度相同的清洁水作比较，取其刚好看不见颜色时的稀释倍数，此即为色度，用稀释倍数来表示

续表

指标名称	分项指标	水质指标及说明
物理性水质指标	固体	严格说来，水中除了溶解的气体外，其他一切杂质，包括有机和无机性化合物以及各种生物体都应划入水中固体之列。但在环境工程和水质分析中，水中固体指在一定的温度下将水样蒸发至干时所残余的固体物质总量，因此有时也称作“蒸发残渣”。常用的蒸发烘干温度为 103~105℃。在此温度下烘干的残渣保留结晶水和部分吸着水，重碳酸盐转变为碳酸盐，而有机物挥发逸失甚少。这样所得的残渣总量称为“总固体”（Total Solids，TS），结果以 mg/L 计。总固体包括溶解物质（DS）和悬浮固体物质（SS）
化学性水质指标	总含盐量和离子平衡	水中所含各种溶解性矿物盐类的总量称为水的总含盐量，是总阳离子含量和总阴离子含量之和，也称总矿化度，其单位是 mg／L。 天然水中主要的阳、阴离子是 Ca^{2+}、Mg^{2+}、Na^{+}、K^{+} 和 HCO_3^{-}、CO_3^{2-}、SO_4^{2-}、Cl^{-} 等。它们的含量约占总含盐量的 95%~99%，其次为铁、锰、硝酸盐、硼、氟和硅等。一般情况下，其他的成分都是微量或痕量的
	碱度（Alkalinity）	水的碱度是指水接受质子的能力。这个能力的大小可以由水中所有能与强酸发生中和作用的物质接受质子的总量来量度。因此水的碱度也就是水中所有能与强酸相作用的物质所接受 H^{+} 的“物质的量”之总和。这类物质应包括各种强碱、弱碱和强碱弱酸盐，也包括有机碱等。 水中的碱度常用中和滴定法来测定，即用标准浓度的盐酸溶液滴定水样，而以酚酞和甲基橙作指示剂。根据滴定时用去的酸液量，即可测得水样的碱度。酚酞的变色范围在 pH8.3 左右，而甲基橙的变色范围在 pH4.4 附近。以酚酞作指示剂所得到的碱度称为酚酞碱度，以甲基橙作指示剂所得到的碱度称为甲基橙碱度。甲基橙碱度就是总碱度，此时水中的全部致碱物质都已被强酸中和完毕
	硬度（Hardness）	水的硬度是由于能与肥皂作用生成沉淀和与水中某些阴离子化合生成水垢的二价金属离子的存在而产生的。最重要的致硬金属离子是钙离子和镁离子，其次是铁、锰、锶等二价阳离子。在天然水中，铁、锰和锶的含量一般不高，对硬度的贡献不大。目前，通常只以钙和镁的含量计算硬度

续表

指标名称	分项指标	水质指标及说明
化学性水质指标	化学需氧量（COD）和耗氧量（OC）	水中的有机物质种类繁多、组成复杂，而且往往含量较低，因此对各种有机物质进行分别测定是很困难的。在环境工程实践中，除了对必要的和指定的有机化合物作单项直接测定外，一般都采用间接的方法，即测定一些综合性指标来反映水中有机物质的相对含量。目前最为普遍使用和最具有重要意义的有机物质综合性指标是化学需氧量、耗氧量和生物化学需氧量 3 种。 化学需氧量和耗氧量是在一定严格的条件下，水中各种有机物质与外加的强氧化剂（如重铬酸钾 $K_2Cr_2O_7$、高锰酸钾 $KMnO_4$）作用时所消耗的氧化剂的量，结果用氧的 mg／L 来表示。根据所加强氧化剂的不同，它们分别称为重铬酸钾耗氧量（化学需氧量，Chemical Oxygen Demand，COD）和高锰酸钾耗氧量（耗氧量，Oxygen Consumed，OC）。 重铬酸钾法是水样在强酸性条件下，加热回流 2h（有时还加入催化剂），使有机物质与重铬酸钾充分作用被氧化的情况下测定，因此它可以将水中的绝大部分有机物质氧化，但对于苯、甲苯等芳香烃类化合物则较难氧化。严格说来，化学需氧量也包括水中存在的无机性还原物质。通常废水中有机物的数量大大多于无机性还原物质的量，因此在一般情况下，化学需氧量可以用来代表废水中有机物质的总量。 高锰酸钾法测定比较快速，但不能代表水中有机物质的全部含量。一般来说，水中不含氮的有机物质在测定条件下易被高锰酸钾氧化，而含氮的有机物就较难分解。因此耗氧量适用于测定天然水或含易被氧化有机物的一般废水。 由于化学需氧量和耗氧量只是间接地和相对地反映水中有机物质的数量，在它们的测定过程中，氧化剂的种类和浓度、反应溶液的酸度、试剂加入的顺序、反应时间和温度等条件对测定结果均有影响，因此必须严格按照步骤操作
	生物化学需氧量（BOD）	在有氧的条件下，水中可以分解的有机物由于好氧微生物（主要是好氧细菌）的作用被氧化分解而无机化，这个过程所需要的氧量叫作生物化学需氧量（Biochemical Oxygen Demand，BOD），简称生化需氧量，以氧的 mg／L 表示。 可分解的有机物是指可以作为微生物食料的有机物。这些有机物被微生物氧化分解的过程可以用图1表示。由图中可知，在有氧的条件下，可生物降解有机物的降解可分为两个阶段：第一阶段是碳氧化阶段，即在异养菌的作用下，含碳有机物被氧化（或称碳化）为 CO_2 和 H_2O，含氮有机

续表

指标名称	分项指标	水质指标及说明
化学性水质指标	生物化学需氧量（BOD）	物被氧化（或称氨化）为 NH_3，所消耗的氧以 O_a 表示。与此同时，合成新细胞物质。第二阶段是硝化阶段，即在自养菌（亚硝化菌）的作用下，NH_3 被氧化为 NO_2^- 和 H_2O，所消耗的氧量用 O_c 表示；之后再在自养菌（硝化菌）的作用下，NO_2^- 被氧化为 NO_3^-，所消耗的氧量用 O_d 表示，与此同时，分别合成新的细胞物质。上述两个阶段，都释放出供微生物活动所需要的能量。此外，合成的新细胞在进行的新陈代谢过程中，还存在自身物质氧化的过程，产生 CO_2、H_2O 与 NH_3，并释放出能量和氧化残渣，这种过程称作微生物的内源呼吸，所消耗的氧量用 O_b 表示。 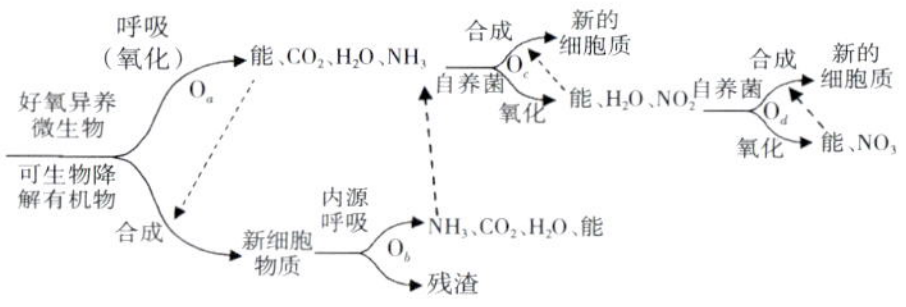 图1 可生物降解有机物的好氧分解过程示意图 耗氧量 O_a+O_b 称为第一阶段生化需氧量（或称为总碳氧化需氧量、总生化需氧量、完全生化需氧量），用 S_a 或 BOD_u 表示。耗氧量 O_c+O_d 称为第二阶段生化需氧量（或称为氮氧化需氧量、硝化需氧量），用硝化 BOD 或 NOD_u 表示。 上述两个阶段的氧化过程，也可用过程曲线表示。在直角坐标上，以横坐标表示时间（d），纵坐标表示生化需氧量 BOD（mg／L），见图2。图中曲线 *a* 表示第一阶段生化需氧量曲线（即总碳氧化需氧量曲线），曲线 *b* 表示第二阶段生化需氧量曲线（即氮氧化需氧量曲线）。 有机物的生化过程延续时间很长，在 20℃水温下，完成两阶段约需 100d 以上。由图2可见，5d 的生化需氧量约占总碳氧化需氧量 BOD_u 的 70%~80%；20d 以后的生化反应过程速度趋于平缓，因此常用 20d 的生化需氧量 BOD_{20} 作为总生化需氧量 BOD_u。在实际的工程应用中，20d 时间太长，故常用 5d 的生化需氧量 BOD_5 作为可生物降解有机物的综合浓度指标，通常 5d 的生物氧化约只完成 70% 左右。由于硝化菌的繁殖周期较长，一般要在碳化阶段开始后的 5~7d 甚至 10d 才能繁殖出一定数量的硝化菌，并开始氮氧化阶段，因此硝化需氧量基本不对 BOD_5 产生干扰。 生化需氧量测定是一种生物化学的测定方法。它尽可能在和天然条件相似的情况下，确定微生物利用废水中有机物时消耗的氧量，从而间接表示出有机物的含量。显然，在生化需氧量所表示的有机物中，不包括不可分解的有机物（或称

续表

指标名称	分项指标	水质指标及说明
化学性水质指标	生物化学需氧量(BOD)	难生物降解有机物)，也不包括变成残渣的那部分有机物。因此它并不是水中有机物的全部，而只是其中的一部分。尽管如此，生化需氧量仍然是环境工程中最广泛采用的有机物测定方法之一。 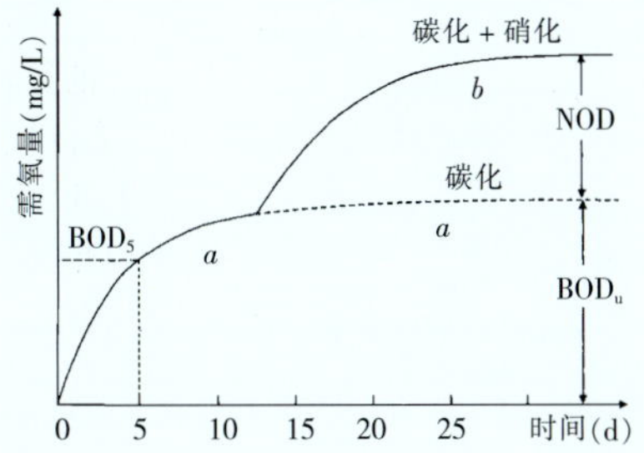 图2 有机物的好氧生物分解的两个阶段 有机物质生物氧化过程的速率与温度密切有关，而且这种生物氧化是一个缓慢的过程，需要很长时间才能终结。因此，在一般情况下，各国都规定统一采用 5d、20±1℃作为生化需氧量测定的标准条件，以便进行相对比较，这样测得的生化需氧量记作 BOD_5（20℃），或只写 BOD_5 或 BOD，通常也是指这种标准条件下的测定结果。 生化需氧量的基本测定方法是将水样(或经稀释的水样)注入并充满若干个有水封的具塞玻璃瓶中，先测出其中一瓶水样当天的溶解氧量，并将其余各瓶放在 20±1℃的培养箱内培养 5d 后再测其溶解氧量。培养前后溶解氧之差值即为此水样的 BOD_5，某些工业废水中缺乏必要的微生物，在测定其生化需氧量时还要作微生物的接种。此外，近年来也有一些生化需氧量的测定仪器可供应用。 耗氧量、化学需氧量和生化需氧量都是用消耗氧量的数值来间接和相对地表示水中有机物质数量的重要水质指标。如果同一废水中各种有机物质的相对组成没有变化，则一般情况下这三者之间的相应关系应是：COD＞BOD_5＞OC。 化学需氧量几乎可以表示出水中有机物质全部氧化所需的氧量，而生化需氧量则反映了能被微生物氧化分解的有机物质氧化时所需的氧量。如果同一废水的 BOD_5/COD＞0.3，一般认为此种废水是适宜于采用生物化学处理方法的。比值越大，可生物处理性越强。如果比值小于 0.3，则说明该废水中不可生物分解的有机物质数量很多，需要寻求其他的处理途径

续表

指标名称	分项指标	水质指标及说明
化学性水质指标	总有机碳(TOC)和总需氧量(TOD)	总有机碳(Total Organic Carbon，TOC)和总需氧量(Total Oxygen Demand,TOC)都是近年来发展起来的用以间接表示水中有机物质含量的综合性指标。它们都需要在专门的仪器中进行测定。这种仪器分别称为总有机碳测定仪或总需氧量测定仪。 将水样在 900~950℃高温下燃烧，有机碳即氧化成 CO_2。测量所产生的 CO_2 量，可求出水样的总有机碳值，单位常以碳(C)的 mg/L 计。水样中的无机碳在此高温下也会转化成 CO_2，故测定时需采取措施去除无机碳的干扰。总需氧量是指水样中的有机物在 900℃高温下燃烧变成稳定的氧化物时所需的氧量，结果以氧(O)的 mg/L 表示。 TOC 和 TOD 都可以反映水中有机物质的总量。但个别相当耐久的有机化合物不易被燃烧氧化，故均稍低于理论值。它们的测定简便快速，而且可连续自动监测，但仪器较为昂贵
生物学水质指标	大肠菌群数与大肠菌群指数	大肠菌群数是每升水样中所含有的大肠菌群的数目，以个/L 计；大肠菌群指数是查出 1 个大肠菌群所需的最少水量，以毫升(ml)计。可见大肠菌群数与大肠菌群指数是互为倒数。大肠菌群数作为污水被粪便污染程度的卫生指标，原因有两个： (1)大肠菌与病原菌都存在于人类肠道系统内，它们的生活习性和在外界环境中的存活时间都基本相同。每人每日排泄的粪便中含有大肠菌约 1×10^{11}~45×10^{11} 个，数量大大多于病原菌，但对人体无害。 (2)由于大肠菌的数量多，而且容易培养检验，但病原菌的培养检验十分复杂困难。 因此，常采用大肠菌群数作为卫生指标。水中存在大肠菌，就表明受到粪便的污染，并可能存在病原菌
	病毒	污水中已被检出的病毒有 100 多种。检出大肠菌群，可以表明肠道病原菌的存在，但不能表明是否存在病毒及其他病原菌（如炭疽杆菌等），因此还需要检验病毒指标。病毒的检验方法目前主要有数量测定法和蚀斑测定法两种
	细菌总数	细菌总数是大肠菌群数、病原菌、病毒以及其他细菌数的总和，以每毫升水样中的细菌群落总数表示。细菌总数愈多，表示病原菌与病毒存在的可能性愈大。因此用大肠菌群数、病毒及细菌总数等 3 个卫生指标来评价污水受生物污染的严重程度就比较全面

一、湖泊、水库、池塘水环境修复

1. 修复技术选择原则 任何修复技术必须在可行性研究基础上进行选择，主要考虑的问题包括：①技术的有效性；②水环境被修复的程度；③投资和成本，以及可能的替代方案的有效性与成本比较等。

水体修复技术可以分为以下几种类型。

(1)控制营养物质来源的技术 主要是改变生产和消费方式，减少污染物的产生，建设相关处理设施，减少污染物质的浓度和总量。

(2)控制藻类和植物的技术 包括机械清除技术，生态控制技术，即利用食物链，增加噬藻微型动物或者滤食藻类的鱼类，控制藻类的繁殖；消除一些水生植物；及时收割水生植物，避免其腐烂并消耗氧气，增加有机物，为藻类提供营养等。

(3)水动力学

1)底层水去除：由于底层水含有大量营养而溶解氧非常低，因此，可以采用虹吸、泵抽、水坝底层泄水等措施，增加底层水的溶解氧、减少底泥营养的释放。

2)底层水曝气：将底层水与表层水进行交换而不破坏水体分层；可以增加底层水溶解氧，降低铁锰离子浓度，以及去除水中的异味颜色等。

3)人工循环：人工循环可以破坏水体分层，增加水体溶解氧、抑制藻类生长、减轻嗅味色度等。

4)稀释或者冲刷：稀释是向湖中加入新鲜水，而冲刷是注入大量(也可能是含营养物的水)，将湖中藻类冲走。

(4)消除内源污染

1）底泥疏浚：是消除内源性污染的最经常被推荐采用的方法，尤其对于浅水湖泊或者水库，但是成本和底泥的处置是一个需要考虑的问题。

2)底泥氧化：氧化底泥中的有机物，避免其消耗氧气；氧化底泥中的亚铁离子，避免磷的释放。

3)覆盖底泥层：是一个防止根生植物生长和营养释放的有效方法。

2. 控制外源性污染的技术 控制外源性负荷是改善湖泊富营养化状态的根本途径。在工业方面，主要途径是清洁生产；在农业方面，主要途径是退耕还林还草，精准施肥等；在生活消费方面，是改变消费习惯等。例如，一个成年人每天产生大约 11g 的氮和 2g 的磷，因使用肥皂和洗涤剂而产生的磷就可能达到 1.4g。因此，禁止生产、销售和使用含磷洗衣粉是一项比较典型的控制磷污染来源的社会行动。根据报道，在一些发达国家，生活污水中总磷的 50%~70%来自合成洗涤剂。限制采用含磷洗涤剂，可以减少 20%~30%的磷负荷甚至更高。美国、日本、加拿大、意大利、瑞士和挪威等国家相继限制含磷洗涤剂的生产和使用。美国是首先禁止洗涤剂中含有磷酸盐的国家。由于湖泊富营养化加剧，美国各州从 20 世纪 60 年代后期在一些地区相继制定法令，禁止使用含磷洗涤剂。日本 1978 年制定行业规定，逐渐停止使用含磷洗涤剂，到 1988 年，96.7%的洗涤剂不再含磷，达到了基本无磷化。但是，在最近几年，随着污水处理技术进步，部分国家已经不再禁止使用含磷洗涤剂。

在我国，洗衣粉产品中含有 17%左右的三聚磷酸钠，磷含量为 4.0%，是湖泊水体磷元素的一个重要来源。根据分析，太湖水体磷负荷中 16.1%来自含磷洗涤剂使用后的污水排放。目前，我国江苏省、浙江省和云南省已经制定法令，禁止含磷洗涤剂的生产销售和使用。根据估计，江苏太湖地区通过禁止使用含磷洗涤剂，每年可以减少 1500t 磷的排放，可以减少 600t 磷排入太湖，从而降低太湖水体的磷负荷。太湖水体总磷污染来源分布见表 1。

太湖水体总磷污染来源分布(舒金华等，1999 年) **表 1**

排序	来　源	数量(t/a)	比例(%)
1	人体排磷量	4 367	43.6
2	洗衣粉排磷量	1 613	16.1
3	畜禽养殖排磷量	1 293	12.9
4	农业排磷量	1 191	11.9
5	工业排磷量	742	7.4
6	水产养殖排磷量	533	5.3
7	其他排磷量	281	2.8
	合计	10 020	100.0

对含磷的污水进行处理是避免污水中的磷进入湖泊水体的主要技术手段。目前，在一些有条件的地方，兴建具有除磷工艺的污水处理厂或者对传统城市污水处理进行除磷工艺的改造。常用生物除磷工艺是厌氧—好氧工艺(A／O 法)和厌氧—缺氧—好氧工艺(A^2／O 法)。厌氧—好氧工艺已经成为一种标准的生物除磷方法，好氧微生物能够吸收磷，使其从废水中去除，比较简便，可以在已有的传统处理工艺基础上进行改造；而且由于厌氧段的水解酸化作用，还能够提高污水处理程度，避免活性污泥膨胀。厌氧—缺氧—好氧工艺能够达到同时脱除磷和氮的作用，运行比较稳定。利用生物方法除磷具有以下优点：①除磷效果比较高；②可以避免化学方法除磷中产生大量的污泥；③动力消耗比较低，运行费用低；④操作方便，可以在现有污水处理厂改建。例如，在传统活性污泥法处理厂中，初级处理中磷去除率为 15%，二级生物处理过程磷去除率为 25%左右，三级处理的磷去除率为 55%，总去除率为 90%以上，出水含磷浓度可以降低到 1mg／L 以下。

但是，对于生物法不适用的废水，可以考虑采用化学法除磷技术。这种方法是通过向废水中投加化学药剂，实现磷的去除。常用的药剂包括铝盐和铁盐混凝剂与石灰等。磷的去除机理包括以下几个方面：①化学沉淀作用；②物理吸附作用；③化学吸附作用。为了使出水磷的浓度小于 1mg／L，混凝药剂的投加量一般是废水含磷量的 1.5 ~ 2 倍左右。

3. 稀释和冲刷

(1)原理 稀释和冲刷是一种常用的技术，在我国南京玄武湖、杭州西湖以及昆明滇池内海，都采用外流引水进行稀释和冲刷。这种技术可以有效地减少污染物的浓度和负荷，可以减少水体中藻类的浓度，可以促进水的混合，稀释藻类的有害分泌物等。

实际上，稀释和冲刷的机理相当于一个流动或连续的培养系统。当含低浓度营养元素的水被注入系统中时，导致系统营养物质浓度降低，相应地，藻类生物量也会随之开始下降；与此同时，营养元素和藻类能够以更加快的速度被置换或者冲洗出水体。

另一方面，水体稀释或者置换还能够影响到污染物质向底泥沉积的速率。在高速稀释或者冲刷过程中，污染物质向底泥沉积的比例会减小。但是，如果稀释速率选择不适当，污染物浓度可能反而增加。

稀释水与被稀释成分对比见表2，稀释技术效果举例见表3。稀释水比湖泊水体明显比较清洁。通过水体稀释，原来水体总磷浓度下降了54%，叶绿素水平下降了63%，而塞氏透明度增加了54%。

稀释水与被稀释成分对比（单位：μg/L） 表2

项目	总磷	总氮	活性磷	NO_3-N
水体	148	1331	90	1096
稀释水	25	308	8	19

稀释技术效果 表3

时间（年）	稀释速率（%/d）	总 磷（μg/L）	叶绿素 a（μg/L）	塞氏透明度（m）
1969~1970	1.0	158	71	0.6
1977~1979	10.0	71（54%）	26（63%）	1.3（54%）

（2）设计 在实际工作中，经常采用以下经验公式定量描述稀释冲刷的效果：

$$R=\frac{1}{1+\sqrt{\rho}}$$

式中：R 为限制性元素磷的停留系数；ρ 为水体交换或冲刷速率。

对于短期效果预测，则可以根据流量衡算方程进行预测或者计算：

$$C_t=C_{in}+(C_0-C_{in})e^{-\rho t}$$

式中：C_t 为在时间 t 时的污染物浓度；C_{in} 为进水浓度；C_0 为初始浓度；ρ 为水体交换或者冲刷速率。

以上方程假定，水体呈完全混合状态，没有任何其他污染来源。所以，没有考虑底泥沉积或者释放的影响，该方程只能用于短期效果预测，及时与实际观察结果进行比较。

对于稀释和冲刷的长期效果，考虑到稀释水量相对水体比较小，在稳态条件下，磷浓度可以采用以下方程进行预测：

$$P=\frac{L}{Z\rho}\frac{1}{1+\frac{1}{\sqrt{\rho}}}$$

式中：L 为磷元素的面积负荷；Z 为平均深度；ρ 为冲刷速率。

以上方程的一个主要假定是稳态条件。如果季节性的内源负荷波动不是非常剧烈，该假定条件可以得到满足。但是，如果季节性内源磷浓度峰值比较高，模型的预测值仅能作为参考。

实际的稀释过程比较复杂，一些因素如水流方向、风以及湖泊形状等都会影响稀释的效果。稀释也会产生一些额外的效果，例如改变蓝绿藻的生长条件，减弱藻类固氮的效率。在这种情况下，氮可能取代通常预料的磷转而成为限制性营养元素。

某湖泊稀释，磷初始浓度是65μg/L，在稀释后达到稳态时的浓度为20μg/L，磷的面积负荷是 L=270mg/（m²·a）。该湖泊内源负荷也相当严重，内源性磷负荷占全部负荷的21%。稀释后，平均叶绿素 Chl a 浓度是35μg/L，平均水深是 Z=3.8m。

现在，稀释成为主要的修复手段，而且稀释目标是磷降低到20μg/L；稀释水来自城市供水，其含磷浓度是10μg/L，设定稀释速率为 $\rho=2.38a^{-1}$，沉淀校正系数 R 为

$$R=\frac{1}{1+1/\sqrt{\rho}}=\frac{1}{1+1/\sqrt{2.38}}=0.61$$

现有水量为 $7\times10^6 m^3/a$，稀释后水体的磷的浓度的预测值为

$$P=\frac{L}{Z\rho}\frac{1}{1+1/\sqrt{\rho}}=\frac{270}{3.8\times2.38}\times0.61=18\mu g/L$$

由此可以看出，方程计算结果可以作为参考。

一般来说，稀释与冲刷经常混淆使用。而实际上，稀释包括了污染物浓度的降低和生物量的冲出，而冲刷仅仅指生物量的冲出。对于稀释来说，稀释水的浓度必须低于原水，浓度越低，效果越好。对于冲刷来说，冲刷速率必须足够大，使得藻类的流失速率大于其生长繁殖速率。

最理想的稀释情形是采用低浓度低流量的水，而达到长期的效果。在实际稀释过程中，可以根据实际情况采用不同的方式。例如，一种方式是只在富营养化严重的季节如夏季进行加水稀释；另一种方式是采用比较小的水量（总水量相同）不分季节常年加水稀释。实际结果表明，后一种方式的效果有时更好。

稀释法的成本取决于输送水的设施、水源远近、水量大小和单位水量的价格等因素。一般来说，稀释法的优点包括：①在水量充足时成本相对比较低；②能够马上见效；③在浓度比较高的情况下也能够见到部分效果。但是，充足的低浓度的水源通常是个限制因素。

4. 深层水抽取技术

（1）原理 水体质量的恶化一般从深层水开始，将深层水抽出来一部分并进行一定程度的处理是一种可供选择的技术。这样，深层水停留时间缩短，深层水转为厌氧状态的机会就减小了许多，由此减小了底泥中富营养元素和重金属离子释放的速率，减小了对鱼类的不利影响，也减小了污染物质或者富营养元素向表层水的扩散传输。

该技术一般采用虹吸的方式，将抽水管直接插入到深水层的最深部分，将水吸出。在水抽取的过程中，表层水会向下沉，因而，这种技术将削弱湖泊水的分层。因为分层能够增加污染物质从深层向浅层的传输。为减少分层现象，有些湖泊将进水直接输送到深层或者中层，也是一种可行的方法。这种方法适用于比较小的水库湖泊等。虹吸方法抽取深层水技术示意见图1。

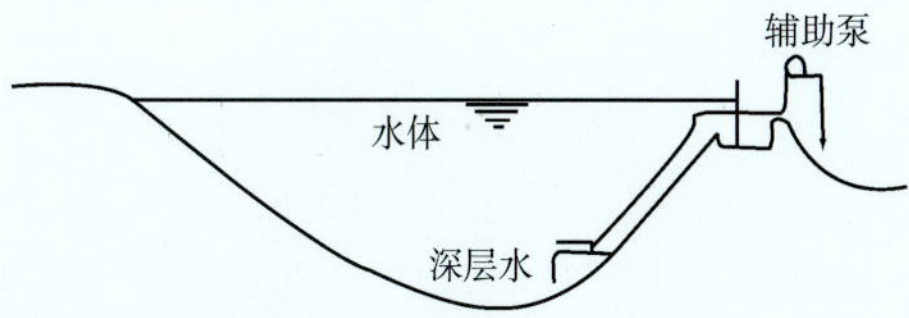

1 虹吸方法抽取深层水技术示意图

（2）设计 这种技术的主要设备是虹吸管和控制系统。由于虹吸管简单，没有活动部件，无需动力驱动，整个系统可靠，成本

低廉。但是，为了保证系统的有效性，水的抽取速率必须是水体分层速率的数倍，可以用氧的消耗速率来表示。例如，如果单位体积深层水的氧消耗速率是 0.05g／(m^3·d)，水量 $0.47\times10^6m^3$，则总的氧消耗速率是 23.5kg／d，如要取得明显的效果，则需要提高抽取或注入水的速率，使供应的溶解氧达到氧消耗速率的 2 倍，即达到 48kg／d。假设入水溶解氧浓度为 10mg/L，则水的流量应该为 $0.057m^3$／s。根据流量需求，可以设计管子尺寸，如果水头不足，则需要安装辅助水泵，增加流量。

另一方面，所抽取出来的深层水，必须得到妥善处理，因为其比较低的溶解氧以及厌氧过程产生的一些中间产物可能会影响所排入水体的水生生物。

2 岸边码头采用水动力循环，能有效防止局部冰封

5. 水动力学循环技术

(1)原理 湖泊水库的水体动力学循环从 1950 年以来就开始得到应用。最初主要用来防止浅水结冰，防止其中的鱼类生物被冻死，见图2。在 60 年代以后，水体动力学循环技术逐步用于水体富营养的控制和水体水质的改善，是被广泛应用的技术之一。

水体循环可以通过泵、射流或者曝气实现，通常是完全循环，这样可以防止水体分层或者破坏已经形成的分层。经过水体循环，溶解氧增加，污染物质氧化加快，改善了好氧水体生物的生存环境。通过水体循环，温度也可以得到升高，见图3。

3 水体循环使温度升高，结冰融化

水体循环能够降低内源性的磷负荷，通过增加混合层的深度和减少光线暴露机会从而能够降低藻类的数量。但实际上，水体循环也同时强化了一些相反的作用过程。实际观察表明，内源性的磷和藻类数量并没有变化甚至还会增加。水体循环的主要原理如下。

1)提高溶解氧浓度。水体循环的最主要作用是提高湖泊水库水体溶解氧的浓度。通过循环，深层水与表层水得到置换，深层水体溶解氧将得到明显的提高，而表层水体的溶解氧可能相对减少，部分原因还包括底层有机物传输至表层，消耗了部分溶解氧，同时表层水体生物光合作用减弱，减少了氧气的释放。

2)控制水体生物数量。水体混合程度的增加，使表层的浮游植物可能被带到光线比较暗的深层，限制了光合作用，因而限制了浮游植物的增殖生长。因此，存在着一个“临界深度”概念，即低于此深度，光合作用将不足以支持浮游植物生长。如果知道水体表面的光照强度和光线随着深度的衰减系数，原则上就可以计算“临界深度”。如果混合层深度大于“临界深度”，则可以判断，浮游植物将减少。

有的研究发现，对于水体比较深的湖泊，例如大于 30m，“临界深度”的效应比较明显，充分混合或者水体循环能够控制生物的生长，而对于浅层湖泊，例如小于 10m，效果不明显。甚至，水体循环如果不适当，还可能增加营养元素的扩散传质，从而加快表层浮游植物的生长。

Oskam(1978 年)建立了一个比较简明的描述混合层深度与生物量和生长速度关系的模型，如下式所示：

$$P_{net}=CP_{max}\left(\frac{F(I)\lambda}{\varepsilon_w-C\varepsilon_c}-24rZ_m\right)$$

式中：C 为叶绿素 a 的浓度，mg／m^3；P_{max} 为最大光合速率，mg C／(mg chl·h)；$F(I)$为无量纲光照强度，以 $\ln(I/I_{1/2})$表示；λ 为光照时间，h；ε_w 为光线衰减系数，m^{-1}；ε_c 为单位藻细胞的比衰减系数，m^2／mg chl；Z_m 为混合层深度，m；24 为 24h；r 为细胞呼吸速率与 P_{max}的比值。

以上模型假定营养物质不是限制性因素，藻类细胞除了呼吸衰减以外的损失如沉淀、吞噬或者流失等忽略不计。

根据这个模型，随着混合层深度的增加，假定藻类均匀分布，藻类的生长将下降。水体循环就是增加混合层的深度的一种技术。

3)控制内源性污染。对于厌氧过程控制的磷的释放的情况，铁的氧化还原控制着磷的溶解度。采用水体循环可以有效地降低磷的释放。因为三价铁氢氧化物能够吸附磷，避免其向表层扩散。但是，在一些湖泊，铁的氧化还原可能并不是控制性因素，例如，钙可能在一些硬水水体中控制着磷的溶解度，或者磷的释放速率是由有机物的好氧分解所控制。在后一情况下，水体的循环将反而导致磷浓度的增加。因为水体的循环将导致底泥空隙水与主体水交换速率的增加，更多的磷被释放出来。内源性的磷在不分层的浅水湖泊中，起着非常重要的作用。由于其底泥界面呈现好氧状态，降低磷负荷不可能通过水体循环来达到。

4)加快氨氮的氧化。使其转化为硝酸盐态的氮，促进一些金属离子例如亚铁和锰的氧化和沉淀，降低其浓度。在厌氧状态时，这些金属离子经过还原成为溶解性的离子，很容易扩散释放。当进行水体循环时，好氧状态促使被还原的金属离子被氧化然后沉淀。这对于饮用水水源尤其重要。

(2)设计 水体循环一般用压缩空气，向底部曝气，随着气泡的上升，在被充氧的同时，水流被提升至表面，使水体形成循环。尽管也有的采用泵或者射流的方法，但是比较下来，成本都比较高。曝气位置一般选择在湖泊水库最深处，效果最好。因为深度大，气流上升速度快，水体循环也快。空气曝气需要达到一定的流量才可以达到所期望的效果。图4描述了对一些湖泊的统计结果。

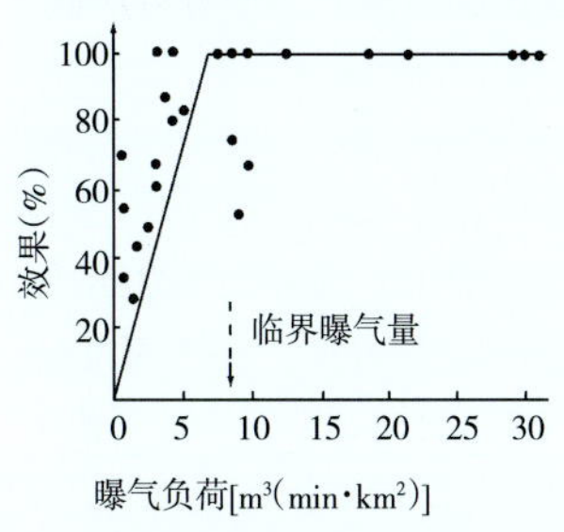

4 曝气流量与防止水体分层效果之间的关系

从图中可以发现，只有当曝气流量达到一定的水平，水体循环效果才得到体现。一般认为，临界曝气量是 $9m^3/(min \cdot km^2)$ 左右。

如果曝气流量适当，在水体循环过程中，一般深层水的温度会适当上升，接近表层水的温度，而表层水的温度则适当下降。但是，如果曝气流量达不到所需要的临界值，则很可能存在局部的水体分层现象，混合层深度小于临界深度，甚至反而促进藻类的繁殖和生长。另一方面，空气流量也不宜太高，否则容易导致底泥泛起，内源性污染加剧。

曝气流量与水体循环的关系可以用以下公式描述：

$$Q_w(X)=35.6C(X+0.8)\frac{-V_0\ln(1-\frac{X}{h+10.3})^{1/2}}{\mu b}$$

式中：$Q_w(X)$为空气曝气设备的水流量，m^3/s；$C=2V_0+0.05$，m^3/s；X 为曝气设备淹没的水层深度，m；V_0 为一个大气压下的空气流量，m^3/s；h 为曝气筒的长度，m；$\mu b=25V_0+0.7$，m^3/s。

曝气设备一般置于水体最深层，但是需要距离底泥约 1~2m，以防底泥泛起。曝气设备所占的空间应该是空气释放程度的 1/10，因为上升水流的扩展程度是每上升 1m 水平方向扩展 0.05m。表 4 统计性地描述了采用空气扩散筒的湖泊水体循环效果统计比较。

由表可以发现，溶解氧和微量金属离子指标能够得到明显的改善，类似地，氨氮和表层水 pH 也得到比较明显的改善。所有这四个方面的指标的改善从统计学上来说都是显著的。

从表中的数据也可以发现，对磷指标的改善并不明显。因此，内源性的磷可能是受到多方面的因素影响，例如，好氧性的释放、水生植物的分解以及光合作用释放。如果磷的释放主要是由微生物好氧分解造成的，则水体循环将引起底泥与水体加速交换，磷的浓度升高。此外，外源性负荷也可能起着主要的作用，以致内源性负荷的变化不起任何作用。

水体循环也可能导致其透明度下降。因为水体循环可能加快营养的循环，使营养浓度增高，悬浮生物浓度升高，透明度下降；或者水体循环强度比较弱，存在局部分层现象，导致藻类生物繁殖，透明度下降；或者，水体循环强度太大，导致底泥泛起，浊度升高，见图5。

采用空气扩散筒的湖泊水体循环效果统计比较(Pastork,1982 年) **表 4**

参　数	总数目	湖泊响应程度(个数 / 变化%)				x^2
		增加 +	减少 −	不变	其他	
温差	45	15	30			5.00
透明度	19	4	10	2	3	6.50
溶解氧	41	33	1	2	5	55.2
溶解磷	17	3	5	7	2	1.60
总磷	20	5	6	8	1	0.74
硝酸盐	20	7	8	3	2	2.33
氨氮	20	3	13	3	1	10.5
铁锰	22		20	2		33.1
表层 pH	21	1	9	8	3	6.33
藻密度	33	6	14	8	5	3.71
叶绿素	23	5	6	6	6	0.12
绿藻	18	7	4	7		1.00
蓝绿藻	25	5	13	5	2	5.57
绿 / 蓝绿藻比例	21	11	3	6	1	4.90

表中数据也表明，如果水体循环适当，也不存在局部分层现象，浮游生物数量尤其蓝绿藻的数量能够得到比较明显的抑制。可能的原因包括，限制了光合作用、营养的循环以及干扰了藻类细胞的流动等，因为蓝绿藻细胞有微气囊，能够漂浮，而水体循环干扰了其漂浮规律。

5 水循环使水体悬浮生物浓度升高、浑浊，引来水禽觅食

水体循环由于增加了好氧水层的深度，因此扩展了水生动物的活动生存范围。例如，有研究发现，水蚤在深层水中的数量密度增加了 5~8 倍。类似地，高等动物例如大型无脊椎动物也增加了。

水体循环的副作用包括以下几个方面：

1)加快磷从底层传递至水体表层，尤其是颗粒状原本可能沉淀的磷，使其在表层得到生物作用，变成溶解性的。

2) 水体透明度可能下降——由于黏土颗粒和浮游生物等增加。

3)藻类生物的增加和光合作用的增强，导致 CO_2 浓度下降，相应 pH 上升。

4)水体循环可能抑制了藻类的沉淀，导致更多的藻类繁殖，当然如果是硅藻种类得到繁殖，情况就比蓝绿藻要好。

6. 深水曝气

(1)原理 深水曝气通常有三个作用:第一个作用就是在不改变水体分层的状态下提高溶解氧浓度;第二个作用是改善冷水鱼类的生长环境和增加食物供给;第三个作用是通过改变底泥界面厌氧环境为好氧条件来降低内源性磷的负荷,其他附带的目的或者效果包括降低氨氮、铁和锰等离子性物质的浓度。

常用的有三种深水曝气设备:机械搅拌(包括深水抽取、处理和回灌)、注入纯氧和注入空气,空气注入的方式可以全部或部分空气提升或者向下注入。

机械方式曝气包括将深层水抽取出来,在岸上或者在水面上设置的曝气池内进行曝气,然后再回灌深层。这种技术应用并不普遍,主要原因是空气传质效率比较低,成本比较高。

注入纯氧能够大幅度提高传质效率,但是容易引起深层水与表层水混层。空气曝气包括空气全部提升或者部分提升。空气全部提升指用空气将水全力提升至水面然后再释放,而部分提升仅是空气和深层水在深层混合然后气泡分离。有关的研究和实践表明,空气全部提升系统与其他系统相比成本最低而效果最好。尽管如此,空气部分提升系统应用得最多,设备多数由 PVC 材料制成。

(2)设计 深层曝气设备的大小主要取决于深层水溶解氧消耗速率或者需要量、深层水体积以及时间等因素。曝气时间与水体分层时间有关。氧的消耗速率可以从溶解氧随时间的变化曲线得到,如下式所示:

$$O_2=\frac{DO_{t1}-DO_{t2}}{t_2-t_1}h$$

式中:O_2 为溶解氧的消耗速率,mg/(m²·d); DO_{t1} 为水体分层开始时的溶解氧浓度,mg/L; DO_{t2} 为水体溶解氧降低至 1mg/L 前某时间的浓度,mg/L; h 为深层水的平均深度,m。

空气的需要量可以根据以下公式进行计算:

$$Q=\frac{O_2A_ht_s\times2\times10^{-6}}{1.205\times0.2}$$

式中:Q 为空气需要量,m³/d; A_h 为深水层的面积,m²; t_s 为水体分层时间,d; 2 为安全系数; 0.2 为空气中氧气的比例; 10^{-6} 为单位转换系数kg/mg;1.205 为空气在 1 个大气压和 20℃下的相对密度,kg/m³。

从实际应用情况来看,曝气系统能够有效地增加深层水的溶解氧,一般可以达到 7mg/L;同时氨氮和硫化氢能够得到降低。厌氧环境可以转变为好氧环境。内源性的磷负荷的降低通常并不像想象的效果那样理想,而且内源性磷的控制效果也不稳定,一旦停止曝气,内源性磷浓度就重新增加至曝气前的水平,因此,对富营养现象的改善或者对藻类生长的控制可能并不如预期的那样理想。

研究发现,曝气还会影响水体生物。虽然表层水和浅层水中的生物种类变化不大,但是深层水由于从厌氧转变为好氧,相应生物种类发生比较大的变化,增加了例如食草生物的生存空间。某些大型食草生物的增加可能有助于控制藻类等富营养化生物的生长。因此,曝气可能有着更深远的作用。

由于溶解氧深度增加,深水高等动物例如冷水鱼类将会增加,而不会被排挤进入浅水层,底栖生物增加也增加了鱼类的食物供应。例如,某湖泊在曝气改善深层水水质后,鳟鱼又重新出现,而且解剖发现其胃内含有好氧条件下生长的浮游和底栖生物。

7. 磷的沉淀和钝化

(1)原理 湖泊水库内源性的磷对于富营养化具有举足轻重的作用,尤其是对于浅层湖泊,或者表层水与厌氧水层距离近的湖泊水库。例如,有调查表明,美国俄亥俄州两个湖的富营养化过程中,内源性磷所占的比例达到 65% ~ 100%。

磷的沉淀和钝化属于改善湖泊水库的技术,目的是通过沉淀去除水体中的磷,通过钝化延缓内源性磷从底泥中的释放。在沉淀中,通常使用硫酸铝等铝盐,加入水中形成磷酸铝或胶体氢氧化铝共沉淀,沉淀效率与水体 pH 和碱度等有关。

之所以选择铝元素,是由于铝的络合物或聚合物在氧化条件变化时呈现惰性,同样被结合的磷也呈现惰性。这一点与铁不同,铁的络合物在氧化还原条件变化时将磷重新释放。另外,铝的络合物能够高效地捕捉颗粒状和无机性的磷,而且在一般的用量范围内对水体生命没有毒性威胁。

当硫酸铝[$Al_2(SO_4)_3·18H_2O$]被投加进入湖水中时,pH 决定着铝的存在形态。如果 pH 在 6 ~ 8 范围,则主要是可沉淀的聚合性的氢氧化铝,在碱性条件主要是铝酸根离子,而在酸性条件下主要是游离的铝离子 Al(Ⅲ)。当投药量比较大时,水体的 pH 和碱度可能发生比较大的变化,这种变化随之影响水体其他生命的生存,以及游离铝离子的毒性。

磷去除的机理包括:形成磷酸铝($AlPO_4$)沉淀,吸附在氢氧化铝[$Al(OH)_3$]絮体表面,以及含磷颗粒的网捕过程等。一般情况下,不容易形成磷酸铝($AlPO_4$)沉淀,只有在过量投加的情况下,才有可能,所需要的 Al : P 比例高达 500 以上。无机性的磷可以有效地被吸附在氢氧化铝絮体的表面。有些研究表明,溶解性的磷相对于总磷更难以得到去除,Kennedy 和 Cooke(1982 年)报道,实验室实验可以去除 1% ~ 36%的溶解性磷。

沉淀技术发挥作用比较快,但是难以发挥长效作用,因此一般建议作为临时措施使用。如果将大量氢氧化铝投加覆盖在底泥表面,就可以随时吸附任何从底泥中释放的磷或者形成铝酸盐,因此起着钝化的作用。通过这种途径,内源性的磷可以在比较长的时期内(例如几年)得到抑制,从而抑制湖泊的富营养化。达到钝化所需要的投药量比较难以确定,其与磷的含量、地下水入流量和底泥化学等有关。

(2)投药量的确定 目前有两种确定投药量的方法。一种方法是以去除水体中磷的比例来确定,例如向湖水表面撒投药品直到水中的磷的去除达到要求为止,几乎所有的早期湖水处理都是采用的这种方法。具体是逐步加大投药量,直到达到满意的磷去除率。这种方法类似于废水处理中确定投药量的方法。根据烧杯实验结果,进而计算出这个湖泊水体处理所需要的投药量。

另一种方法是投加尽可能多的药量与底泥磷的去除相匹配,从而达到长期控制磷或者内源性磷的目的。此时,为了水体中生物的安全,一般将所需要的药量直接投加在深层水,避免和浅层水生物相接触。

最佳投药量的确定涉及氢离子浓度(pH)的变化、碳酸盐碱度和铝离子的毒理学效应等。因为,随着投药量的逐步加大,水体的pH和碱度可能逐步降低,而游离的铝离子浓度逐步升高。如图6所示,当水体pH下降至5.5以下时,溶解性的铝离子浓度将迅速升高。

因此,有人建议溶解性铝离子的浓度控制在50μg/L以下,因为有的研究表明这个浓度水平对于鱼没有明显的短期和长期毒理学效应。但是,实际上没有有关铝离子对水体生态毒理学影响的详细研究,也没有有关慢性毒理学以及生物积累方面的详细研究。

这种技术的最大缺点是容易受pH的影响。例如,在酸雨或者酸沉降比较严重的地区,酸性水可能引起水体pH剧烈下降,由此导致沉淀态的铝变为溶解态的铝离子,被沉淀的磷可能重新溶解或者悬浮起来进入水体,加剧富营养化现象。

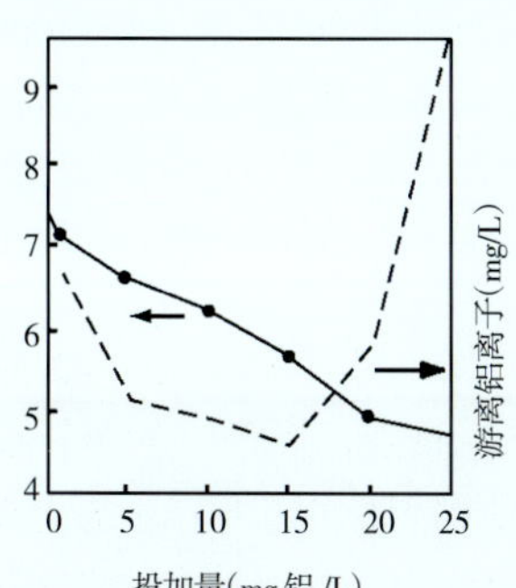

6 投药量与pH以及游离铝离子浓度的相互关系

8. 底泥疏浚 底泥疏浚是修复湖泊水库的一项有效技术。底泥是湖泊水库中的内污染源,有大量的污染物质积累在底泥中,包括营养盐、难降解的有毒有害有机物、重金属离子等。例如,在滇池,80%的氮和90%以上的磷分布在底泥中。在一定条件下,这些有害物质被释放进入水体,影响水体生物或者通过食物链积累在生物体内,典型的例子有汞的污染和转化,PCB有机物生物累积。在浅水湖泊水库中,底泥中的富营养元素很容易释放进入表层水体,导致藻类繁殖,水体水质急剧恶化,这种现象极容易发生在春夏交替的季节。此时内源性的磷的负荷占举足轻重的位置。例如,在太湖,底泥释放的磷是外源性磷负荷的21%,而西湖内源释放的磷所占的比例高达41%。

疏浚底泥能够彻底去除积累在其中的有毒有害物质。当然,在疏浚过程中,需要注意防止底泥泛起,导致有毒物质进入水体,以及注意底泥的合理处置,防止二次污染。

(1)疏挖技术种类 一般有两种形式的疏挖。一种是将水抽干,然后使用推土机和刮泥机。但是,这种方法应用非常有限,大多数应用在小型水库中。因为这种技术明显的缺点是必须将所有的水放干或者用水泵抽干,还有一个缺点是湖底或者水库底部必须脱水以便机械化作业,这种要求一般很难做到。

另一种是采用带水作业,是真正的疏挖,应用也最多。可以采用机械式疏挖,也可以采用水力式疏挖,或者在某些情况下采用特殊形式的疏挖。

1)长臂泥斗疏挖。长臂泥斗疏挖过程见图7。长臂泥斗疏挖的主要优点包括:容易从一个挖泥点转移至另一个新的挖泥点,能够在比较小的工作面施工。长臂泥斗疏挖主要应用在近岸边,尤其是码头附近的底泥。长臂泥斗疏挖的主要缺点是必须将疏挖的底泥堆放在附近,一般在30~40m附近,而且疏挖速率比较缓慢。疏挖过程还经常因泥斗拖刮和泥水溢流等将水搅浑,被搅稀的底泥随之又难以进一步用泥斗捞挖。湖泊水库底部的坑洼不平也影响这种疏挖的实施。水搅浑的问题可以采用聚乙烯布围挡使之限定于一定的范围之内,见图7。

2)水力疏挖。有多种水力疏挖方式,包括抽吸式疏挖、漏斗式、簸箕式、铣轮式挖泥等。目前,铣轮式挖泥机经常应用于内湖底泥疏挖。这种类型的设备通常轻巧便于移动,成为了底泥疏挖的主力机械,形成了独特的底泥疏挖行业。铣轮式挖泥机主要结构包括支架、铣轮、泥斗、泥泵、电机和输泥管等,见图8。

主体平台主要由钢结构组成,并且能够承受工作产生的摆动,主体结构还能够容纳动力单元、泵、操作间、卷扬机、钢索,以及操作挖泥斗的"A"型结构框架。

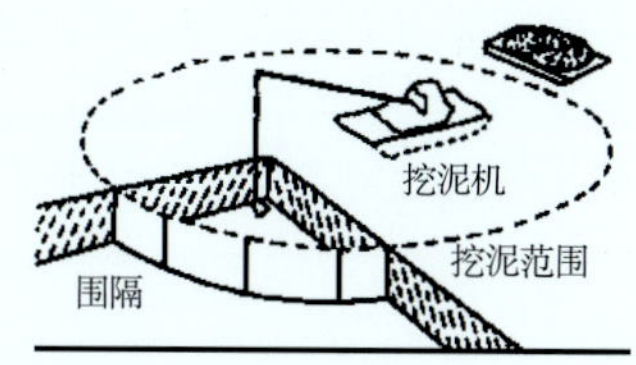

7 长臂泥斗疏挖施工示意图

主体平台与铣轮之间由梯形梁连接。梯形梁的长度决定着疏挖深度,梯形结构同时也支撑着抽吸管道、铣轮电机和传动轴。在某些情况下,辅助抽吸泵也安装在梯形结构上。梯形结构的升起和下放由连接卷扬机的悬索所控制。

铣轮通常由3~6片圆滑或者齿状的锥形叶片组成,能够以10~30r/min速度旋转,松动压缩的底泥。铣轮也有各种结构类型,各有特点。大多数铣轮被设计用来松动沙、泥土甚至石头材料。也有特殊的设计用来去除松软的、絮凝状的底泥。

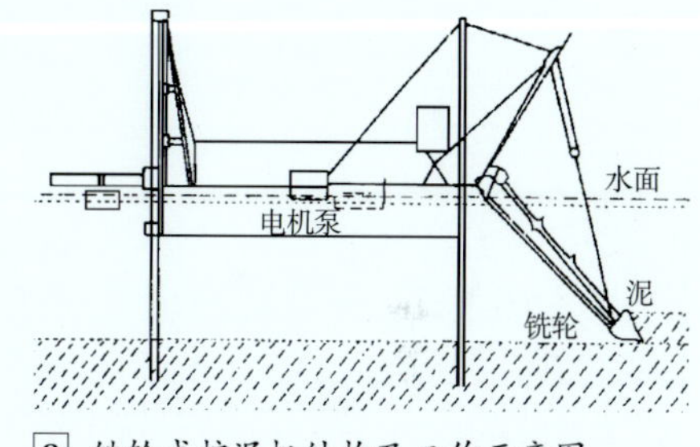

8 铣轮式挖泥机结构及工作示意图

定位桩一般是垂直安装的管子,直径在25~127cm之间,取决于挖泥机的规模,位于挖泥机尾部两侧,通过交替挪动可以转移行走挖泥机。

在挖泥操作中,松动的底泥进入抽吸头部,被离心式泵抽吸。被抽吸出来的底泥泥浆放置在远处的处置区。铣轮头部以一定的速率摆动,可以在更大范围连续抽吸底泥。但是,铣轮式疏挖出来的底泥含水率相对比较低,一般含泥率为10%~20%,含水率为80%~90%左右。这意味着需要比较大的处理处置面积空间,需要比较长的停留时间,使悬浮固体沉淀下来。

底泥的抽吸量一般由铣轮旋转速率、吸刮厚度和摆动速率等决定,在实际操作中,需要相互协调。为了有效地抽吸松软的底泥,铣轮头出现了几种变形,包括螺旋铣头,其所抽吸出来的底泥含固量可以达到30%~40%,几乎是传统铣轮式挖泥机的2倍。

新型水力挖泥机如图9所示,采用真空泵和压缩空气泵交替作用,完成底泥抽吸、压出和输送过程,尤其针对松软的底泥更加有效。

另一种新型挖泥机采用特殊设计的旋转铣轮刮泥装置，加上活动的挡板，浮动翼板，可以引导旋转铣轮的挖泥方向，如图10所示。装置还装有一个宽阔的气体收集罩，能够将底泥中释放出来的氢气、甲烷和硫化氢等气体收集起来集中处理，避免污染。

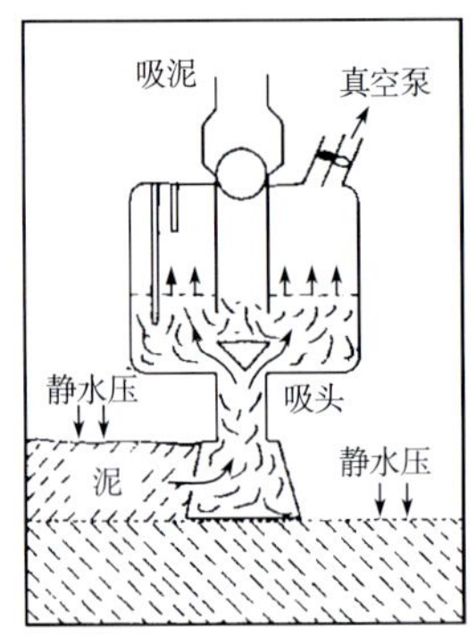

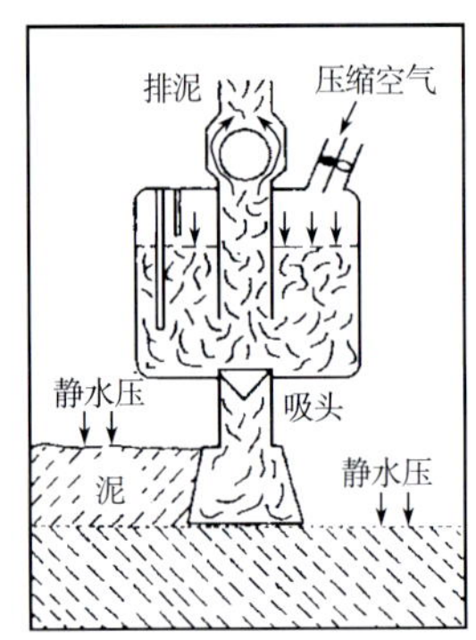

9 新型水力挖泥机

实际工程应用表明，新型挖泥系统能够高效率地抽吸松软的底泥层，最大程度地减少泛泥现象，降低含水率，所抽吸出来的底泥含固量可高达70%左右，使得疏浚工程更加经济和高效，对周围环境影响更小，甚至湖泊水库的渔业和娱乐活动都不会受到影响。

(2)底泥疏挖方案的制定 方案内容包括设备的选择和底泥处置场的设计。设备的选择需要考虑几个因素，例如设备的可得性、项目时间要求、底泥输送距离、排放压头以及底泥的物理和化学特征等。底泥处置场的设计需要考虑需要容纳的底泥容积、悬浮固体含量、底泥颗粒分布、比重、流变性或者塑性以及沉降特征等。

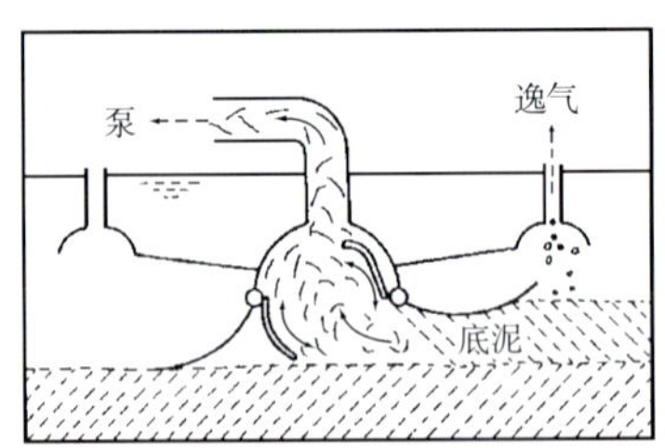

10 新型旋转铣轮刮泥装置

底泥处置是限制疏挖的一个通常遇到的问题，因为通常需要大的处置面积，而在需要疏挖的地区，人口通常比较密集，难以找到处置底泥所需要的地方。因此，有必要综合利用所疏挖的底泥。例如，美国麻萨诸塞州将源泊疏挖出来的$153\times10^3m^3$的底泥用作土壤调节剂，从而节约大量成本。

一般而言，一个湖泊水库如果水比较浅、沉淀速率非常低、底泥有机物含量高、水力停留时间长以及严重影响正常功能的发挥等，就需要进行疏挖。但是，疏挖需要考虑底泥深度变化规律、颗粒分布、汇水面积以及沉淀速率。底泥的深度随着湖泊水库的形态变化而变化。底泥的特征一般水平方向上比较均一，而在垂直方向上变化比较大，因此有必要调查底泥垂直分布特征，内容包括底泥成分、颗粒分布、容积、含水率、颜色和组织结构特征等。

为了控制内源性污染以及巨型水生植物的生长而需要疏挖的底泥的深度，就目前来说尚没有明确的原则可循。例如，经过调查发现，瑞典的Trummen湖自1940~1965年以来所积累的底泥，表层40cm厚，在好氧和厌氧条件下所释放的PO_4^{3-}-P和NH_4^+-N明显高于其他泥层。

同样，为了避免巨型水生植物过度生长，所需要疏挖的底泥的厚度也比较难以确定，涉及的因素包括温度、底泥结构、底泥营养程度以及光线强度等。有的研究报道，在2m深的水层中，疏挖底泥1m，1年以后，水生植物60%恢复生长，而疏挖底泥深度达到1.4m和1.8m时，水生植物就没有恢复生长。

巨型水生植物通常能够生长在2m多深的水里，见图11。这也许意味着光线本身不是影响其生长的惟一因素。当然，对于巨型水生植物只要能够控制其生长程度就可以了，而不必要彻底从湖泊中铲除。因为，巨型水生植物能够为鱼提供产卵场所，为水禽提供食物，为野生动物提供栖息场所等。例如，瑞典的Trummen湖就留下30%面积没有进行底泥疏挖。

(3)设计

1)疏挖底泥体积的确定。由于疏挖成本费用与疏挖底泥体积密切相关，准确地估计待疏挖的底泥体积是非常重要的。一般的方法是收集或者测量底泥表面的地图，然后与原始底部地图比较，就可以估计出来湖泊内待疏挖的体积。估计的准确度取决于取样测量点的间隔。

11 池塘水中的巨型水生植物

评估底泥体积的测量点的选取与湖泊形态构造及所要求的准确度有关。有人建议，对于小型湖泊，面积小于$40hm^2$，取样测量间隔为15m；而对于比较大型的湖泊，面积大于$40hm^2$，取样点间隔可以设置为30m。在取泥样测量中，可以用刻有刻度的直径为0.95~1.6cm的钢质钎杆探知水层深度和底泥厚度。水深的测量应该在平静期间测量。

2)挖泥机的选择。

a. 距离底泥堆放场尽量近，避免泵力输送耗能太大。

b. 根据底泥泵送距离和计划中的疏挖速率，从相关效能图表确定几种备选设备。

c. 根据机器功率，假定机器工作三班倒，一天工作24h，但是考虑机器维修和管道挪动等，有效工作时间为20h，根据备选设备能力，计算每种备选设备完成疏挖任务所需要的总的时间，比较选定铣轮设备。

d. 确定泵送底泥所需要的压头。压头与泵送速度压头(一般速度为 3.0~4.0m/s)、底泥抬升压头和管道阻力压头(包括各部分阻力损失)等,在计算中需要考虑用底泥比重进行校正,确定泵的功率。

3)压头和功率。抽吸压头分为静压头和速度压头。

a. 抽吸静压头:因为底泥的比重大于水,抽吸同样的底泥所需要的压头大于抽吸同等体积的水所需要的,以抽吸泵中线为基准,抽吸压头计算公式为

$$h_{ss}=S_1A-S_2B$$

式中:h_{ss} 为抽吸抬升所需要的压头,m 水柱; S_1 为水体比重,一般为 1; S_2 代表底泥比重,一般为 1.2; A 为从疏挖位置至水面的距离,m; B 为从泵轴心至疏挖位置的距离,m。

b. 抽吸速度压头:是将底泥抽吸进入管道所需要的速度压头,计算公式为

$$h_{sv}=S_2\frac{V_s^2}{2g}$$

式中:h_{sv} 为速度压头,m 水柱;S_2 为所泵送底泥的比重;V_s 为泵送底泥在管道中的速度,m / s;g 为重力加速度,m / s^2。

4)底泥堆放场的设计。堆放场是仅次于设备选型所需要考虑的问题。

在设计底泥堆放场时,首先需要进行野外现场勘察,其次是确定底泥的特征,包括含水率、有机成分比例、颗粒粒径分布和比重,并测定底泥沉降速率,底泥的沉降属于集团沉降,颗粒在沉降过程中相互作用。

5)底泥疏浚所引起的问题。首先是底泥疏浚过程中,底泥泛起和搅拌,导致空隙水中的磷及其他污染物质重新进入水体,在加上水流和风的作用将释放的污染物质扩散进入表层水体,引起藻类疯长,产生富营养化现象。但是,也有的湖泊并没有产生所预料的藻类过度生长,可能是由于浊度升高,抑制了藻类的生长。

在底泥疏挖过程中,其中的有毒有害物质可能会被重新释放出来。例如,有研究表明,99.7%的多氯联苯污染物质是被吸附在直径小于 74μm 的微细颗粒上,而这种颗粒非常容易在疏浚过程中泛起进入水体。

底泥疏挖还去除底栖生物,破坏鱼类的食物链。如果底泥被完全疏挖,可能需要 2~3 年的时间,才能重新建立底栖生物群落。如果底泥疏挖不彻底,底栖生物群落的恢复相对比较快。

尽管如此,底泥疏浚引起的问题属于短期效应,相对于其长期的效应,还是值得的。当然,疏挖的底泥必须得到妥善的处置,避免二次污染。处置地点必须合理选择,避免洪水冲刷侵蚀,避免污染地下水。

6)底泥利用。底泥可以用于生产建筑材料、生产肥料、改良土壤和建造景观等。底泥非常适合生产建筑材料,如砖瓦,因为底泥具有颗粒细、可塑性高、结合力强和收缩率大等特点,所生产的砖瓦质量高,而且不损坏耕地。例如,在洞庭湖周围,约 90%的砖瓦生产厂家利用淤泥生产砖瓦,避免了砖瓦生产与农业争地的矛盾。根据估计分析,生产 1 亿块砖瓦,可以节省 1 亩耕地,同时具有比较好的经济效益,可以起到一举多得的作用。底泥生产砖瓦的工艺为:挖掘底泥→储存熟化→配料→搅拌→成型→砖坯干燥→码窑→焙烧。

湖泊水库中的底泥一般采用合适的机械设备疏挖出来,输送至料场进行风化、脱水和陈腐熟化。然后将原料底泥与砖瓦生产过程中的各种原料进行混合配料。配料过程中,需要通过机械搅拌以便破坏底泥的自然结构,并且与内燃料均匀混合。经过均匀搅拌做成的原料,进入挤泥机,通过挤压成型为砖瓦坯体。

目前,砖瓦的生产多采用内燃烧方式。因为多年的经验表明,砖瓦内燃焙烧优于外燃焙烧法,能够加快焙烧速度,提高效率,节省能源,减少污染,降低成本,而且所生产的砖瓦质量高。对于内燃焙烧方法,需要在配料阶段将内燃料掺配进来,内燃料与底泥的配比是底泥砖瓦生产过程中的重要参数。具体比例可以采用试掺方式,确定合适的掺配比例,避免坯体发热过高和造成过火。砖坯用内燃料颗粒小于 3mm,而瓦坯用内燃料颗粒粒径需要小于 2mm,便于燃烧均匀和充分。内燃料掺配方法可以是手工方式也可以是机械方式。手工方式简单易行,而机械掺配方法可以节省劳力,具有比较高的准确性和均匀性,偏差可以控制在 5%以内。

成型的砖坯需要干燥,以便将砖坯中水分除掉。干燥分为自然干燥和人工干燥两种方法。码窑焙烧将砖瓦坯体按一定形式码放在炉窑内,用燃料燃烧产生的热量将其烧成砖瓦。对于普通内燃焙烧方法,码窑密度通常为 265 块 / m^3。常用的燃料有煤、柴草、锯木屑以及其他可以利用的燃料,包括废料渣、煤矸石和烟囱灰等。已有的经验表明,利用废料作为燃料,可以在节省成本的同时提高砖瓦质量。

9. 底泥氧化 底泥氧化能够氧化其中有机物,脱氮,将亚铁转化为氢氧化铁,使磷与铁氢氧化物紧密结合起来,氧化深度达到 10~20cm 的范围,达到控制内源性磷的目的。

常用的药剂包括硝酸钙[$Ca(NO_3)_2$]、氯化铁($FeCl_3$)和石灰[$Ca(OH)_2$]。硝酸钙用来作为电子受体,其液体状态与氧气更容易渗透至底泥内层,强化脱氮过程。氯化铁用来与硫化氢反应,形成更多的氢氧化铁,提高对磷的钝化效率。石灰用来提高 pH,使其维持在适宜微生物脱氮的水平。在有些情况下,氯化铁和石灰也许没有必要投加,从而节约成本。

底泥氧化也可以被视为一种代替铝盐的钝化处理技术。因为铝盐仅仅是被施加在底泥的表面,而底泥氧化药剂是注入底泥内部,不容易影响水体生物,而且氧化技术的效果更加长久。但是,底泥氧化适用于铁氧化还原控制内源性磷的情况,不适应于底泥高 pH 和温度控制内源性磷的情况。

在应用这项技术之前,需要利用底泥进行实验室实验,而且在实验过程中除了模拟厌氧过程之外,还需要模拟实际的 pH 和温度等环境条件。如果这些条件不能得到重复,则实验取得结果就值得怀疑。

10. 底泥覆盖 很多实验证明,采用沙子、卵石和黏土等能够控制内源性污染物质(例如磷)的释放,但是用于控制水生有根植物却并不是非常有效。因为根生植物能够继续生长,穿透覆盖层,也有许多植物是从别处迁移过来的。

最近，一些高聚合物覆盖材料（例如聚乙烯）被采用，而且也证明是非常有效的，但是成本相对比较高。

采用高聚合物覆盖材料的优点包括：可以针对特殊的区域，不会影响其他区域，不会对岸边产生干扰，不会释放有毒有害物质，安装方便。主要的缺点包括：治标不治本，成本高，难以用于大面积覆盖，碰到尖锐物可能撕裂，被底泥释放的气体鼓起包，难以拆除或者转移，可能在太阳辐射下老化失效等。常用的聚合物材料包括高密度聚乙烯、聚氯乙烯、聚丙烯和尼龙等，见表5。

聚合物覆盖材料比较　　表5

内　容	高密度聚乙烯	聚氯乙烯	聚丙烯	尼　龙
相对密度	0.94~0.96	1.20~1.50	0.9~0.91	1.08~1.40
天气耐性	差	好	差	良
耐裂时间（d）	300	2500	100	1200

从表中数据可以发现，聚乙烯比较结实、柔软、不易穿孔、成本相对低，但是不耐天气变化；聚丙烯也类似，密度小于1.0；聚氯乙烯相对强度比较高，耐天气变化，成本也比较低；而尼龙虽然柔软且具有比较高的强度，但是不耐天气变化；硫化橡胶也可以使用，而且耐天气变化和化学物质作用，不易穿孔、撕裂或者受紫外线辐射，具有比较好的强度，但是比较昂贵。

覆盖的第一步应该是勘察将被覆盖的现场，实验底泥打桩的可行性。如果底泥流动性大，就需要打比较深的桩；如果底泥太稀，就可能需要先用砖或者水泥块覆盖。在施工过程，覆盖材料应该紧贴底泥，不能留有气泡。

11. 生态控制技术　生态控制技术是利用水生生物之间的生态关系，将水生生物数量控制在一定范围之内。这种技术可以避免施用药物所产生的副作用和使用机械所需要的高成本，而且具有比较长期持久的效果。当然，这种技术也存在引入危险物种的风险。因此，在对湖泊进行生态控制技术之前，应该进行水体生态调查。

图12描述了以控制藻类为中心的生态关系。经常采用的技术措施包括：种植高等水生植物，放养鱼类，投放微型浮游动物，投加细菌微生物等。

（1）水生植物种植和收割　多种高等水生植物能够有效地吸收水中氮磷等污染物质，抑制藻类的繁殖，常见的植物包括芦苇、菹草、菱角、风眼莲、茭白、满江红、水花生和水葫芦，见图13。例如，根据实验（杨汉东等，1995年），利用水葫芦在两周时间内可以使富营养化湖水总磷从3.89mg/L降到0.8mg/L，总氮也得到相应的去除；而且，水葫芦在水中生长迅速。但是，如果不能及时将水葫芦进行清理，可能在更大程度上加大水体富营养化程度。

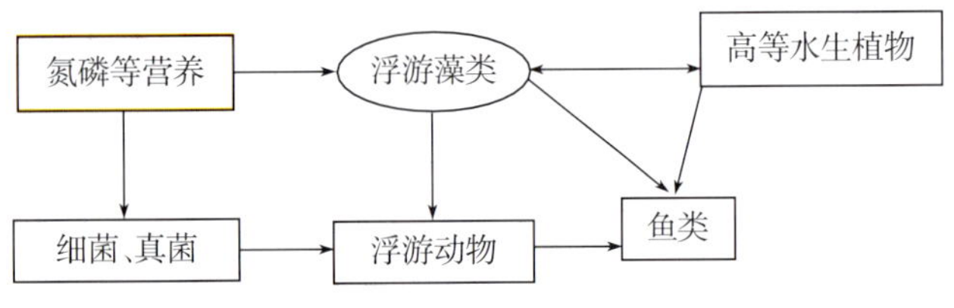

12 以控制藻类为中心的生态关系示意图

因此，当采用水生植物方法时必须及时收割水生植物。通过收割，可以去除多余的或者不需要的水生植物，控制水生植物可能对环境产生的不利影响。一般的步骤包括收割、收集、加工储存、运输到岸边、处置或利用等。主要利用途径包括动物饲料或者鱼饵料、能量来源（例如产沼气）、堆肥作为土壤调节剂或者肥料添加剂等。

13 播种几种水生植物的湖泊

收割的优点是见效迅速，而且，收割不同于使用灭草剂，不会对水环境产生不利的影响。但是，收割的植物必须收集起来，避免产生腐败分解，败坏水体。对于大面积水生植物控制，设备投资可能比较大，收割可能不经济，也不容易做到。

收割方式可以是手工或者机械式。机械收割方式包括割草式、耕种式、抽吸式、疏挖式和水力冲刷式等。在选择收割方式时，需要考虑物理或者气候特征、机械特点、水生植物的种类及密度和分布等，以及公众的态度、投资成本和人员安排等。机械收割的副作用是导致一些污物泛起、底泥泛起和营养被释放等。其对藻类的影响需要具体情况具体分析。

（2）放养鱼类　国内外的实践已经证明，适当放养经过选择的鱼类，可以有效地控制藻类和其他水生植物繁殖。在我国武汉东湖，放养鲢鱼和鳙鱼，放养密度大于50g鱼/m³，效果明显，已经有效地控制了东湖藻类的疯长。在美国，一些湖泊放养了草食性鱼，能够以藻类为食，从而控制藻类的繁殖。这些草鱼的特点是生长速率快，约为2.7kg/a，能够食用多种藻类（包括丝状藻类），一天能够食用相当于其自身体重的数量，而且能够适应变化的环境条件，温度从1~39℃，能够在溶解氧低至0.32~0.60mg/L的水中生存。此外，放养鱼类也可能产生一些副作用，例如可能破坏有益的水生植物，引入寄生虫，改变原有的动物群落和植物群落，从而可能导致藻华的生成。

研究证明，如果放养的鱼的种类或者数量不合适，反而可能进一步提高水体的富营养化水平，因为，这些鱼类通过消化和代谢行为，排泄富营养化物质。例如，进入鱼类体内的食物大部分以有机颗粒的形式离开鱼的身体，从而影响水体质量。其影响程度与湖泊形态、底泥化学性质、水流动力学、外源负荷和鱼的密度等有关。有的研究发现，在 22℃和 200kg 鱼 /hm² 的状态，美国普通鲤鱼对磷负荷的贡献达到 2.2mg/m²·d。

总之，需要注意所引入的生物对其他动物群落和植物群落的影响、本身携带的有关寄生虫疾病、对水质的影响以及向其他区域的迁移等。

(3)投放微型浮游动物 微型动物直接以藻类为食，通过投放微型浮游动物，能够抑制藻类的疯长，见图 14。微型动物通常在专用的水池中，通过人工培养液，大量快速繁殖，然后直接投放目标水域中。主要内容包括食藻微型动物的大规模培养条件、捕食速率、投加数量和方法等。目前，投放微型动物主要限于实验室规模的研究。

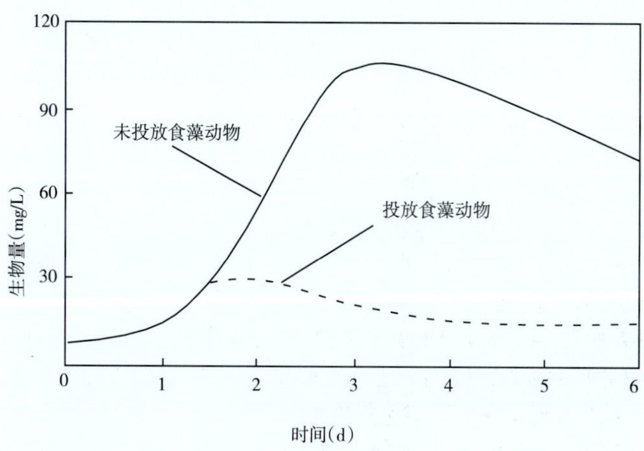

14 投放人工培养食藻微型浮游动物预期效果

(4)投加细菌微生物 投加预先培养的细菌微生物，能够迅速吸收和转化水体中高浓度的氮磷污染物质，抑制藻类的“疯长”。而且，这些细菌一般都是专一性地或者说是有选择性地不影响其他动物群落和植物群落，不破坏水质和设备。但是目前的研究主要局限于实验室，现场实验很少。

(5)投放植物病原体和昆虫 投放植物病原体和昆虫是一种有效地控制水生植物的方法。利用植物病原体和昆虫具有如下优点：植物病原体多种多样，包括病毒、病菌、真菌、支原体和线虫等等，多达 10 万余种，而且大多数是有针对性的，容易散播，自我繁殖维持。例如，在美国，一种称为 Cercospora rodmanii 的真菌和两种称为 Neochetina bruchi 和 N. eichhorniae 的甲虫被引入路易斯安那州的水体，使其水生植物的过度生长得到了控制。

12. 酸化湖泊水体的修复 酸沉降导致大量湖泊水体酸化，是自 1960 年以来全球所面临的一个主要污染问题。在欧洲，湖泊酸化问题比较突出。

当湖泊水体的 pH 降低至小于 5.6 时，水体中的二氧化碳与其空气中气相达到平衡，水体就被认为是呈酸化状态，有的酸化水体的 pH 甚至达到 4.0~4.5。

水体酸化主要是由于化石燃料燃烧造成的。燃烧产生的 SO_2 和 NO_x 被氧化后产生硫酸和硝酸，通过湿沉降或(和)干沉降进入水体。

据估计，数十万个湖泊受到酸化的影响。其后果是，对酸敏感的物种消失，导致生物多样性减少；生物多样性减少，导致水体物质循环速度变慢，有机物不能及时分解，垃圾开始积累等；鱼对酸化最敏感，酸化往往导致鱼类资源减少，甚至某些鱼种绝迹。

投加石灰是快速修复酸化湖泊水库的简便方法，并得到广泛的认可，在美国、加拿大和欧洲的瑞典和挪威等国家得到成功的应用。

石灰材料包括粉状石灰石($CaCO_3$)、生石灰(CaO)和熟石灰[$Ca(OH)_2$]等。石灰投加量可以根据化学平衡计算得到，通常用酸性中和容量表示。一般用量范围在 0.6~2.24t / hm²，直接施用于水体或者岸边区域。每投加 1 个摩尔的石灰石($CaCO_3$)，可以提高 2 个摩尔的碱度或者 1 个摩尔的酸度，而另 1 个摩尔的酸度则以二氧化碳的形式释放了。除石灰之外，其他材料(包括苏打和苏打灰)也非常有效，但是实际应用得不多。

13. 其他技术 抽水晾晒是一种比较成熟的且具有多种用途的技术，可以用来控制水生植物，控制鱼的数量，修复水力结构，如水坝或者码头，进行某些施工，如疏挖或者底泥覆盖等。在将水抽干以后，植物茎和根部等可能因冰冻或者炎热而死亡，甚至种子或者其他再生的结构也受到影响。但是，植物的减少也可能影响某些无脊椎动物的数量和种类。需要防止水面降低后水体溶解氧降低。水面降低晾晒完成后，需要及时充水，以满足正常的应用要求。在我国，养虾池塘一般需要晾晒，防止危害养虾的一些疾病因素。

药剂杀藻是一种快速见效的技术。滇池实验了药剂杀藻的方法，所采用的药剂包括硫酸铜和 2,2- 二溴 -3- 氮川丙酰胺。硫酸铜是传统的杀藻剂，而 2,2- 二溴 -3- 氮川丙酰胺是一种广泛应用的杀菌剂，可以迅速杀灭藻类。在实验中，硫酸铜投加量为 $(0.5\sim23)\times10^{-6}$，而 2,2- 二溴 -3- 氮川丙酰胺投加量是 $(15\sim25)\times10^{-6}$。两个实验分别进行，但是杀藻效果类似，都能够达到 90% 以上，效果可以维持 20~30d 左右的时间。但是，使用药剂杀藻也可能对水体生态系统产生副作用。例如，美国明尼苏达湖曾使用过硫酸铜多年，结果导致湖泊退化，水体溶解氧耗尽，铜在底泥中累积，影响底栖动物和虾鱼等食物链。因此，使用药剂杀藻需要科学评估其风险。

14. 关于组合技术 湖泊水库水体修复涉及许多因素和过程，采用组合技术也许更加有效。但是，由于湖泊水库涉及水体规模比较大，工程影响因素非常多，工程效果的不确定性因素比较多，因此有关组合技术报道的例子非常少，尚需要大力发展。在应用组合技术过程，需要注意一种技术应用之后所引起的控制因子的转换。需要注意，由于生态控制技术的有限性，其适用的有效范围是有限的，最好在藻类“水华”形成之前，而不是在“水华”形成之后使用，效果更显著。

二、河流、水渠水环境修复

1. 河流水力学 河道中的水流一般是不稳定的紊流形态，由大大小小的各种尺度的涡体组成。涡体起源于高速水层和低速水层交界面处的不稳定波动。涡体旋转运动又扰动临近的水层，进一步产生新的旋涡。在紊流中，任何一点的流速和压力等参数都随着时间和空间呈现不规则的脉动。

在河流中，沿着总的趋势流动的水体称为主流。而伴随着主流运动产生的不同方向的旋转流动称为副流。根据旋转轴的方向不同，副流又分为顺轴副流、横轴副流和立轴副流等。各种副流与主流一起形成了河道中变化无常的河流现象。

顺轴副流是指绕着纵向水平轴线方向形成的闭合环流。例如，在河流弯道处形成的弯道环流就属于顺轴副流。河水经过弯道的时候，由于离心力以及由此引起的压力作用，水流表层面流指向外侧凹岸，而河道底部水流指向内侧凸岸，构成了河道弯曲处的环流运动，如图15所示。结果是，表层比较清的水流冲刷外侧凹岸，携带冲刷下来的泥沙的底层水流转向内侧，导致泥沙淤积沉降在凸岸一侧，最终导致河道弯曲处变得越来越弯曲。

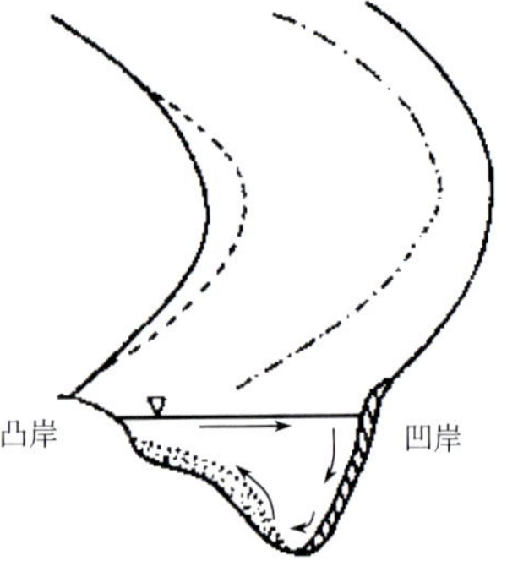

15 弯道环流截面示意图

横轴副流是指绕河道横向水平轴运动的闭合环流，又称为旋滚。这种形式的副流通常发生在绕过河床底部障碍物时，如沙波或波谷等。沿着河床附近的底部旋滚，是导致河床局部冲刷变形而形成各种形态的主要动力。河流主流场和副流场的分布及其对河岸的侵蚀见图16。

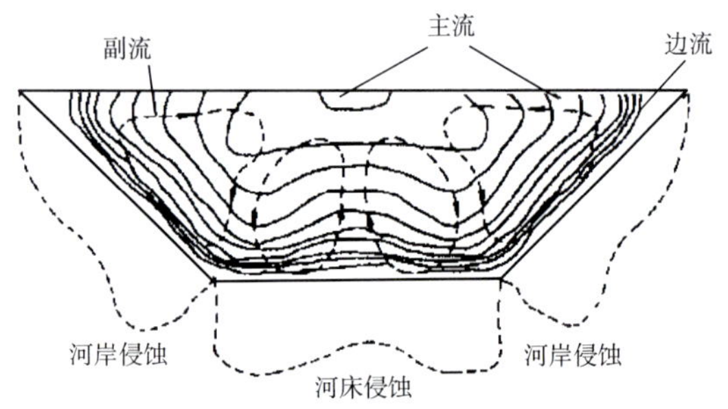

16 河流主流场和副流场的分布及其对河岸的侵蚀

立轴副流是指绕垂直方向轴做旋转运动的闭合环流。这种水流一般发生在防波堤和桥墩等构筑物附近。由于旋涡的垂直搅动和旋涡中心压力比较低，河底的泥沙容易被带动而重新悬浮，然后在下游沉降淤积。

河流与地下水存在着水力学关系：①地下水对河流的补给作用；②河流对地下水的补给作用；③河流排泄多余地下水的作用。该水力学关系见图17。

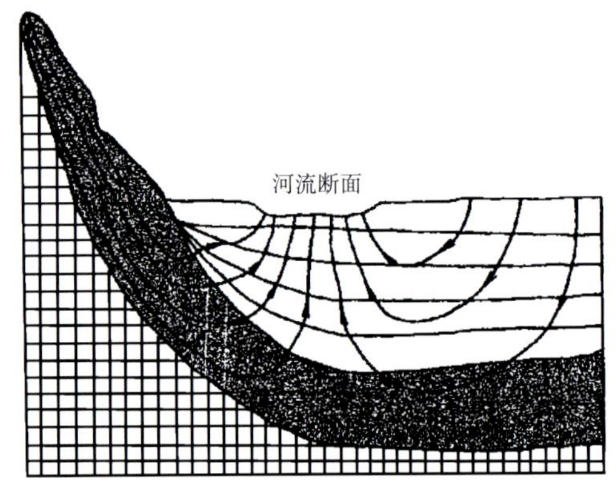

17 地下水与河流的相互作用、补给与排泄

2. 河流泥沙 河流的泥沙是从流域地表侵蚀下来的。在流域里，单位平方公里地表年侵蚀的泥沙数量称为侵蚀模数。在河流中，单位体积河水所含有的泥沙重量称为含沙量。侵蚀模数与流域的植被和降雨强度密切相关，含沙量与河流的水力学密切相关。进入河流的泥沙，经过河流沿途反复地沉积和冲刷，大部分被搬运至平原冲积区或者灌区，或者汇入湖泊，或者最后流入大海。

18 河流泥沙量的巨增，使滨河居民不能取河水使用

(1)泥沙颗粒特征 泥沙颗粒通常是不规则的，其大小可以用直径表示。根据需要，通常采用以下4种概念的直径：平均直径、等容直径、筛孔直径和沉降直径。

1)平均直径：测量泥沙颗粒在三个相互垂直方向的尺寸，设为 a、b、c，则

算术平均直径：$$d=\frac{1}{3}(a+b+c)$$

几何平均直径：$$d=(abc)^{1/3}$$

2)等容直径：用与泥沙颗粒具有同样体积的球体的直径表示为

$$d=\left(\frac{6V}{\pi}\right)^{1/3}$$

式中：V 为颗粒体积。

3)筛孔直径：采用标准筛进行筛分，粒径界于上下两个筛孔直径之间的平均值。例如，通过孔径为 d_1 的筛子，而没有通过孔径为 d_2 的筛子，则筛孔直径表示为

$$d=\frac{d_1+d_2}{2}$$

4)沉降直径：在沉降实验柱中，测定泥沙颗粒的沉降速度，然后根据斯托克斯公式推算相当的球体直径，如下式所示：

$$d=\left(\frac{18u}{(\rho_s-\rho)g}\mu\right)^{1/2}$$

式中：u 为沉降速度；g 为重力加速度；μ 为黏度；ρ 为水密度；ρ_s 为颗粒密度。

一般，平均直径和等容直径适合比较粗大的泥沙，如卵石和砾石，筛孔直径适合中度粗细的泥沙颗粒，而沉降直径比较适合于直径小于 0.1mm 的细小泥沙。

5)泥沙颗粒分布：河流泥沙具有大小不同的粒径分布。不同的粒径具有显著不同的性质。一般，大于 2mm 以上的颗粒之间没有毛细力，颗粒不会相互连接；2~0.05mm 范围的颗粒之间具有毛细力，但是仍然没有黏结力；0.05~0.005mm 的颗粒在含水时具有黏结力；小于 0.005mm 的颗粒之间不仅含水时具有黏结性，在失水后仍然具有很强的黏结性，维持一定的结构形态。

泥沙颗粒的分布用颗粒级配曲线表示。以泥沙粒径为横坐标，以该粒径泥沙所占有的百分数为纵坐标，所绘制的曲线就称为级配曲线，如图 19 所示。曲线 I 代表沉积在河床上的泥沙，粒径比较粗，也比较均匀；曲线 II 代表悬浮在水流中的泥沙，颗粒比较细小，随着河水流动输送。

根据级配曲线，可以看到泥沙的特征粒径值，例如 d_{90}、d_{75}、d_{50}、d_{25} 等，粒径的下标数字表示小于该粒径值的泥沙在总泥沙样品中所占的百分数。d_{50} 称为中值直径，被经常采用，表示大于和小于这一粒径的泥沙重量刚好相等。

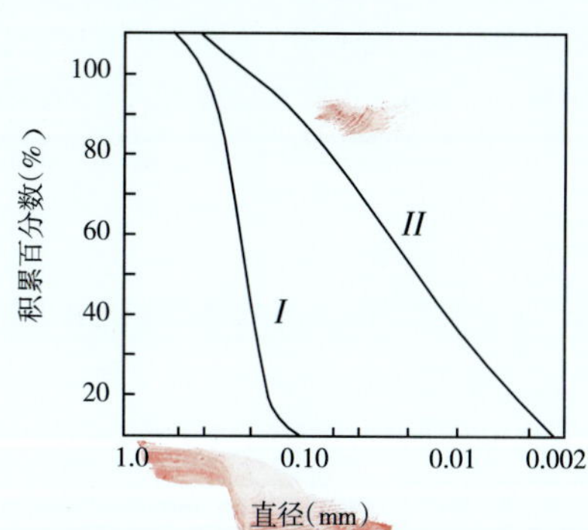

19 泥沙颗粒级配曲线

泥沙颗粒的均匀程度，采用非均匀系数表示：

$$K_f=\left(\frac{d_{75}}{d_{25}}\right)^{1/2}$$

式中：K_f 为非均匀系数。

K_f 越大，说明泥沙粒径分布范围越广，不均匀程度越大。

(2)泥沙沉降 泥沙的沉降用沉降速度表示，一般是在静止清水中等速沉降的速度。沉降速度与颗粒大小、形状、容重和水的黏度等因素相关。在层流状态，沉降速度可以用斯托克斯公式表示：

$$u=\frac{\rho_s-\rho}{18\mu}gd^2$$

式中：u 为沉降速度；g 为重力加速度；d 为颗粒直径；ρ_s 为颗粒密度；ρ 为水密度，μ 为水黏度。

但是，在泥沙颗粒的表面阻力和形状阻力比较显著时，斯托克斯公式就不再适用，需要依靠实验测定。当河流泥沙含量比较高时，泥沙颗粒的沉降将发生彼此干扰，导致部分甚至全体颗粒以特定的速度共同沉降，称为群体沉降。泥沙在各种不同的条件下的沉降速度可以采用仪器实际测定。

(3)泥沙的堆积 当河流流速减慢，流量减小，坡度减缓，含沙量增多等时，水流中的泥沙发生沉积现象。泥沙沉积导致河床由深变浅，河床和河谷形成各种形态的堆积地貌，弯曲河岸线的不对称性加剧。

在静水中的泥沙，可以形成一定的倾斜面而不致塌落，此倾斜面的角度称为泥沙的水下休止角，用 ϕ 表示。休止角的正切是泥沙的水下摩擦系数，用 f 表示：

$$f=\mathrm{tg}\,\phi$$

泥沙的休止角能够表示河底沙丘的稳定性。水下休止角与泥沙粒径、泥沙颗粒级配和形状等有关。休止角的大小与泥沙颗粒直径的级配有关。泥沙非均匀系数越大，一般休止角也越大。

(4)泥沙的起动 河床上的泥沙在一定的条件下，能够起动，随着水流迁移。泥沙起动的条件是河床上的泥沙刚刚开始运动的水流条件，或者称为临界水流条件。在临界条件下，泥沙颗粒受的作用力包括：有效重力、水流推移力(又称为拖曳力)、水流上举力、颗粒摩擦力和颗粒间的黏结力等。

如果考虑了各种作用力，可以估算泥沙起动所需要的水的流速。以下是应用范围比较广的公式：

$$V_s=\left(\frac{h}{d}\right)^{0.14}\left(17.6\frac{\rho_s-\rho_w}{\rho_w}d+6.05\times10^{-7}\frac{10+h}{d^{0.72}}\right)^{1/2}$$

式中：V_s 为泥沙起动时的水流速度；h 为水深；d 为泥沙粒径。

在实际的河流中，影响泥沙起动的因素更加复杂。泥沙起动临界流速与公式计算值有程度不同的偏差。

(5)泥沙的输送 河流存在层流和紊流。在紊流段，水流速度比较急，水质点之间相互混合和碰撞，提高了河流水流挟带泥沙的能力，见图 20。而在层流段，水流流速速度减缓，水流所挟带的泥沙开始沉积。河流在单位时间内通过某一个断面的泥沙量，称为输沙率。输沙率反映了河流输送泥沙的能力。合理地确定输沙率是定性和定量分析河床冲淤变化的基础。

20 湄南河水流湍急的紊流段，其挟带的泥沙量明显增多

1）推移式输沙：因颗粒粒径太大而不能悬浮的泥沙和石块等，在河床以滑动和滚动甚至跳跃的方式运动，称为推移。这种移动常常是周期性的。由于推移作用，河床呈现波状起伏的各种河床沙体，是造就河床形态（例如浅滩或坝）的主要动力。

2）悬移式输沙：颗粒直径比较小的粉沙、黏土和腐殖质等，在河流中呈悬浮状态运动，称为悬移。泥沙以悬浮的形式，随水流输送。悬移式输沙是研究河床演变和引水排沙等工程实际问题的基础。大多数河流所携带的沉积物的80%~90%为悬移性的。

沉积物的迁移受许多因素的影响，可以采用模型模拟，或者采用直接测量方法。水流挟沙力是表示河流挟带固体泥沙颗粒能力的综合性参数。水流含沙后，其物理性质和稳定形态都随之发生变化。因此，计算水流挟沙力就比较复杂。通用的水流挟沙力计算公式为

$$S_s=2.5\left[\frac{(0.0022+S_v)V^3}{k\dfrac{\rho_s-\rho_m}{\rho_m}ghw_s}\ln\left(\frac{h}{6d_{50}}\right)\right]^{0.62}$$

其中 $k=0.4-1.68\sqrt{S_v}(0.365-S_v)$

式中：S_s 为临界含沙量；V 为河水流速；S_v 为体积百分数表示的含沙量；w_s 为泥沙群体沉降速度；h 为水深；k 为卡门常数。

大量研究表明，以上公式计算的是全悬移式挟沙力，既适用于一般挟沙水流，也适用于高含沙紊动水流，具有工程实用意义。

显然，泥沙输运随着时间和空间而变化，主要控制因素包括输运速率、泥沙负荷和单个颗粒迁移路程的长短等。而输运速率和泥沙数量又是由颗粒数量、颗粒尺寸、颗粒堆积以及河床上的水流速度场分布等因素控制的。

3. 泥沙与河流相互作用 泥沙是水流与河床之间相互作用的纽带。泥沙的运动与沉降淤积，是水流与河床相互作用的结果。泥沙既是水流的组成部分，又是河床的组成部分。泥沙的淤积，使河床抬升；泥沙的冲刷，将导致河床降低。所以，河床的演变基本上是以泥沙运动的基本规律为基础的。

深刻理解泥沙的作用对于我国河流修复具有特殊重要的意义。因为泥沙含量高是我国河流的显著特点。根据有关研究，我国黄河的最大含沙量为42.3%，其支流的含沙量高达78%。

总体来说，河道可以分为如图 21 所示的三个区域：泥沙产生区、泥沙输运区和泥沙沉积区等。这对于理解河道不同区段的功能和进行河道修复是非常重要的。

泥沙与河槽的相互作用在很大程度上影响着河流的形态及其演化趋势。河流形态主要是由河道地质条件、水流流量、速度和能量，以及泥沙运动等因素相互作用所决定的。在流动过程中，水流产生对河底和河岸的冲刷剪切应力作用，水流挟带的泥沙也具有很强的摩擦侵蚀作用，如果应力大于河床和河岸物质的抗剪力，则造成冲刷效果，导致河床物质发生运动；如果水流速度小于泥沙的止动流速，则会发生淤积，塑造出一定的河床形态。河床形态的改变反过来又会影响水流流场以及相应的剪切应力作用大小和方向，例如淤积本身又导致水流的加快，从而减少淤积速率。总之，两种力量交替作用，当达到相对平衡状态时，水流和河床则呈现相对稳定的状态。因此，河床和河谷是水流在漫长的运动中逐渐形成的，并且处于不断的变化过程中。

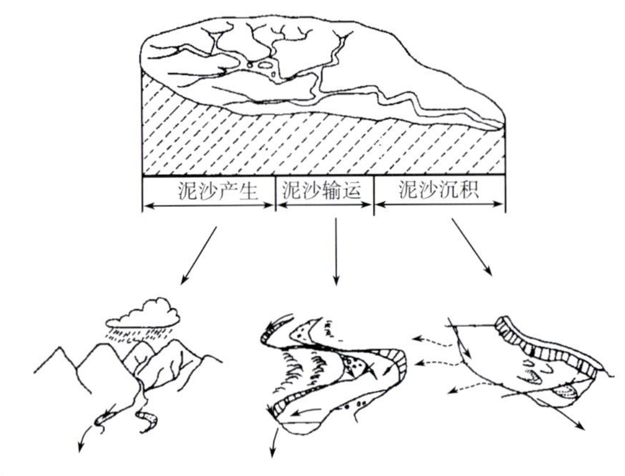

21 河流泥沙运动阶段示意图

4. 河流生态 河流生态系统的特点是流水生态。河水流速比较快，冲刷作用比较强。生物为了在流水中生存，在形体结构上相应地进化。河流中存在不同类型的介质，包括水本身、底泥、大型水生植物和石头等，从而为不同类型的生物提供了栖息场所。河流中的杂物和碎屑等提供了初级的食物。这些基本条件造就了河流生物的多样性。

河流生态系统另一个显著的特点是其很强的自我净化作用。河流的流水特点使得河流复氧能力非常强，能够使河流中的各种物质得到比较迅速的降解；河流的流水特点也使得河流稀释和更新的能力特别强，一旦切断污染源，被破坏的生态系统能够在短时间内得到自我恢复，从而维持整个生态系统的平衡。河流生态结构示意见图 22 。

（1）大型水生植物 大型水生植物分为浮游类和根生类。最常见的是水草，有根生且全部淹没在流水的；有根生但是叶子飘浮在水面的水草，常出现于浅水河流；也有完全悬浮漂游的水草，

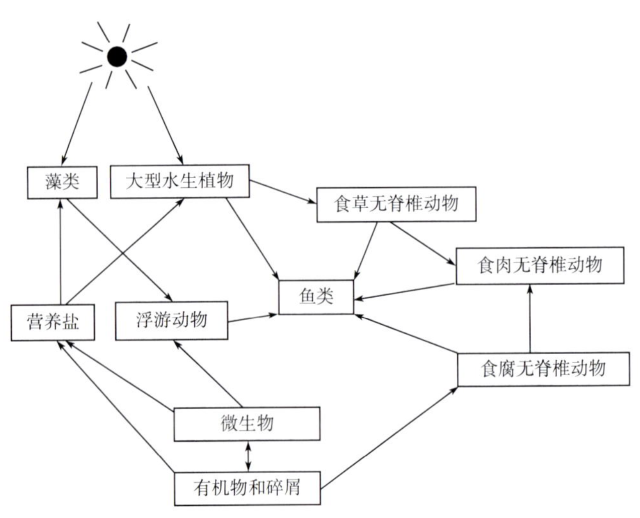

22 河流生态结构示意图

常见于流动比较缓慢的河流。其他主要的植物包括苔藓地衣和地钱。这些植物虽然没有根，但是长有头发状的根须(类似于根)，能够渗透缠绕在河床石头的裂缝隙之间，适合于流水环境。

(2)微型植物 微型植物最常见的是藻类，单体肉眼看不到，一般在1~300μm，生长机制比较简单，但是形态特征多种多样。藻类能够生长于任何适合生长的地方，可以附着在河床石头等介质，可以附着在桥墩、电缆和船舶外体等，甚至能够附着大型植物表面，呈现单体、线状或者片状等。由于流水比较急，藻类无法像在湖泊静态水体中那样进行迅速繁殖而形成“水华”。即使偶尔发现一些，也是曾经附着而受冲刷作用脱落下来的。藻类是河流中一些动物的食物来源。

(3)河流动物 河流动物主要包括软体动物、蠕动动物、水螨、甲壳类动物、昆虫和鱼类等脊椎动物(见图23)，以及微型动物，主要是原生动物，以腐生细菌和腐生物质为食物。河流动物的形体一般呈现流线形，以尽量减小流水中的阻力；有的生物具有吸盘状或者钩状的结构，能够附着在光滑的石头表面。

23 河流中的甲壳类动物和鱼类

(4)细菌和真菌 细菌和真菌微生物生长在河流中任何地方，包括水流、河床底泥、石头和植物表面等。细菌和真菌在河流中起着分解者的角色，将死亡的生物体进行分解，维持自然生态循环。河流有各种自养微生物，主要的自养细菌包括铁细菌、硫细菌、硝化细菌和反硝化细菌等。

24 河岸植被生态良好，河坡稳固，较好地保护了水质

(5)河岸生态 河岸生态是河流生态的重要组成部分。河岸植被包括乔木、灌丛、草被和森林等。两岸植被能够阻截雨滴溅蚀，减小径流沟蚀，提高地表水渗透效率和固定土壤等，从而大幅度减少水土流失，见图24。一般而言，当植被覆盖率达到50%～70%，就能够有效地减少水流侵蚀和减少土壤流失；当植被覆盖率达到90%以上，水沙就能够完全控制住了。茂盛的岸边植被保护了河岸，但是可能为河床的下切创造了条件。在河床本身，如果生长有植物，例如被树干壅塞，则可能加强河水的侧蚀作用，使河流变宽，以致逐渐消亡。

如果植被减少，则河水的侵蚀和搬运能力显著加强，水系上游的侵蚀程度增大，而在中游和下游的泥沙堆积随之增加。河床的泥沙堆积还可能导致地下水水位下降，从而影响中下游河流附近的植被生存，严重时导致植被破坏。岸边的树木植被还能够为河中的鱼类提供隐蔽所和食饵。

5. 河流修复的目标和原则 河流修复，是指将受污染的河流恢复至原来没有受干扰的状态，或者恢复到某种合适的状态。在实际修复中，一般很难将河流修复到原来没有受到人为干扰的状态。因此，一般只是适当修复，既恢复河流的生态功能，又能够满足人类的需要。

河流的保护，指维持水系的物理、化学和生态的整体状态，保护意味着维持不受污染或者受污染的不会继续恶化。

(1)河流修复目标的选择 河流的修复程度取决于许多因素，例如，环境下降的程度以及河流自我恢复的能力。项目的限制条件包括环境的变化、土地的开发、河流作用的变迁以及项目财政状况等。

由于环境的变迁，河流修复很难使其恢复到“原始”的状态。而且这种修复甚至需要改变相应的汇水流域环境和泥沙的输运，可能需要改变土地的用途。因此，河流修复的目标需要根据环境的变化、经济状况和汇水流域的变迁而具体情况具体分析。

许多地方，尤其在城市地区，对于河流的修复纯粹是从景观美学的角度出发。而实践表明，这种修复方式很可能加剧水质的污染。这种修复往往将河床建成水泥石头的，导致水流速度加快，河岸铺筑成为石头或者水泥混凝土界面，是静止的。实际上，雨水冲刷将静止界面上的各种物质包括油、橡胶、金属和油漆等各种有害物质带入水流中，河水流动速度被人为加快，这种界面不利于水生生物生存繁殖。而河流生态修复一般包括恢复垫层、池塘和浅滩。

因此，河流修复对于不同专业的人员有不同的理解。河流管理人员倾向于美学景观；而科学家赞成生态意义上的修复。也有的人强调自然恢复。但是，自然恢复可能需要上百年的时间。因此，需要对河流进行人工干预，加速修复工作。但是，人工修复往往成本非常高。

(2)河流修复基本原则

1)系统规划和综合治理。系统规划需要从全局出发，兼顾河流源头、上下游、河口、干支流、沿岸自然环境和社会发展等各个方面。综合治理需要将河流修复与防洪、航运、城市用水、桥梁和景观等结合起来，优化突出整体利益。

2)突出重点和逐步实施。由于河流修复往往需要人力和物力的极大投入，而且完全达到修复目标也往往需要相当长的时间。因此，在具体实施河流修复工程时，需要突出重点，将河流按优先顺序划分为不同的河段，将修复内容按紧迫性和重要性进行优先排序，然后根据财政条件有步骤地逐步实施。

3)因地制宜和就地取材。河流修复工程需要因地制宜和就地取材。这样做既可以与河流周围环境相协调，又可以有效地降低修复的投资和成本。

4)科学监测和管理。对河流的修复需要进行长期的科学监测，及时掌握河流生态的动态变化过程和趋势，并进而制定科学的管理措施，保证修复的效果。

6. 河流稀释 稀释是改善受污染河流的有效技术之一，对于水质的变化具有决定性的影响。通过稀释，能够快速降低污染物质在河流中的相对浓度，从而降低污染物质在河流中的危害程度。

实施河流污染物稀释技术的一般程序如下：

(1)首先应该分析确定污染物的流量 Q_C、浓度 C、污染物质的性质和毒性特征，以及河流允许的污染物质浓度水平 $C_{\lim}$。

(2)计算排入河流中的污染物达到安全浓度水平所需要的河流流量 $Q_{\lim}$，假设沉淀和降解还没有发生或者其效应忽略不计，则

$$Q_{\lim}=\frac{C}{C_{\lim}}-Q_C$$

(3)设河流已有的流量为 Q_1，则完成稀释所需要调集的流量 Q_S 为

$$Q_S=Q_{\lim}-Q_1-Q_C$$

污染物流量和参与稀释的河水流量之比称为稀释比，用 n 表示：

$$n=\frac{Q_C}{Q}$$

式中：Q 为泛指的河流的一般流量。

如果河流中只有一部分河水参与了稀释作用，则参与稀释的河水与河水总流量之比为稀释系数，用 α 表示：

$$\alpha=\frac{Q_p}{Q}$$

式中：Q_p 为参与稀释的河水流量。

河流的稀释能力和效果取决于河流的水力推流和扩散的能力。污染物进入河流后，由于河水的推流作用而沿着河的纵向迁移，由于扩散作用而与河水混合。扩散作用包括分子扩散、对流扩散和紊流扩散三种，其中紊流扩散作用最大。紊流扩散的程度与河流的形状、河床的粗糙程度、河水流速和河水深度等因素有关。在稀释过程中，推流和扩散相互影响，使排入河流的污染物达到被稀释的目的。

在实际工作中，也会遇到一些极端情况。例如，在我国淮河上游，由于排放进入淮河支流的污水流量大，而支流本身流量小，几乎没有外来径流补给，导致整条河流都是污水。数条支流的污水在雨季来临之前被集中排泄进入淮河干流，形成了充满整个淮河干流断面的"黑色"污染带。在这种情况下，扩散几乎不再起作用，数公里长的"黑色"污染带在推流作用下，沿着淮河流动。所到之处，水质恶化，水厂关闭，鱼虾死亡，各种损失惨重。

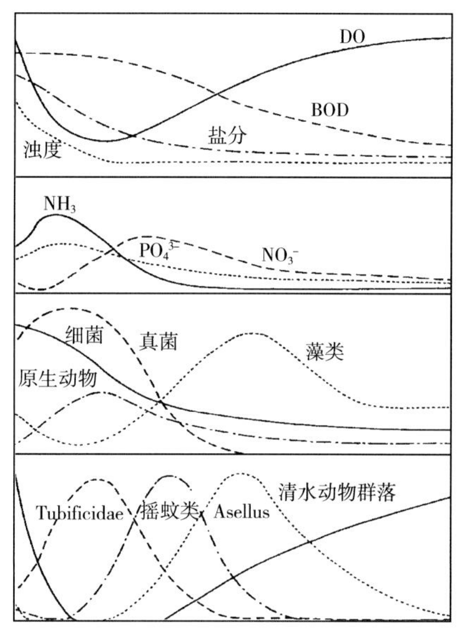

25 受污染河流自然净化修复过程示意图

因此，在实施稀释过程时，应该认真判断污水流量与河流流量比例，判断河流沿岸的生态状况、可以调用的水量，以及河流水力负荷允许的变化幅度等，经过反复比较后才考虑稀释措施。

7. 自然净化修复 自然净化是河流的一个重要特征，指河流受到污染后能够在一定程度上通过自然净化恢复到受污染以前的状态。

污染物进入河流后，有机物在微生物作用下，进行氧化降解，逐渐被分解，最后变为无机物。随着有机物被降解，细菌经历着生长繁殖和死亡的过程。当有机物被去除后，河水水质改善，河流中的其他生物也逐渐重新出现，生态系统最后得到恢复，如图25所示。由此可见，河流自然净化修复的关键是有机物的好氧生物降解过程。

强化自然净化修复指通过采取措施，向河流输送某种形式的能量或者物质，强化河流固有的自我净化过程，加快河流的修复进程。它包括两个途径：一种方式是向河流中进行人工复氧，可以是空气，也可以是纯氧；另一种方式是向河流中投加人工培养的活性微生物。

河流水体曝气复氧技术自20世纪60年代起在一些国家得到应用。例如，1977年，英国在泰晤士河上使用 $10tO_2/d$ 能力的曝气复氧船，1985年又使用高达 $30tO_2/d$ 的曝气复氧船，显著提高了水体的溶解氧，提高了水体自净能力，减小了暴雨期间地面径流排水和污水溢流等负荷的冲击影响，减少了鱼类因缺氧而窒息死亡的现象。1989年，美国为了改善 Hamewood 运河的水质，减轻其对 Chesapeake 海湾的影响，在 Hamewood 河口安装了曝气设备，结果证明，水体底层溶解氧显著增加，河道生物量变得丰富起来。1994年，德国在柏林河上也使用了曝气复氧设备，充氧能力为 $5tO_2/d$，提高了河流水体净化功能，改善了水质。在我国，1990年8～9月亚运会期间，有关部门在清河的一个河段中放置了8台15马力的曝气设备，结果表明，溶解氧从0升到6mg／L，水体BOD去除率达到60%，河流臭味基本得到消除。

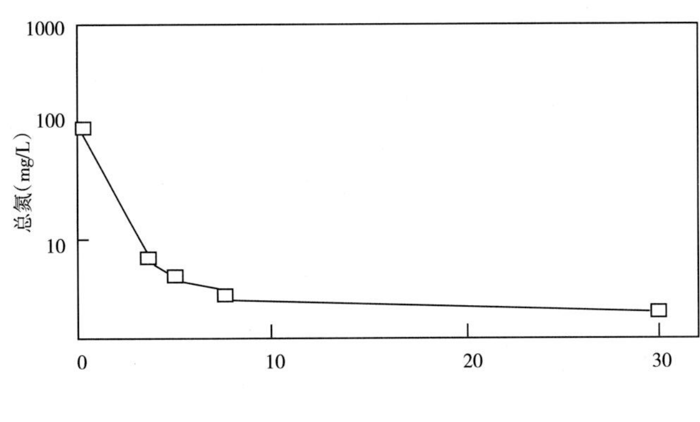

26 隔离带宽度与氮吸收效率的关系(来源:Doyle et al,1977年)

8. 其他河流修复技术

(1)岸边植被 岸边植被也可称为岸边隔离区、岸边湿地或者河岸走廊等。植被的作用包括以下方面:

1)植物覆盖地表,可以避免溅蚀,减缓雨滴的冲力,能够减缓雨水的流速,使得雨水有更多的时间向土壤渗透,从而减少土壤的流失,降低洪水的危害程度,据报道,植被可以将侵蚀率降低数十倍。

2)加强了土壤的结构稳固性,增强了其凝聚力。

3)增加了粗糙度,降低了表面径流的速度,阻止颗粒物的迁移。

4)截流农业面源污染对河流的影响。

岸边因素对于控制河流水质、维持河床的稳定和生物多样性等起着非常重要的因素。岸边植被可以用作湿地,也可以吸引鸟栖息植被地区,从而提高了生物多样性,可以提高河流自然净化能力。

一般,岸边隔离区至少需要10m宽,如图26所示,可以沉积、吸附和消耗转化农田流失的养分,对氮的吸收效率可以达到68%~100%,具体数值取决于多种因素,例如土壤类型、植被类型和植被宽度等。农田河流隔离带建设见图27。

植被的选择是非常重要的。一般建议种植一些速生灌木林或者薪炭林,例如,杨树和柳树等。在植被形成的初期,适当的耕作对于恢复植被来说具有重要作用。因为耕作可以促进植被扎根,使根系更加发达。有研究报道,112种没有经过耕作的树,其中的43种一年之后死亡,占43%;而在772种经过耕作的树种中,仅有20种在一年之后死亡,占3%。

(2)裁弯工程 裁弯能够加快上游河水的流速,增加洪峰流量,使上游水位有所下降。但是,裁弯工程却可能引起下游洪峰加大和水位抬高。在实施裁弯工程时,可能的情况下,开始可以只挖掘小断面,利用河水裁直后的冲刷作用,使之逐渐扩大成河,从而大大减小裁弯工程量。裁弯工程后,原来河段中的流量逐渐减少,比降减小,淤积增加,河段逐渐衰亡。但是,如果裁弯工程考虑不周,也可能导致新的河段不稳定,而老的河段不消失,从而产生严重的后果。因此,对于裁弯工程需要根据具体情况,进行科学实验、设计、施工和维护,见图28。

(3)河床隔离和覆盖 需要隔离的物质一般都是永久或者半永久限制的物质,例如重金属离子。用铝盐、铁盐或者锰离子等在好氧条件下沉淀磷是控制富营养化的重要途径。但是,在河流系统中,选择隔离方法需要慎重。因为河流是动态的,条件在不断地变化,从而影响隔离的效果。例如,洪水会加剧河床冲刷,将隔离的物质冲走;被冲走的物质可能在厌氧河段淤积下来,并被重新释放。

在一些情况下,对受污染的河床进行覆盖,也是隔离污染的一种方法。根据研究报道,采用细砂或者无污染河泥覆盖高汞河泥,厚度分别为3cm和5cm。覆盖一个月后,效率可以达到70%~90%。

(4)河流维护 定期维护修理对于河流工程的正常发挥具有非常重要的作用。维护内容包括:①定期取样检测河流水文水质变化,监测河流变化趋势;②维护岸边植被,进行定期的收割或者整理;③定期清理河床淤泥,避免过度淤积,清理周期的长短取决于底泥淤积的程度,一般1~5年一次。

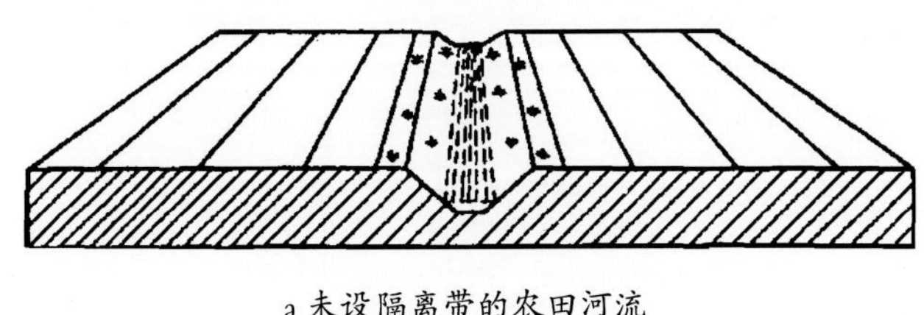

a 未设隔离带的农田河流

b 设有隔离带的农田河流

27 农田河流隔离带建设

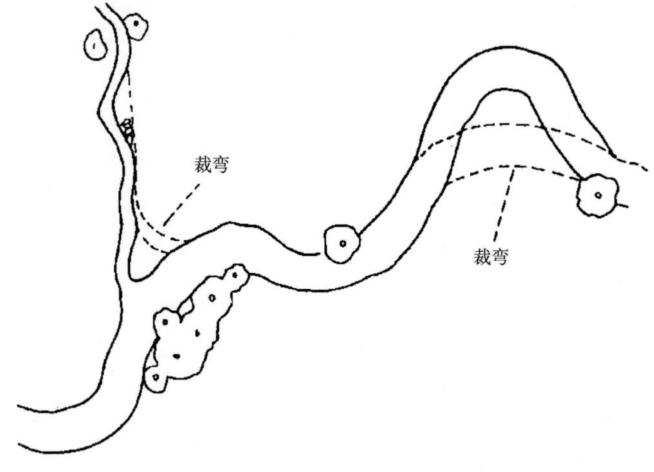

28 河流裁弯改造示意图

一、湖泊的概念与景观特征

湖泊分为天然湖泊和人造湖泊及水库，天然湖泊是陆地上低洼的地方，学术上将终年积蓄着大量水体、水分而又不与海洋直接相连的水环境都称为湖泊。天然湖泊作为陆地上比较封闭的天然水域，可按其成因分为构造湖、火山口湖、堰塞湖、冰川湖和岩溶湖，见表 1。人工湖分为园林景观湖和水库，其中，水库又分为湖泊型水库和河库型水库，见图1、图2。

1 没有人类活动干扰的天然湖泊

2 集水库和园林风景功能于一体的城市人工湖

一般来说，天然湖泊具有较好的形态，但水深比较浅；而水库通过建造水坝形成，水深度比较大，通常具有更大的流域面积和比较大的水面面积。相比较而言，人工开挖而成的园林景观湖泊，兼有两者的某些特点，有着许多相似之处。比如，人工景观湖常具有天然湖泊的自然水形和水库的人工特征，其生物过程和一些物理过程是类似的，具有相同的动物群落(fauna)和植物群落(flora)。

无论是天然湖泊还是人工湖泊，都是陆地水资源的重要储存形式和主要的水环境景观。上游径流和降水是湖泊水库的主要补给水源，决定着湖泊的水文变化特征。例如，夏秋季节，降雨集中，水面上涨；冬春季节，降水少，湖面降落。所以，在设计建造湖泊或是设计沿岸亲水设施时，要充分考虑水文因素。此外，湖泊水库对调节地方的水系水流以及维持局部地方生态，起着极为重要的作用。

二、湖泊的类型及分类

湖泊的类型及分类 表 1

	分类名称	举例说明
按成因分类	构造湖	由地壳的构造运动(断裂、断层和地堑等)所产生的凹陷形成。其特点是：湖岸平直、狭长、陡峻，深度大，如贝加尔湖、坦噶尼喀湖、洱海等
	火山口湖	火山喷发停止后，火山口成为积水的湖盆，其特点是外形近圆形或马蹄形，深度较大，如白头山上的天池
	堰塞湖	有熔岩堰塞湖与山崩堰塞湖之分。前者为火山爆发熔岩流阻塞河道形成，如镜泊湖、五大连池等；后者为地震、山崩引起河道阻塞所致，这种湖泊往往维持时间不长，又被冲而恢复原河道，如岷江上的大小海子(1932年地震山崩形成)
	冰成湖	又称为冰川湖，是由古代冰川或现代冰川的刨蚀或堆积作用形成的湖泊，即冰蚀湖与冰碛湖，特点是大小、形状不一，常密集成群分布，如芬兰、瑞典、北美洲各国及我国西藏的湖泊
	岩溶湖	由于地表水及地下水溶蚀了可溶性岩层所致，形状多呈圆形或椭圆形，水深较浅，如贵州的草海
	人工湖	
按矿化度分类	淡水湖	矿化度小于 1g/L
	咸水湖	矿化度在 24~35g/L 之间
	盐水湖	矿化度大于 35g/L。外流湖大多为淡水湖，内陆湖则多为咸水湖和盐水湖
按蓄水量分类	大型湖泊(水库)	蓄水量大于 1 亿 m^3
	中型湖泊(水库)	介于 1000 万 m^3~1 亿 m^3
	小型湖泊(水库)	库容小于 1000 万 m^3
按补给水情况分类	吞吐湖(连河湖)	既有河水注入，又有水流出，如洞庭湖、鄱阳湖、洪泽湖和太湖等
	闭口湖(不排水湖)	只有入湖河流，没有出湖水流，如托素湖和贵州的草海等
按湖水营养物质分类	贫营养湖	一般大城市的湖泊，或临近大城市周围的湖泊，由于城市污水及工业废水的大量涌入，多已成为富营养化的湖泊
	中营养湖	
	富营养湖	
按湖水与海洋沟通状况分类	外流湖	太湖、洪泽湖
	内陆湖	多以咸水湖和盐水湖为主，如青海湖

一、我国著名湖泊(部分)

我国的著名湖泊　表 1

湖泊名	所处位置	基本特征
昆明湖	北京颐和园内	水面约 12hm²,皇家园林,仿西湖而建
密云水库	北京密云县北	湖面 188km²,华北最大水库,景点众多
官厅水库	北京市延庆县	水面积 130km²,因大坝建在官厅镇得名
避暑山庄塞湖	河北承德市	湖面 57km²,塞湖有 9 湖 10 岛
白洋淀	保定市安新县	总面积 330km³,92 个淀组成,风景秀丽
呼伦湖	内蒙呼伦贝尔盟	水面 2315km²,被称"草原上的明珠"
净月潭	长春市东南	水面 430 多 km²,著名风景游览区
长春南湖	长春南湖公园内	湖面 0.91km²,其所在公园以水景为主
松花湖	吉林市丰满区	湖面 550km²,中国最大的人工湖
长白山天池	吉林长白山主峰	水面 9.82km²,海拔 2194m,最深 373m
五大连池	黑龙江五大连池市	面积 600km²,火山岩浆阻塞成五个串连堰塞湖
镜泊湖	牡丹江市	湖面 95km²,水长 50km,宽仅 9km
淀山湖	上海与苏州交界处	水面 64km,有淀山立于湖中而得名
玄武湖	南京紫金山西	湖面 3.7km²,风景名胜景点甚多
莫愁湖	南京水西门外	周长约 5km,湖畔有莫愁女故居
安基湖	南京东汤山镇	水面 0.87km,是宁静、秀丽、幽雅的景区
太　湖	江苏与浙江交界处	水面 2425km²,有 48 岛、72 峰、69 个景点
瘦西湖	扬州市西北郊	沿湖绵延 8km,清瘦秀丽,有 100 多个景点
阳澄湖	苏州市东北	水面 113km²
居延湖	内蒙阿拉善盟北	东西两海总水面 300km²
大伙房水库	抚顺市	山青水秀,群山环抱,景点众多
兴凯湖	黑龙江密山市	中俄交界湖,水面 4.380km²
高邮湖	江苏与安徽省交界处	水面 663km²
洪泽湖	淮阴市宿迁市	水面 1960km²
西　湖	杭州市	湖面 5.66km²,有"西湖十景"著称于世
千岛湖	杭州市淳安县	湖面 575km²,有大小岛屿 1078 个
湘　湖	杭州市萧山市城西南	周长 40 余 km,有上下两湖,有湘湖八景
东钱湖	宁波市鄞县	湖面 22km²,风景优美,有十大风景区
嘉兴南湖	嘉兴市东南	水面 41.6km²,与西湖、东湖合称"浙东三湖"
南北湖	嘉兴市海盐县	临杭州湾,三面环山,有名胜 20 多处
鉴　湖	绍兴市南	周长 179km,湖光山川极为优美
五泄湖	绍兴诸暨市	有五级瀑布,72 峰,36 坪,25 岩
东　湖	绍兴市城东	与西湖、嘉兴南湖合称"浙东三湖"
白马湖	绍兴市上虞市东北	周长 20 余 km,三面环山,风景秀丽
巢　湖	安徽巢湖市	湖面 820km,环湖 200km,名胜甚多
镜　湖	芜湖市中心	水面 0.15km²,市中心游览胜地
菱　湖	安徽安庆市	水面 8km²,是一处风光优美的风景区
雷　池	安庆市望江县东南	由成语"不越雷池一步"而得名
汝阳西湖	阜阳市城西北	历史著名风景点,苏轼将其比作杭州西湖
太平湖	黄山与九华山之间	湖面 86.7km²,水深 100 多 m,清幽恬静
桃花潭	宣州市西南泾县	由"桃花潭水深千尺"句闻名于世
西　湖	福州市东郊	湖面 0.18km²,有西湖十景
金　湖	武夷山南三明市	水面 36km²,有 36 岩,72 峰,18 洞,5 泉 2 瀑

续表

湖泊名	所处位置	基本特征
鄱阳湖	九江市南昌市上饶地区	湖面 3583km²,湖口直连长江
甘棠湖	九江市内	九江著名景点,水面 0.8km²
青山湖	南昌市东北部	水面 2.2km²,与赣江相通
大明湖	济南市老城内北部	水面 46.5km²,有"一城山色半城湖"之说
微山湖	济宁市与江苏省交界处	水面 1266km²,京杭运河穿越此湖
天鹅湖	半岛东端荣城市	湖面 5.1km²,大天鹅来此过冬,国家自然保护区
小西湖	许昌市	水面 20 多 hm²,著名历史景园
潘杨湖	开封市龙亭前	为杨家(杨业)湖与潘家(潘美)湖合称
洪　湖	洪湖市	湖面 402km²
东　湖	武汉市武昌东部	水面 32.4km²,湖岸曲折,分 6 个游览区
磁　湖	黄石市中心	水面 8km²,周围多山,风景优美
大九湖	湖北省西部	湖面 16km²,由九个小湖组成,故名
小南湖	恩施苗族自治州	1856 年大地震后形成的"地震湖"
洞庭湖	岳阳市、益阳市、常德市	湖面 2740km²,历来为吟咏对象,名胜众多
流花湖	广州市区西北	原名兰湖,公园面积 75hm²,水面占 3/5
流溪湖	广州市从化市北	水面 15km²,在流溪河围堤造湖而得名
合水湖山	梅州市兴宁市北	湖面 35hm²,是一处富有诗情画意的胜地
惠州西湖	惠州市城西	人谓曰"中国西湖三十六,唯有惠州比杭州"
南昆湖	惠州龙门县西南	水面 100 多 hm²
湖光岩	湛江市西南郊	火山口湖,面积 2.2m,水深 20m
星　湖	肇庆市北郊	水面 6km²,6 个湖区,景点 80 余处
潮州西湖	潮州市西北	最宽处为 130m,窄处仅 40m
南　湖	南宁市区东南	公园面积 127hm²,水面占 3/4
大龙潭	柳州市南郊	潭面约 1km²,潭水清澈
榕湖杉湖	桂林市中心	水面 10 多 hm²,"榕杉湖舫"为桂林一景
小南海	黔江县与咸丰县交界	地震湖,长 5km,宽处 900m,最深 50m
九寨沟湖泊	阿坝自治州九寨沟县	有大小湖泊 114 个
黄龙湖泊	阿坝自治州松潘县	有大小湖泊数以千计,均为钙华池
泸沽湖	川西东北二省界湖	面积 52km²,平均深 48m,最深 73m
邛　海	凉山自治州西昌市南	面积 31km²,平均深 14m,最深 34m
百丈湖	雅安地区名山县	湖面 7.8km²
织金胜景湖	毕节地区织金县	水面 60hm²,最深 20m 余,有 18 湾 8 岛
草　海	毕节威宁县城郊	面积 45km²,海拔 2200m,高原淡水湖
红枫湖	安顺地区清镇市	水面 110km²,长 20km
滇　池	昆明市西南	水面 300km²,海拔 1885m,名胜古迹众多
玉龙湖	昆明市西郊	面积 3.3km²,四面环山,景色优美
抚仙湖	玉溪市澄江县	水面 217km²,平均深 80m,最深 151m
阳宗海	昆明市	水面 31.9km²,平均水深 30m
东　湖	泉州市东郊	湖内有小山七座名为"七星墩"
洱　海	大理市北苍山东麓	
纳木错	拉萨市当雄县	世界最高的咸水湖,湖面 1920km²
羊卓雍错	山南地区浪卡子县	湖面 678km²,海拔 4442m,平均深 23.6m
班公错	阿里地区日土县	湖面 41.25km²,海拔 4200m
玛旁雍错	阿里地区普县	湖面 680km²,海拔 4587m

续表

湖泊名	所处位置	基本特征
易贡错	林芝地区波密县	帕隆和易贡江汇合口以上50km江水成湖
巴松错	林芝工布江达县	湖面26km²,高山峡谷,群山环换
曲江池	西安市南曲江一带	面积70hm²,"曲江流饮"为长安八景之一
太乙池	西安市南	面积7hm²,池水清碧,为垂钓佳处
太白三池	宝鸡市眉县	大池1.5hm²,二池2.0hm²,三池在山南
东　湖	宝鸡市凤翔县	著名历史风景区,古迹甚多
青海湖	西宁市西	我国最大内陆咸水湖,湖面4583km²
艾丁湖	吐鲁番市西南	中国最低的地方,比海面低155m,水面152km²
天鹅湖	蒙古自治州	春季雪水汇流,天鹅飞回,风光优美
天　池	昌吉自治州阜康市	湖面2.8km²,海拔1911m,为堰塞湖
赛里木湖	蒙古自治州博乐市	湖面464km²,平均深50m,清幽秀丽
哈纳斯湖	伊犁哈萨克自治州	水面37.7km²,湖景魅力诱人
日月潭	南投县东台湾省中心	湖面7.7km²,平均深18.2m,海拔760m
澄清湖	高雄市高雄县	水面1.0多km²,著名风景区,湖山俱佳
扎陵湖	果洛玛多县西	扎陵湖又名西湖,湖面526km²
鄂陵湖	果洛玛多县西	鄂陵湖又名东湖,湖面610.7km²
芦苇海	九寨沟树正沟	水面长2km,海拔2140m,碧流蜿蜒
双龙海	九寨沟树正沟	面积6033m²,深4m,海拔2178m
卧龙海	九寨沟树正沟	面积61838m²,深22m,海拔2215m
火花海	九寨沟树正沟	面积36352m²,深9m,海拔2187m
树正群海	九寨沟树正沟	有大小海19个,高差100余m,成梯状湖群
老虎海	九寨沟树正沟	位于树正瀑布之上,海拔2298m
犀牛海	九寨沟树正沟	面积20万m²,深12m,海拔2315m
诺日朗群海	九寨沟日则沟	有大小海18个,海拔2375m
镜　海	九寨沟日则沟	面积19万m²,深11m,海拔1390m
金铃海	九寨沟日则沟	一大一小海,形似金铃,海拔2435m
五花海	九寨沟日则沟	面积9万m²,深5m,海拔2472m
熊猫海	九寨沟日则沟	面积9万m²,深14m,因常有熊猫而得名
箭竹海	九寨沟日则沟	面积17万m²,深6m,海畔箭竹葱茏
天鹅海	九寨沟日则沟	半沼泽湖泊,时有天鹅起落,宁静幽深
草　海	九寨沟日则沟	春季绿草如茵,水禽悠游,碧草苍苍
下季节海	九寨沟日查洼沟	湖水随季节变化,时盈时涸,初冬干涸
上季节海	九寨沟日查洼沟	长满青草,海子成为放牧的草滩
五彩池	九寨沟则查洼沟	面积5645m²,因湖中有各色彩石而得名
长　海	九寨沟则查洼沟	面积200万m²,长8km,是九寨沟最大海子
仙女池	九寨沟则查洼沟	湖岸修长,池水明净,宛如仙女
碧么公盖海	九寨沟日查洼沟	面积2.3万m²,海拔4020m,是九寨沟最高海子
红　池	扎如沟	因池子周围土呈红色而得名
褡裢海	扎如沟	海拔3700m,局部小气候及水色富于变化
黑　海	扎如沟	面积3000m²,因湖底土黑色而得名
洗花池群	黄龙沟	池群面积9600m²,有大小彩池350个
流辉池群	黄龙沟	池群面积8670m²,有大小彩池160个
盆景池群	黄龙沟	池群面积20240m²,有池子330个
明镜池群	黄龙沟	面积3600m²,有彩池180个

续表

湖泊名	所处位置	基本特征
娑罗池群	黄龙沟	面积6840余m²,有池子400多个
争艳池群	黄龙沟	池群面积20900m²,由658个彩池组成
流芳池群	黄龙沟	池群面积6450m²,有彩池378个
天鹅海	黄龙沟牟尼沟	面积约13300m²,群山森林郁郁葱葱
百花海	黄龙沟牟尼沟	面积16800m²,湖水静碧,风光无限
煮珠湖	黄龙沟牟尼沟	因泉点闪烁,宛如滚动的珍珠而得名

二、世界主要湖泊(面积大于5000km²者)

世界主要湖泊　表2

湖泊名	面积(km²)	最大水深(m)	湖面高度(m)	所在国家
里　海	371794	995	-28	原苏联、伊朗
苏必利尔湖	82103	406	183	美国、加拿大
维多利亚湖	69479	81	1134	坦桑尼亚、乌干达、肯尼亚
咸　海	65527	68	53	原苏联
休伦湖	59829	229	176	美国、加拿大
密执安湖	57757	281	176	美国
坦噶尼喀湖	32893	1418	773	坦桑尼亚、刚果民主共和国
大熊湖	31328	413	156	加拿大
贝加尔湖	30510	1621	455	原苏联
马拉维	29603	679	472	马拉维、莫桑比克、坦桑尼亚
大奴湖	28570	614	156	加拿大
伊利湖	25667	64	174	美国、加拿大
温尼伯湖	24390	18	217	加拿大
安大略湖	19554	244	75	加拿大、美国
巴尔喀什湖	18427	26	340	原苏联
拉多加湖	17702	225	4	原苏联
乍得湖	16317	7	240	乍得
马拉开波湖	13512	35	0	委内瑞拉
帕图斯泻湖	10144	—	—	巴西
奥涅加湖	9609	100	33	原苏联
埃尔湖	9324	1.2	-15.8	澳大利亚
的的喀喀湖	8288	251	3812	秘鲁、玻利维亚
尼加拉瓜湖	8029	70	31	尼加拉瓜
亚萨巴斯卡湖	7935	124	213	加拿大
迈勒吉尔盐湖	6700	—	—	阿尔及利亚
伦迪尔湖	6651	—	337	加拿大
图尔卡纳湖	6405	73	375	肯尼亚
伊塞克湖	6099	702	1610	原苏联
雷扎耶湖	5200~6000	4~6	1276	伊朗
托伦斯湖	5775	—	28	澳大利亚
维纳恩湖	5584	100	44	瑞典
内蒂林湖	5542	29	0	加拿大
温尼伯戈西斯湖	5374	12	253	加拿大
艾伯特湖	5374	51	619	刚果民主共和国、乌干达
姆韦鲁湖	5100	9~15	931	刚果民主共和国、赞比亚

一、大型湖泊、水库中的几种典型水形

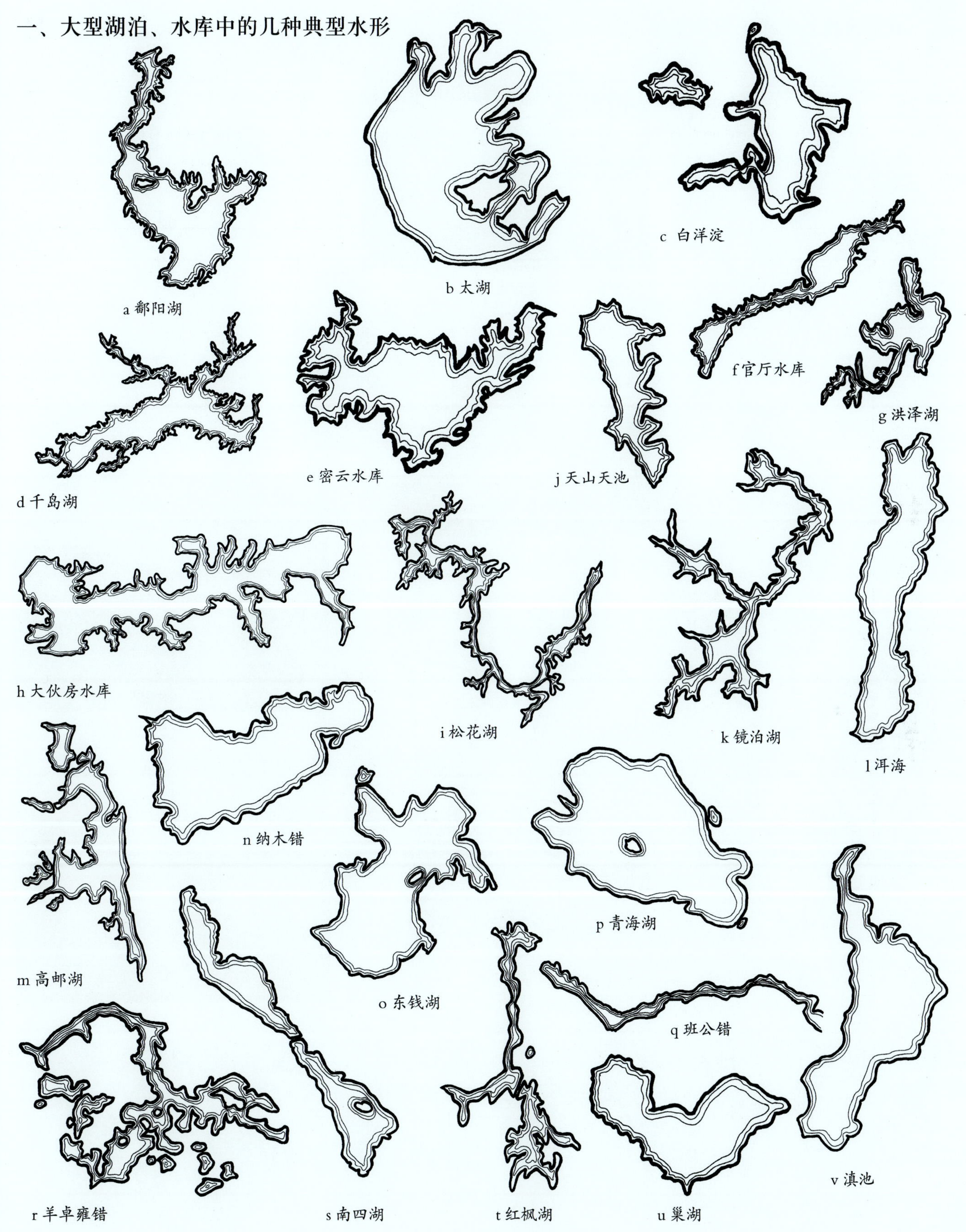

1 几种大型湖泊的典型水形

二、城市园林景观湖泊典型水形

2 颐和园昆明湖水面

3 颐和园水环境鸟瞰

5 从西堤看昆明湖水体景观

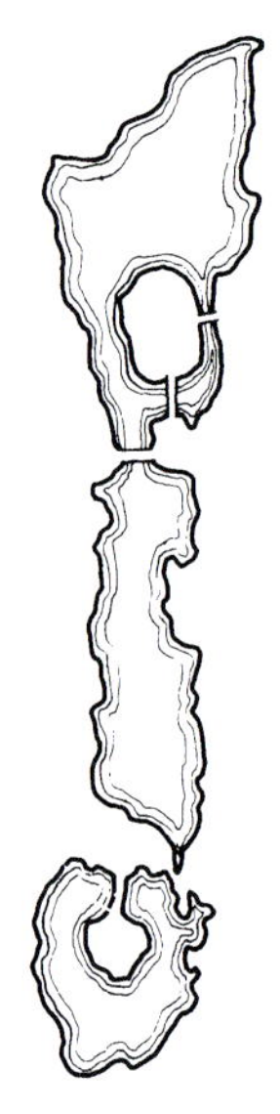

4 北海、中南海水面

8 北海太液池水体景观

6 承德避暑山庄水面

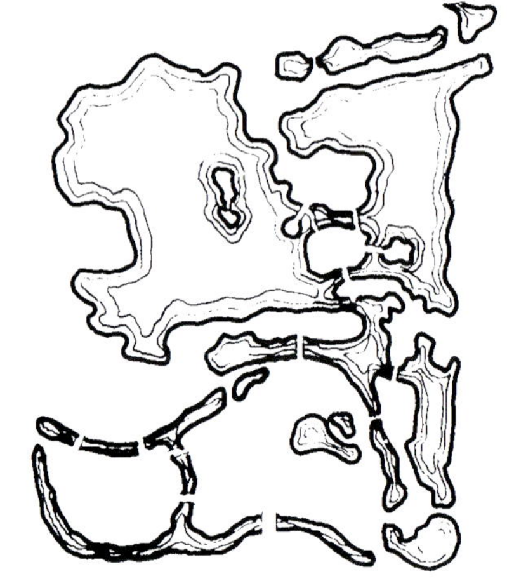

7 天津水上公园水面

9 中南海水体景观

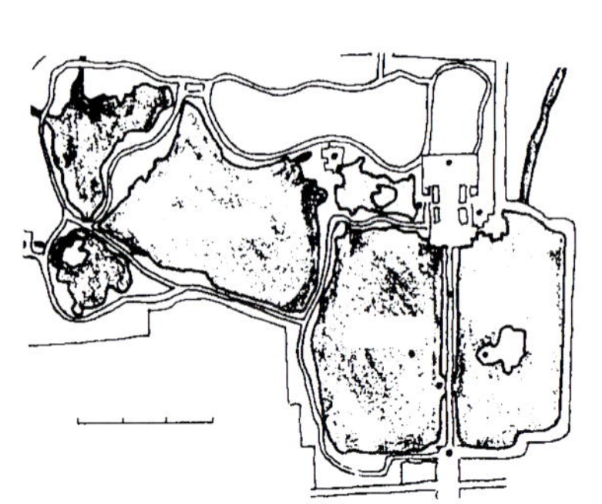

10 开封市潘杨湖水面

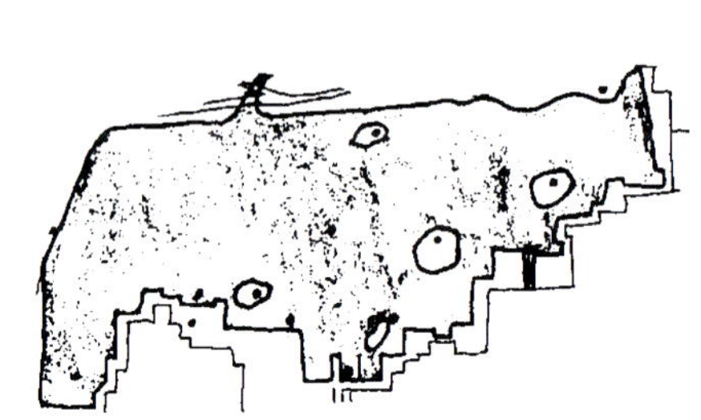

11 济南市大明湖水面

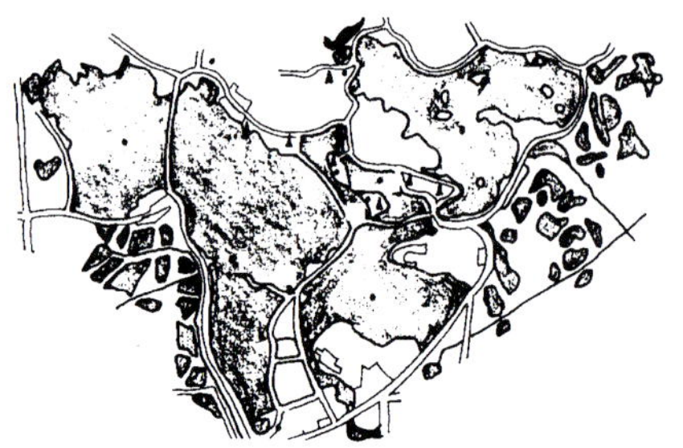

12 肇庆七星湖水面

13 杭州西湖水面鸟瞰

14 杭州西湖水面景观局部

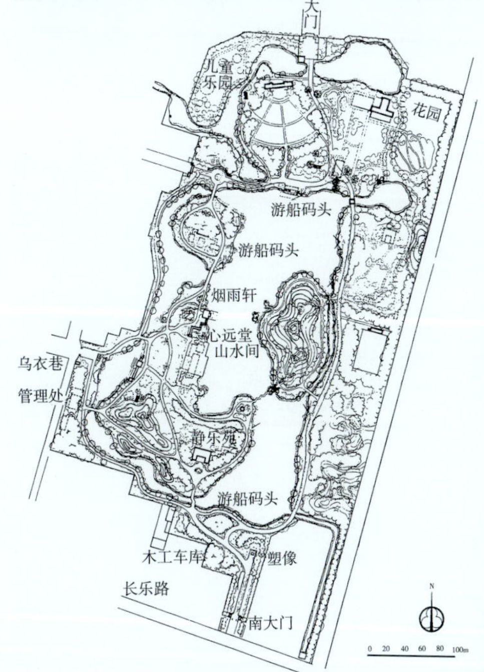

15 南京白鹭洲水面

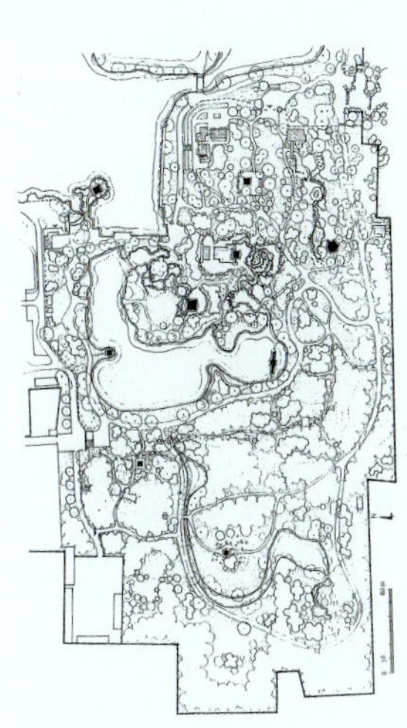

16 北京陶然亭公园水面

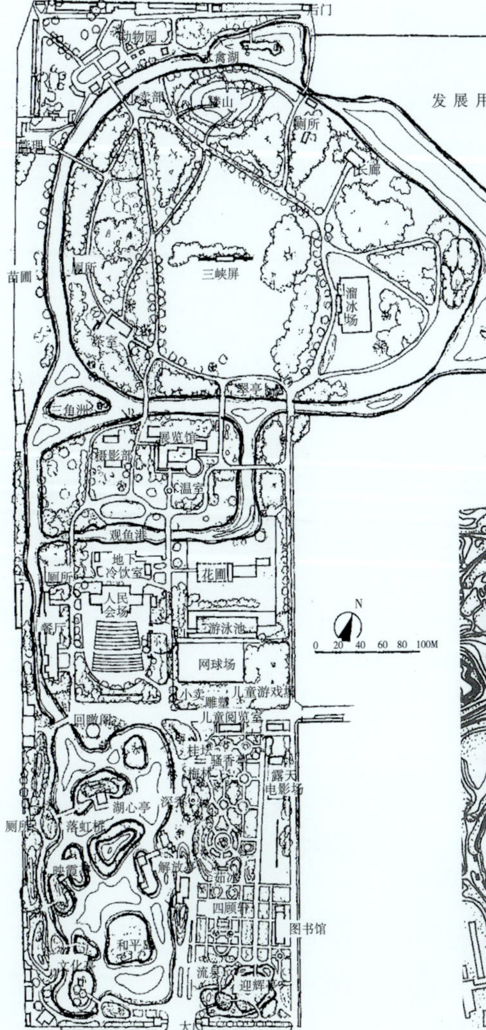

17 武汉中山公园水面

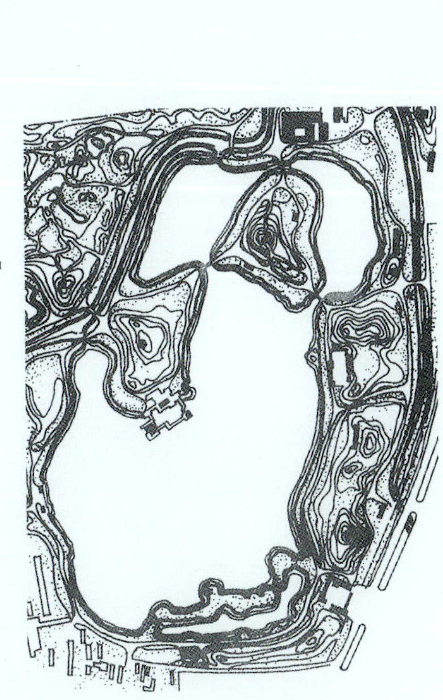

18 北京紫竹院公园水面

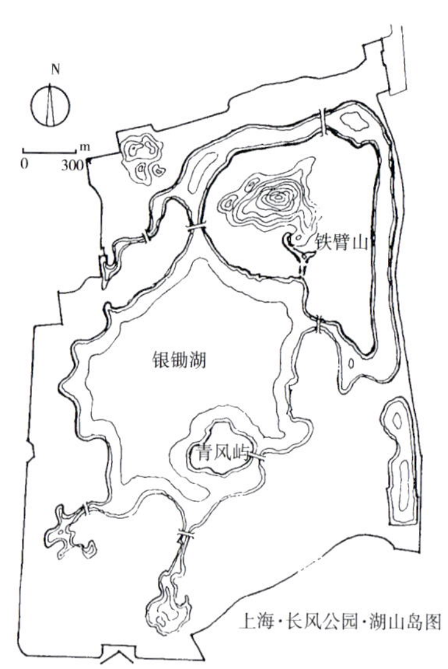

19 上海长风公园湖山岛平面

20 上海长风公园银锄湖水面景观

21 上海长风公园扇亭前的水面

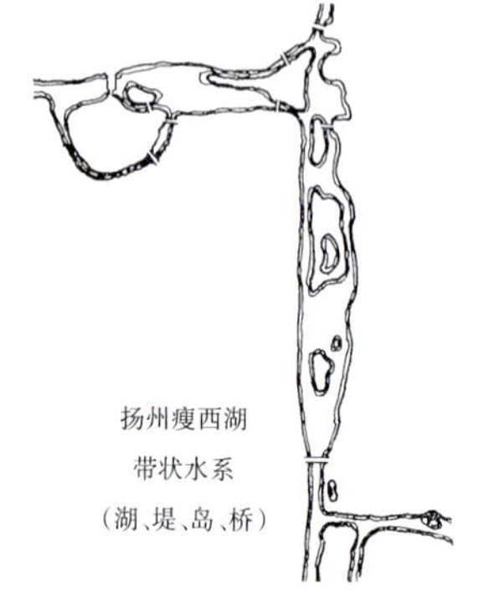

22 扬州瘦西湖的湖、堤、岛、桥

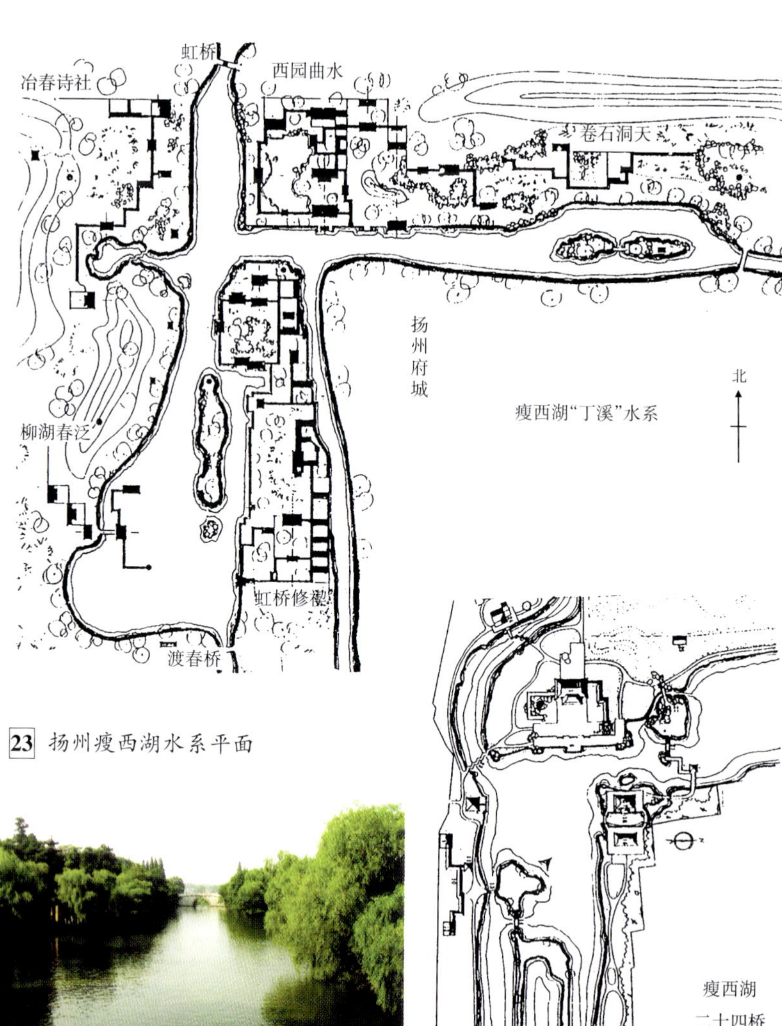

23 扬州瘦西湖水系平面

24 扬州瘦西湖水面景观局部

25 瘦西湖的带状湖水景观

26 瘦西湖二十四桥景区平面

一、基本资料的收集

1. 设计要求 首先应该了解城市和园林基本建设规划和河道治理对湖泊提出的要求，同时还要搞好湖泊的"四清"，就是要把湖泊的集水面积、库容、地质、地形条件和水沙来量等基本资料摸清，做到心中有数。在此基础上，才能根据需要和可能，进行全面的综合考虑后确定库容、坝高和溢洪道断面等，使水库建成后既安全可靠，又效益显著。做好基本资料收集工作，根本的经验是要充分进行切实可靠的调查研究工作。

2. 对湖池上下游情况的全面了解 对湖池上下游情况进行全面了解，是确定湖池任务和规划好湖泊的首要工作。需要重点了解上游情况和湖泊的兴建情况及下游河道的泄水能力、湖泊下游有无重要城镇和它们对防洪的要求等。对于中小型湖泊，一方面要求能够在规定的洪水标准情况下确保湖池安全，另一方面要求同时考虑万一发生超标准的特大洪水时可能造成的淹没范围和损失情况。以上情况应该包括现状和发展远景等方面，以便根据湖泊规划的原则和下泄流量的大小来确定湖泊设计施工计划。需要强调的是，无论是大型湖泊，还是城市和园林景观湖泊，景观环境设计只是整个理水工程的一部分，而湖泊设计的可靠性和科学性才是至关重要的，因为它关系到城市和乡村的安全和成千上万人的生命和财产。

二、集水面积的计算

集水面积是指湖泊上游分水岭界限内所包括的面积。也就是说降落在这个面积上的雨水都是流入湖泊的。它与降雨量都是计算湖泊上游来水量的主要依据。集水面积要求依据较精确的地形图并结合实地查勘来确定。地形图的比例尺，最好是万分之一，至少要五万分之一，比例尺再小就将引起较大的误差。通过实地查勘确定分水岭界限是十分重要的，特别在地形较平坦的地方。查勘工作应该充分细致，如果能在降雨时通过实地观测水势，确定分水岭界限则更为可靠。当缺乏合用的地形图来确定集水面积时，应该进行实地测量，根据集水面积大小，地形图的比例尺可采用二千分之一到一万分之一。

确定分水岭后，在地形图上量出湖泊坝址以上分水岭内所包括的面积，算出集水面积。计算集水面积的方法很多，一般中小型湖泊水库的集水面积可用求积仪或几何的方法计算。

1. 求积仪法 用求积仪量面积时，首先要看清仪器盒中所附的说明卡，要注意校核仪器本身的精度。按面积定平方比的关系放大，即得集水面积。如地形图上的面积为 $150cm^2$，图的比例尺为万分之一，则集水面积 $=150cm^2\times10000^2=1.5km^2$。

2. 方格法 用透明纸铺在测好的集水面积平面图上，数一下流域内有多少方格（大半个方格算一格，小半个方格不算），根据每一个方格实际代表的面积，乘以总的方格数，就得出集水总面积。例如，在二千分之一比例尺的地形图上，每一厘米代表 20m，一个平方厘米（即一个小方格）代表 $400m^2$，即把在集水面积内数出的小方格数目乘以 400 就是集水面积的总数。

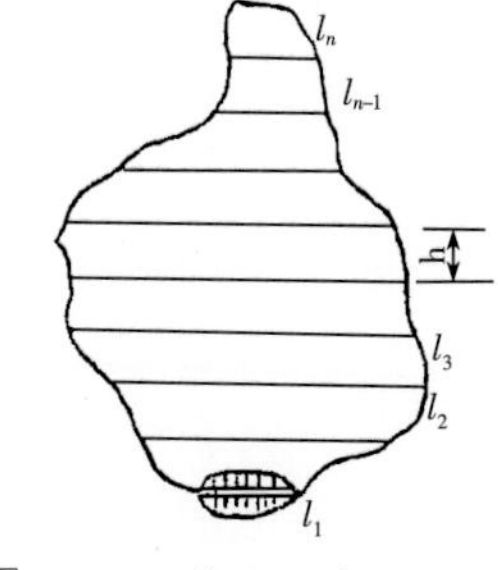

1 梯形计算法示意图

3. 梯形计算法 即将水库集水面积划分成若干梯形，如图1中所示，l_1，l_2，…，l_n 为平行于坝轴线的等距离的各平行线，h 为各平行线之间的距离，其集水面积的总和 F 为

$$F=h(\frac{l_1+l_n}{2}+l_2+l_3+\cdots+l_{n-1})$$

在分格时要注意每格之间的距离要相等。

4. 踏勘丈量或用亩数折算 集水面积很小的湖泊水库，如无测量仪器，也可以踏勘丈量或用亩数折算的办法，先找出分水岭的界限，通过调查，草测丈量，估算出集水面积。如实地踏勘丈量湖泊水库坝址以上分水岭的长度和宽度，河源到坝址的长度为 2km，河沟上游段两岸分水岭之间宽度为 1.2km，中段宽度为 1.8km，坝址处附近宽度为 0.9km，平均宽度为(1.2+1.8+0.9)/3=1.3km，则粗估集水面积为 $1.3\times2=2.6km^2$。此外，也可以用农田的亩数折算，如某湖泊水库坝址以上共有河滩耕地 320 亩，梯田 540 亩，荒山地 2440 亩，总计为 3300 亩，$1km^2$ 等于 1500 亩，所以该水库集水面积为 $3300/1500=2.2km^2$。

三、库容计算

通常说的库容是指湖泊水库的总容积，中小型湖泊水库的库容一般由三部分组成，见图2。死水位（一般略高于放水洞底）以下到湖底称为死库容；死水位以上，蓄水位（平齐无闸门的溢洪道顶，或有闸门的闸门的挡水位）以下称为有效库容，也就是可利用的库容；蓄水位以上到湖泊水库的设计最高洪水位（有时称为校核水位）叫作滞洪库容。库容一般要通过测量，做出水位与库容、水位与淹没面积的关系曲线来确定。比较常用的测量及计算方法有以下两种。

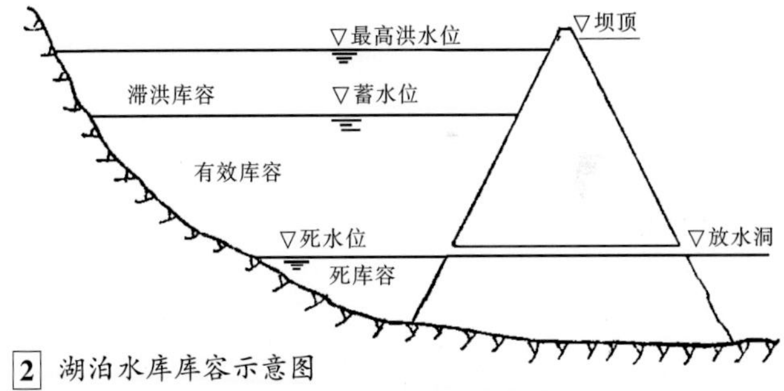

2 湖泊水库库容示意图

1. 等高线法 用测量仪器测绘湖区地形图，或利用已有地形图，画出等高线。等高线间距可视地形条件而定，一般为 0.2~1.0m 之间。计算时，首先量出各级等高线的蓄水面面积。求相邻二等高线平均面积及高差。计算各级等高线间容积及累计容积，然后绘出水位 - 库容及水位 - 面积的曲线。

相邻等高线间水层之间的体积为

$$\Delta V_{1-2}=\frac{1}{3}(F_1+F_2+\sqrt{F_1F_2})\Delta H_{1-2}$$

或近似地用下式表示：

$$\Delta V_{1-2}=\frac{F_1+F_2}{2}\Delta H_{1-2}$$

式中：$\Delta V_{1\text{-}2}$ 为两水层之间的体积；F_1、F_2 分别为水层的上部面积和下部面积；$\Delta H_{1\text{-}2}$ 为水层的厚度，如等高线间距为 1m，则 $\Delta H_{1\text{-}2}$=1m。

库容一般采用列表法计算，见表 1。根据表中数据绘出曲线。图3中所示为一般的湖水位－库容及湖水位－湖泊面积关系曲线形式。

湖泊水位、湖泊面积、库容计算表 **表 1**

高程(m)	水深(m)	湖泊面积(m^2)	平均湖泊面积(m^2)	水层厚度(m)	水层间体积(m^3)	库容累积(万 m^3)
89	0	0	5205	1	5200	0
90	1	10410	19055	1	19100	0.52
91	2	27700	36765	1	36800	2.43
92	3	45830	52290	1	52300	6.11
93	4	58750	63110	1	63100	11.34
94	5	67470	71135	1	71100	17.65
95	6	74800				24.76

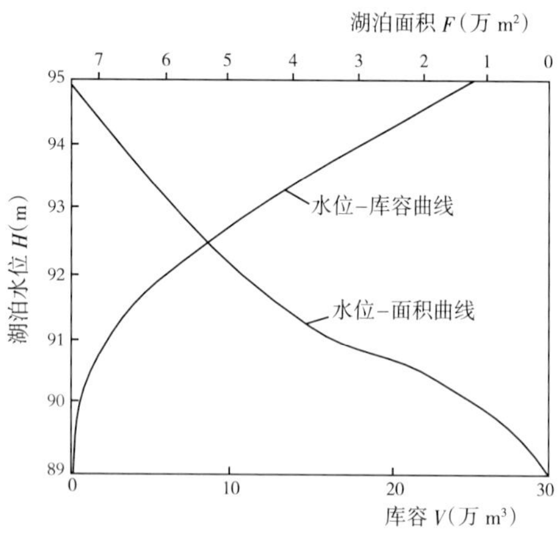

3 湖泊水位与库容、面积关系曲线

2. 横断面法 先在湖内沿河道测出一条与坝轴线垂直的纵断面，根据河道两岸河滩变化情况，沿纵断面定出所需要的桩号，然后在每个桩号测出与坝轴线平行的横断面，见图4。量出每个横断面间的距离 ΔL，以各种蓄水深度的水面高程作为顶线，求出横断面面积 A，再将相邻两个断面面积的平均值乘以距离，就得出该高程两横断面间的容积 $\Delta V_{1\text{-}2}$，如下式：

$$\Delta V_{1\text{-}2}=\frac{A_1+A_2}{2}\Delta L_{1\text{-}2}$$

另一高程间两横断面间的容积可表示为

$$\Delta V'_{1\text{-}2}=\frac{A'_1+A'_2}{2}\Delta L_{1\text{-}2}$$

按上式依次算出各不同高程、各断面间的容积后，对各级高程的容积进行累加就可以得出湖水位－库容关系曲线。

3. 对于很小的湖泊水库 如缺乏仪器测量，根据各地的经验，也可以用水面亩数和各种不同水深来计算库容。表 2 是根据经验，列出的不同地形、不同河道纵坡及不同水深条件下，一亩水面面积的库容。读者可以通过典型分析，参考使用。例如，某市计

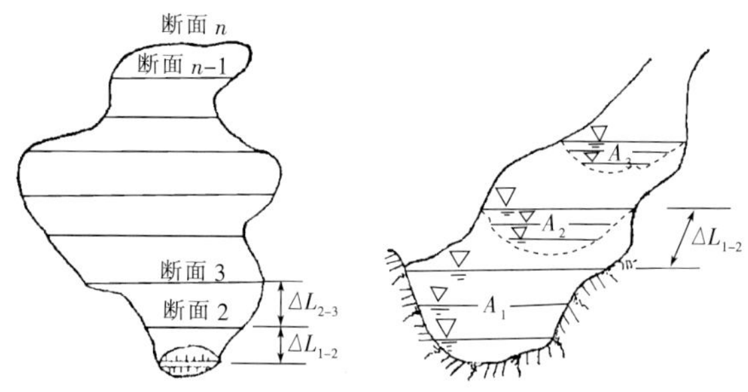

4 横断面法计算库容示意图

划修建一座坝高 15m 的小型湖泊，湖区地形是下部窄小，上部开阔；河道纵坡较陡，溢洪道设计水深 2m，大坝超高 1m，坝前最大蓄水深为 14m，相应的湖泊面积为 320 亩；有效蓄水位坝前水深 12m，相应的湖泊面积为 300 亩。放水洞在河底以上 3m，放水洞以下死库容湖泊面积为 20 亩。从表 2 查到，坝前水深 14m 时，每亩

不同水深、不同地形，一亩水面面积库容表(库容单位：m^3) **表 2**

坝前最大水深(m)	湖区地形形状：河道和两岸均不开阔			河道窄狭、两岸开阔			河道和两岸均开阔		
	河道纵坡：陡的	较陡	平缓	陡的	较陡	平缓	陡的	较陡	平缓
3	300	400	500	400	600	800	600	800	1000
5	500	667	831	667	1000	1334	1000	1334	1667
7	700	934	1165	934	1400	1868	1400	1868	2334
9	900	1200	1500	1200	1800	2400	1800	2400	3000
11	1100	1465	1830	1465	2200	2930	2200	2930	4000
13	1300	1730	2160	1730	2600	3460	2600	3460	4330
15	1500	2000	2500	2000	3000	4000			

水面面积的库容为 2800m^3，坝前水深 12m 时，每亩面积的库容为 2400m^3，坝前水深 3m 时，每亩面积的库容为 600m^3，所以该水库的库容如下：

总库容 =2800 × 320=89.6 万 m^3

死库容 =600 × 20=1.2 万 m^3

有效库容 =2400 × 300−12000=70.8 万 m^3

滞洪库容 =89.6−70.8−1.2=17.6 万 m^3

四、降雨量

降雨量是规划湖泊的主要资料，决定湖泊库容，需要年降雨量的资料。溢洪道的规模由湖泊的规模和任务所决定，需要 3d、24h 或 1h 的降雨量资料。这些降雨量资料都可由当地的水文图集或水文手册查得，但是为了更好地反映出当地的特殊性，最好能配合进行调查访问和查阅历史资料，正确掌握当地的降雨特点和规律。

五、地形与地质

在根据降雨量推算洪峰流量时，需要了解集水面积内的地形、地质、土壤和植被等情况。而对于规划湖泊来说，地形与地质工作的主要任务是提供选择湖泊位置的资料。地形条件决定湖泊的开挖工程量，而地质条件除了影响开挖量外，还决定衬砌的工

程量。在初步查勘湖区地形时就应选择有哪些地点可供布置溢洪道,进一步通过坑探或钻探摸清这些地点的地质条件。溢洪道最好布置在岩石基础上,也可以布置在土基上,但是要避开断层破碎带或滑坡崩塌体,同时必须高度重视与溢洪道下泄洪水归河问题有关的地形地质资料。

六、防洪设计

我国目前普通采用频率统计方法决定设计暴雨和设计洪水。根据湖泊水库的规模、效益、重要性和对下游的影响等因素决定湖泊水库的类别,从而根据水利的有关规定选定洪水的设计、校核和保坝的相应标准。对本地区的设计暴雨和小流域设计洪水要进行深入研究,定出相应的计算方法。在进行中小型湖泊水库溢洪道规划时,设计暴雨和设计洪水应当严格按照本地区水利部门的有关规定,查阅水文手册和图集进行计算。本节只概述计算方法的分类和适用范围。

1. 设计暴雨 从常识知道,同一河道流域内雨量越大、越猛,洪水也越大,因此要计算设计洪水大多必须先计算设计暴雨。设计暴雨一般采用频率统计方法计算,有时也用相似地区的暴雨移置法校核,对于重要的湖泊水库,还应该研究当地可能发生的最大暴雨和最大洪水作为水库安全复核的依据。

(1)频率统计方法 如果有多年的实测暴雨或洪水资料,可以发现大值出现的次数少,均值出现的次数多,用频率统计的方法进行分析,找出它们出现的规律。然后根据这一规律去推求相当于某一频率值的暴雨或洪水,这就是频率统计方法。一般称呼频率为1%的暴雨为百年一遇或重现期为一百年,这样往往给人一种错觉,以为这样的暴雨一百年内只出现一次,如果采用它作为湖泊水库设计标准,至少在一百年内,湖泊水库的安全是没有问题的。其实,频率的概念是不能这样来理解的。从理论上说,频率的概念只有在资料系列接近无限长时才有意义。例如一个硬币有正反两面,扔一个硬币,出现正面的频率是50%,但是每扔两次并不一定就出现一次,如果扔的次数越多,则出现正面的次数就越接近50%。所以把频率为1%的暴雨理解为万年百遇就要比百年一遇合理得多,如果理解为百万年万遇就更合理些。正确理解了频率洪水的概念,就可以知道频率的大小虽然反映了湖泊水库标准的高低,但它并不等于在安全问题上打了保票。因此,除了在湖泊水库设计上加上一定的保险系数外,一定要考虑湖泊水库遇到超过设计标准的洪水袭击时,如何保证湖泊水库安全的非常保坝措施。

就频率统计方法本身来说,也存在较大局限性。它的分析结果取决于资料系列的长短和代表性。当资料系列不长,特别是其中缺乏特大暴雨资料时,有时一次特大暴雨的出现就可以完全推翻原来的分析成果。但是目前设计湖泊水库,特别是中小型湖泊水库一般仍采用这一方法。

知道了湖泊水库的所在地点,可以查阅本省的水文图集中多年平均最大24h降雨量等值线图,查出多年平均最大24h、雨量$\bar{P}_{24}$和相应的变差系数C_v、偏差系数C_s,接着算出频率为P的24h暴雨总量P_{24P}。我国地市、县所编制的小范围的设计洪水计算办法往往分区规定$\bar{P}_{24}$、C_v、C_s为定值,因而可以列表直接给出各种频率的24h暴雨总量P_{24p}。

(2)暴雨移置法 移用相似地区的实测特大暴雨记录于本湖泊水库的集水面积上,推求洪峰流量,然后与频率洪水进行对比、论证,叫作暴雨移置法。应用这一方法时要注意地区的相似性,就暴雨的性质及成因,从气象和地理加以分析,论证可否进行移置。国内实测的24h降雨量最大的几个记录是:台湾省新寮县1672mm(1975年8月),河南省泌阳县1060mm(1975年8月),河北省内丘县950mm(1968年8月),江西省庐山植物园还有过1100mm的记录。1996年7月31日,受9608号台风影响,台湾嘉义县阿里山24h降雨量1748.5mm,创造国内最高降雨记录。根据河南省12个雨量站在同一场暴雨资料结合整理得出24h内雨量分布,见表3。

24h内雨量分布表 **表3**

时　段(h)	1	2	3	4	5	6	7	8	9	10	11	12
降雨量(mm)	23	23	19	13	28	10	21	64	41	9	8	17
时　段(h)	13	14	15	16	17	18	19	20	21	22	23	24
降雨量(mm)	15	12	7	22	40	116	98	115	230	120	75	4

注　24h合计1130mm。

对于集雨面积较大的湖泊水库,有采用暴雨移置法时,点面雨量的差别如何考虑也要注意分析。

(3)可能最大降雨 对于一些地位极为重要,绝对不许可发生垮坝的湖泊水库来说,需要估算出水库上游可能发生的最大降雨,据此估算设计洪水,用来复核湖泊水库的安全性。

特定区域内一定历时的降雨有一个物理上限。这个上限就是所谓可能最大降雨,更确切地说,可能最大降雨就是在现代自然地理及气候条件下,特定面积和特定历时内可能达到而又不被超过的降水量。可能最大降雨的估算,主要靠本地区或相似地区发生过的大暴雨,从气象上分析,对水汽、风速和效率等因子放大,并移置外包。国外使用可能最大降雨方法,也是作为参考比较,不能完全依靠这种方法。目前我国有关部门正在组织研究和编制可能最大降雨的计算办法,各地应以本地区的规定为依据。同一地区内或同一流域内不同面积及不同历时控制设计洪水的暴雨一般是不相同的。例如小面积设计洪水常常是雷暴雨控制的,而大面积长历时的洪水却是一般暴雨控制的。所以如果只以一场暴雨作为一个区域内各种不同面积及不同历时的可能最大降雨就不一定合适。

2. 设计洪水 确定设计暴雨之后,可以用几种方法推求设计洪水。最简单的是推理公式,适用于集水面积较小的湖泊水库,也可采用地区经验公式。较大的湖泊水库可以采用综合单位过程线计算出入库洪水过程线。有条件时最好实地调查历史洪水痕迹,估算洪水流量并与其他方法求得的设计洪水互相验证。

(1)推理公式法　对于小集水面积湖泊水库的洪峰流量可用推理公式计算:

$$Q_p=0.278 i_p \psi F$$

其中 $$i_p=\frac{24^{n-1}}{\tau_n}P_{24p}$$

式中:Q_p 为设计频率为 p 的洪峰流量, s·m³;0.278 为单位折算系数;F 为集水面积,km²;i_p 为暴雨强度,mm/h;n 为暴雨衰减指数;τ 为流域汇流时间,h;P_{24p} 为频率为 p 的 24h 暴雨总量,mm。

各地的水文手册中可能对以上两式作各种变换,但根据不同地区的条件,都给出了确定 ψ、n、τ 的方法,可以据以进行计算。

一次降雨的洪水总量按下式计算:

$$W_{1次}=0.1\alpha P_{1次}F$$

式中:$W_{1次}$为一次降雨的洪水总量,万 m³;α 为径流系数,可查有关水文手册;$P_{1次}$为一次降雨量(mm),一般即用设计频率的 24h 降雨量;F 为集水面积,km²。

洪水过程线可近似地假定为三角形。

(2)地区经验公式法　各地区都有自己的经验公式,比较简单,应用方便,群众易于掌握,其基本公式为

$$Q_p=C_pF^K$$

式中:Q_p 为设计频率为 p 的洪峰流量,s·m³;F 为集水面积,km²;C_p、K 分别为随自然地理条件和频率等因素变化的系数和指数。

各地水文手册对上式作了各种变换,例如增加设计频率 24h 净雨深、流域或河道的平均坡度、流域形状系数和净雨历时等变数,并给出了确定各变数的原则,按它的规定都可以算出各地的设计洪水。同时还要根据水文手册求出配套的设计洪水总量和设计洪水过程线。过程线多为有涨水段和退水段的五边形。

(3)综合单位线法　许多地区的水利部门根据本地区的实测暴雨和洪水资料,对综合单位线进行了分析和研究,提出了适合本地区的计算方法和经验方程。综合单位线法多用于河道和集水面积较大的湖泊水库的洪水计算。

(4)历史洪水调查　对于较大的湖泊水库,在有条件时,湖泊水库的洪峰流量可以由实地调查历史洪水痕迹,估算洪峰流量,与频率分析方法的计算结果进行对比、验证,并用以补充、延长系列。湖北省水利电力设计院为了克服小流域实测资料不足的困难,对某地区内集水面积 1.15~164km² 的 37 条河沟和 60 多个河段做了大量的详细的洪水调查工作,并对调查历年洪水年份较多的断面,一一作了频率分析,求得统一的洪峰流量计算方法。

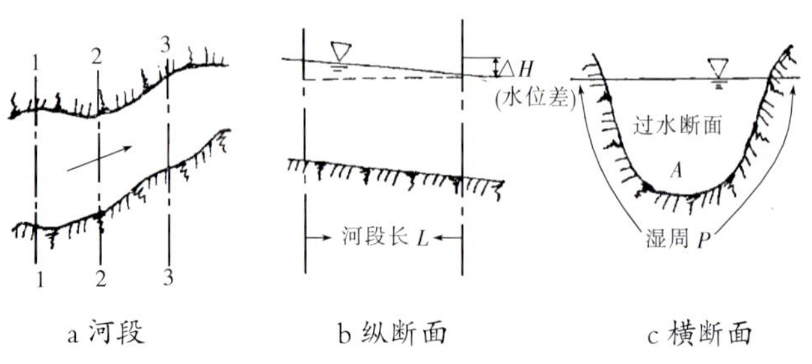

5 洪水调查河段示意图

洪水调查的步骤大致如下:

1)选择合适的河段。要注意选取有洪水痕迹、附近有居民点、河道顺直、水流畅通、无支流入河、河床稳定以及冲淤变化不大的河段。如果有条件,可以在下游找到桥梁和卡口等控制断面校核,同时注意该河段的糙率"n"值变化不能太大。

2)进行调查时,要注意搜集府志、县志,碑文上有关历史上发生洪水的记载和水灾的情况,在调查近百年来所发生的洪水痕迹时主要靠访问群众。洪水位的最终确定要通过多方面的对比、认证、去伪存真,不能仅仅抓住一点迹象就定为洪水痕迹。

3)河床糙率 n 值的确定,最好利用实测洪水资料推求。无实测洪水资料时,可根据河床情况参考表 4 选定。

4)详细测量河段的纵、横断面。

5)根据以上资料用曼宁公式计算洪峰流量:

$$Q=\frac{1}{2}R^{2/3}i^{1/2}A$$

其中 $$R=\frac{A}{P}$$

$$i=\frac{\Delta H}{L}$$

式中:A 为河道平均过水断面面积,m²;R 一般为水力半径,m;p 为湿周,m,见图 5 c;i 为河道纵坡;ΔH 及 L 见图 5 b。

中小河流洪水糙率系数 n　　表 4

类型	河 床 特 征 描 述	1/n 值	
		变化范围	平均值
1	滩地平面形状不顺畅,下游 40m 范围内为斜向主槽的山咀,束水严重。滩地纵、横断面不平整,有洼地、土埂等。滩宽与主槽宽之比值在 1 左右,长有中等密度之杂草、灌木(高约 1.0~1.5m)	4~15	9
2	滩地平面形状顺直,纵、横断面起伏不平,流向紊乱。长有茂密的杂草(高约 1.0m)及少量农作物的开阔河滩,滩宽与主槽宽之比值在 3.0 以上	5~15	10
3	滩地外形同第 1 类;但束水程度较轻。滩地长有矮小(0.3m)的玉米和棉花等农作物	12~20	16
4	滩地平面、纵、横断面顺直整齐且较窄(滩宽与主槽宽之比值一般在 1.0 以下),有稠密的较高植被(如竹林、柳树等)生长,约占滩宽的一半,其余生长稀疏的小树或矮小农作物	16~28	22
5	滩地平面、纵、横断面顺直整齐,且较窄(滩宽与主槽宽之比值在 1.0 以下),生长稀疏杂草	23~38	30

一、基址对土壤的要求

(1) 砂质黏土、壤土，土质细密，土层厚实或渗透能力小于0.007~0.009m/s 的黏土夹层，适合挖湖。

(2)基土为砂质、卵石层等易漏水，应该避免。如漏水不严重，要探明下面透水层的位置深浅，可以做截水墙或人工铺盖等工程措施。

(3)如基土为淤泥或草煤层等，须全部挖掉。

(4)黏土虽透水性小，但干时容易开裂，湿时又会形成橡皮土、泥浆，因此纯黏土作为湖池岸坡、堤等均不好。

所以对于小水面，最好先挖一个试坑，查看有无漏水的土层，即所谓坑深，以确定土壤的透水能力。如果水面较大，则应进行钻探，其钻孔的最大距离不得超过 100m，待探明土质情况后，再作决定。

二、湖(池)土方量的计算

一般地讲，湖(池)土方量可以按其几何形体来计算。这比较简单，这里就从略了。对于自然形体的湖池，可以近似地作为台体来计算。其方法如下：

$$V=\frac{1}{3}h\sqrt{S+\sqrt{SS'}+S'}$$

式中：V 为土方量；h 为湖池的深；S、S' 分别为上、下底的面积。

湖池的蓄水量用上式同样可以求得，只需将湖池的水深代入 h 值，水面的面积代入 S 值即可。

三、水面蒸发量的测定和估算

目前我国主要采用 E－601 型蒸发器测定水面的蒸发量。但其测得的数值比水体实际的蒸发量大，因此须乘以折减系数。年平均蒸发折减系数为 0.75~0.85。

在缺乏实测资料时，可按下列公式估算：

$$E=0.22(1+0.17\omega_{200}^{1.5})(e_0-e_{200})$$

式中：E 为水面蒸发量，mm；e_0 为对应水面温度的空气饱和水汽压，毫巴；e_{200} 为水面上空 200cm 处的空气水汽压，毫巴；W_{200} 为水面上空 200cm 处的风速，m/s。

四、渗漏损失

计算水体的渗漏损失是非常复杂的，需对水体的底盘和岸边进行地质和水文等方面的研究后方可进行。对于园林水体，可用表 1 的方法进行估算。

渗漏损失表 表 1

底盘的地质情况	全年水量损失(占水体体积的百分比，%)
良 好	5~10
中 等	10~20
不 好	20~40

五、湖(池)底的做法

1. 灰土层湖底 当湖的基土为黄土时，可在湖底做 40~45cm 厚的 3：7 灰土层，并每隔 20m 留一伸缩缝，见图1。

2. 聚乙烯薄膜防水层湖底 当基土微漏，可采用如图2所示结构。

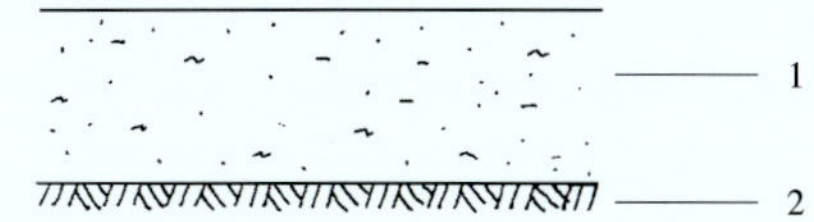

1 灰土层湖底做法

1—厚 400~450 3:7 灰土分层夯实，密实度 96%；2—素土夯实

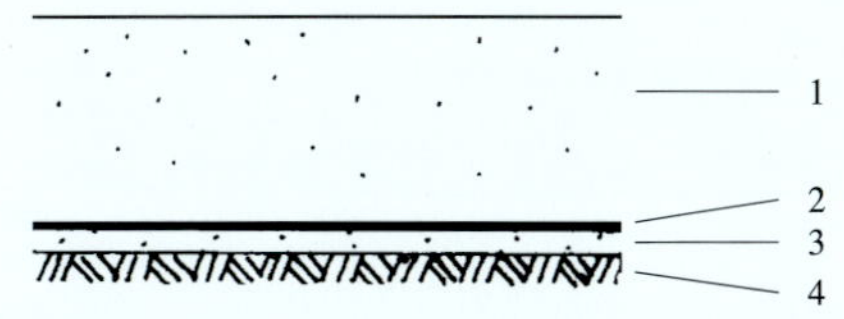

2 聚乙烯防水薄膜湖底做法

1—厚 450 黄土分层夯实；2—厚 0.18~0.20 聚乙烯薄一层搭缝宽 300；3—厚 50 平铺黄土一层；4—基石辗压(12 吨震动辗压)

3. 混凝土池底 当水面不大，防漏要求又很高时，可以采用如图3、图4的结构。这样结构的水池，如其形状比较规整，则每隔 50m 应做一伸缩缝。如其形状变化较大，则其长度每隔 25m，在其断面狭窄处，应做伸缩缝。

4. 旧水池重新翻底 旧水池重新翻底做法见图5。

5. U 型混凝土膨胀剂(简称 UEA)在园林水池工程中的应用 用 U 型膨胀剂配制的混凝土具有抗裂防渗、补偿收缩自应力等优良性能。它是以无水硫铝酸钙为早期胀源，明矾石为中期膨胀源，达到早期和中期合理膨胀的目的。

某公园水池设计要求：混凝土 200 号，抗渗 B_8，抗裂耐冻。采用合理的 UEA 混凝土配合比所建造的水池，简便了施工，缩短了工期，降低了工程造价，达到了结构自防水的效果。

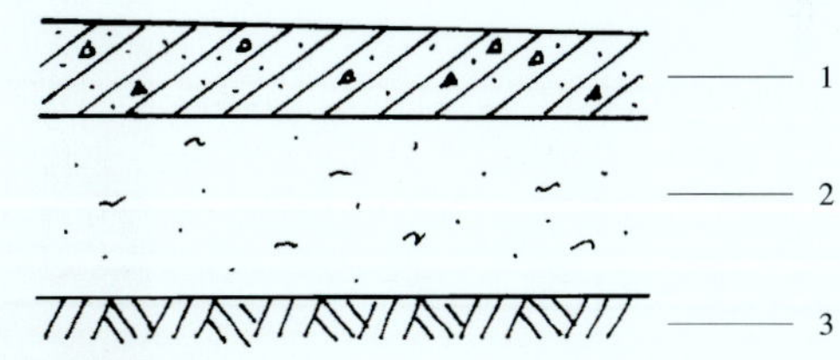

3 混凝土池底

1—厚 100 ϕ6@200 混凝土；2—厚 300 3:7 灰土；3—素土夯实

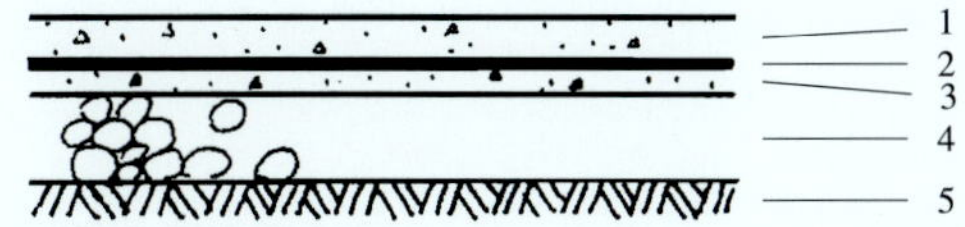

4 塑料薄膜防水层，小水池底做法

1—厚 60~100 瓜子石混凝土；2—双层塑料薄膜；3—厚 60 混凝土；4—厚 200 碎石；5—素土夯实

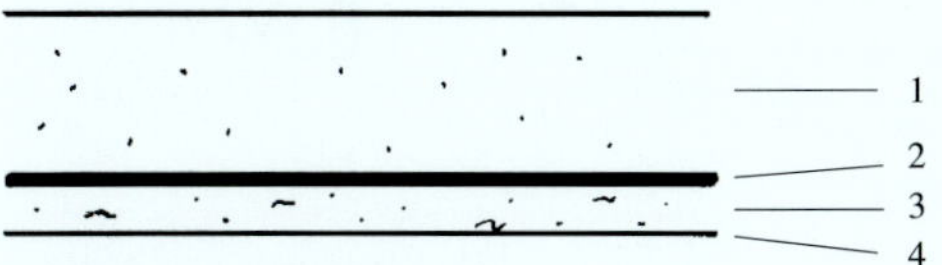

5 旧水池重新翻底做法

1—垫土厚 200~600；2—再生橡胶；3—厚 100 3：7 灰土；4—原灰土底

六、驳岸与护坡

驳岸是一面临水的挡土墙，是支持和防止坍塌的水工构筑物。

护坡是保护坡面(一般在自然安息角以内)防止雨水径流冲刷及风浪拍击对岸坡的破坏。

1. 岸壁的破坏 岸壁的破坏相关信息见图6、图7。

在我国北方，冰冻也是造成岸壁破坏的原因。

2. 护坡 自然式缓坡湖岸，能产生自然、亲水的效果，在园林中使用很多。

(1)草地护坡 当岸壁坡角在自然安息角以内，水面上缓坡在1：20~1：5间起伏变化是很美的。这时水面上部分可以用草地护坡，其做法见图8~图10。目前也采用直接在岸边播种子并用塑料薄膜覆盖，效果也很好。如在草坡上散置数块山石，可以丰富地貌，增加风景的层次，见图11、图12。

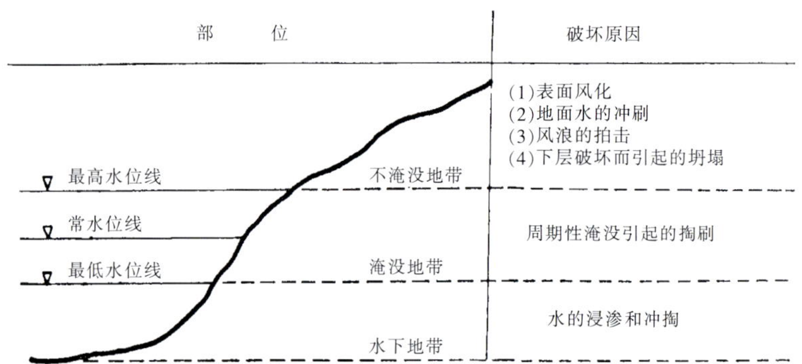

6 岸壁不同部位破坏的生成

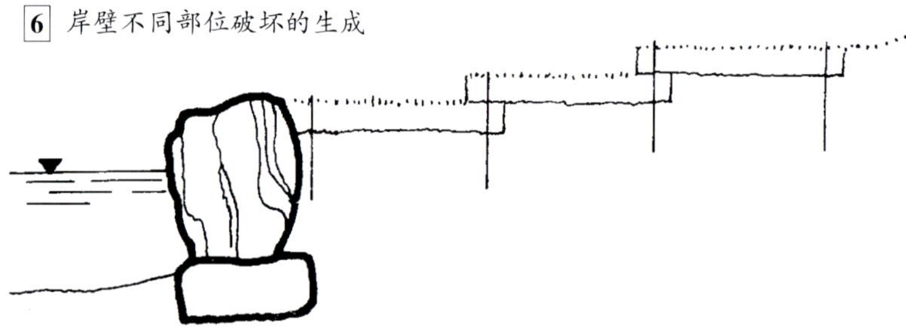

9 岸边草坪铺法(二)

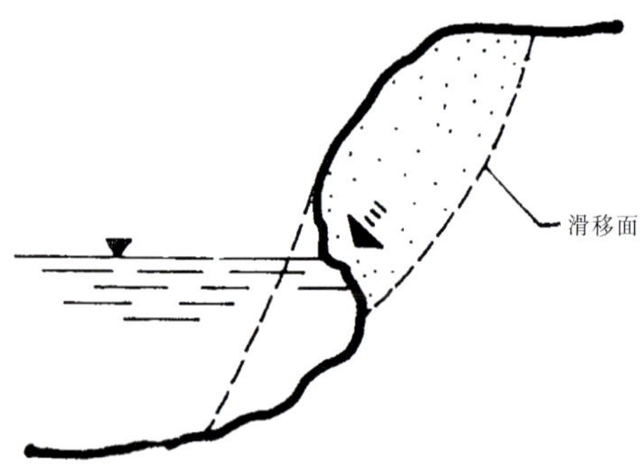

7 岸壁沿岩层或土体的自然安息角滑移

10 人工景观湖的缓坡，绿茵如毯，既起到护坡作用，又绿化了环境

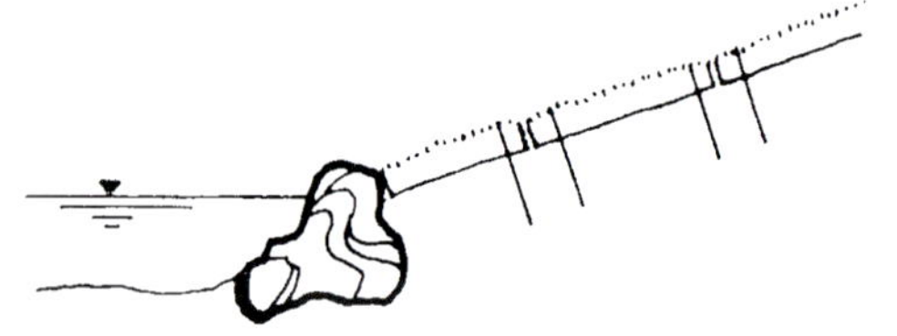

8 岸边草坪铺法(一)

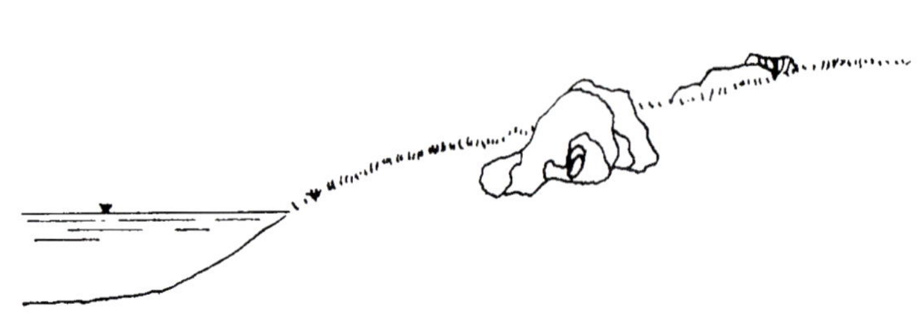

11 岸边置石

12 湖边浅滩草地上的置石

(2)块石护坡 在岸坡较陡、风浪较大的情况下或造景的需要，在园林中常使用铺石护坡。护坡的石料，最好选用石灰岩、砂岩和花岗岩等顽石。在寒冷的地区还要考虑石块的抗冻性。石块的比重应不小于2。如果火成岩的吸水率超过1%，或者水成岩的吸水率超过1.5%(以重量计)，则应慎用。

护坡不允许土壤从护面石下面流失。为此应做过滤层，并且护坡应预留排水孔，每隔25m左右做一伸缩缝。

对于小水面，当护面高度在1m左右时，护坡的做法比较简单，见图13~图15。也可以用大卵石等护坡，以表现海滩等的风光。当水面较大，坡面较高，一般在2m以上时，则护坡要求较高，其做法一般如图16~图18所示。块石护岸多用于砌石块，用75号水泥砂浆勾缝。压顶石用75号浆砌块石，坡脚石一定要坐在湖底下。

13 块石护坡(一)

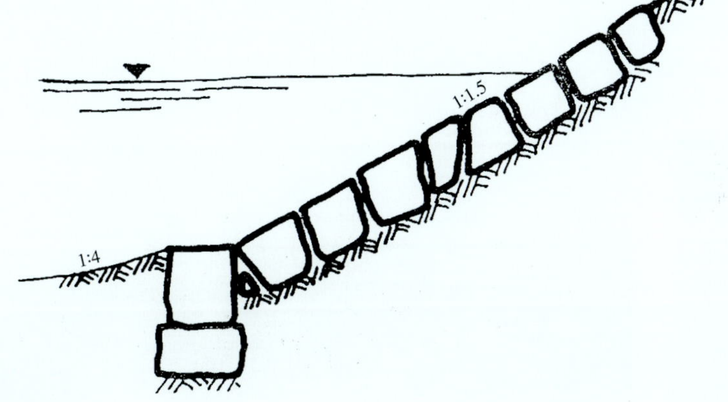

14 块石护坡(二)

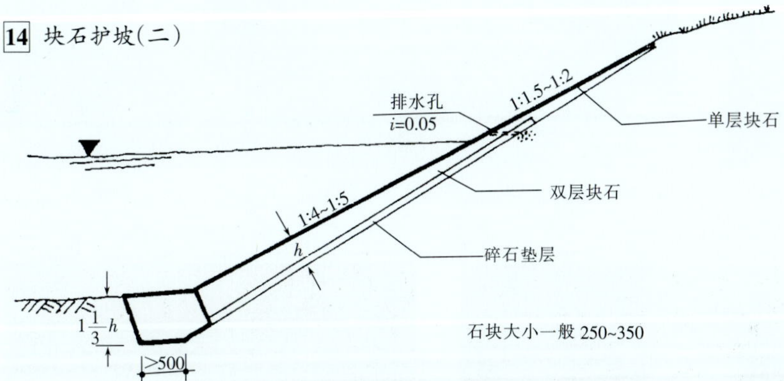

15 块石护坡(三)

16 小水面坡面较低的块石护坡

17 城市大型湖泊坡面较缓的块石护坡

18 城市大型景观湖的陡坡块石护坡

(3)卵石护坡 卵石适用于较缓的湖坡作保护铺装,能增添湖岸的天然韵味,给人以自然、亲切的环境感受。缓坡卵石护岸具有亲水的功能,方便成人和儿童涉水、戏水活动,成为极受欢迎的护坡形式。大粒径卵石护坡见图19、图20,小粒径卵石护坡见图21~图24。

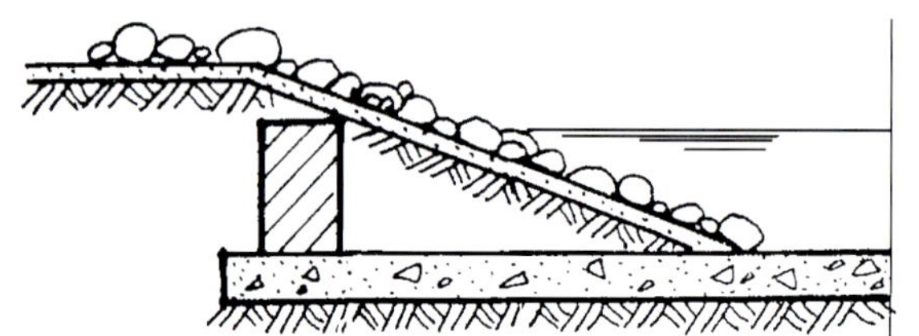

19 卵石护坡

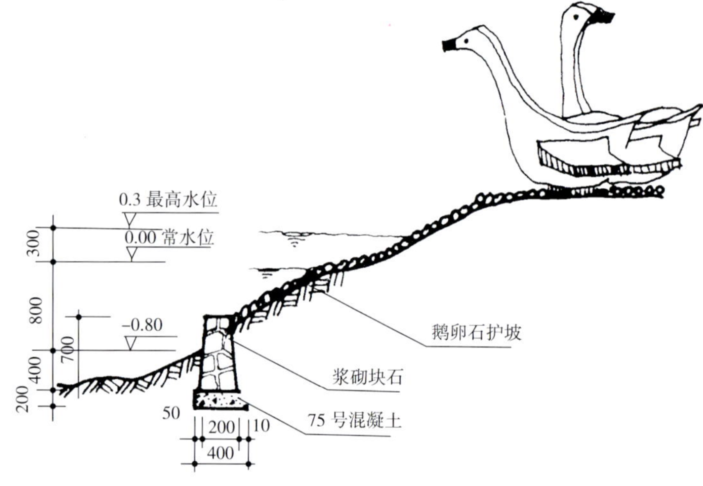

21 卵石岸

20 大卵石与河石护坡

22 小卵石护坡的湖岸

23 从湖底到湖坡一体化铺设的小卵石

24 卵石湖岸的环境效果

3. 驳岸(直墙护岸)

(1)石材驳岸 当岸边土地狭窄或景观的需要，多采用驳岸形式护岸。在园林中常用块石驳岸，如虎皮石、条石驳岸和假山石驳岸，有时小池也用钢筋混凝土驳岸。

驳岸常用结构及形式见图25～图42。

图27中基础宽度视土壤的情况而定。

砂砾土：0.35~0.40H

砂壤土：0.45H

湿砂土：0.58~0.60H

含水的土：0.75H

基础一定要坐入湖底，一般埋深不小于500mm，假山石驳岸的情况与块石驳岸相同，其造型要求同于置石。

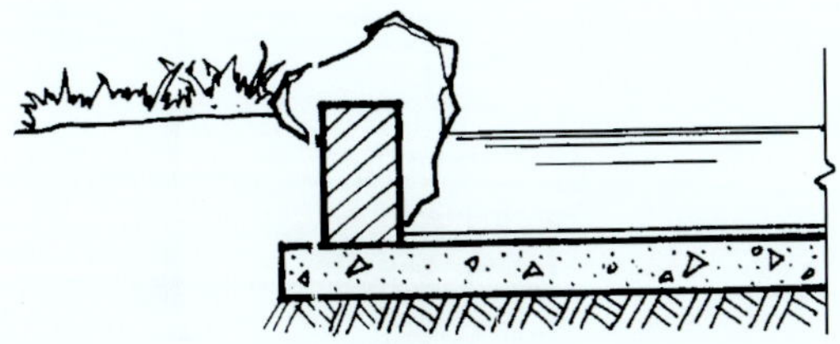

27 塑山石岸

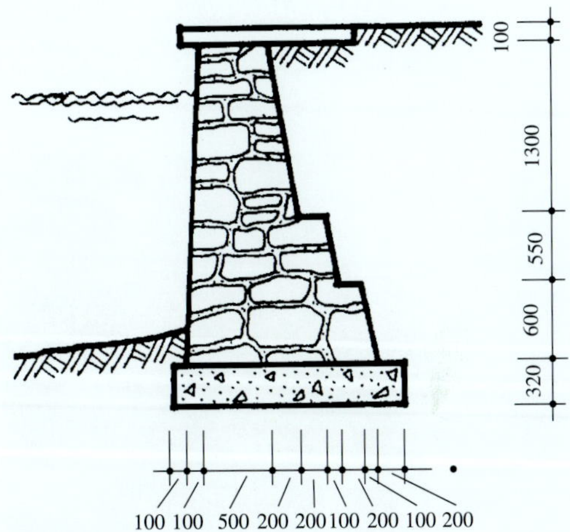

28 浆砌块石驳岸(一)

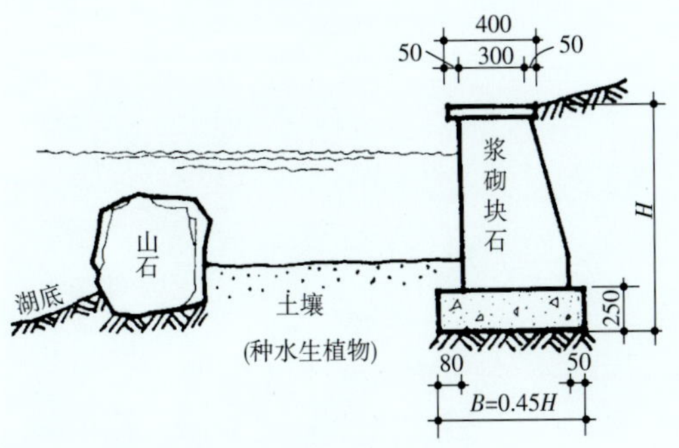

29 浆砌块石驳岸(二)

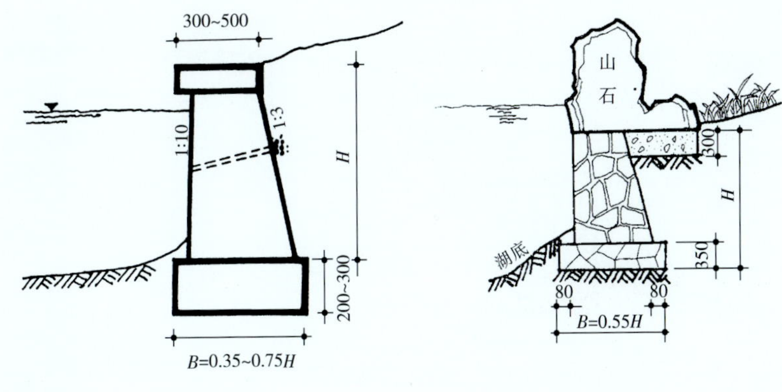

25 砌石驳岸常用结构

26 山石驳岸

30 与岸边植物群落融为一体的山石驳岸

31 校园景观湖的浆砌块石驳岸

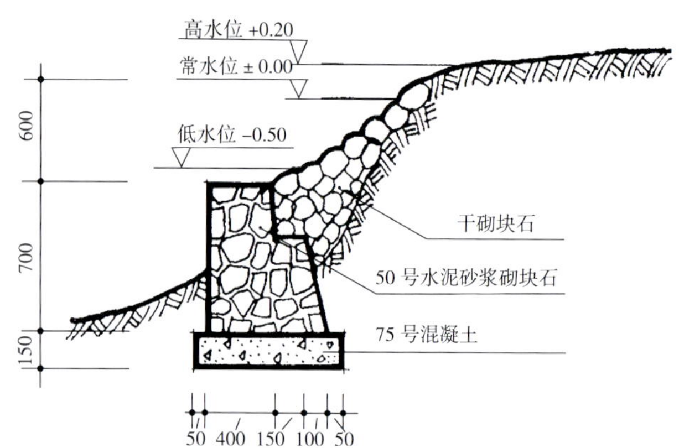

32 干砌块石驳岸，低水位淹没石驳岸(见图 33)

33 干砌红块石驳岸，低水位稍淹没块石驳岸，又兼有亲水的功能

34 黄石、红石混合压顶的驳岸(构造做法见图 35)

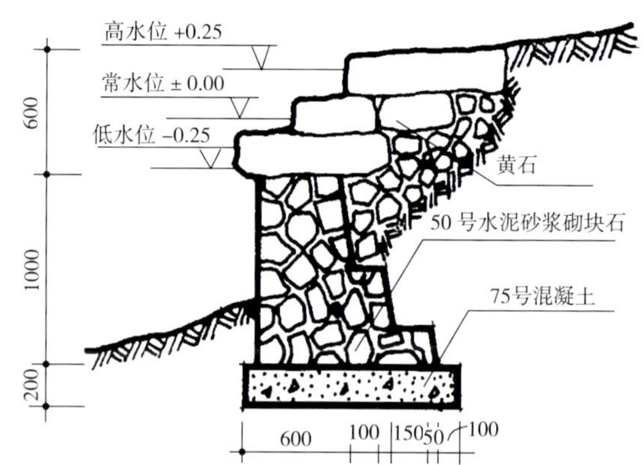

35 红石、黄石驳岸(见图 34)

36 当岸壁较高可局部做成峭壁(见图 37 、图 38)

37 局部做成峭壁的山石驳岸

38 湖边岸壁较高的石砌峭壁驳岸

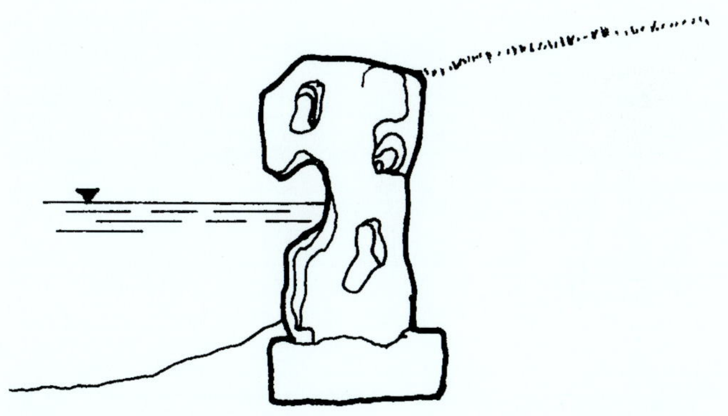

39 使水面具有深远感(见图 40)

40 陡峭的石涯,凸兀凹入,使水面更具有深远感

41 突出水边的山石(石矾),具有亲水功能和诱人的情调

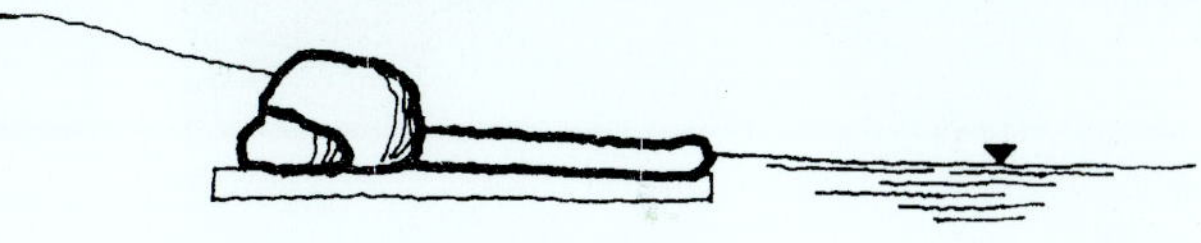

42 伸入水面的石矾(见图 41)

(2)钢筋混凝土驳岸 在园林中常做成"L"形或"T"形。其基本结构见图 43。

这种驳岸整体性好,牢固。根据南京的经验,将其利用在大水面的迎风面,效果很好,但岸壁呆板,景观效果不理想。因此,常在外面包假山石和条石等装饰。

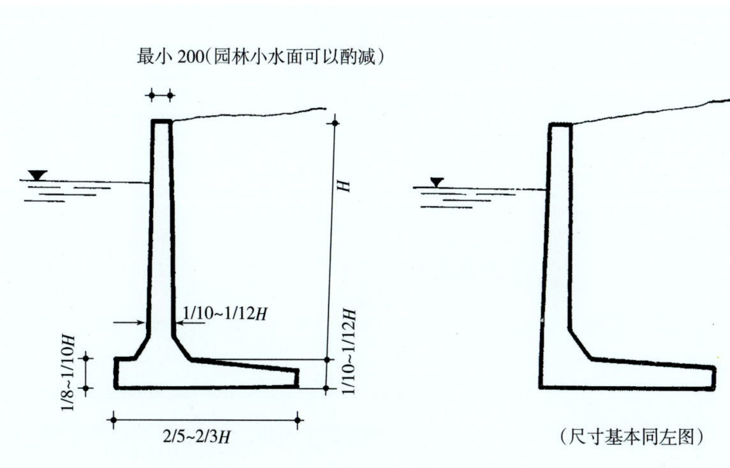

43 "T"形、"L"形驳岸结构图(见图 44)

44 具有规整效果的混凝土驳岸

(3)阶梯形驳岸 在园林中,有时水位线变化很大。当洪水期湖面水位很高而平时常水位又较低,这时如果按最高水位线确定岸壁高,则平时景观效果较差,这种情况可以把岸壁做成阶梯形。其做法见图45~图50。

从图45和图47中可以看出,在高水位和低水位之间形成一条多功能区域——枯水季节用作道路;水盈满时,这里又成为吸引孩子们的浅滩。

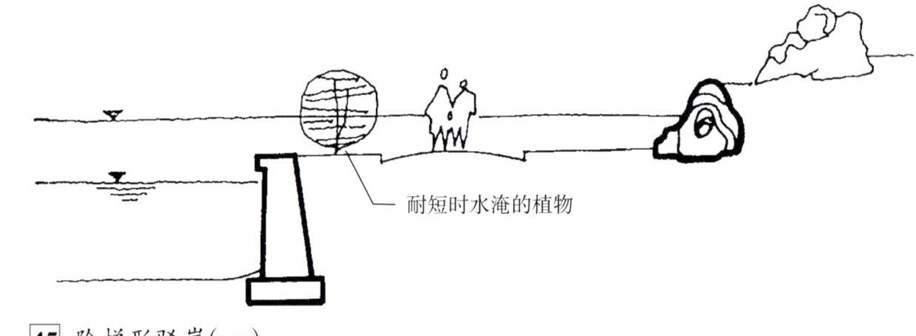

45 阶梯形驳岸(一)

46 阶梯形驳岸(二)

47 水退为路、水盈为滩的阶梯形驳岸

48 按硬性湖底做的斜坡阶梯形驳岸

49 无水时,孩子们迷恋卵石汀步

50 由草坡和植物滩构成的阶梯形驳岸

(4)其它驳岸

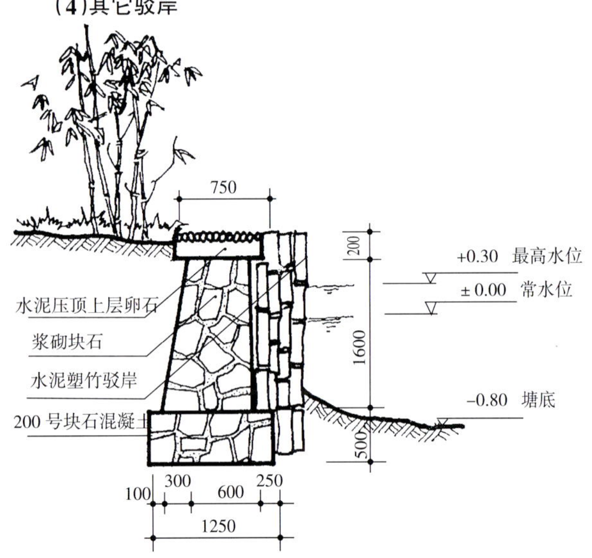

51 塑竹驳岸

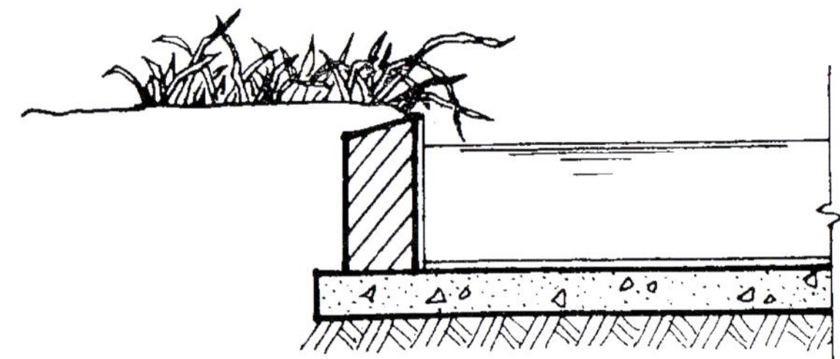

52 草坪岸

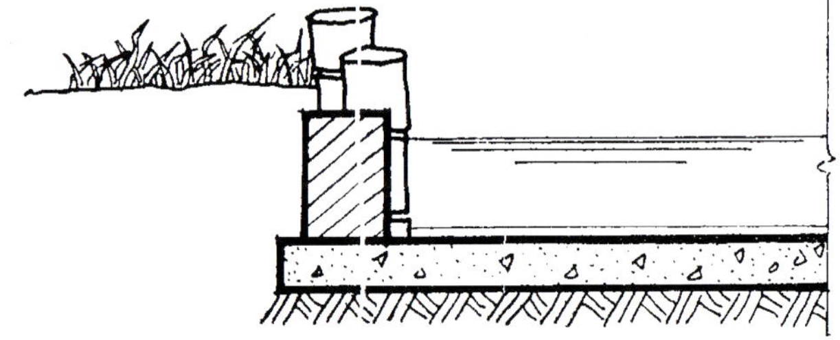

53 塑松竹岸

一、大型水体、水景

1 Witches 湖面积广大、湖泊与亚热带雨林交融萦回，形成水中有林、林中有水的植物水体空间

2 图 1 中的大水面（澳大利亚）

3 图 1 中的密林小岛分隔出曲水空间

4 Witches 湖，水质清纯，林木葱翠，水林相伴（澳大利亚）

5 颐和园十七孔桥划分出的昆明湖水面局部（中国北京）

6 颐和园昆明湖水面（中国北京）

7 颐和园清晏舫水面（中国北京）

8 清晏舫水面局部（中国北京）

9 从颐和园西堤看昆明湖水面（中国北京）

10 利用洼地扩建的堪培拉格里芬湖，周长35km，水面704hm²（澳大利亚）

11 湖泊一角，图10局部

12 从纵向看格里芬湖水面（澳大利亚）

13 格里芬湖水面局部（澳大利亚）

14 狭长的湖面，首尾长达8km，这是湖中部向南岸看到的水面（澳大利亚）

15 湖面最宽处的水面景观（澳大利亚）

16 格里芬湖水面景观局部（澳大利亚）

17 格里芬湖西部湖尾水面景观（澳大利亚）

18 神奇秀丽的卢塞恩湖(瑞士)

19 自然与人文的珠联璧合,使湖区散发出独特的魅力,风光绮丽(瑞士)

20 最具瑞士自然风情的卢塞恩湖

21 卢塞恩湖岸景观局部(瑞士)

22 天鹅、水鸥翔集,自然生态极佳的卢塞恩湖(瑞士)

23 充分体现人工美的卢塞恩湖岸景色(瑞士)

24 卢塞恩城内罗伊斯河与卢塞恩湖交汇处的水景(瑞士)

25 河湖交汇处的水面,既是湖又是河,是水禽最爱栖息的地方(瑞士)

26 远处是河,近处是湖,水体变化丰富(瑞士)

27 伸入老城区的卢塞恩湖,成为天然的水景(瑞士)

28 阿尔卑斯山区最大的湖泊——莱蒙湖,这是位于洛桑市附近的湖区(瑞士)

29 莱蒙湖的湖岸景观局部(瑞士)

德国西南部绵延 160km 的黑森林中，镶嵌着一颗珍珠般的天然湖泊——滴滴湖。在黑油油的森林环抱的湖区，碧波荡漾的湖面上倒映出深色山林和钴蓝色的天空，间或闪现的是一团团亮丽的娇黄。偌大的湖面，湖水清澈，景色动人；湖岸林木、草地自然优美，构成了一幅“世外桃源”的迷人画面，见图 30 ~ 图 33。

30 远山和森林倒映湖中，使钴蓝色的湖面更加深沉，景色神秘而幽邃（德国）

31 滴滴湖边的景色（德国）

32 寂静、优美的湖边林茵地（德国）

33 滴滴湖边的休闲、散步区（德国）

34 一半天然、一半人工的湖泊，被田园风情的小住宅所环绕。童话般的木屋住宅，隔湖相望，在水一方，成为水面优美的背景，增加了湖面景深（荷兰）

35 图 34 的湖边局部

36 湖畔景观局部（荷兰）

37 北海白塔山前的太液池水面(中国北京)

38 北海白塔山后至静心斋间的湖面(中国北京)

39 北海快雪堂前的水面(中国北京)

40 五龙亭渡船码头前水面(中国北京)

41 北海白塔山至五龙亭水面(中国北京)

42 云龙湖东湖局部水面(中国江苏)

43 云龙湖东湖水面(中国江苏)

44 云龙湖水上世界水面(中国江苏)

45 云龙湖苏公塔湖水一角(中国江苏)

46 云龙湖小南湖水面(中国江苏)

马来西亚普特拉加新行政中心，距吉隆坡约 30km,这里原来是连绵起伏的丘陵地带,有许多成片的棕榈和橡胶林。特别是几块面积较大的湖泊，使这里的原始生态环境十分理想。新行政区的开发充分保持了原有环境的现状,只稍加疏理,因此,人工痕迹较少，基本保持了水体和山林的自然风貌,见图47~图52。

47 普特拉加行政区的中心湖(马来西亚)

48 普特拉加行政区有许多大小不同的水体,这是其中最大的中心湖(马来西亚)

49 原有岸边的野生植物和水生植物得到很好的保护(马来西亚)

50 普特拉加行政区中心湖一角的水面及岸边环境(马来西亚)

51 普特拉加行政区广阔的湖面,远处是新建的斜拉桥(马来西亚)

52 伊斯兰风格的石桥及滨水环境(马来西亚)

二、中小水面的水体、水景

1 梦幻主题乐园内的湖泊，一个完全生态型的水禽生息水域（澳大利亚）

2 和谐自然的小湖水面局部（澳大利亚）

3 堪培拉市政公园内的湖泊（澳大利亚）

4 丰富的乔、灌木和草使湖景层次丰富，景色优美（澳大利亚）

5 保持自然野趣的沿岸风光（澳大利亚）

6 公园湖泊与水源交汇口（澳大利亚）

7 墨尔本皇家植物园 Omamental 湖水面(澳大利亚)

8 具有英国风景式园林风貌的水体植物空间(澳大利亚)

9 植物园丰富的植物群落成为与水体的最佳结合,使景深层次丰富,也使水面具有深远感(澳大利亚)

10 堤岸与小岛植物相呼应,形成丰富的水体空间

11 植物群落的绵延逶迤,使水体空间更显深远(澳大利亚)

12 墨尔本皇家植物园湖泊中的植物岛及水面(澳大利亚)

13 平面呈三角形的 Omamental 湖,这是其中一角水面(澳大利亚)

14 六个植物小岛中的一个及水面

15 Omamental 湖的水形,在大小、宽窄和曲直上极具变化。这是其中湖岸和水形较方整的水面(澳大利亚)

16 离岸边最近的植物小岛,形成水体、植物的夹持空间

17 Omamental 湖狭长处的水面(澳大利亚)

18 芭堤雅植物园内的人工湖水面(泰国)

19 图20中的水面局部(泰国)

20 植物园人工湖中以花岛为中心的水面(泰国)

21 图18中的湖岸植物花卉局部

22 山石护岸与植物群落相结合的湖区(泰国)

23 图22中的局部环境(泰国)

24 浦东陆家嘴公园人工湖水面,成为摩天楼间难得的水体(中国上海)

25 图 24 中的水面局部(中国上海)

26 人工湖中心水面(中国上海)

27 伸入水中的亲水半岛(中国上海)

28 人工湖水面一角(中国上海)

29 人工湖、草地和疏林共同组成了现代大都市的城市绿色空间(中国上海)

30 与人工湖主体水面连为一体的东端小水面(中国上海)

31 布里斯班罗马街公园人工湖水面(澳大利亚)

32 布里斯班罗马街公园人工湖局部(澳大利亚)

33 罗马街公园水面一角

34 罗马街公园曲桥水面

35 湖岸游步道与水景

36 曲桥划分出的水面

37 水中的石矶

38 石矶与曲桥合围的水面

39 布里斯班罗马街公园人工湖全景(澳大利亚)

40 迂回的曲桥合围的水面

41 不同角度看迂回曲桥合围的水面

42 黄兴公园的浣纱湖(中国上海)

43 水形曲折自然的浣纱湖(中国上海)

44 浣纱湖水面 8.7 万 m^2,堤岸幽曲,风拂垂柳,海棠相间(中国上海)

45 浣纱湖大水面中的小湖湾,卵石缓坡,自然优美(中国上海)

46 浣纱湖大水面中的小东湖(中国上海)

47 大东湖水岸景观局部(中国上海)

48 小东湖中种植水生植物的柱缸(中国上海)

49 水面 1.9hm² 的海淀公园中心湖，湖面幽静而深远（中国北京）

50 海淀公园的主体水面（中国北京）

51 海淀公园中心湖水面局部（中国北京）

52 桥岸及水面景观（中国北京）

53 湖边的堤岸、香荷及水禽（中国北京）

54 湖边的水生禾草和浅滩（中国北京）

55 从木线桥上看湖面景观（中国北京）

56 水面景观局部（中国北京）

57 浦东世纪公园的人工湖(中国上海)

58 柳岸、湖水和建筑,形成迷人的水环境景观(中国上海)

59 草滩、小岛和岸边葱翠的树木,景色幽雅怡人(中国上海)

60 半弧形的亲水建筑伸入水中,丰富了水体空间(中国上海)

61 世纪公园人工湖水面局部(中国上海)

62 从半弧形亲水建筑长廊上看湖水景观(中国上海)

63 大宁灵石公园的自然式人造湖，虽由人作，宛若天开（中国上海）

64 占地 10 万 m^2 的人工湖，曲延逶迤，形如长河的水面将公园东、西、中三大景区联系起来，宽阔、平静的水面，营造了一个生态形的水体空间。湖中连绵的几座小岛，树木葱郁，与岸边树木和水生植物相呼应，形成不同季象的植物水体景观（中国上海）

65 长风公园银锄湖小水面（中国上海）

66 长风公园银锄湖大水面（中国上海）

67 长风公园银锄湖原为吴淞江淤塞的河湾农田，采用挖湖堆山法建成现有水面（中国上海）

68 淮海战役纪念园中的环状湖面（中国江苏）

69 淮海战役纪念园小南湖一个水湾（中国江苏）

70 考乔蝴蝶园在自然生态环境上稍加修整而成的小湖(泰国)

71 蝴蝶园小湖的湖岸环境(泰国)

72 蝴蝶园湖泊栖息着十几种野生水鸟,使植物水体空间更富有生机(泰国)

73 蝴蝶园湖泊水面局部(泰国)

74 湖泊最宽处的水面(泰国)

75 九世王御苑的南湖水面,湖畔白塔耸立,红色的重檐红顶的寺庙掩映在椰林中,呈现出南国风情和佛教氛围的水体环境

76 高达数十米的湖中心喷泉,使寂静的水面充满音响和动感

流水是自然界带状的水面，它既有狭长曲折的形状，又有宽窄、高低的变化，还有深远的效果。流动着的水，波光晶莹，具有活力和动感，令人兴奋欢快。

一、河流基本概念

河流由雨水、冰川或者地下水在地球引力的作用下汇集，由细小的水流逐渐发展成为汹涌的激流，奔流于蜿蜒的河槽中。因此，河流包括了河槽与在其中流动的水流两个部分。

一条河流分为河源、上游、中游、下游和河口五段。从河源至河口的轴线长度，简称为河长。河流任何两点之间的水面高程差称为落差，单位河长的落差称为比降。一般来说，河流上游比降大，水流速度大，冲刷为主；中游流速减小，冲刷与淤积趋于平衡；下游流速更小，淤积占优势，形成各种形态的沙滩；河口是河流的终点，是海洋或者湖泊。有些内流河，消失在沙漠中，没有河口。

1. 河流的分类 河流按形态可以分为山区河流和平原河流两大类，见图[1]。

山区河流，两岸比较陡峭，河道比较狭窄而坠深，一般呈现“V”形或者“U”形。山区河流往往表现为阶梯状，由一级一级顶部平坦的平台和它们之间的斜坡构成。平台称为阶地面，而斜坡称为阶地前坡。最下一级与河谷谷地相连，称为一级阶地。山区坡度非常大，汇流时间短，径流速度大，甚至达到 7m/s 以上。所以，一旦降雨，就容易形成强烈的洪水冲刷。在这种情况下，如果植被遭到破坏，就会导致严重的水土流失和河流的严重污染。

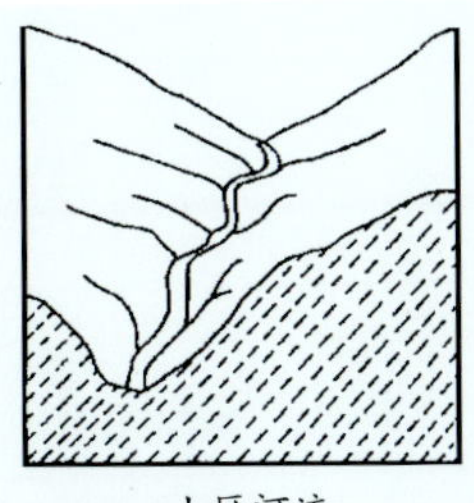
a 山区河流

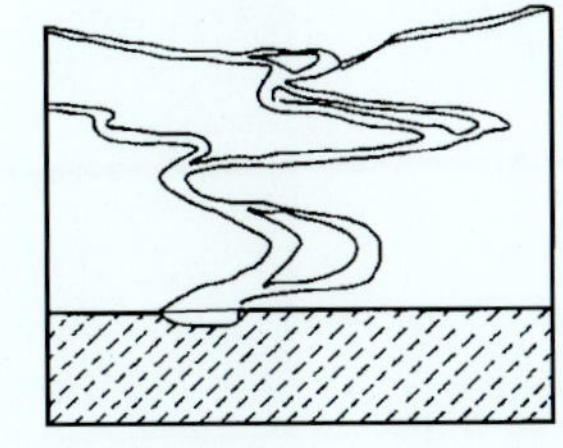
b 平原河流

1 河流的类型

平原河流（见图[1]b）的特点是地势开阔平坦，水流比较舒缓，流速一般在 3m/s 以下。平原河流容易产生泥沙淤积。这也使得平原河流的形态变化多样，容易形成大面积的冲击区，厚度可以达到数十米以上。平原河流中容易出现边滩、浅滩、沙咀和江心滩等各种形态的成型堆积体。

2 蜿蜒曲折形

2. 河流的形态 河流形态主要概括为 4 种类型：①顺直形，即中心河槽顺直，而边滩呈犬牙交错状分布，并在洪水期间向下游平移；②蜿蜒曲折形，呈现蛇形弯曲形，河槽比较深的部分靠近凹岸，而边滩靠近凸岸，见图[2]；③分汊形，流水河槽分汊，或者双汊或者多汊，并且交替消长；④散乱游荡形，河床分布着比较密集的沙滩，河汊纵横多样，而且变化比较频繁。

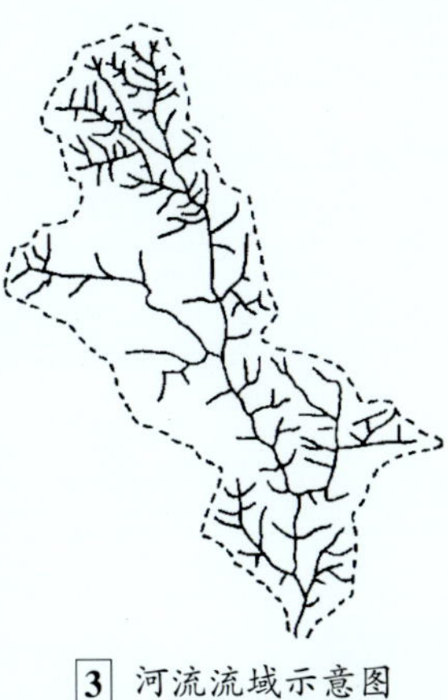
3 河流流域示意图

3. 河流的积水区域 河流的积水区域称为流域，见图[3]。在一定汇水区域内，大小不一的河流构成脉络相通的河流系统，统称为水系或者河网。在平面形态上，河网有树枝状、长方形、羽毛状、放射状、平行状、环状、格栅状和分散状等，各种不同的形态。我国的河网多分布在平原三角洲地区。这是由于这种地区的地势比较平坦，河道纵横交错，形成四通八达的河网。平原河网地区的地理位置优越，土地肥沃，交通便利，因而工农业经济一般比较发达。

二、流水地貌

我们辽阔的祖国，流域面积在 100km² 以上的河流就有 5000 多条，河系的类型丰富——树枝状的泾河见图[4]；平行状的淮河见图[5]；环状的塔里木河见图[6]；放射状的合川见图[7]。此外，还有羽毛状和格状等，它们与地质构造和岩性有密切的关系。

河谷由谷缘、谷坡、坡麓和河床等组成，见图[8]、图[9]。河谷依其特征可分为 V 字形河谷、河漫滩河谷和成形河谷。

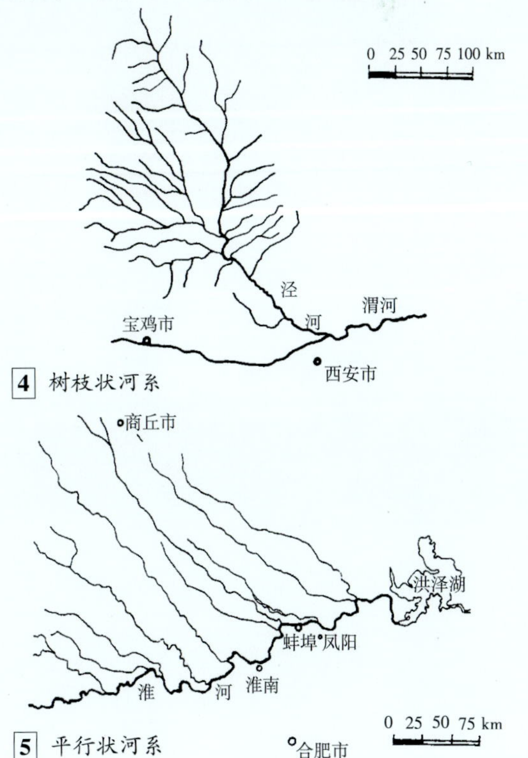

4 树枝状河系

5 平行状河系

1. V字形河谷　谷坡陡峭，两岸为高山峻岭，古木阴森，谷底狭窄成锐角，不平，多成阶梯状，因此往往形成湍流，见图12、图13。断面形式见图11，其地貌见图14、图15。

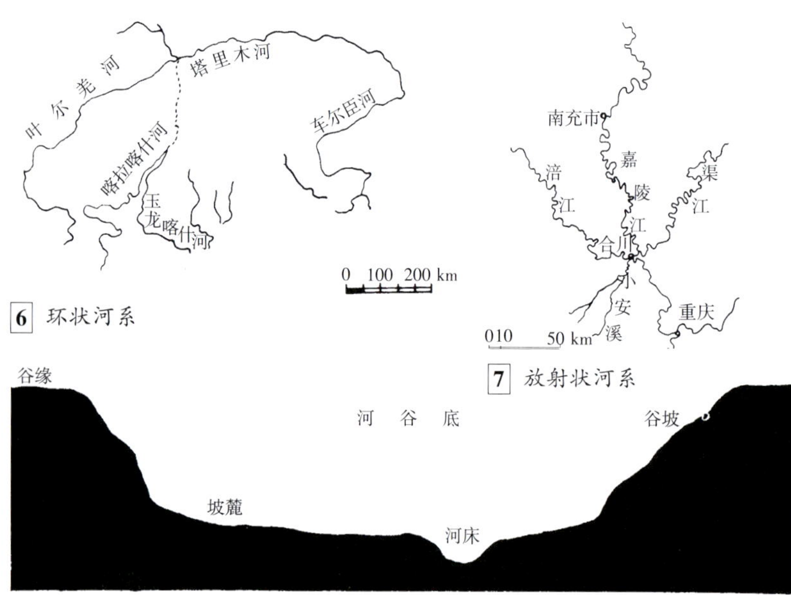

6 环状河系

7 放射状河系

8 河谷的组成(见图9)

9 澳大利亚布里斯班河的河谷景观

10 布里斯班河的河谷侧面局部

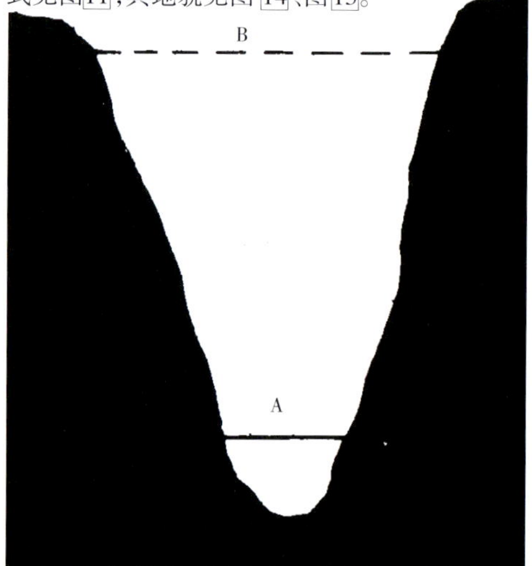

11 V形河谷断面(见图12)

12 太行山中的V形河谷

13 成阶梯状的V形河谷，谷底狭窄

14 峡谷地貌(见图 15 和图 16)

15 河南云台山的峡谷地貌

从图 12 ~ 图 16 中,我们应该从自然景观中得到启示,将V形峡谷的形态运用到城市园林和公园设计中。人造峡谷景观设计实例见图 17。

16 青岛崂山的峡谷

17 叠石砌筑假山中的人造峡谷

2. 河漫滩河谷 谷底宽广而平坦,有河漫滩沼泽或凹地,见图 18,其地貌见图 25 ~ 图 27。

3. 成形河谷 由于浸蚀和沉积作用的更替,在谷坡的横断面上呈阶梯状,这种台阶称为谷阶地。每一级阶地,都有一个平坦的阶面和一个陡坎,见图 19,其地貌见图 20 ~ 图 22。

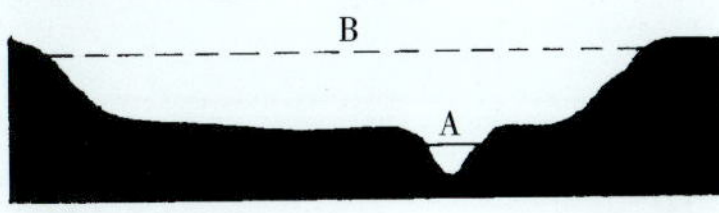

18 河漫滩断面

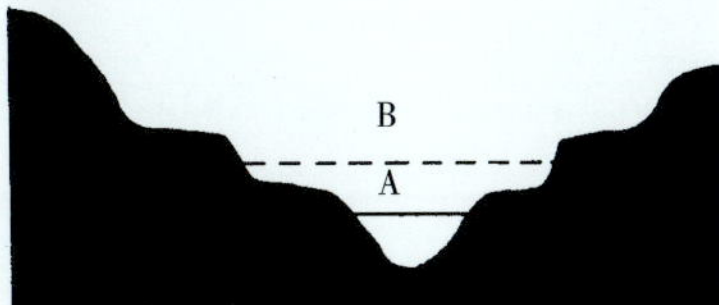

19 成形河谷断面

20 成形河谷景观局部

21 成形河谷地貌

22 成形河谷，呈阶梯状的谷阶地

当河流的流量变小，搬运力降低，碎屑、泥沙发生沉积，就形成了滩、洲和扇等河流的堆积地貌。

23 河心滩，洪水期被淹没

25 河漫滩，在河床以外

24 冬春显露、夏秋雨季又被淹没的河心滩

26 在河床以外的漫滩上建起的观光、休息亭台

28 洪积扇，山口开阔地中的扇形堆积

27 利用河漫滩建成的度假宿营地

29 三角洲，在江河入口

一、流水空间塑造与设计

宽的河面，或远水翻银，浪涛一个跟着一个，重重叠叠，卷起巨大的漩涡，狂怒地冲击着堤岸；或水是绿油油的，镜子一样的水面里，倒映着岸边的杨柳。水静静地流淌着，一弯一曲地蠕动着向前。当然还有小溪，一边奔流，一边淘气玩耍，一路欢乐、愉快。这一切的艺术再现就成为园林中流水设计的追求。

1. 表现深远 幽静深邃的水流有如下特点：

(1)水流的形态是线形或带状的。

(2)水流应与前进的方向相平行。

(3)空间较窄，岸线曲折。

(4)利用光线、植物等创造较暗的环境。

(5)把视线或情感延伸，利用错觉增加深远感。

图1中水面等宽，但环境和地形不同，形成了不同的空间气氛。颐和园谐趣园的玉琴峡长只约有70m，但由于适当的曲折和跌落，水从两山之间的小谷中流出来，发出清脆悦耳的声音，翠竹和藤箩更增添了环境的自然和宁静(见图2)。

水面等宽，环境和地形不同，空间的气氛也随之不同，见图2、图3。

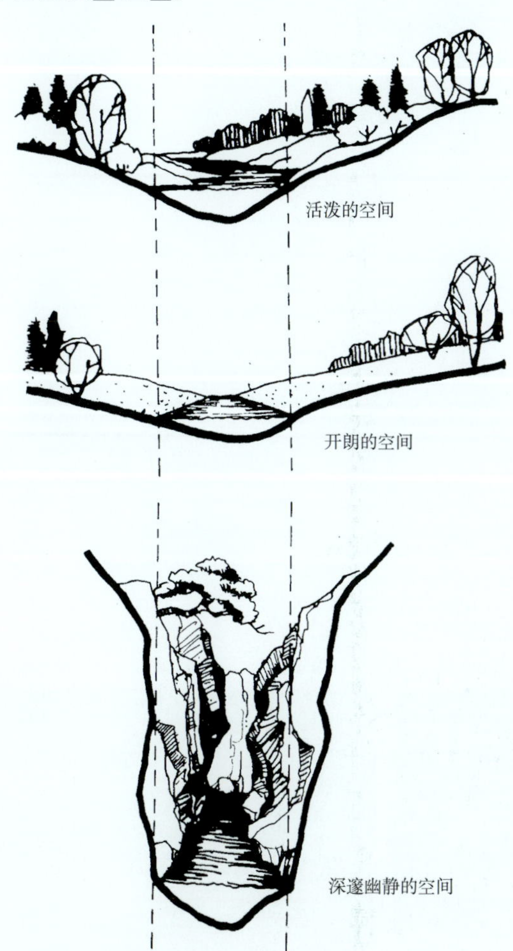

1 空间气氛的塑造(见图2和图3)

2 活泼、开朗的流水空间

3 狭窄的流水空间，表现出深邃幽静的气氛

2. 河道蜿蜒曲折的原理与设计 迂回曲折的河道，是由二次流所引起的。在河道上，一个原来较为平缓的拐弯处，垂直于水流产生了一个二次流，它使河流边缘上部的水流到下部边缘，然后流到下部中央，又沿中央向上，最后回到上部边缘。二次流对河床弯道外的河岸泥土砂石往下冲刷，然后将它们带回到河床弯道内河岸略靠下游的地方，在那里沉积下来，即使小河原来较为平直，但只要有微小的拐向，它就会很快地加剧沉积，形成蜿蜒曲折的河道。因此，设计蜿蜒曲折的小溪，不仅是美的需要，也合乎自然之理，见图4。

3. 表现跃动、欢快、活泼 水流的跃动、欢快和活泼有如下几个特征：

(1)河床凹凸不平，见图5、图6。

(2)河床的宽窄变化，决定着水流的速度和形态，见图7、图8。

4 蜿蜒曲折、自然优美的小河

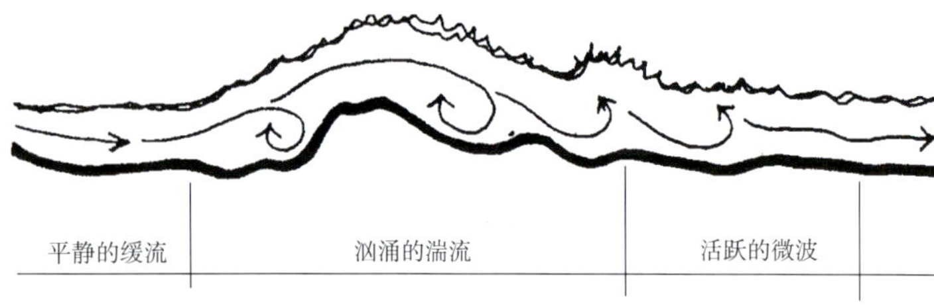

5 河床底部变化剖面

6 简图表示形成波浪的河底

(3)水的音响。据说委内瑞拉有一条奇妙的河，能“奏”出“河水交响曲”。这条河被许多岩洞阻隔，分成无数细流，当穿过宽窄不一的岩石层时，河水拍击千奇百怪的岩石，水速快慢迥异，因此能发出抑扬顿挫、宛如乐章的声音。其实这并不奇怪，或者说我国不乏这奇妙之景。例如，位于居庸关中的弹琴峡，元朝陈孚以“月作金徽风作弦，清声岂待指中弹。伯牙别有高山调，写在松风乱石间”的诗写出了它的风采，又有“不知行路者，谁有听琴心”、“满耳胡笳与羌笛，此生何处觅知音”等很多诗句凭添了许多的情趣。正因为大自然有这样的美景，才有园林中的“八音涧”。这也体现了园林设计“师法造化”的思想，见图12、图13。

4. 表现山林野趣 首先是对山林溪水环境气氛的策划，然后通过对水形线形的曲折变化及水面宽窄的组织，形成水量大小不同的急流、缓流，从而表现出深远、平静和跳跃等不同性格的空间，再通过对流水音响韵律的组织，用植物和山石等的配置，渲染山林的野趣，见图9～图14。

湖南张家界的金边溪和陕西眉县的汤浴都是那样地充满着自然的山野情趣。

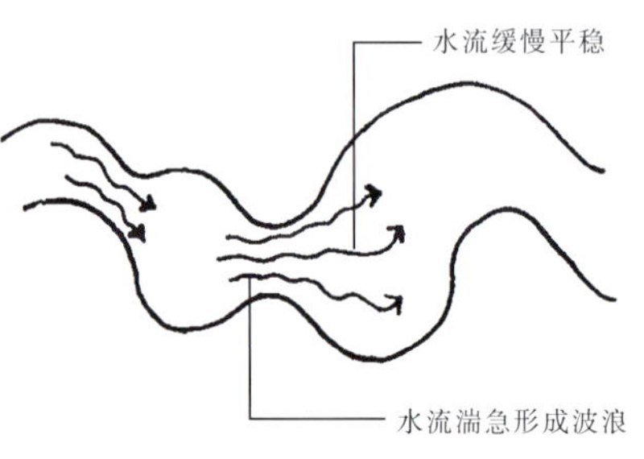

7 河道的宽窄决定流水速度和形态

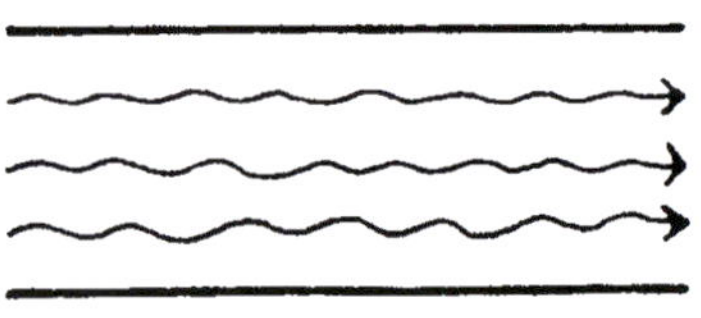

a 等宽平滑河道形成平稳、流畅的水流

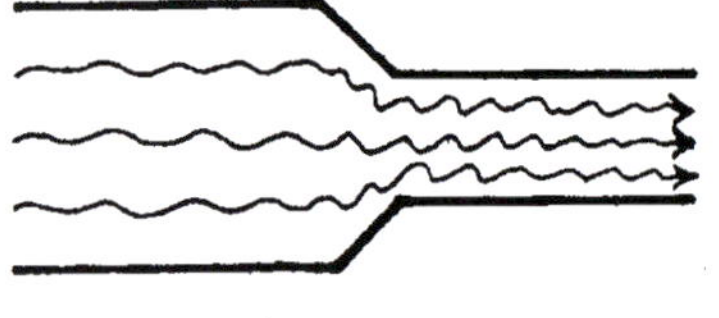

b 河道突然变窄，会产生汹涌的湍流

8 河床宽窄与水流的关系

9 河底的凹凸不平引起水流变化

10 由宽到窄加上河底地形复杂使水流湍急

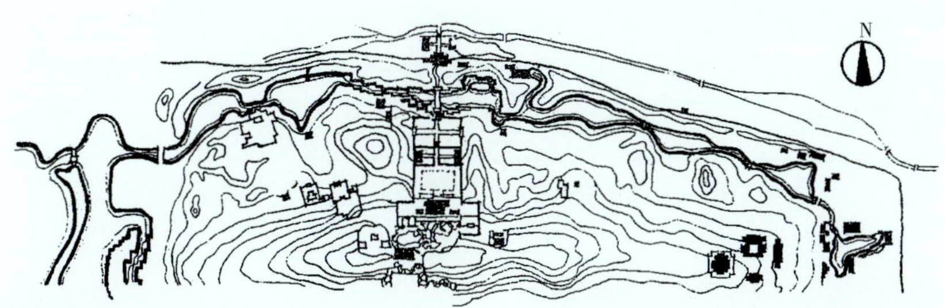

11 颐和园后溪河

12 颐和园后溪河宽阔平静的水面

13 后溪河凸凹不平的河底

14 后溪河由宽变窄且下落的水面

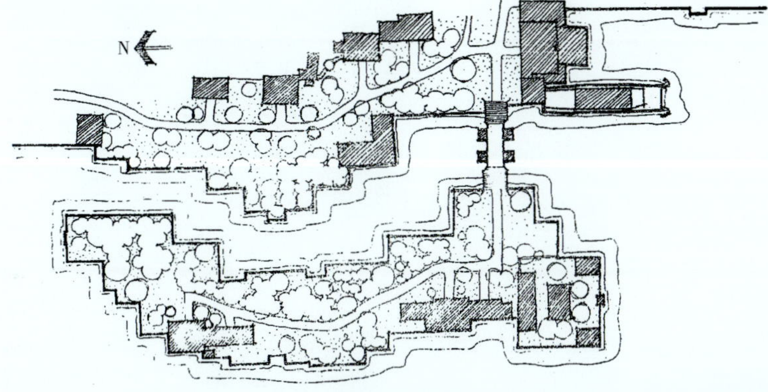

15 颐和园石舫水面(见图 16 、图17 和图 18)

17 颐和园石舫与寄澜堂之间的水面

16 颐和园石舫前的水面

18 颐和园石舫荇桥后的规则河面

二、河流水力稳定性设计

河流结构是河流一切设计的基础。河流结构不合理，会导致更严重的损失，例如河道冲刷更加严重，或者河流淤积严重，岸边侵蚀严重甚至崩塌，河流生态破坏，可能导致鸟类失去赖以栖息觅食的巨型水生植物，鱼类失去赖以产卵的地方。

1. 基本资料

（1）收集区域社会经济发展现状和发展远景资料及其对河流的要求，确定修复标准。

（2）收集流域数据和水力学特征。

（3）充分考虑地点限制，初步选定需要修复的河道段，计算河谷的长度和坡度。

（4）确定新河床的材料级配分布。

（5）选择设计流量。

（6）预测稳定的平面形态，包括直线、弯曲或者网状。

2. 流域特征

（1）流域和河网的物理特征。

（2）目前的水力学状态，以及将来可能的变化。例如，城市化过程可能使河流开口增加，导致相关形态发生变化；水流和积泥可能受到森林植被减少或者增加以及采矿等活动的影响。

（3）调查河流目前的不稳定性状态及其原因。

（4）确定河流设计中不确定性因素，河流稳定性需要在排放量上下进行评估，对平均流量和洪水高峰流量进行评估。

3. 河床材料 与水流速度和水体深度一样，天然河床的成分实际上也在不断地变化着。其中，比较复杂的情况是沙和石头组成的混合物，此时中值直径 d_{50} 可能不存在。

4. 确定河流流量 传统上，设计流量一般是基于洪水发生的频率和时间。而对于河流修复来说，是指设计类似于自然演化的情况。因此，在河流修复中一般不需要测定河道阻力、河道容量和阶段排放之间的关系。因此，在河流修复设计中，首要考虑的不是洪水保护流量，而是确定控制自然河道大小的流量。因为，考虑洪水保护需要考虑其他因素。

河道形成流量是指能够冲刷河道中的积泥而维持河道形态的流量，因此，如果知道流量和积泥沉积数据，通过寻找流量与沉积量的对应关系，对应沉积量运输最大的水流量就是河道成床流量。

实际上，自然河道是复杂的，容易受各种因素的影响，并且经历着不断的调整，以适应河水频率、沉积物数量以及各种地理因素，例如河岩裸露或者构造移动等。大型洪水可能使河道扩张，然而缺乏大型洪水能够使得河道稳定并长满植被。因此，任何一个河道的几何形状都能够反映近来的洪水的历史和水流的变迁情况。对于非冲积型的河道，例如主要有河岩或者人工材料铺垫，其尺寸与河道形成流量关系不大。

5. 河道平面形状 尽管河流平面可以分为直线、弯曲和网状，区分标准并不严格，因为河道本身在不断地变化着。实际上，自然顺直的河道是非常少见的，而弯曲和网状的河道最常见，并且表示河流在纵向和横向的稳定性也不同。一般来说，网状的河道更具有活力。目前有各种方法可以根据河道坡度、流量和河床材料尺寸预测河道平面形状，但是结果都不可靠。

6. 计算弯曲河道的方法

（1）准确寻找以前原始的弯曲河道，可以通过寻找积泥痕迹，因为沿着原先的河道流动的稳定性比较强。

（2）采用经验的方法计算弯曲波长，用 L 表示，然后根据河道宽度和流量进行放大。例如，根据满河流量进行计算：

$$L=61.21Q^{0.467}$$

式中：Q 为满河流量，m^3/s。

（3）其他方法包括采用全流域分析以确定波长，弯曲平均半径和弯曲带的平均宽度等，或者也可以根据未受影响的河滩形态进行计算。

（4）一旦确定河道形状，就可以根据河床抬升高度和河道长度计算河道弯曲程度，见图 19、图 20。

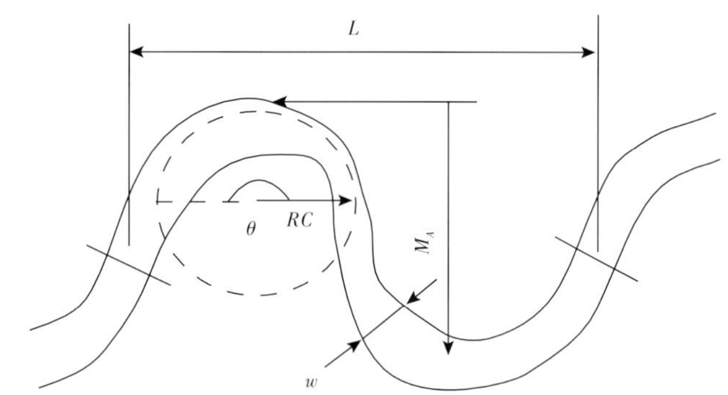

19 计算河道弯曲程度

L—弯道波长；W—平均宽度；M_A—弯道长度；RC—弯道半径；θ—弯道弧度角

20 在原有自然弯曲河道基础上重新设计其弯曲程度，使水量和流量处在最佳控制状态。同时充分兼顾河岸的草、灌和乔木等植被配置，形成了河道弯曲度优美、水力稳定和景观效果较好的河渠设计

7. 河道宽度和深度 许多因素会影响到这两个参数值的选取，包括水量、泥沙量、河床积泥量、河岸植被和河床平均坡度等。同时为了达到稳定性标准，宽度和深度还必须考虑当地一些限制性条件，例如宽度必须小于弯曲的宽度，而深度取决于上下游的抬升和周围地面高度。因此，河道截面形状取决于河床坡度、河岸植被以及河岸和河床的材料。

因此，河流主要参数是河道的深宽之比。这个比值决定着泥沙的沉积和输运，以及河床和河岸的冲刷侵蚀等。不同大小的深宽比造就了不同的形态，例如对称性、池塘和浅滩等，见图21。

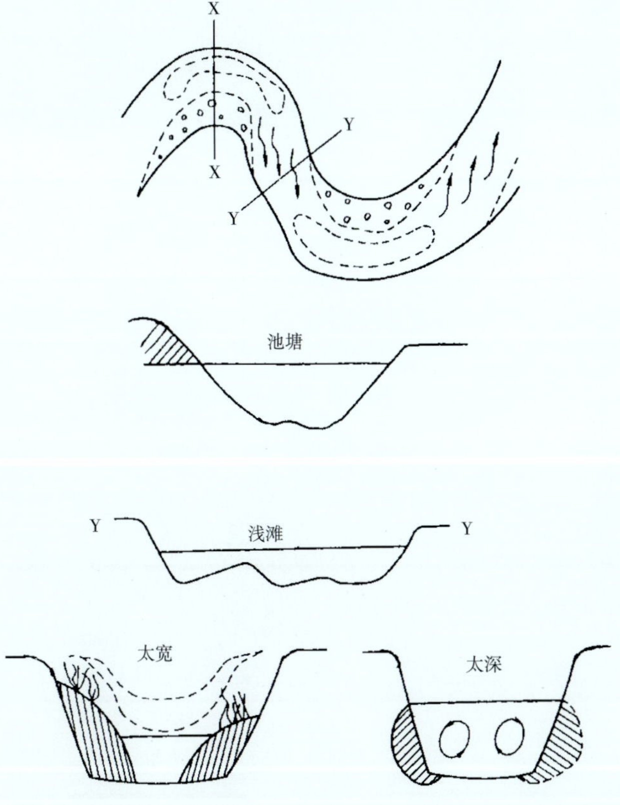

21 河道形态设计示意图

对于河流来说，一个重要的特征是池塘和浅滩交替出现。因为，池塘和浅滩随着泥沙的输运和沉降节奏而变化，其中池塘在水流缓慢时可以起着截留储存泥沙的作用，而在洪水期间浅滩起着输运泥沙至下一个池塘的作用。河流不稳定性与宽深比例的关系如图22所示，池塘和浅滩交替作用可能导致河流形成弯曲形态，因为，泥沙在池塘中集中沉积在惰性流一边并形成点坝，而这又进一步强化横向流，强化了其冲刷外岸并扩展弯曲的作用；浅滩通常占据转弯处中心线位置。

8. 河流的稳定性检验 一个好的设计需要河流在设计流量以上和以下的性能。稳定性检验可能非常简单也可能非常复杂。检验标准包括允许速度、允许强度、冲刷力量、泥沙输运和河岸稳定性等。

河流垂直方向的稳定性主要是指河床的稳定性，主要途径包括控制上游河道的侵蚀、控制流域的侵蚀、安装积泥井池或垃圾

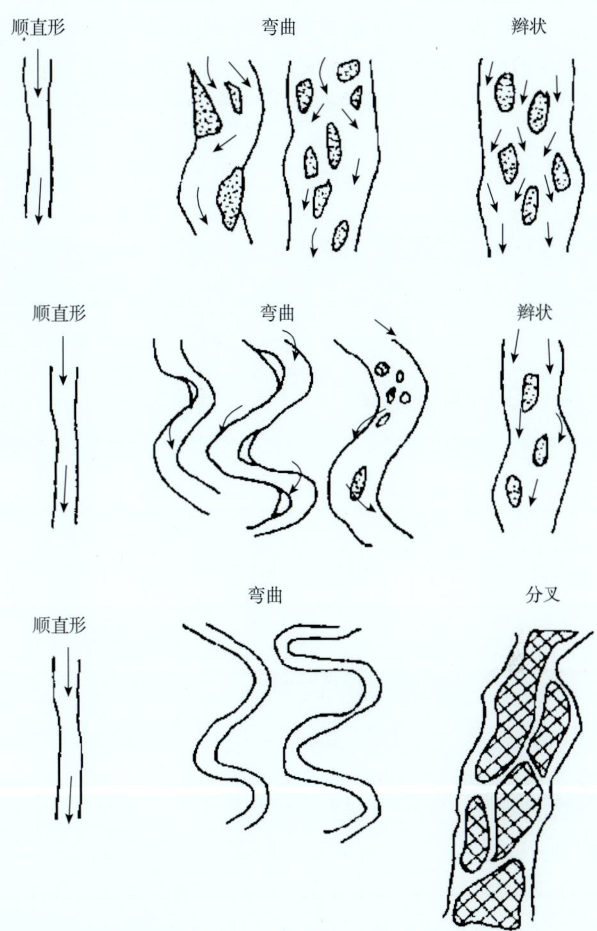

22 河流不稳定性与宽深比例的关系

塘等。如果主要原因是泥沙沉积，则可能需要引起河道变窄。河道的侵蚀也可以通过安装垫层进行控制。

河流水平方向的稳定性主要是指河岸的稳定性，新建的河岸一般容易受到侵蚀，或者对于生态系统并不是最理想的，使生态系统不容易恢复。

河流纵向稳定性主要决定于泥沙抗拒运动的摩擦阻力与水流对泥沙推移力的比值，可以采用以下公式表示：

$$\Phi=\frac{d}{hJ}$$

式中：d 为泥沙平均直径；h 为平均水深；J 为比降。

实际上，河流的稳定性同时取决于多种因素，因此采用综合性指标定量描述其稳定性：

$$\Phi=\frac{\left(\frac{\rho_s-\rho}{\rho}d_{50}h\right)^{1/3}}{JB^{2/3}}$$

式中：Φ为稳定性；ρ_s 为泥沙密度；ρ 为水密度；d_{50} 为泥沙中值直径；h 为平均水深；B 为平均河宽；J 是比降。

Φ数值越大，泥沙运动越弱，河床越稳定；反之，则越不稳定。

一、大型河流

1 流经布里斯班市的布里斯班河(澳大利亚)

2 河岸景观以自然为主、人工为辅,野生与种植相结合(澳大利亚)

3 布里斯班河的河心滩(澳大利亚)

4 流经市区的河段(澳大利亚)

5 河岸的自然生态树林,经过疏理成为天然的河滨公园

6 现代都市群楼成为大河的现代背景(澳大利亚)

7 岸边野生的蒿草与现代景观形成鲜明对比(澳大利亚)

8 布里斯班闹市区河段，大河右侧是著名的南岸公园（澳大利亚）

9 河岸秀丽的公园景色，人工景观增多，人文色彩浓厚

10 从南岸公园看布里斯班河景观（澳大利亚）

11 南岸公园滨河设计（澳大利亚）

12 南岸公园的临河景观设计（澳大利亚）

13 伸入河面的观景台及景观建筑（澳大利亚）

14 从著名的卡文那桥看新加坡河的美景(新加坡)

15 流经滨海公园的河段，远处榴莲形建筑是滨海艺术中心(新加坡)

新加坡河是一条由海水冲涌出来的海湾河，总长约4.1km，尽头是一条大沟。全河段河床和河宽变化不大，12座不同的桥梁和两岸许多名胜及新老建筑，构成了独特的城市滨河景观。绿波荡漾和绿树鲜花组成了迷人的美景。

16 克拉码头河段景观，新老建筑交相辉映(新加坡)

17 新加坡河入海口，河面宽广，景象壮观

18 流经佛罗伦萨城区的亚诺河，跨越河面的是韦琪奥桥(意大利)

19 水城阿姆斯特丹的运河(荷兰)

20 塞纳河及巴黎老城区沿岸景观鸟瞰(法国)

21 塞纳河河岸局部(法国)

22 连接夏乐宫和埃菲尔塔的爱玛桥(法国)

23 塞纳河市政厅河段,左岸为林阴散步道,右岸是著名的河岸林阴大道(法国)

24 河岸上下两层的行车道

25 塞纳河一条小支流局部(法国)

26 塞纳河古监狱段的两岸风光,河水悠悠,清澈平缓(法国)

27 阿尔卑斯山的茵河，有着高山的秀美壮丽（奥地利）

29 茵河的一段河段景观（奥地利）

30 科隆城边的莱茵河景观（德国）

28 茵河穿越因斯布鲁克古城的河段，人文与自然景致俱佳（奥地利）

31 海德堡城边的耐卡河（德国）

32 耐卡河的风光（德国）

33 湄南河流经曼谷河段的景观（泰国）

34 具有佛寺景致的湄南河（泰国）

二、中小型河渠

1 大宁灵石公园的景观河(中国上海)

2 垂柳和水杉护岸的大宁灵石景观河(中国上海)

3 景深层次丰富的景观河(中国上海)

4 水流和岸形极富变化的景观河,砌岸红石与绿树形成色相对比(中国上海)

5 河渠不仅曲折逶迤,河面宽窄也极富变化(中国上海)

6 大宁灵石景观河迂回转弯处的景观(中国上海)

7 梦幻主题公园的河流(澳大利亚)

8 梦幻主题公园河流的河岸植被丰富,具有自然生态的环境(澳大利亚)

9 梦幻主题公园河流环境局部(澳大利亚)

10 河岸迂回曲折的景观河(澳大利亚)

11 流经娱乐区的河段环境(澳大利亚)

12 沿岸林木丰富的公园景观河(澳大利亚)

13 河面较宽段的环境景观(澳大利亚)

14 蜿蜒自然的公园景观河(澳大利亚)

15 浦东世纪公园的环园景观河，具有自然野趣的环境气氛（中国上海）

16 草岸河滩环境（中国上海）

17 宽窄变化自然的公园河（中国上海）

20 公园景观河水形线形变化丰富、水量大小稳定（中国上海）

18 种植荷花的河段（中国上海）

19 与张家浜外河相通的河段（中国上海）

21 世纪公园景观河河段局部（中国上海）

22 海淀公园与万泉河相连的园林景观河（中国北京）

23 河岸蜿蜒优美的公园河（中国北京）

24 公园河景观局部（中国北京）

25 公园河与中心湖相连段的环境（中国北京）

27 公园河规整的直岸与曲折的卵石岸对比鲜明（中国北京）

26 公园河河岸局部（中国北京）

28 公园河的亲水木台（中国北京）

29 公园河的草坡柳岸环境（中国北京）

30 芭堤雅考乔蝴蝶园内的园林景观河(泰国)

31 在原有天然河基础上设计建造的园区河(泰国)

32 极具人工美化的考乔环园景观河(泰国)

33 鲜花装点的木桥,使园区河沿岸精彩亮丽(泰国)

34 芭堤雅植物园内林木簇拥的小河(泰国)

35 芭堤雅植物园小河景观局部(泰国)

36 悉尼奥林匹克公园的生态景观河(澳大利亚)

37 吉隆坡国家公园的生态景观河(马来西亚)

38 吉隆坡国家公园生态景观河河段局部(马来西亚)

39 皇家景园内的生态溪流。河滩、水草和水禽极具自然野趣(卢森堡)

40 田园水乡河网中的小桥流水(荷兰)

41 田园水乡河网景观局部(荷兰)

42 宅园前后的水溪景观(荷兰)

43 田园水乡的环村河渠景观(荷兰)

44 城市中的人工河渠(中国北京)

45 流经公园与城市的水渠(中国上海)

一、自然的启示

1. 溪水吸引人的因素 看见欢跳奔流的小溪和浅滩，孩子们会不顾一切地接近它，即使是成人有时也会像孩子们一样涉入其中。溪水没有大江大河那样令人恐怖的水量，小溪有着稚童般的性格，涓涓细流，叮咚有声，时而顽皮跳跃，时而舒缓乖巧。小小的水形，浅浅的水面，给人以亲切、可爱之感，也引发无数诗人为之歌咏，也成为画家和摄影家喜欢表现的对象，见图1、图2。

2. 自然中的溪 我们都有小的时候常去郊外树林中小溪玩耍的经历，纯净清澈的溪水深深地吸引着我们。自然中的溪水有宽如河面的，也有小如细流的，有山谷中的石涧溪，也有树林中的平地溪。然而，公园和绿地中的人工溪水总没有自然中的小溪那么有吸引力，这就是为什么我们需要从自然中得到启迪、感受自然溪水魅力的原因——使我们在城市中设计的小溪更富有自然气氛和韵味。

1 溪水中的成人和孩子

2 鞋趟掉了，脚泡凉了，却仍不愿离开——溪水有着磁铁般的吸引力

3 岩石和草坡中的溪水，溪中有许多草心滩

4 大山峡谷中的小溪

5 山溪中的跌水

6 山谷溪流中的砂石漫滩

二、小溪的模式

根据自然界中小溪的形式分析，小溪的模式基本如下：

（1）小溪是弯弯曲曲的，溪流形态极富变化。

（2）溪中有汀步、小桥，有滩池、洲，有岩石、跌水、阶地。

（3）岸边有若即若离的小路。

1 小溪模式图

2 有跌水、激流和缓滩，溪中有岩石，溪边有阶地，上有葱郁树林，下有自然的石汀步

3 自然山林中的溪流，分段跌落，有急有缓，滩石自然，林木葱翠

4 自然溪流中的浅漫滩和沙心滩——这些溪水中的浅滩是溪中相对平静的水面，而且滩面较宽

5 溪水由宽变窄形成的急流

6 溪水中的小石滩

7 滩池、岩石和急缓溪流

8 石涧中的急流和跌水

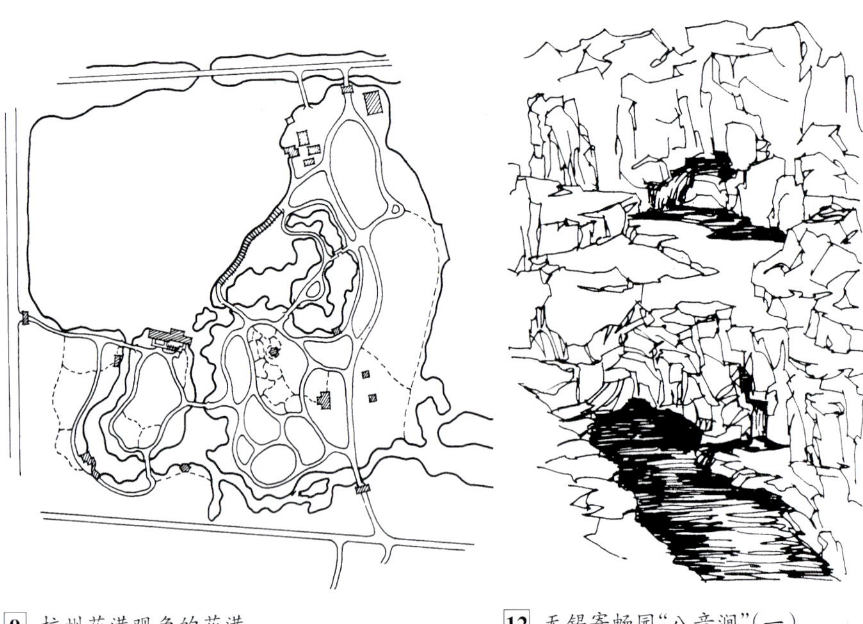

9 杭州花港观鱼的花港

12 无锡寄畅园“八音涧”(一)

15 上有茂林、下流清泉的溪石涧

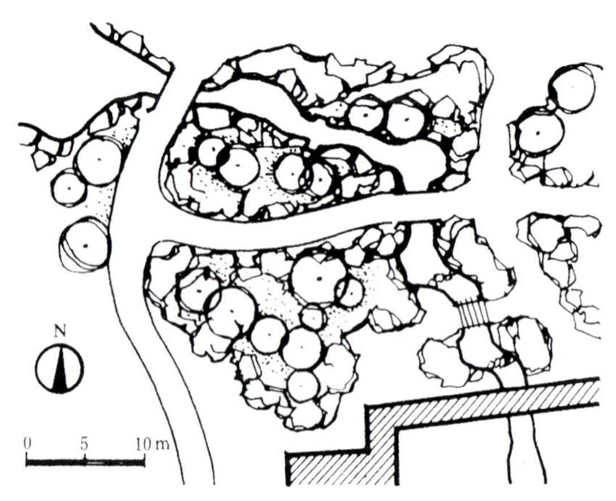

10 颐和园谐趣园玉琴峡(一)

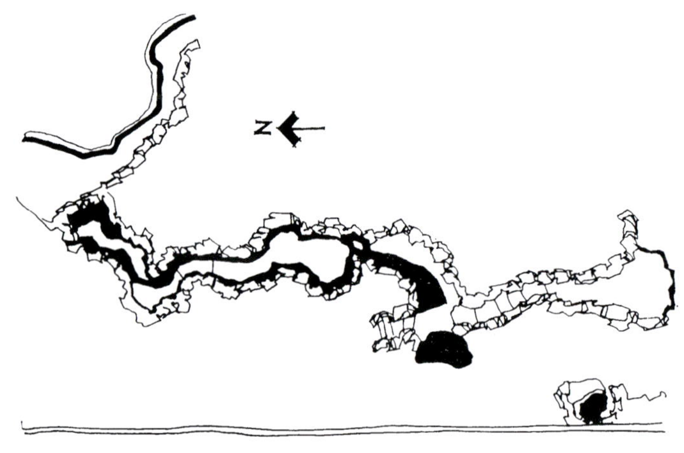

13 无锡寄畅园“八音涧”(二)

11 颐和园谐趣园玉琴峡(二)

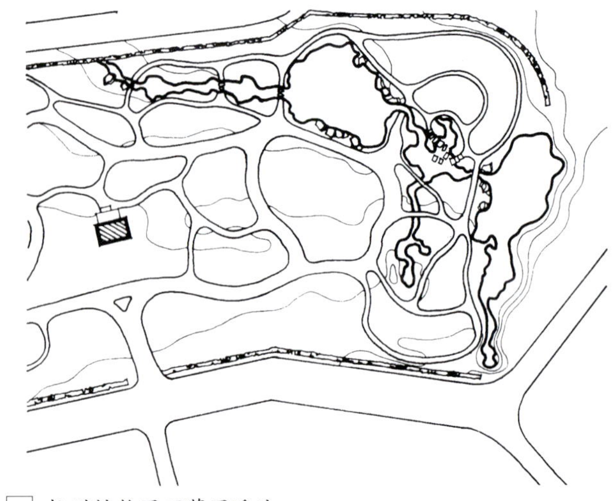

14 杭州植物园百草园溪流

三、小溪的水力计算

1. 一般概念

(1)过水断面(w) 过水断面是指水流垂直方向的断面。其断面面积随着水位变化而变化，因而又可分为洪水断面、枯水断面和常水断面，通常把经常过水的断面称为过水断面。

(2)湿周(x) 水流和岸壁相接触的周界称为湿周。湿周的长短表示水流所受阻力的大小。湿周越长，表示水流受到的阻力越大；反之，水流所受的阻力就越小。

(3)水力半径(R) 水流的过水断面积与该断面湿周之比，称为水力半径，即

$$R=\frac{w}{x}$$

(4)边坡斜率(m) 边坡斜率是指边坡的高与水平距离的比：

$$m=\frac{H}{L}$$

砖石或混凝土铺砌的明渠边坡一般采用1∶0.75~1∶1.0。

(5)河流比降(i) 任一河段的落差与河段长度的比称为河流比降，以千分率(‰)计：

$$i=\frac{\Delta H}{L}$$

无铺砌的梯形明渠边坡　表1

土　质	边　坡
黏质砂土	1∶1.5~1∶2.0
砂质黏土和黏土	1∶1.25~1∶1.5
砾石土和卵石土	1∶1.25~1∶1.5
半岩性土	1∶0.5~1∶1.0
风化岩石	1∶0.25~1∶0.5

2. 水力计算

(1)流速 流速公式为

$$u=\frac{1}{n}R^{\frac{2}{3}}i^{\frac{1}{2}}$$

式中：R 为水力半径；i 为河道比降；n 为河道粗糙系数。

当河槽糙率变化不大或河槽形状呈现出宽浅的状态时，取 $h_{平}$ 代替 R，则公式可简化为

$$u=\frac{1}{n}h_{平}^{\frac{2}{3}}i^{\frac{1}{2}}$$

式中：$h_{平}$ 为河道平均水深，m；n 为河道粗糙系数（n 值查表2和表3）。当河道为三角形断面时，$h_{平}=0.5h$；当河道为梯形断面时，$h_{平}=0.6h$；当河道为矩形断面时，$h_{平}=h$；当河道为抛物线形断面时，$h_{平}=\frac{2}{3}h$。其中，h 为河道中最大水深。

河道的安全流速在河道的最大和最小允许流速之间。

河道粗糙系数 n 值　表2

	河道特征	n		河道特征	n
土质	$>25m^3/s$		各种材料护面	光滑的水泥抹面	0.012
	平整顺直，养护良好	0.0225		不光滑的水泥抹面	0.014
	平整顺直，养护一般	0.0250		光滑的混凝土护面	0.05
	河渠多石，杂草丛生，养护较差	0.0275		平整的喷浆护面	0.015
	$Q=1\sim25m^3/s$			料石砌护面	0.015
	平整顺直，养护良好	0.0250		砌砖护面	0.015
	平整顺直，养护一般	0.0275		粗糙的混凝土护面	0.017
	河渠多石，杂草丛生，养护较差	0.030		不平整的喷浆护面	0.018
	$Q<1m^3/s$			浆砌块石护面	0.025
	渠床弯曲，养护一般	0.0275		干砌块石护面	0.033
	支渠以下的渠道	0.0275~0.03	岩石	经过良好修整的	0.025
				经过中等修整的无凸出部分	0.030
				经过中等修整的有凸出部分	0.033
				未经修整的有凸出部分	0.035~0.045

小河的粗糙系数 n 值　表3

小河类型	平坦土质	弯曲或生长杂草	杂草丛生	阻塞小河沟，巨大顽石
粗糙系数	25	20	15	10

根据河道的土质、砌护材料和河水含泥砂的情况，其最大允许流速可查表4。

最小允许流速（临界淤积流速或称为不淤积流速）根据含泥砂性质，按达西公式计算决定：

$$V_k=C\sqrt{R}$$

式中：V_k 为临界淤积的平均流速，m/s；R 为水力半径，m；C 为决定于泥砂粗细的系数（见表5）。

在园林中，地面排水的最小坡度为0.5%~0.6%，在小溪的坡度一般为1%~2%，能感到流水趣味的最小坡度是3%。当无护坡时，引入庭园中的水，其坡度不宜超过3%，否则河床受到冲刷，并带来泥砂，见图1、图2。

河道最大允许流速　表4

土壤或砌护种类	最大流速(m/s)
泥炭分解的淤泥	0.25~0.50
瘠薄的砂质及中等黄土	0.70~0.80
泥炭土	0.70~1.00
坚实黄土及黏壤土	1.00~1.20
黏土	1.20~1.80
草皮护面	0.80~1.00
卵石护面	1.50~3.50
混凝土护面	5.00~10.00

达西公式系数 C 值表　表5

泥砂性质	C
粗砂质黏土	0.65~0.77
中砂质黏土	0.58~0.64
细砂质黏土	0.41~0.54
极细砂质黏土	0.37~0.41

1 无护坡的小溪

2 无护坡，但溪边置石的小溪

(2)流量 流量是单位时间内通过河道某一横截面的流体量，一般以 m^3/s 计。

$$Q=wV$$

式中：Q 为流量，m^3/s；w 为过水断面积，m^2；V 为平均流速，m/s。当河道近似梯形时，见图3～图6。

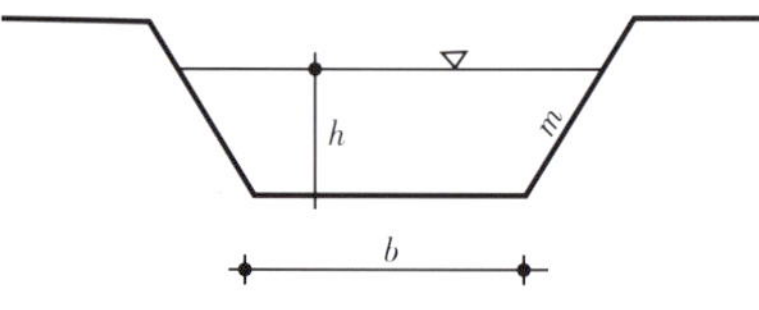

3 梯形河道

4 近似梯形的混凝土护坡小溪

5 近似梯形卵石护坡的小溪

6 黄石板护坡的梯形溪水

当河道近似矩形时，见图7～图10。

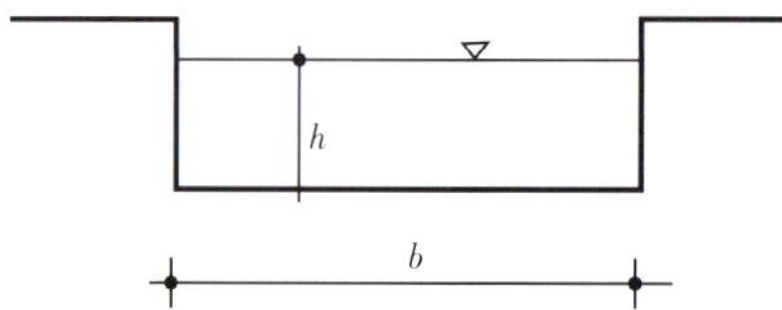

7 矩形河道

8 近似矩形的混凝土木桩护岸小河

9 矩形直岸的规则形小溪

10 方块石砌岸的矩形小溪

当河道近似抛物线形时，见图11～图13。

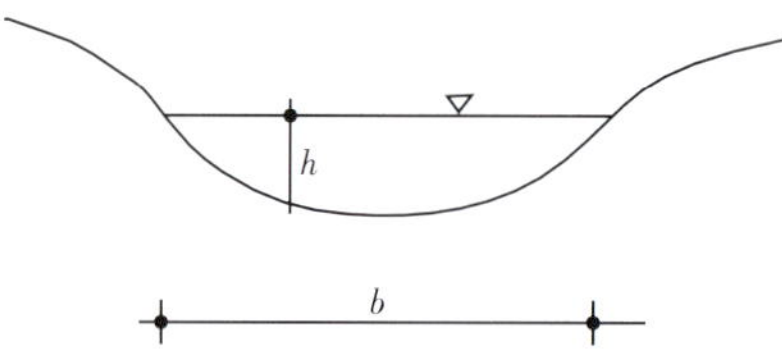

11 抛物线形河道

在园林中如果溪流很小，也可以参阅表6进行估算。

概略流量表 表6

水流宽(m)	5	3	2	2	2
水深(cm)	5	5	3	3	4
坡度	1/100	1/100	1/200	1/100	1/50
流量(m^3/s)	250	150	68	100	86

不同性质土壤的系数和指数 表7

土壤性质	系数	指数
强透水性	3.4	0.5
中透水性	1.9	0.4
弱透水性	0.7	0.3

12 碎石和卵石护坡的抛物线形小溪

13 抛物线形小溪的环境效果

(3)河道的流量损失 河道的流量损失主要是渗漏。影响渗漏的因素有河道的长短、水量的大小及土壤的渗漏性等。其流量损失的计算主要用两种方法。

估算法视土壤的情况而定，一般为输水损失的10%~50%，对轻砂土壤采用输水损失的20%~30%。

公式法即用考斯加可夫公式计算：

1km长河道的损失量＝10×系数×流量×(1－指数)

四、小溪护岸

1. 重点部位及弯道 为了创造小溪中湍流、急流和跌水等景,溪流的局部必须作工程处理。溪岸的破坏主要是由水的流动造成的,图1~图3表示水的主流线与崩岸部位的关系,也就是护岸的重点部位。

小河弯道处中心线的弯曲半径一般不小于设计水面宽的5倍,有铺砌的河道的弯曲半径不小于水面宽的2.5倍。

弯道的超高一般不宜小于0.3m,最小不得小于0.2m。折角和转角处的水流不应小于90°,见图4。

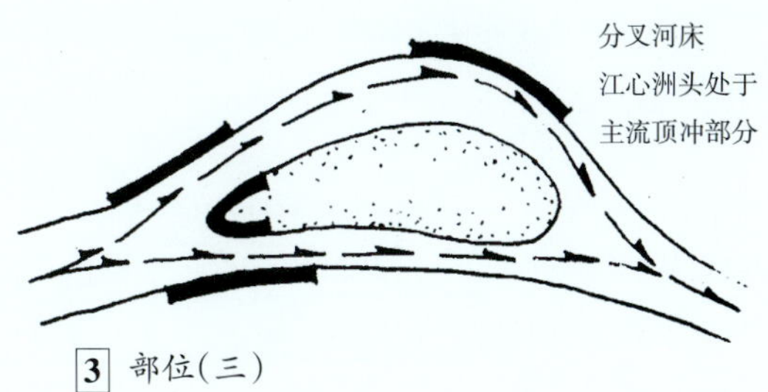

3 部位(三)

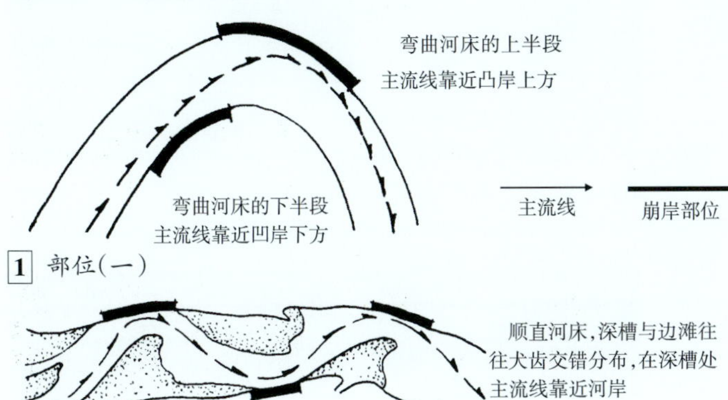

1 部位(一)

2 部位(二)

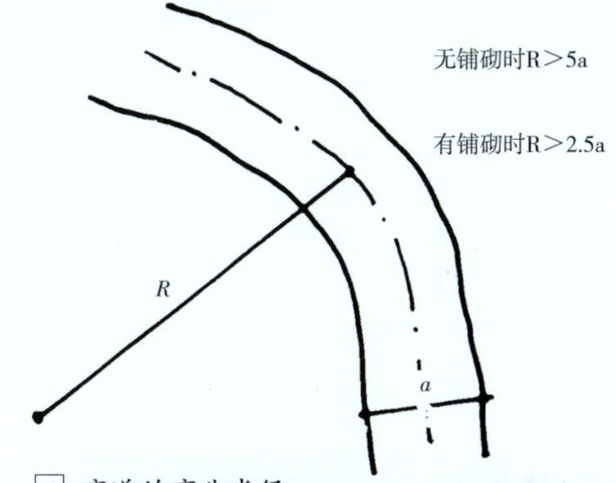

4 弯道的弯曲半径

2. 小溪护岸的类型与结构

(1)卵石护岸及结构

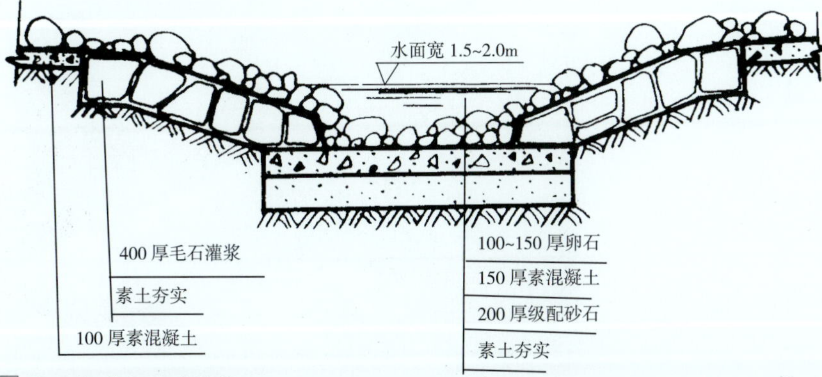

5 卵石护岸小溪的结构

7 图8卵石护岸局部,溪沟斜坡面为卵石粘贴护岸,溪沟底部和岸沿上部为摆放

6 坡面卵石为明摆覆盖或堆放的小溪

8 砂浆黏结与摆放相结合的卵石护岸

（2）山石草坡护岸及构造（见图9、图10）

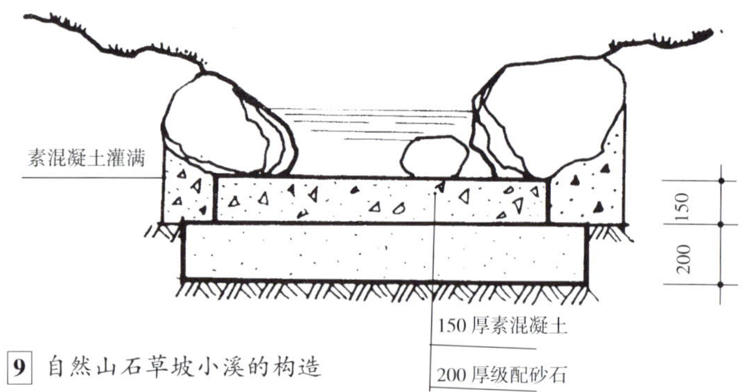

9 自然山石草坡小溪的构造

10 自然山石筑岸、植草护坡的水溪

（3）峡谷溪流及其构造（见图11、图12）

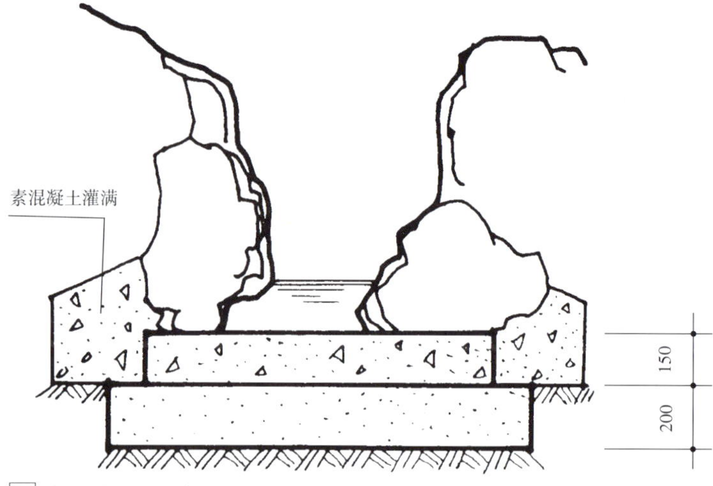

11 峡谷溪流的结构

12 山石筑砌的峡谷溪流

（4）自然山石小溪及构造（见图13、图14）

13 素混凝土灌底，自然山石塑筑的小溪

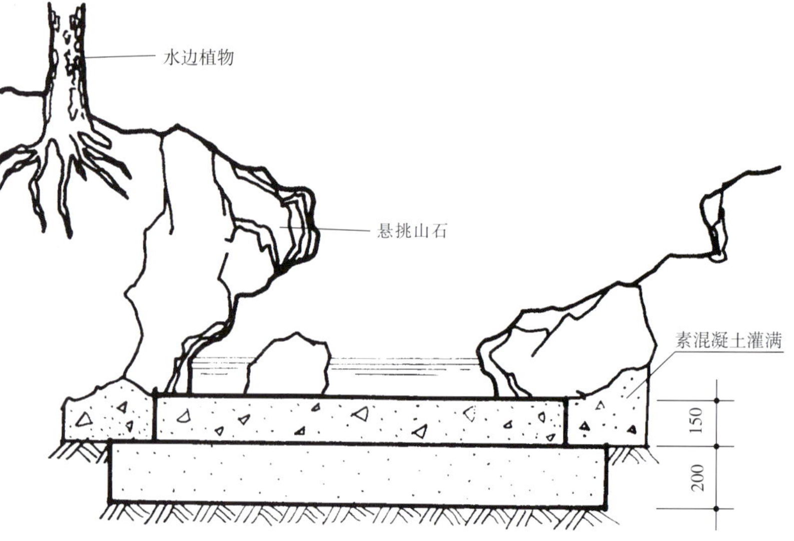

14 自然山石塑筑的小溪构造

五、曲水流觞

曲水流觞是我国古代的一种风俗。据说最初是由周成王的叔父周公旦开始的，于阴历三月上巳日（上旬巳日），使桃花在水中漂去，就水滨宴饮，用以招魂、镇鬼、驱散病疫。魏以后固定为三月三日，并逐渐成为一种祭礼，称为修禊。因此，历史上的三月三曾是一个充溢着春天欢乐的节日，其活动的主要内容是洗浴。据《后汉书·礼仪志》记述，每到三月三这天，不分官吏百姓，倾城出动，到郊外河里，净洗身上越冬的积垢，洁身祛病，拨除不祥，祈祷康健平安，同时进行春野游览。

举世闻名的“曲水邀欢处”在绍兴兰渚山下的书法胜地古兰亭。这里古朴恬静，飞檐翘角的“流觞亭”体态秀美，亭前山石参差、紫竹间曲水清流弯绕，正是“竹风随地畅，兰气何人清”。在“曲水邀欢处”下，一幅《兰亭修禊图》上，逼真地再现了公元353年暮春上巳节时，流觞曲水之盛况。据记载晋代大书法家王羲之是日约邀亲朋好友，骚人墨客，携手踏歌而至，列坐于山石自然布列、水草杂生的曲水溪径之间。王羲之手执漆制羽觞，首先泛酒，觞随水流飘然而下，止于谁人之前，谁则应即席赋诗一首。若作不出，罚酒三觥，再斟酒复置于水中，吟诗饮酒，其乐融融。当年42人中诗成二首的11人，诗成1首者15人，有16人无诗而被罚。最后王羲之一挥而就，写就了324字的《兰亭集序》。字字“飘若游龙，矫若惊鸿”，成为我国书法艺术的珍宝。此举更为“曲水流觞”增添了无限的风光。文人雅士，引水环曲成渠，流觞赋诗取饮，以“流觞曲水”的办法来助饮兴，相与为乐。曲水流觞被传为美谈，成为一种风雅乐事。乾隆在圆明园中仿建的兰亭，仍是“白玉清泉带碧莹”的环境，曲水穿行于天然石头及慈菇野草之间，保持着郊野的趣味。后来在绮春园、静宜园、中南海、潭柘寺和乾隆花园等处，都建有流杯亭，把曲水流觞这种活动缩小范围，在亭内举行。在亭内的地面上，建成石刻的弯弯曲曲的流水槽，将山水或泉水引入，从石槽中流过，主持者把酒杯从上流漂下，人们作赋游戏，名曰“流杯亭”。当这种形式成为皇家的玩物后就失去了原来天然的韵味。

今日亦有仿古人修禊觞咏，怀古励今的类似景点，如北京香山饭店中的“曲水流觞”。这是一个临水的用花岗岩铺成的平台，在台上凿了曲水的槽，借当年兰亭修禊的典故，既不是当年自然曲水溪流的历史原型，又不是后来程式化的流杯亭的复制品。设计者掀去了流杯亭的顶盖，拔掉了柱子，留下了加大的平面和曲水平台，安排了条石矮凳，简洁大方，富有时代感（见图1～图9）。

1 中南海“流水音”亭

2 中南海“流水音”亭曲水流觞

3 兰亭修禊图

4 香山饭店“流杯亭”透视（见图6、图8）

5 香山饭店“流杯亭”的平台和曲桥

6 香山饭店“流杯亭”的曲水平台

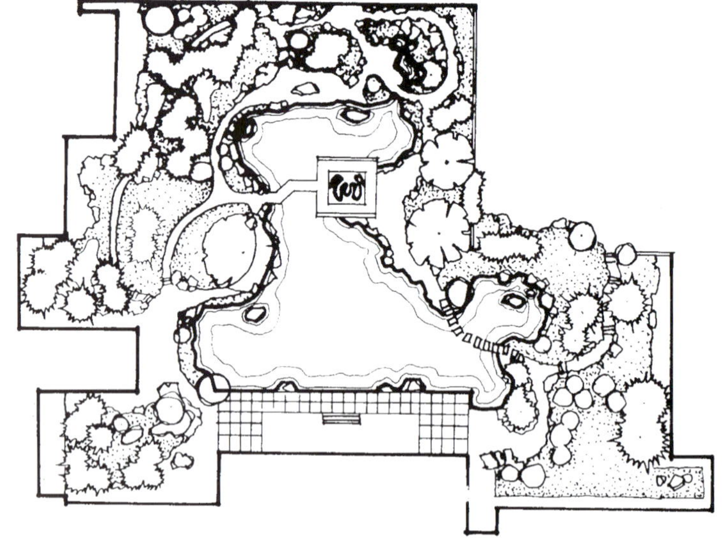

7 香山饭店“流杯亭”在庭院中的平面布置

8 没有顶盖和柱子的“流杯亭”，既表现了传统文化内涵，又富有时代感

9 “流杯亭”与饭店南立面有着神韵上的呼应

一、规则式小溪

1 清华大学近春园内的方块石砌筑的规则式小溪(中国北京)

2 图1中规则式小溪局部(中国北京)

3 花岗岩砌筑的矩形规则式小溪(中国北京)

4 混凝土砌筑、圆木护岸的规则式小溪(中国北京)

5 图4中的规则式小溪局部(中国北京)

6 花岗岩砌筑的规则式小溪(中国北京)

7 图6中的花岗岩规则式小溪局部(中国北京)

8 芭堤雅蒙天度假村庭园小溪(泰国)

9 香山璎珞岩的石槽式小溪(中国北京)

10 图9中的石槽式小溪局部(中国北京)

11 中国人民大学校园内的卵石护岸小溪(中国北京)

12 图11中的卵石护岸小溪局部(中国北京)

13 趵突泉石榴院内的规则式水溪(中国山东)

14 曼谷市郊田园水乡中的小溪(泰国)

二、自然式小溪

1 清华大学西荷塘西侧山坡上的自然山石小溪（中国北京）

2 图1的自然山石小溪局部（中国北京）

3 海淀公园内由山石、草坡和园木护岸的小溪（中国北京）

4 图3中的溪水及水生植物（中国北京）

5 海淀公园自然式小溪中的一段溪水景观（中国北京）

6 图5中的植物护岸局部（中国北京）

7 城市绿地公园中混凝土筑底、河石和卵石护岸的小溪(中国上海)

8 茂林簇岸的溪水景观(中国上海)

9 翠冠拥岸、小桥横卧、小溪缓流,成为都市迷人的自然景观(中国上海)

10 图7中的小溪跌水(中国上海)

11 小溪中的激流溪段(中国上海)

12 植物园的自然山石小溪(中国北京)

13 图12中的由黄石和红石筑砌的小溪跌水(中国北京)

14 主题公园内密林中的自然山石小溪（澳大利亚）

15 城市公园山石水景园区的自然式小溪（中国江苏）

16 山石水景园的瀑布与小溪（中国江苏）

17 私家宅园自然式小溪（中国江苏）

18 图17宅园前花园流向后花园的小溪（中国江苏）

19 城市公园山坡中的自然山石小溪（中国江苏）

20 蝴蝶植物园密林中的自然式草坡小溪（泰国）

21 横卧绿地的自然山石水溪,在草坡和疏林的衬托下,更加自然迷人(中国北京)

22 由急到缓的小溪宽水面(中国北京)

23 山石小溪跌水(中国北京)

24 自然山石与红石板的不同护岸(中国北京)

25 图22中的山石小溪局部(北京)

26 山石、水草和草坡组合护岸(中国北京)

27 自然山石与片石砌筑组合护岸(中国北京)

28 自然山石溪水中的水生植物(中国北京)

三、混合式小溪

1 既有规则式的溪岸和河床,又有自然山石砌筑(澳大利亚)

2 一边是整齐规则的堤岸,一边是自然河石和林木护岸(澳大利亚)

3 块石规整砌岸与自然河石相结合,加上翠绿的草坡,使溪水更加迷人(中国上海)

4 图3中的小溪局部

5 规整的渠道与自然山石护岸相结合(中国北京)

6 规则河床与自然山石护岸完美结合(中国北京)

7 一侧是笔直规则的溪岸,另一侧是由河石、圆木和植物组成的自然式护岸(中国上海)

8 一段规则式、一段自然山石式交替变化的小溪(中国北京)

10 混凝土直岸、圆木、自然山石和草坡相结合的小溪(中国北京)

11 图10中的小溪局部

9 整齐砌岸与自然山石护岸相结合的小溪(中国北京)

12 自然山石与松圆木的护岸组合(中国北京)

一、小水面与池塘的环境意义

水在园林中是必不可少的，水的灵秀之气能够取得不可替代的景观效果。特别是一些小园林和私家花园，没有条件开挖大型湖泊水面，但设计小池塘既方便可行，又节约投资，且能收到较好的景观环境效果。随着自然生态的不断恢复，公园将逐步改变动物圈养，特别是将水禽圈养改为自然栖息。根据观察，野生动物对于水的需要与人们的想象很不相同，它们并不喜欢大型湖泊，局部的小水面很容易满足动物的饮水需求，而鸟类也更喜欢在水景周边栖息和游嬉。

研究发现，鸟类和一些哺乳动物并不喜欢到大的深水水域饮水和嬉戏，它们更喜爱到浅水池塘、溪水浅滩或是芦苇水丛，也就是说，小水面和浅水池塘较容易吸引涉禽和游禽。作者在欧美一些发达国家考察中了解到，他们的设计师在进行公园和园林设计时，大多会根据本地区水鸟的种类设计出符合水禽习性和要求的水位，或通过调节水位的方式，来保证一定水深的水体。

此外，作者在考察中还发现，西方发达国家的公园和城市绿地设计，一改以往追求大水面的做法，而更倾向于设置小池塘，即使是完全有地方和有条件开挖大型水面的公园也是如此。他们认为，一个单纯功能和水形的大水面不如几个功能、水形各异的小池塘的组合，使园林水景不仅丰富而有变化，而且有益于不同动物的栖息，见图1。

1 城市公园的自然式小池塘，成为许多野生水禽的乐园

因此，当我们在进行园林设计时，应多考虑设计一些小的水面、池塘和浅水滩。小水面和池塘除面积要控制好以外，其水体一般不宜过深，深度在1~1.5m左右为宜。如果放养鹭科和鹳科动物，水池的水深不要超过其脚长，池岸采用斜缓坡的自然式草坡为最佳，见图5。此外，在池塘边缘栽种一些水生植物以及在池塘内释放一些鱼类等，有助于塑造自然生态环境，也有利于对动物的吸引。

二、自然的启示

大自然中的水体是形式多样的，除了浩瀚的大海、水面广阔的湖泊和大江大河，也有涓涓溪流和池塘，自然山林中的池塘多是以渊和潭的形式存在的，由于要长年承接落水，形成了水面较小、水体较深的潭，见图2~图4。

2 长年落水冲刷形成的深水潭

3 自然山林中的瀑布下必有大小不等的清水潭

4 长年落水形成的深水渊

5 城市公园放养鹳科、鹭科水禽的池塘

在群山森列、重峦叠嶂的自然环境中，危崖峭壁之上常见山泉径流或飞流直下，形成落瀑入潭的动静相宜的美丽水景。水流与岩石的撞击，水潭碧绿水体与岩石的质感对比，以及野生植物的衬托，更增添了瀑与潭的景观魅力。图6是太行山自然风景区内山岩石谷中的落瀑和水潭，景观要素为动态落瀑、山岩、静水小水面、多种乔灌木和野草。图7～图10是为再现这种模式自然水景而建在都市公园和绿地中的人工落瀑水潭。特别是图7、图8准确再现了图6中的自然山石的质感、落水的态势和水潭形态，在充分体现自然风韵的同时，又修饰得十分精美，做到了取法自然而高于自然的境界。

6 太行山涯壁谷中的瀑布和水潭景观

7 城市公园人工建造的岩涯飞瀑，再现了自然中的瀑布入潭景观

8 落水的动态水势和水潭的水面环境，使人如置身大自然的美景之中，自然景观要素的组合，加之池岸植物和水生植物的配置，使水景更具景观效果

9 叠石飞瀑与水潭

10 自然山石池潭与落瀑水景

在山谷或树林间，奔腾流淌的小溪遇到平坦或低洼的地形，也会积蓄成较浅的小水面，有时，一条溪水能够形成大小不等的几个或十几个小水面。青岛崂山的“九水十八潭”有瀑、溪和潭，溪潭串连，景观极佳。所谓“九水”，亦称“九水明漪”，每涉过一条涧水，就是过了一水，也就是说，每过一水，就进入了另一个高度，见图11、图12。

11 九水之溪中的“三水”

12 四水至五水间的涧水

北九水位于崂山阴面，山谷多为裸露的岩石，山体储水能力较差，常发生断流现象。为确保北九水的自然景观，把水留住，经过反复论证，景区管理部门决定在“九水”中的每一水级设坝筑槛，留住山上宝贵的泉水和降雨，从而形成了八分天然、二分人工的 18 个水潭。这些水潭依山就势，大小不一、深浅不等，各具形态，故名“九水十八潭”，已成为崂山北景区一道亮丽的新景观。

作为道教圣地，崂山“九水十八潭”的总体设计构想将道家文“顺法自然”的老庄思想与山水的灵秀有机地结合起来，形成拥有独特文化内涵的、自然与人工相结合并充分体现原有自然风貌的连续有机的水景。“九水”和“十八潭”的名称不仅具有深刻的古老哲学理念，更有让游者在观赏的同时可以领悟到“天生一水”的境界。从内一水到内九水的九个水名分别为上善、抱一、大方、齐物、养生、坐忘、逍遥、安期和许由；沿途溪谷的十八潭的取名结合每个潭的方位和形状及与周围环境的关系等诸多因素，使每个水潭都更具有灵气和文化意蕴，例如至柔潭、无极潭、自取潭、中虚潭、得意潭、清心潭和洗耳潭等，见图13～图18。

13 十八潭中按源头分序的起点潭“洗耳潭”，四季不断的落瀑声不仅让游者可大饱耳福，也可清洗耳中的尘世之语

14 位于四水中的自取潭和俱化潭，一大一小，一高一低

15 “潮音瀑”与洗耳潭

16 居于内六水的得意潭

17 处在内三水的无极潭

18 十八个潭的拦水槛经过自然石的遮掩，几乎不露人工制作痕迹。这是位于内四水的中虚潭及拦水槛

图19~图22是自然山林中不同情境下形态各异的水潭；图23是草原和牧场平原开阔环境中典型的天然池塘。图24、图25人工修建的园林小池塘显然是受图19~图22类型自然水池的启发，或是想努力塑造这种山石护岸池潭的自然韵味。而图26、图27则是图23自然草坡池塘的再现。

19 太行山自然山林中的浅水塘

20 太行山水质清纯的自然浅水塘

21 巨岩和碎石围就的自然池塘

22 涯壁、山石和碎石围岸的自然池塘

23 澳大利亚草原牧场中的自然草坡池塘

24 自然山石护岸的园林景观池塘

25 自然山石与卵石结合护岸的园林景观池塘

26 城市公园中的自然式草坡岸的园林景观水池

27 图26草坡岸池塘的整体环境

一、私家园林小水面

中国传统的江南私家园林多采用变化单纯的水际线，常以中央一个较大的水面，边角附着1~2个小水湾。这种水面要“宁空勿实”，章法位置要“灵气往来，不可窒塞”。

小水面的运用在私家园林中有很多优秀的实例，见图1~图23。

苏州网师园中央水池与四周陆地比例适当，既有开朗宁静，又有山石、绿化与之呼应陪衬，见图25~图28。

日本造园家将小水面提炼归纳为心字形池、云形池、流水形池、水字形池和瓢形（葫芦形）池等五种基本形状。

1 苏州沧浪亭

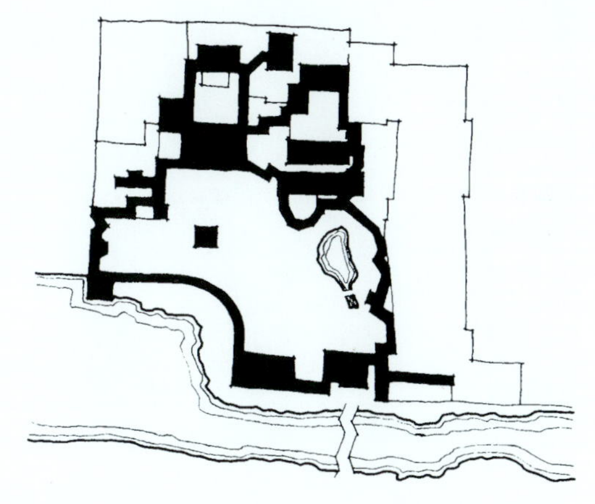

3 苏州沧浪亭

4 苏州怡园水面

2 苏州沧浪亭小水面的景观环境

10 扬州何园自然山石围就的小水面

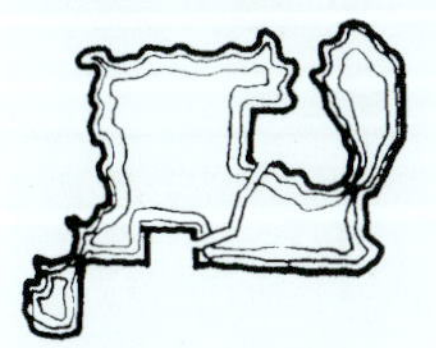

5 扬州何园水面

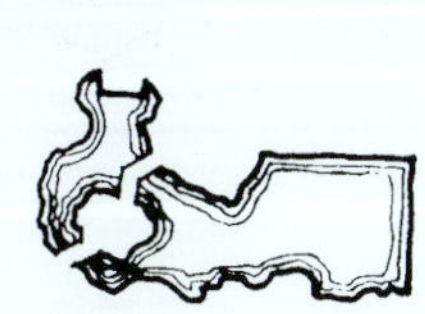

6 苏州畅园水面

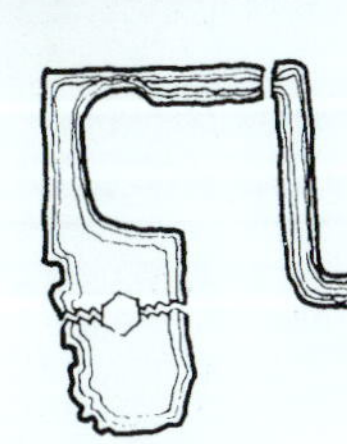

7 苏州西园水面

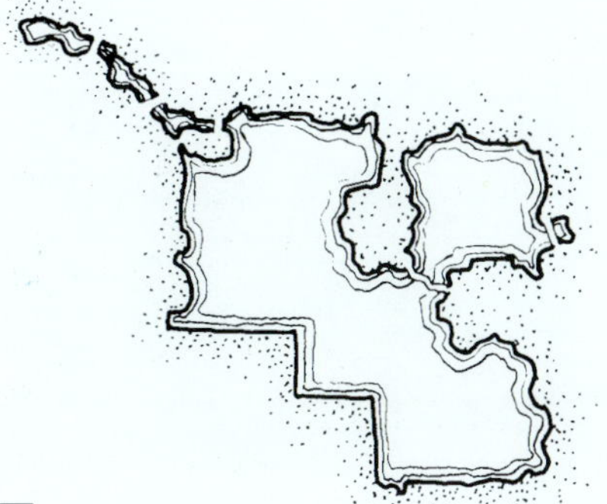

8 苏州留园水面

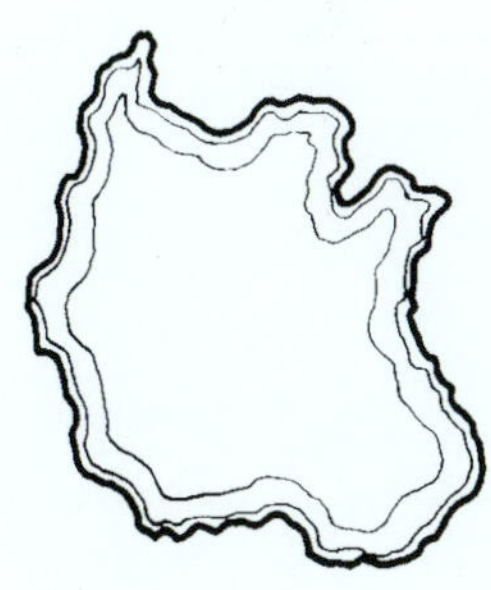

9 苏州残粒园水面

11 苏州留园水面景观环境

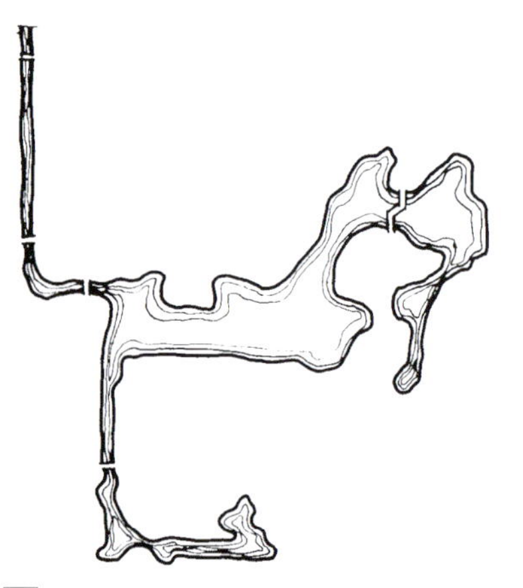

12 上海南翔漪园水面

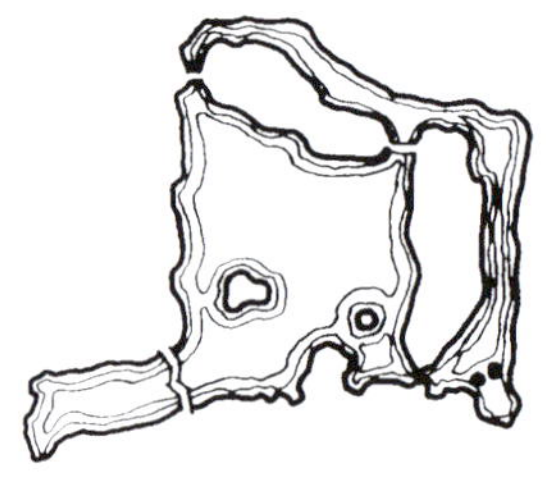

13 苏州景德路毕宝水面

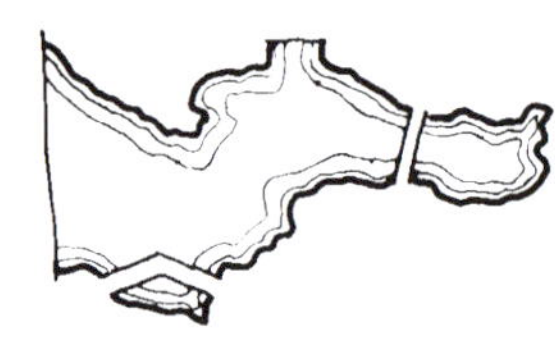

14 苏州壶园水面

15 苏州退思园水面

16 苏州退思园水面的景观环境

17 上海南翔漪园水面景观环境

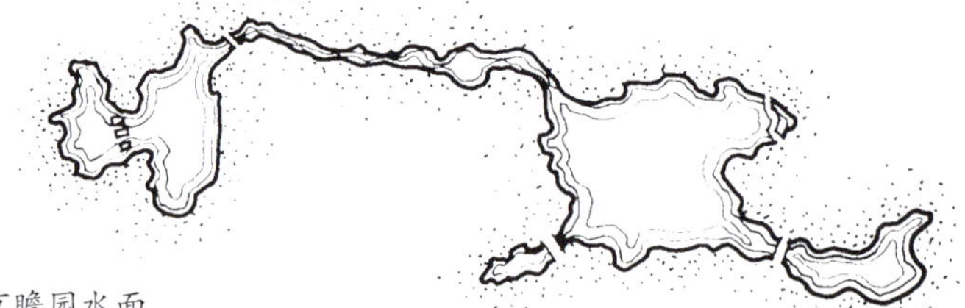

18 南京瞻园水面

19 苏州狮子林水面

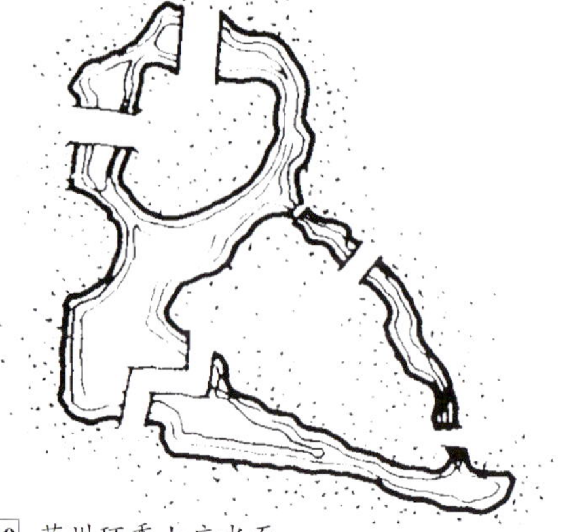

20 苏州环秀山庄水面

21 苏州狮子林鸟瞰图

22 狮子林水面景观局部

23 苏州狮子林水面景观环境

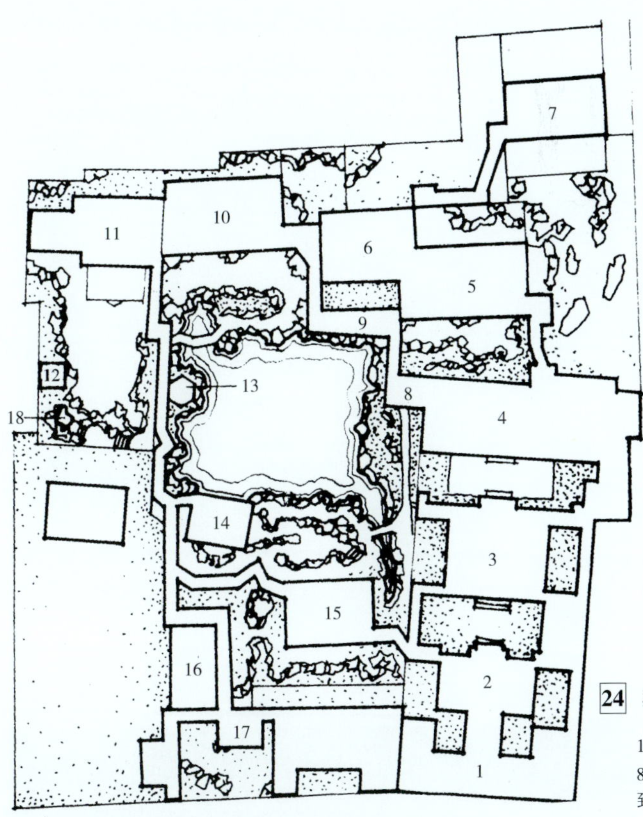

25 苏州网师园鸟瞰图

24 苏州网师园

1—大门；2—轿厅；3—大厅；4—撷秀楼；5—五峰书屋；6—集虚斋；7—梯云室；8—射鸭廊；9—竹外一枝轩；10—看松读画轩；11—殿春簃；12—冷泉亭；13—月到风来亭；14—濯缨水阁；15—道古轩；16—蹈和馆；17—琴室；18—涵碧泉

26 苏州网师园水面局部

27 苏州网师园水面景观局部

28 苏州网师园水面

二、公园、庭园小水面

小水面在城市公园、绿地广场和各类公共庭园中应用广泛，特别是土地资源日益紧缺的情况下，小水面的运用将更加受到重视。图1～图7为香山饭店主庭园流华池水面，图8～图14是香山公园眼镜湖水面，图15～图20为巴黎埃菲尔景园，图21～图26是吉隆坡城市中心景园，图27～图30为悉尼植物园植物岛水面。图31～图33为马来西亚蝴蝶园中心湖小水面。

1 香山饭店主庭园流华池水面

2 香山饭店主庭园平面布置图

3 流华池规整笔直的池岸与自然山石和草坡护岸对比鲜明

4 流华池西侧小水池，是12个小庭园之一的“金鳞戏波”

5 从溢香厅外露台西侧看香山饭店主庭园的园林水体空间环境

6 “金鳞戏波”小水面与潺潺流水

7 流华池小水面局部

8 香山公园两泓平静湖水由一座石桥相连，形似眼镜，故名眼镜湖

9 眼镜湖右侧小湖，岸依山涯，叠石为洞，瀑落洞前

10 眼镜湖左侧小湖水面，拂柳碧水，松涛密林，构成一幅迷人的山林水景图

11 眼镜湖右侧小湖的叠山瀑布

12 从最东端眺望眼镜湖全景

13 松涛林海为背景的小水面空间环境

14 远山疏密林为背景的东池小水面空间环境

15 巴黎埃菲尔景园林阴大道东侧小园林水面

16 一池碧波、鸥鸽嬉戏，给沉谧的水面带来了光彩与动感

17 自然的曲岸、小岛和浓密的树丛，使小水面层次丰富

18 景深层次丰富的小水面

19 凡尔赛“瑞士兵湖”水面空间环境

20 凡尔赛宫桔园南侧的“瑞士兵湖”小水面，疏林环抱，草坡护岸，规整简洁

21 吉隆坡城市中心景园的水面

22 吉隆坡城市中心景园西景区小水面

23 中心景园西景区

24 城市闹市区的绿地公园、水体、护岸、草坡和场地等简洁流畅

25 以水为主体的中心景园西景区

26 吉隆坡城市中心景园东区湖泊水面空间环境

27 澳大利亚悉尼皇家植物园内的植物岛小水面

28 悉尼植物园植物岛水面全景

29 以植物岛为中心的园区

30 悉尼植物园植物岛西侧小水面

31 马来西亚蝴蝶园中心湖小水面

32 蝴蝶园中心湖的水体空间环境

33 蝴蝶园中心湖小水面空间局部

三、园林大、小水面的环境关系

1. 大小水面的对比 《园冶》中讲“千顷之汪洋，收四时之烂漫”，它常在宽阔的水面中设堤桥和岛屿，布置建筑，形成离心和扩散的空间特性。

颐和园水体碧波荡漾的昆明湖，烟波浩渺、视野开阔，采用状似桃形的水面，利用透视线的变化，加强了水面的宽阔和深远。水中依次递减的龙王庙和凤凰墩，扩大了视觉上的空间。长堤烟柳，桥岛掩映，好一派壮丽的水面。

图1中，辽阔开朗的北海水面，湖中之岛偏于一侧。大水面的辽阔开朗与小水面的曲折幽静，形成鲜明的对比，见图2、图3。

2. 大水面的分散使用 大水面的分散使用能获得朴素自然的情趣。《园冶》中讲：“江干湖畔，深柳疏芦之际，略成小筑，足徵大观也。悠悠烟水，澹澹云山，泛泛鱼舟，闲闲鸥鸟，漏层阴而藏阁，迎先月以登台。”

避暑山庄和拙政园等水面，不着意追求水面之大，而是以水陆相互萦回的方法，造成引人入胜和无穷无尽的幻觉。其中相对集中的小块水面，又可以形成多个小局部的中心，使空间丰富而富于变化，见图4～图8。

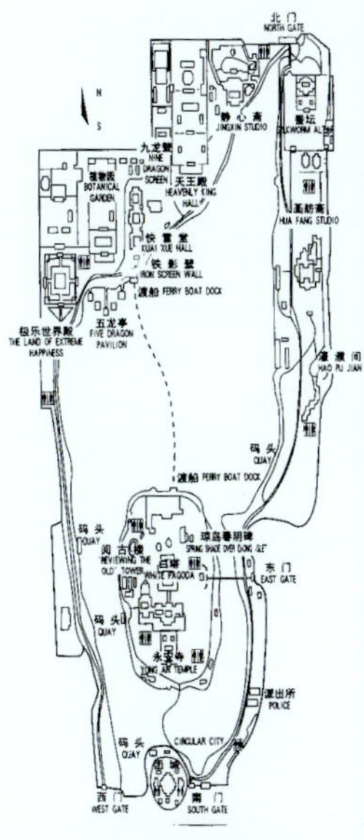

1 以植物岛为中心的园区

2 北海濠濮涧小水面

3 在北海开阔的湖面中，白塔山岛偏于东侧，划分出了大水面和小水面，也使大、小水面形成鲜明的对比

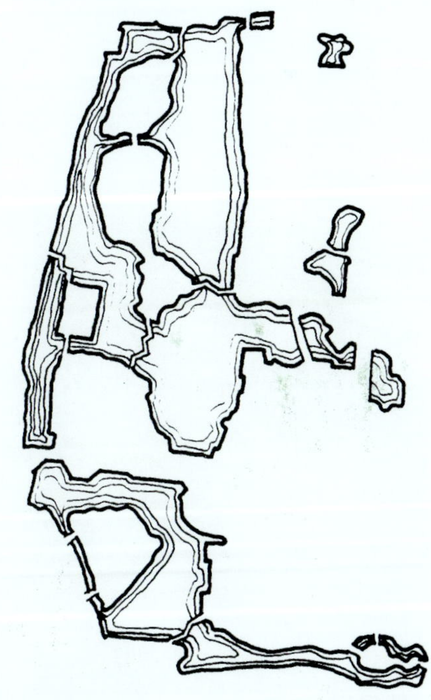

4 拙政园水面

5 苏州拙政园小水面之一

6 苏州拙政园小水面之二

7 苏州拙政园小水面之三

8 苏州拙政园小水面之四

四、岸边自然山石的叠石及池底做法(见图1～图5)

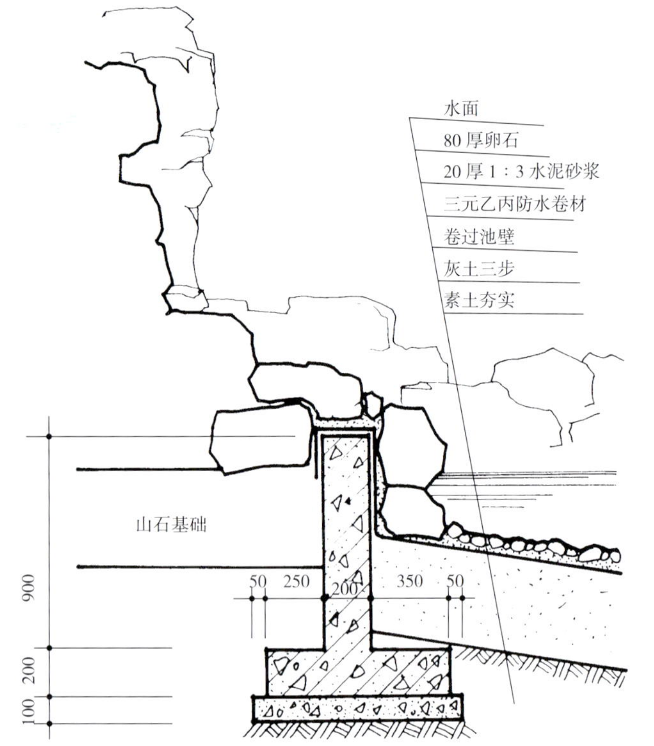

1 岸边叠石及池底做法及构造

2 岸边自然山石的叠石效果

4 岸边叠石的水池

3 按照图1叠石及池底做法设计的园林小水面

5 采用图1构造与做法的园林小水池

一、庭的性质及类型

1. 庭的性质 庭，又称为庭园、庭院。庭与建筑关系密切，庭园中建筑物的性质，就决定了庭的性质，建筑的风格决定了庭园的风格。由于庭是由建筑四面围合构成的相对封闭的空间，那么，其空间的性质是由围合的建筑物和围合的景观主题共同决定的。

2. 分类 根据建筑的性质和景观主题，可按三种方式进行分类：①按建筑物性质和功能分为住宅庭园和公共庭园；②按庭在建筑中的位置可分为前庭、中庭、后庭、侧庭和小院；③根据庭园的景观主题来划分，分为水庭、山庭、山水庭和平庭。

3. 水庭 水庭是以水池为中心，并以水充满整个庭院，具有温柔、活泼、开朗和宁静的性格，形成一种向心的、内聚的空间特性，见图5。

二、水庭设计

1. 北海画舫斋 画舫斋又称为水殿，在北海太液池东岸，南接濠濮涧，北邻先蚕坛，原为皇帝行宫。其主体建筑坐北朝南，以水池为中心，南为春雨林塘殿，东北分别是镜香室、观妙室。北海画舫斋为一布局严整、中轴对称的方形水院，四周回廊环抱，虽有天光云影，但无山林野趣，见图1～图4。

1 画舫斋水面

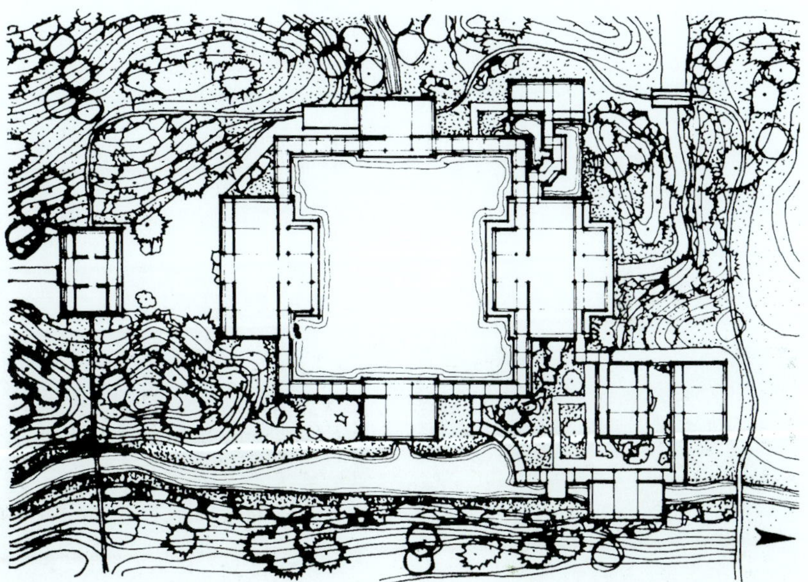

2 北海画舫斋

3 画舫斋水庭空间

4 画舫斋的围合空间及水庭空间

5 菽庄花园里空间开朗、活泼的水庭

2. 北海静心斋　静心斋又称为镜清斋，在北海太液池北岸，西邻天王殿，正门与琼华岛隔水相望。建于清乾隆二十二年(1757年)，是一座建筑别致、风格独特的“园中之园”。

北海静心斋亦为回廊环抱的水院，但在池中置象征须弥山的八山九海石打破水面的平静、方正，增加了动感。以水石为核心，以池、桥、廊、亭、殿和阁的优美建筑布局取胜，是一座风光如画、妙趣无穷的小园林，是我国园林艺术的杰作之一，见图6～图22。

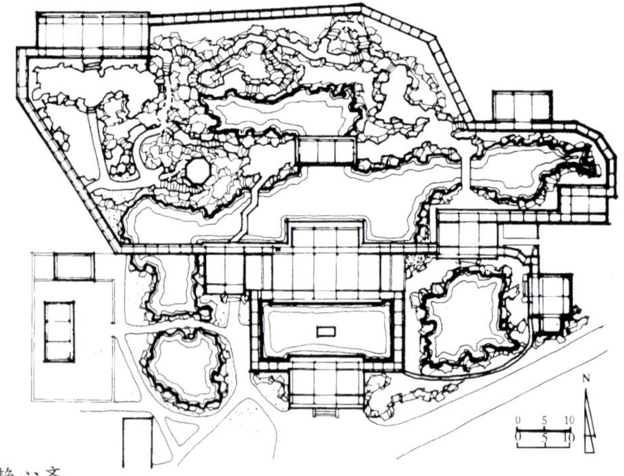

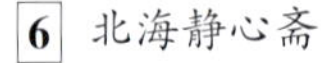

6 北海静心斋

10 北海静心斋入口环境

7 从罨画轩前庭看静心斋小水面

8 在罨画轩东廊看静心斋东水面

11 从单拱石桥看静心斋殿后主水池

9 静心斋后殿和沁泉廊之间的园内主水池

12 在假山上俯视静心斋水面，如临深渊

13 从曲桥看沁泉廊及殿后池水面

14 静心斋殿后西水池、曲桥、沁泉廊和主水池的空间环境

15 静心斋殿后主水池、拱桥及东水池

16 静心斋抱素书屋及水池

17 抱素书屋前的水庭空间环境

18 静心斋主殿东侧的抱素书屋及水庭景观

19 静心水庭边的爬山廊

20 镜清斋主殿前的水庭

21 由镜清斋前后殿和檐廊围合的水庭

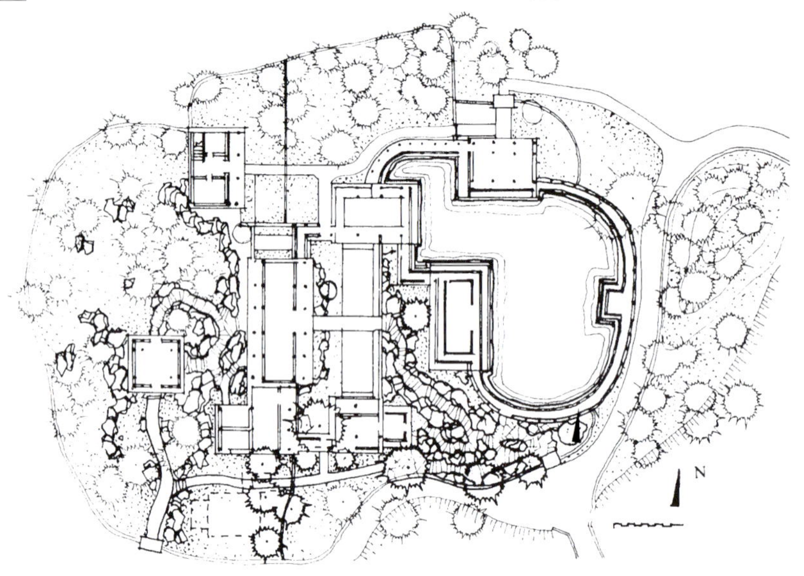

23 静宜园(现香山公园)见心斋

22 镜清斋殿前水庭空间环境

3. 香山公园见心斋 见心斋位于香山公园北门内的西侧，南临眼镜湖。清乾隆帝曾在此读书、赐宴群臣。嘉庆帝曾在轩内题诗一首："虚檐流水息尘襟，静觉澄明妙悟深；山鸟自啼花自落，循环无已见天心。"

见心斋造型别致，环境清静，具有江南园林特色，为香山著名的园中之园。见心斋根据自然地形，做成不对称的半圆形水池。池岸随曲合方，刚柔相济，又以圆形水廊环抱。见心斋与知鱼亭相对。它们都以庄子与惠子关于鱼乐的有趣辩论的故事为游人增添游兴，见图23、图24。

24 环形庭院式建筑，半圆水池，池水清澈，游鱼成群，构成清静幽雅的水庭空间

4. 颐和园谐趣园 谐趣园是颐和园内著名的园中之园，原名惠山园，清乾隆十六年(1751 年)仿无锡的寄畅园建造。嘉庆十六年(1811 年)重修后改称今名。该园水池周围共有 13 座不同形式的建筑，由三步一曲、五步一折的游廊串联起来。庭园虽面积不大，但布局严谨、精巧，环境幽美、清静，见图25~图29。

谐趣园有三趣，园内西北角玉琴峡的溪流声，宛如琴声，非常悦耳，被称为声趣；瞩新楼外观为一层，内观为两层，似楼非楼，颇具奇趣；园内路环水而筑，曲折迂回，共有五桥，知鱼桥贴水面而架，且分隔庭园水面空间，具有独特的桥水之趣。

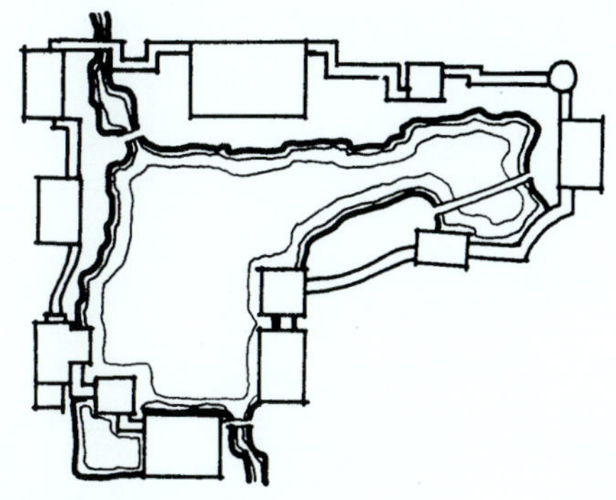

25 颐和园谐趣园的水庭布置

26 从谐趣园入口左侧廊内看庭园水面空间环境

27 在谐趣园东廊看水庭空间

28 建筑围合的水庭空间局部

29 从玉琴峡看谐趣园主庭水面空间

5. 广州白天鹅宾馆 广州白天鹅宾馆在室内以水面为中心，以故乡水为主题，具有浓郁的乡土情，是中国传统理水与现代建筑空间结合的新作，有很强的时代感，见图30～图37。

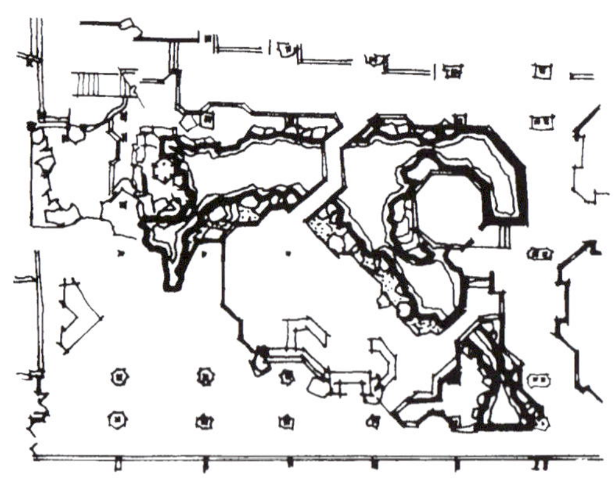

30 广州白天鹅宾馆的故乡水水庭平面布置

31 白天鹅宾馆水庭俯瞰

32 白天鹅宾馆故乡水水庭空间

33 从故乡水水帘后看水庭空间

34 水庭瀑布一侧的水池

35 曲桥和水池局部

36 水庭整体空间环境

37 从水庭西南角假山处看水庭空间

6. 皖南宏村的半月塘 宏村的型制成形于南宋，距今已有800余年的历史。作为古村落布局核心和风水之枢的宏村半月塘，形似弯月，取民间“花开则落、月落则亏”之意。环池以祠堂建筑为主体，向周围展开，形成错落有致、灰白相间的环池庭院建筑，极具皖南风韵的建筑将半月塘围合成一个诺大的水庭，也是国内不多见的村落水庭，见图38～图42。

38 宏村半月形水庭的整体空间环境

39 从祠堂对面的孤形水岸边看水庭环境

40 宏村半月形水庭局部

41 从半月塘东南角看水庭的环境

42 典型的皖南建筑与水环境融为一体

7. 宏村民居的水庭 宏村独特的、引自山中清泉的人工水系网，通过石渠弯弯曲曲穿行于每条街巷，流经每一户门前，形成村落独特的、昼夜循环的活水宅园和小院，使宏村民居建筑开创了徽派建筑仅有的水环境民居模式，见图43～图49。

43 小家碧玉的水池充盈整个庭院，形成别致的宅园水庭

44 水池充满整个住宅的水院，聚水生景，恬静幽雅

45 "素望春雪寄沁湖，人倚碧涵小池边。"——从宅院入口廊亭看水庭环境

8. 现代建筑水庭

46 海淀公园安展馆入口处的封闭水庭

47 海淀公园安展馆水庭空间

48 海淀公园安展馆水庭空间局部

49 上海"海纳百川"的现代建筑小水庭

一、小池与潭

巧妙地运用各种小池、潭等小小的水面，能把局部环境装点得更妩媚，小空间环境也更有活力。这种水面可以是自然式的，也可以是规则式的。

在建筑群或局部空间对称或较严整的环境，用规则的或部分规则、部分池岸曲折的小池。如水池不恰当地曲折，会与建筑格格不入，用规则的水池，反倒有较好的效果。只要环境允许，局部曲折也能有较好的效果。这种例子在园林中很多，见图1～图12。

中国庭院的这种小小的水面，除追求水际线的美外，更重视其对意境的追求。例如，面对李白的洗墨池，袁瑞君曾写下这样的诗句：

泉水幽幽，
只是洗濯笔砚的遗痕？
问那诗仙太白的如椽巨笔，
指斥过几多唐廷权贵的腐枝败叶，
饥民的呻吟与悲愤一并滴落，
留下这历史的墨水一潭。
黑暗早已在清冽中沉淀，
凝视着今天，
和游人思索的目光对峙，
映照出心灵。

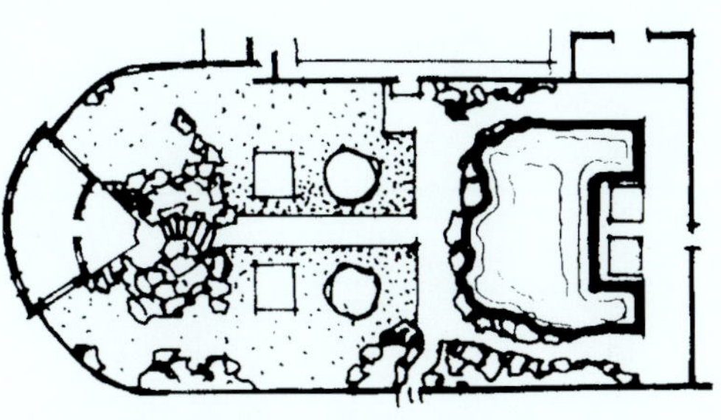

1 颐和园扬仁风

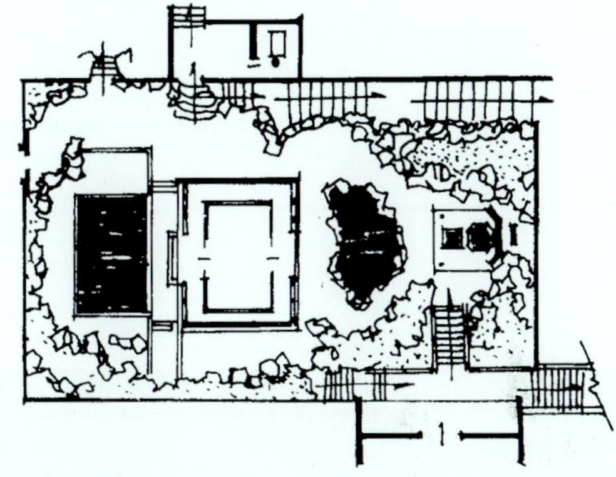

4 无锡惠山"天下第一泉"

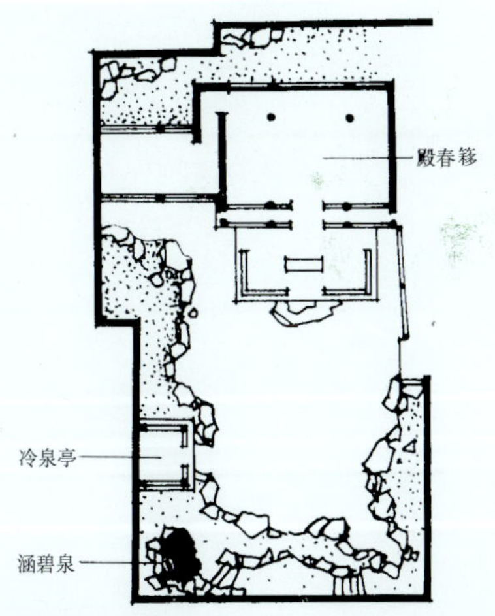

5 网师园涵碧泉

2 北京颐和园扬仁风的小水池

3 颐和园扬仁风小水池水面

6 颐和园扬仁风园内环境

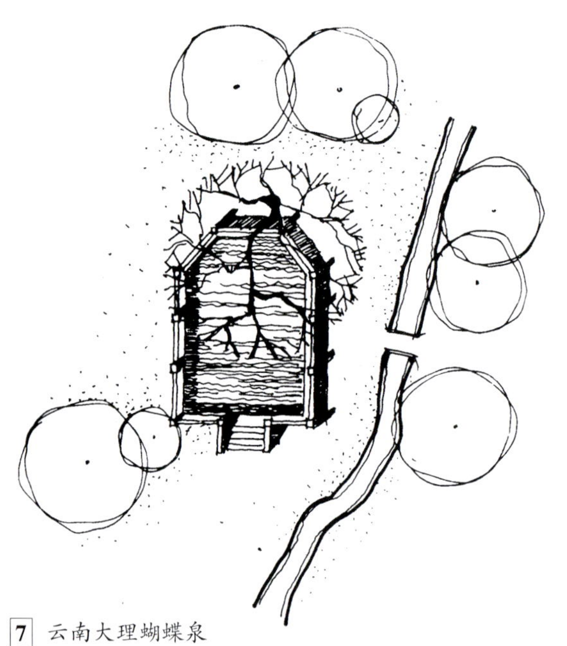

7 云南大理蝴蝶泉

8 云南大理蝴蝶泉水池

9 杭州黄龙潭小水池

10 杭州玉泉观鱼

11 杭州虎跑泉小水池

12 杭州虎跑泉

二、花园微型水池

1. 衬砌水池 衬砌法是最常见的建池方法之一。衬砌材料品种丰富，尺寸齐全，适用于中小型水池的衬砌材料随处可找到。如要修建方形、圆形或其他形水池可以买焊接好的现成衬砌材料，可以像缸和盆一样地安入挖掘好的坑里。甚至于大型湖泊也可以采用衬砌法，因为小型衬砌材料可以拼接使用。图1是使用衬砌材料制作的小水池。

（1）主要特点与用途 衬砌材料的灵活性又保证了相应的池塘设计的多变性，因为小型衬砌材料能够随坑穴成型，质量好的衬砌材料寿命较长。因此，衬砌也许是安装池塘最简易的方法。更显著的优点是，将衬砌材料固定到池边缘的做法可适应各种边缘风格。池子建成后，如果希望改变其高度，就只需要在衬砌材料下垫些土即可。甚至可以在需要时换掉几块衬料。此外，如果拥有工厂里专门的焊接工具，还能将原有的衬底扩展。所以，衬砌也是最经济的建池方法。

衬砌材料的缺点是容易被尖锐东西戳穿捅破。尖利的岩石、能迅速扩展的树根（如竹子）等都会将它们刺破。但是在大多数情况下，修补起来并不难。如果泥土中尖石过多，可以在衬砌材料底部垫上保护层。如果有植物的尖根存在，还可在衬砌材料下铺设草垫子。不过，并非所有的损坏都可以提前预防，因此，衬砌水池极适宜于私家花园，但在公共场合建水池时，选择衬砌法要慎重。

在形状复杂的坑穴内铺设衬砌材料很难避免有褶皱现象。在水池刚建成时，池内空荡荡的时候，褶皱会很明显也很难看，而且又不容易清洗。

另外，衬砌材料能够随坑穴成型的优势在泥土下滑时又显现成为劣势。过一段时间后池子可能会变形。有的优质材可以用上几十年，有些廉价劣质的材料用不了几年就老化破碎了，所以要根据环境和工程要求、使用周期选用。

（2）衬砌材料的种类、特性及选择 衬砌材料的种类、特性及性能和选用见表1。灵活多变性的衬砌法从20世纪40年代在西方就开始应用了，当时聚乙烯是惟一可以普遍使用的材料。

1 使用衬砌材料垫水底制作的花园小水池

因为价格便宜，聚乙烯现在仍被广泛采用。但是，聚乙烯容易被拉薄，而且长时间在阳光的照射下容易老化。聚乙烯还不容易连接，在老化后也很难修补。如果使用聚乙烯，那么应该注意选择厚料（1000～1500分），而且应该使四面都不受阳光的照射。对于大型野生动物池来说，使用聚乙烯是一个经济的选择。池中的衬砌材料可以用一层泥土覆盖，以防止其物理性损伤及紫外线射伤。聚乙烯基氯化物（PVC）衬砌材料比普通的聚乙烯要结实得多，弹性和抗紫外线的能力也很强。然而，即使聚乙烯基氯化物使用寿命比聚乙烯长，这种材料最终还是要老化，而一旦

水池衬砌材料的种类、使用特性及选择 表1

种 类	持久性	是否易于安装	设计的灵活性	是否易于修理
标准的聚乙烯衬料	不好	比较容易	好	难
PVC 衬料	较好～好	容易	很好	可能（如还有弹性）
丁基衬料	很好	容易	特别好	任何时候都有可能
预塑水池法	一般～很好（视材料而定）	一般	有限	大部分材料都有可能
标准浇筑法	不好～特别好（视做工而定）	很难	好～很好	难
丁基浇面浇筑法	很好	较难	好～很好	可能
丁基夹层浇筑法	很好～特别好	难	好～很好	非常难（但是不大可能损坏）

老化，它便失去弹性，无法修复。聚乙烯基氯化物（PVC）衬砌材料规格齐全，因为它们可以用热力焊接在一起。PVC材料的厚度不一，最厚的可达0.5~0.75mm，相当于0.02~0.03in，使用寿命长达10~12年。PVC材料的花色品种也丰富多彩，其中包括双色PVC——一面一个颜色，可以根据需要选择一面朝上。这种材料如用网眼加固，会比普通的PVC结实得多。购买时要选择专门供铺衬水池的用料，因为有些PVC含有化学成分，会对池内释放有毒物质。

丁基一般被认为是铺衬水池的最佳用料。丁基衬料是一种人造橡胶，具有极强的弹性和柔韧度，使用寿命非常长，从20世纪40年代起就被西方国家广泛用于铺垫人造运河和水库。在一般情况下，丁基衬料寿命可达20多年。铺衬水池的丁基衬料厚度一般为0.75mm（相当于0.03in）。这种材料含有适量的橡胶，更加抗磨耐用。若干块丁基衬料用热补的方法可以连接成所需要的垫材尺寸。

丁基衬料通常是黑色的（很适合自然的水池底），但也有彩色铺面的丁基衬料。这种材料胜过PVC的优势之一是在冷水中不变硬，天气再冷也不会失掉弹性。因此，用它铺衬水池可以避免用聚乙烯或PVC时会出现皱褶。即使衬料被硬物捅破个洞，也完全可以用丁基胶剂给它补好。

丁基还广泛适用于屋檐、轮胎和电缆绝缘层，但是铺衬水池的用料有一定的厚度要求。使用时注意要购买专门供铺衬水池的、有保修的、已经热补好的用料。不要随便使用其他种类的混合橡胶，因为可能会对池中的生物产生毒害作用，而且连接处也有可能会脱胶。

20世纪90年代出现了许多种新型的铺衬材料，大部分是已经过加工改进的塑料和聚乙烯产品。这些衬料多数是黑色，而且延展性很强，可以拉扯到令人惊异的薄度，却又很难捅破。不过，这些新产品还没有被广泛采用，主要是人们已习惯采用丁基衬料了。可以预见的是，这些新型衬垫材料迟早会取代丁基衬料而成为人们的首选材料。

（3）安装做法

1）计算衬里尺寸。要计算出所需衬里的面积，应先将池塘的最大长度和宽度测量出来，用长度加深度的两倍乘上宽度加深度的两倍。举例说明，一个池塘长3m、宽2m、60cm深，需要衬里的面积为（3+0.6+0.6）×（2+0.6+0.6）=4.2m×3.2m。无论池中安置几个植物架，只要池内壁呈缓坡形，这个尺寸就足够覆盖整个水池内壁。如果池塘内壁陡峭垂直，或者之中还有多余的装饰边缘和假山，就需要再增加一些衬里面积，以留有余地。

2）衬砌水池安装（见图2）。在将池子挖掘成设计的形状时，要先挖到架子的深度，加固土层后再接着挖掘。这样立起的架子将坚固挺拔、不会被土石压跨。应当将所有的尖石和树根除去。如果土中草太多的话，切记要撒上一层长效除草剂。最后，将池底压实，使架子和池边缘贴切、紧固。一般来说，水池边缘都应向里倾斜，落差大约是每三厘米降一厘米。如果土质很散滑，倾斜的坡度应当比较舒缓，架子也要造得宽一些。另外，最好在散滑的土质外再加一层水泥，以提供额外的保护。

一定要注意检查池塘边缘的水平面。可以在厚木板上装一个水平仪随时测量。在水池的拐角处还应使用各种配套的水平测标。

在铺衬材料层下面可以使用保护垫。这种结实、抗腐蚀的垫子可以使铺衬材料在碰到尖石或者土层出现下陷、开裂等情况以及衬材部分处于无支撑状态时避免受损。优质的保护垫可以提高池子的安全性和使用寿命，如果施工所在地没有成品保护垫，也可以选用其他方法。比如，在铺衬材料下边垫上一层柔软的沙子（2~3cm）、一块旧地毯或者厚厚的旧报纸。特别要注意保护好水池边缘和支撑架子。

将折叠的衬料置放于池穴中，然后再小心翼翼地展开，一点点地将它铺设到位。如果使用聚乙烯基氯化物衬料，最好在一个晴朗的日子施工。因为聚乙烯基氯化物在阳光的照射下会变得比较柔软。如果铺设的水池是自然形状的，应当注意将衬料轻轻拉扯，使它在边缘处严丝合缝，再用石头等重物压住四周。

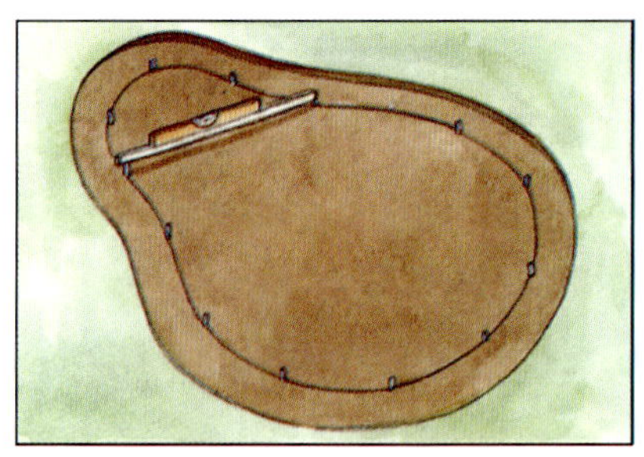
a

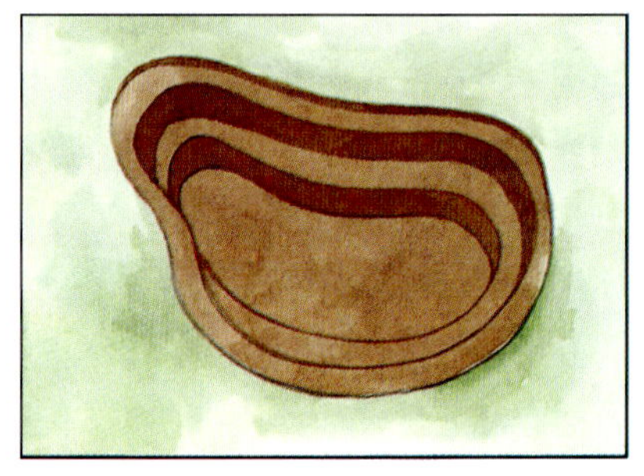
b

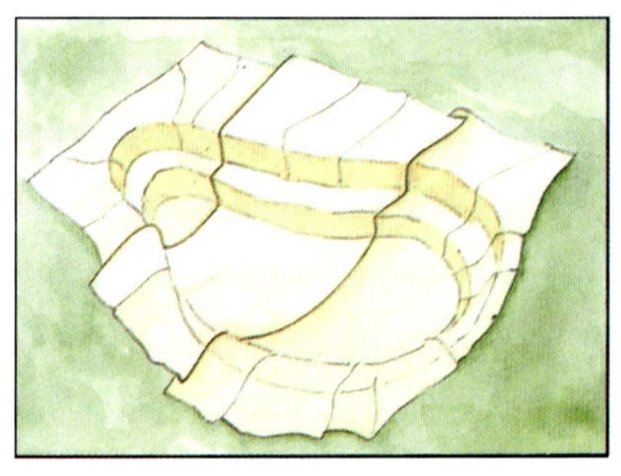
c

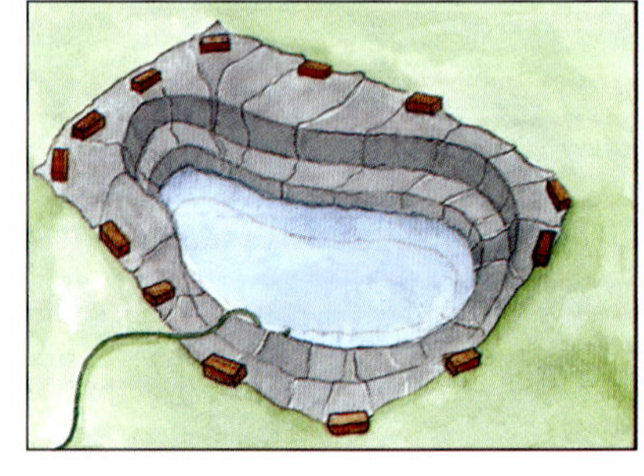
d

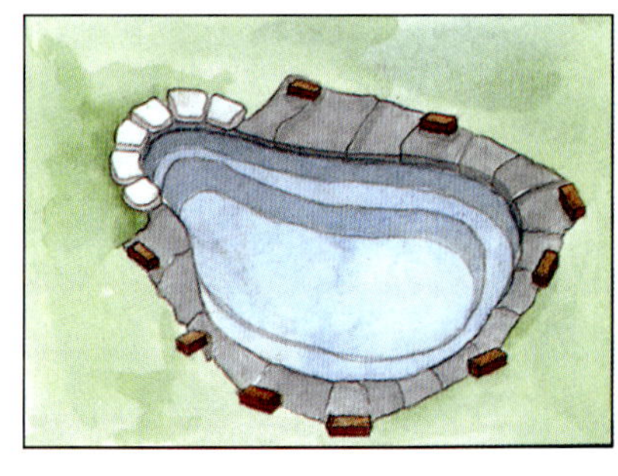
e

2 衬料提供了一个简单易行的方法来建造理想中的池型

这时要特别小心，谨防任何压边用的重物滑落到池中，损坏衬料。要确保衬料实实在在贴靠在池底地基上，悬空撑起的衬料强度将受到损伤，因此一定要杜绝衬料与地基不紧贴的现象。另外还应注意的是，使用聚乙烯衬料时不可拉扯。

在开始向池中注水时，应取掉压边用的重物，以尽可能地利用衬料的弹性减少褶皱。

要尽量避免将衬料的边儿向里面折叠，特别是在拐角处，因为拐角处本来就有不少折叠，可能因此会产生虹吸作用将水往外引。由于缓慢的渗漏，池中的水难以一直保持满到池沿处，有时会造成衬料漏水的假象。此外，还得用某种材料将衬料边儿掩遮住。

在规则式水池中安装衬料并使拐角处严丝合缝需要另一种工艺。当衬料被松松地置放于池穴后时，要压平池底以尽量减少皱褶。在池中注入 2 ~ 3cm 的水将衬料压贴到池底，在边缘处折叠好，然后接着向池中注水直至池满为止。这时要开始检查水池边缘是否呈水平状态，必要时应增补或铲除部分土层。用一把锋利的剪刀将多余的衬料剪掉，在连接池边缘处留出 15 ~ 20cm 的衬料就足够一般铺边用了。当然，有些边缘需要多留出一些衬料余边。剪下的大块边角余料可以留着将来修补水池用。

2. 预塑水池 预塑水池法，又称为模造水池法，是常用的现代园林水景安置方法之一。它适用于各种尺寸和设计风格。大多数新型的预塑水池的水深度合理，是早期模型进一步改进的产物，而以前的预塑水池一般都很浅。预塑水池的优势之一是所有的配件都预先成型，架子也可能按照适当的深度规格装好。平滑的抛面漆使得池底平整光洁，极易清洗。

(1)主要特点与用途 预塑水池比浇筑水池容易安装得多，特别是对于小型水池。这种水池由于重量轻，一两个人就可以搬得动，而且搬运极为方便。结实的抛面层使它们可以在轻度打击或碰到尖利器件时免受损伤，而且在某个部位破损后也很容易维修。

当然，预塑水池法也存在着某些不足。在安装之前，放在地上的水池会显得很大，容易造成视觉上的错误，但是在安装好并围上边缘后又会显得很小，似乎连养鱼都不够地方。大型的预塑水池比衬砌水池造价要高很多，搬运也不大方便。

尽管设计方法多种多样，预塑水池的形状，特别是深水池（超过 60cm）的选择极其有限。总的来说，超大型和深水预塑水池价格很高，而且运输和安装也不方便，因此，还是选择中、小型成型预塑水池较好。比较而言，安装现成的预塑水池要比安装衬砌水池省时省力，即使是安装小型衬砌水池也不是那么容易，非专业人员很难进行操作。因此，预塑水池特别适合没有施工能力的家庭使用。

预塑水池的边缘不大好掩遮，有采用垂悬岩石来压盖池边的，但是安装垂悬岩石需要特别的支撑装置，否则水池材料容易变形。如果池下的土层出现滑动，压力就会使水池变形，严重时甚至会造成池料破裂。为了预防这一现象的发生，可以在安装水池之前先在地面铺一层水泥。

(2)预塑水池的使用 很多年来，用于制造水池容器的材料种类繁多，有金属浴缸、泥瓦槽和铅质蓄水罐等。20 世纪 50 年代，批量生产的预塑水池在欧美国家的市场上出现。这种预塑水池很快被消费者所接受，成为建造庭园水池的简易用品。以前这些水池都是以用玻璃纤维加固的塑料为原材料制造的。这种材料被广泛地用于制造船体、旅行推车和蓄水槽等。这些成品既轻便又结实耐用。

制造玻璃纤维水池的方法是：向模口朝上的模具中喷洒聚酯树脂和玻璃纤维绳。这种水池的池面非常光滑，而且形状齐全，其中有规则式的方形、圆形和矩形；曲线自然形状的水池品种更多。还有较新型的设计，包括巨型深水池，其深度达到 120cm。玻璃纤维结实、抗老化，但是质地较脆，碰到尖利的物体容易破裂，特别是在进行遮掩池边，或是用砖石压盖池沿时，要注意玻璃纤维脆裂和压损等。玻璃纤维水池的使用寿命完全取决于建造与安装的质量。水池底部的水可能会慢慢穿透纤维板，冷冻会使其结构逐渐变弱。好的水池应当在池内外涂上两层聚酯树脂，这样就可以大大减轻水池受损的程度。厚纤维板做成的水池比薄板结实，然而，再好的纤维水池最终也会由于聚酯树脂的脱落而开始渗漏。在理想的条件下，玻璃纤维水池的寿命是 50 年。一般比较现实的估计是 10 ~ 30 年。

玻璃纤维不是惟一的预塑水池原料。目前，市场上已有用各式塑料生产真空预塑水池，如用丙烯腈—丁二烯—苯乙烯合成的三元共聚物及高密度的聚丙烯等。这些材料通常都比玻璃纤维便宜。但是，由于它们大多是用一张料制成，因此大小和深度都有限。另外，这些材料在新使用时要比玻璃纤维结实抗损，但是随着老化程度的加深就会逐渐变脆，而且不是所有这类水池都容易修复。它们的寿命取决于安装的质量以及塑料在阳光下的稳定性。许多预塑水池是黑色的，这有助于保护塑料免受紫外线的损伤。优质材料的寿命在 10 年以上，但是劣质材料在三四年后便会破裂。各种形态和材料的预塑水池见图3。图4为外观掩饰得很巧妙的预塑水池。

3 由各种材料制成的各种规格的预塑水池

无论选择何种水池，切记它们在装到地面后会显得比原来小许多。另外，在购买水池前，一定要确保它完好无损、平直规则且无扭曲现象。

(3)安装做法（见图5） 预塑的水池的弹性一般都比衬砌水池小得多。注满水的池子可能会有一吨多重。如果将它装到支撑力很差的土穴中，或者装到凹凸不平或有石头的地面，都会使池材有变形受损的危险。要想达到水池理论上的使用寿命，仔细安装池体无疑是一个关键问题。

安装下沉式水池时，要挖掘一个大于池体的坑穴。将穴底夯实，清除干净土面的所有石头，再撒上一层筛过的细土并将其夯实。这时，将池子下放到位，用置于横跨水池两端的木板上的水平仪仔细检查平面是否合乎标准，在此后的修建步骤中，水平的测量就很难准确了。

往池中注入一定量的水，可以使水池稳定在固定的位置上。然后开始从四周填土，边填边压结实，一定要注意将架子支撑牢固。与此同时，还可以继续向池中注水。用筛过的细土填池子比用沙子好，因为泥土不易滑动，但是泥土时间长了也会滑动和沉降。也可以考虑采用其他材料填池，小而圆的砾石不失为一个选择。另外还可以用混凝土打底和填池，但是要记住，底面没有加垫树脂薄板的玻璃纤维水池会受到混凝土中所含的石灰石的损害。因此，在安放这种水池前应当在池底面涂上一层树脂胶保护层。

预塑水池也可采用安置于凸起的地形的方式。如果地基足够结实，有的水池甚至可以直接放置于地面。其他种类的水池则需要在四周加固，所以必须在水池周围垒一圈墙来撑住池边沿。总之，安装时，切记要保证水池的水平面以及水池的填充牢固度，镶边材料的使用和安装不能损坏预塑池边缘。

3. 浇筑水池

(1)主要特点与运用 长期以来，混凝土浇筑法一直是修建人工池塘的主要方法。但是，随着现代材料的不断更新与发展，混凝土已经开始从兴旺走向衰亡。除了特殊环境与特殊要求外，现在只有很少的池塘仍然采用混凝土浇筑。虽然如此，混凝土还是具备很多的优点。一个高质量修建的混凝土水池通常非常结实耐用，可以抵抗各种损害。而且，混凝土几乎适用于修建各种设计形状和各种规格的水池，具有很强的可塑性。此外，混凝土可以与不同水池边缘的材料，如岩石和鹅卵石等配合使用。混凝土特别适用于造深水池。混凝土块可以用来修建具有结实边缘的陡峭池壁。与衬砌水池和预塑水池相比较而言，浇筑牢固的混凝土外壳更能抵制流动沙土，见图6。

混凝土浇筑水池的造价主要取决于建筑方法、池壁厚度以及劳力的价格。精心修建的混凝土水池可以使用几十年或者更长时间。但是，质量低劣的水池可能在一场严重霜冻之后就会开裂，甚至坍塌。

混凝土的缺陷也不少。这种材料体积大、质量重，不便于处置和搬运等。此外，如果对砾石和水泥的需求量掌握不当，用混凝土浇筑水池会留下大堆的建筑垃圾。浇筑水池本身也需要较高的技术，而且比衬砌水池和预塑水池花费更多的时间。

由于这些原因，为了确保施工质量，混凝土浇筑水池的工作应由专业的建筑施工人员完成。他们比较清楚修建过程中可能会出现的问题，修建速度也比那些非专业的、总想“自己动手”的人要快得多。

混凝土水池的弹性远不及衬砌的水池，也赶不上预塑水池，所以容易被冻坏。为了克服这些问题，混凝土层需要有一定厚度，也许还需要特殊的加固。

4 规则的预塑水池为标准的池岸提供了完美的模型，一半规则一半天然的池岸装饰，使人很难看出使用的是预塑水池

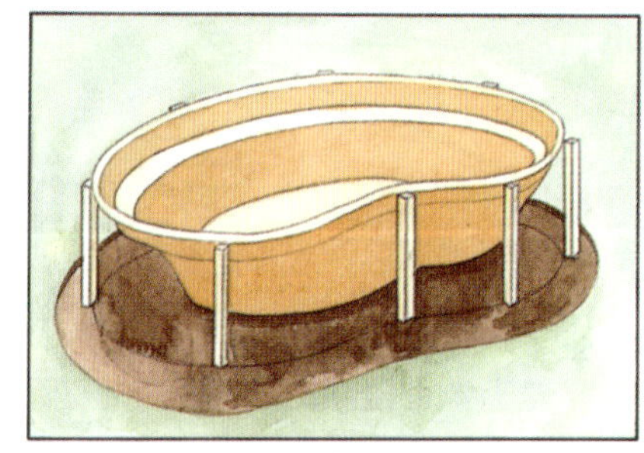

a

b

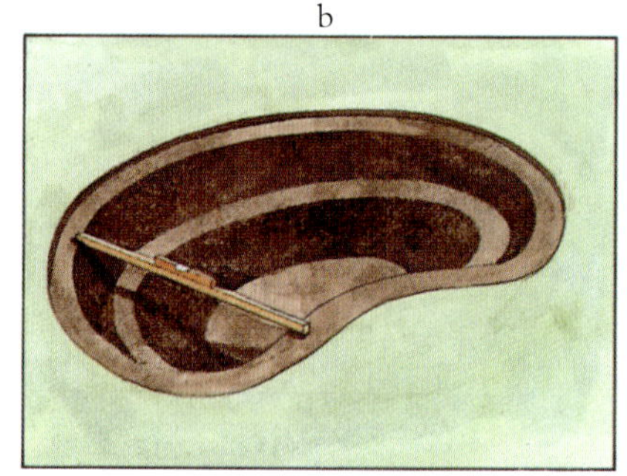

c

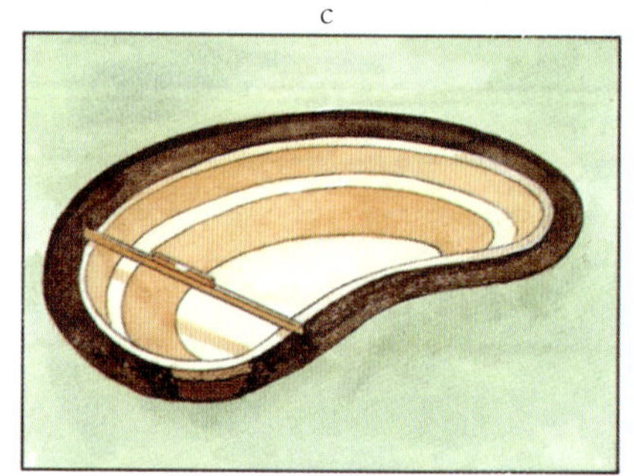

d

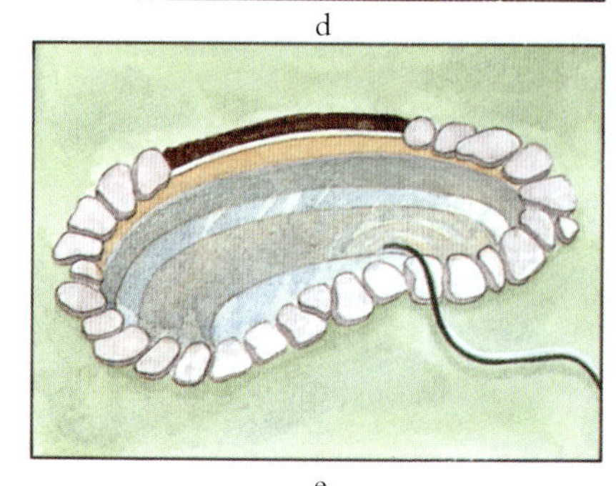

e

5 预塑水池的安装方法和步骤

冻裂一旦发生,修理起来就会很困难,而且裂缝经常在修补之后又重新裂开。因此,常用的解决方法是在混凝土浇筑的水池里再加上一层衬料。

混凝土是一种固定性很强的材料,一经修好,日后就难以改建或者拆除。因此,选址一定要谨慎,从一开始就必须严格保持水池的水平面。而这一点对于大型水池而言确实不易做到。所以,大型水池很难使用混凝土浇筑法来修建。

另外,混凝土还有两项弱点,一是其多孔性,二是含有石灰成分。为了防止水从孔中渗出,可以在水泥中添加防水化合物,或者使用一种防水涂料。石灰对于鱼来说是一种有毒物,需要被密封在防水层之下,或者在水中添加某种特殊的酸性化学药剂将其碱性中和掉,也可将酸性化学药剂加在抛光涂料中。当然,所有这些处理方法又会增加混凝土浇筑水池的造价。

6 混凝土池岸为这个观赏小水池陡峭的山石池壁提供牢固有力的支撑,这或许从另一方面反映出混凝土浇筑的优点

(2)安装做法 混凝土水池从根本上来说不过是一只粗糙的壳子,壳子表面再用光滑的防水剂加固而成。如果水池边有舒缓的坡度,可以将混凝土直接倒在准备好的土坑表面,然后摊平。但是池边如果需要比较陡峭的坡度,这种水池就必须使用混凝土块料,或者用钢筋框架模型。使用混凝土块料适合于制造抬高型水池。用钢筋框架造型包括使用一个钢筋框架制作成模具,然后将混凝土倒入模具中,见图7。这样做不仅耗时,而且造价昂贵。

为了保持水池的最佳强度,水泥最好是在同一天浇灌。因为第二天浇灌的水泥会和第一天的形成接缝,这往往是今后水池开裂的一个潜在隐患。对于大型水池来说,连续浇筑不仅质量好,还可以确保所有的工作都快速完成。许多拥有花园的家庭都乐意自己动手修建观赏水池,如果是成型的预塑水池,从市场买来现成的,作为业余爱好者还可以对付得了,但如果是采用混凝土或砖砌水池,自己动手随便捣鼓的话,是很难保证质量的。最好请专业人员来设计施工。

挖好的坑穴应符合设计要求,可以为池墙和池基的厚度留出一定的余地。小水池的最低限度为10~15cm;中等水池的厚度应为15~20cm,而大型水池应达到20~25cm(8~10in)的厚度。坑穴的四周一定要夯实。如果土质过于松软,还应当在土中添加硬质材料。按传统做法,通常还要在池基底部安装下水管道,但是这样做会影响水池的牢固度。其实,现在多数水池都不安装下水管道,但如果必须安装的话,一定要采取加固措施,并使它通向一个远离池子的污水坑。

最好不要在过于寒冷或者炎热的季节浇筑水池。冰冻会使抛光面断裂,而在天气过于燥热的夏季,混凝土会因干得太快而失去强度。如果水池大的话,最好是在当地订购拌好的混凝土,然后直接浇灌到预定地点。浇灌的混凝土中通常要添加一些加固材料,如钢筋、镀锌的粗纱网和环型的栅子等。在添加这些材料时,应确保混凝土与金属间的黏合,而且还要将它们覆盖在混凝土下,离开外表至少25mm处。可以在水池的外边缘处用水泥钉加固,必须严格保持边缘的水平面。水池边缘的造型应提前定好,因为一旦水泥凝固后几乎就没有办法重新改变。

水池池壁表层是一层厚度大约在12~25mm的加固层。通常,加固层都和防水剂(呈粉状或液态的添加剂)混合使用。注意一定要按正确的实用比例配制,因为过多的添加剂有时会破坏混凝土的强度。在混凝土的上层也可以添加塑料纤维。塑料纤维会使混凝土面更加结实,尽管这层面料只有6~10mm厚。任何暴露于干燥的混凝土表面的纤维都可以用砂磨打掉或用火熔化。

凝固硬化的水池并不能马上使用,如果完工的池壁不喷漆,那么就需要将其中所含的石灰成分中和掉。可以在池表面增加一层涂料,将石灰成分密封住,同时也能增加表面层的防水性。将水池注满水后泡段时间再抽干,重复几次后可以冲淡对池中观赏鱼有害的石灰成分。但是这样做既费工费时,效果也不明显。另外一个办法就是使用可以买到的石灰中和剂。这些中和剂通常是粉末状的,可以在水中溶解,将这层粉末涂刷在干燥的水池表面即可。以硅酸为主的中和剂与石灰发生化学反应,将其中的碱分中和,生成不溶于水的硅酸盐,又可进一步减少深层石灰的渗出。最后,将水池反复冲洗、抽干,再注满水。

还有一个办法就是将水池注满稀释的醋酸溶液。几周之后再将水池中的水抽干、冲洗,然后重新注满水。有一个古老的办法是依靠高锰酸钾吸收,但是这种方法不是特别有效。

重新注水几天之后，检查一下水的pH值，以便确定石灰是否已经被冲洗干净。确信之后再开始在池中养花、养鱼。但是，如果pH值超过8.5，就表明仍然残留石灰。

用于喷涂混凝土水池表面的涂漆可以是塑料或者聚氨酯类、人造橡胶涂料、环氧树脂及沥青等，有的涂料需要底漆，有的涂料在寒冷的气候中不宜使用，大部分涂料都必须等到混凝土完全干燥以后才可以使用。至于漆面的维修和粘补，一定要清楚许多涂料不能和其他种类的涂料混合使用。应尽量注意选择一种防水寿命长、无毒无害，同时又可以附着于混凝土面的涂漆。

4. 混凝土和衬垫结合的水池 混凝土可以和衬垫配合使用，能够达到最理想的效果。衬垫为水池提供了防水保护膜，既可防渗，又可以使水池免受霜冻的损害；而混凝土可以作为水池的强有力支撑。将混凝土和衬垫配合使用会大大减少混凝土的用量。因为这种结合使得水池不再需要防水构造，微小的漏洞也不会再导致渗透现象。混凝土和衬垫的配合使用特别适用于抬高式水池。水池的防水衬垫可以牢固地依靠在混凝土墙或者砖墙之上。

混凝土地基还可以为水池台阶和边缘提供更加有力的支托。此外，混凝土水池比普通的衬砌水池更不易受到底部泥沙流动的影响。混凝土地基特别适用于以大石块镶边的水池，因为这种水池需要倾斜的池壁。混凝土地基也适用于在土壤比较松散的地区建水池。

如果水池建在衬垫特别容易受损的地方，那么最好在衬垫下垫上厚厚的混凝土。这样做需要增加一道工序，但是却可以保护衬垫免受损伤。在铺垫防渗内衬之前，先在挖掘好的池内壁铺上一层混凝土，见图8。这样可以减轻滑动度，增强池内壁的牢固度。图9和图11是混凝土和衬垫结合的水池实例。

a 确定水池平面、大小，并划线挖坑

b 先在池底铺设上厚厚的混凝土

c 然后添加粗钢网或钢筋等加固材料

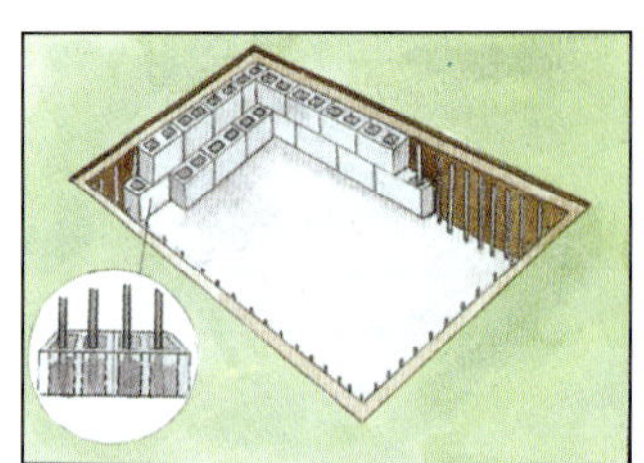

d 用混凝土块料来砌墙壁或支撑架

e 竣工后，水池初凝，放水养护

典型的混凝土配料

地基：一份水泥，两份尖砂，四份石料；

池墙和池基：一份水泥，两份多角混凝砂，三份5～20mm(0.25～1in)的石料；

防水加固层：一份水泥，三份建筑砂＋防水剂

7 规则式直壁混凝土水池的做法

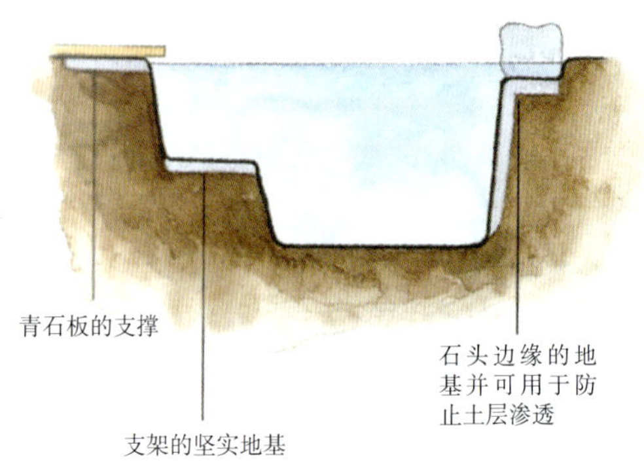

8 混凝土加固

9 混凝土浇筑的自然式小观赏水池，成为住宅花园中的一景

现在有些专业园艺公司也在使用混凝土和衬垫相结合的方法，但是他们很少使用弹性很强的衬垫，而多是直接在混凝土池槽外喷涂用玻璃纤维加固的塑料涂层。这层结实的玻璃纤维和树脂使水池的表面平滑无皱，但是这种涂层的造价要比衬垫高许多。

比较而言，最简单实用的加固层是牢固结实的混凝土。将混凝土料注入挖好的土穴内，形成厚度大约是 25~50mm 的加固层。这种加固层在池顶边缘周围、台阶上以及任何倾斜度大的池边上都有很大作用。为降低造价，没有必要在土穴内全部覆盖上混凝土。在衬垫本身被安装上之前，还应当在粗糙的混凝土层表面涂盖上一层厚厚的衬底。

对于用来饲养观赏鱼类的深水池来说，如果这种水池的池壁较陡，或者池体是建在松软的土壤上，就完全有必要配建一个混凝土柱环。柱环需要在水池修建全面开工之前修好。首先，在预定建池的方位四周挖一道沟，然后用石料垫底、夯实，最后再倒入搅拌好的混凝土。柱环的尺寸大小应根据水池规格的大小、泥土的松散程度和池壁上镶嵌石头的重量等具体情况而定。柱环应绝对保持水平，而且与所选择的水池边缘深度相当。沟中的混凝土凝固之后，便可以在其环绕的中心地带开始挖掘土穴，见图 10 。可能还需要另建一个柱环来支撑水池台阶。如果池壁内需要安装管道的话，一定要在柱环上预留一条管道沟槽。

对于建在公共场所的衬砌水池，应加设一层混凝土或者是小方石加以保护。小方石通常被置放于舒缓的斜坡上。任何含有水泥的覆盖面都应当进行石灰的中和处理。另外还有一个选择是在两层砖墙之间加上衬垫。

5. 传统防渗池塘 传统常用的防渗漏池塘内壁材料是黏土。用这种富含黏土的土壤建造池塘的地基和池壁，用力夯实后，能形成一个坚实的防水层，这一过程被称为捣制胶土。为了避免出现泄露，捣制胶土构成池塘地基一般应选在自然水位较高的平地层处。

这一古老方法的现代化利用，是将充满膨润土的纤维席嵌在水池池壁、地基与土壤之间。当水池灌水时，这层纤维就会膨胀，形成一个不漏水的隔离层。

这个方法的优点是能使胶土层上任何一个小的裂缝自行修补，而周围的土也会自行进入小的裂缝进行修补填平。值得注意的是，黏土防渗法看起来简单，操作起来复杂，而且黏土的胶黏度又因地区和环境差异极大，施工又无统一标准可循，因而，较大型的池塘应当慎重选用。此外，捣制胶土过于费工费力，而且防水和耐用性都有许多不确定因素，通常只在没有现代建筑材料时和偏僻地方使用。此外，膨润土的纤维席一般造价很贵，而且不是随处可以买得到的。

6. 高台式水池（图 12 ~ 图 18）

（1）主要特点及运用 将水池修建得高出地面，更易于视觉观赏，这样做的好处是：首先，不同的视觉层次会创造出更加多样的视觉意境：金鱼和莲花就在身边翩翩起舞，大型的水中观赏植物也更加清晰地映入人们的眼帘。如果在水池周围加一圈围墙，那么无需弯腰即可轻而易举地欣赏到池塘边植物，这无疑极大地方便了年老体弱者，同时还能够降低好奇心极强的幼童不慎跌入水池的危险。此外，抬高式水池比下沉式水池更容易修建，也更加便于使用虹吸管来更换陈旧池水。

围墙可以用砖头或者泥土砌置。如果选择使用泥土来砌置围墙，常用挖出的池土堆成护坡，见图 12。墙体应有足够的宽度，使之能够与水池边缘形成一个斜坡，但是这种特色比较难于与整个园林设计的风格相协调。竖直的墙体比较常见，因为这种墙体占地少、易维修，而且只要精心选择使用恰当的建筑材料，水池的墙体会与园林的其他景色融为一体。

对于部分或完全抬高的水池来说，惟一需要挖掘的部分是墙体的地基。显而易见，墙体越高，需要承受的池水压力就越大，池体也就应当更加结实。此外，在完全暴露于阳光下的水池围墙内还需增加绝缘层，否则池内水温的变化会过于剧烈。

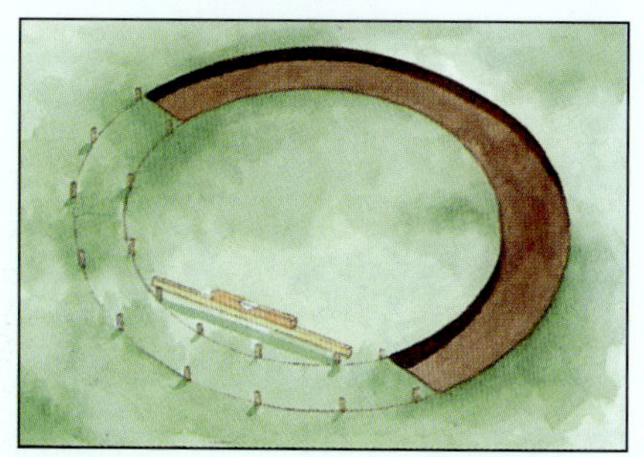

步骤一

步骤二

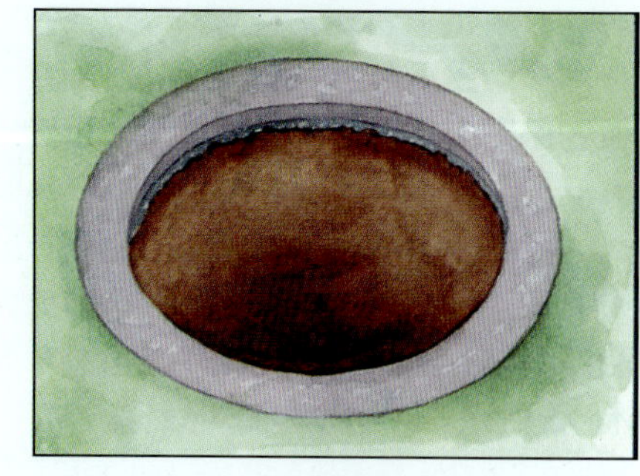

步骤三

10 现浇一个厚厚的混凝土柱环给池壁陡峭的深池塘加固，使其有一个坚实安全的边缘。由于混凝土需要初凝和终凝时间，因此，应在开挖水池前将其建好，夏季混凝土凝固快，可提前 2~3 天；冬季凝固慢，应提前 5~7 天。此外，还应在凝固前找好柱环的水平度

11 混凝土与衬垫结合的花园小水池，采用卵石镶嵌和自然山石护岸，使小池既安全牢固，又具有自然风韵

由于抬高式水池也需要部分挖掘工作,可能有大量的挖出土需要运出,因此,为减少工程量,尽可能预先计划好将这些泥土用在就地造园上。

(2)垫衬的使用 衬垫特别适用于抬高式水池的修建,可将衬垫紧紧地贴合在水池底及池壁上,应用砂子或保护层垫底,必要时还可用一层混凝土柱环来作为围墙的地基。抬高式水池铺设衬垫的方法几乎和下沉式水池完全一致。对于较低的砌墙来说,采用整砖横砌的宽度,也就是俗称的单砖墙。将衬垫铺设在砌墙内,然后在墙的顶部将衬垫边折压整齐。如果墙体较高,那就需要比较宽的墙体,大概就需要双砖砌筑或者是一块装饰砖的宽度,见图13。

如果选择双层复合式墙体,那么内墙可以使用次等质量的砖头或者混凝土。也可以在两层墙中间的空层中间或增加一块砖头,或在两层灰浆层之间架设蝶形支架,以增加整个墙体的总强度。必要的话,还可以在墙体之间加一层聚苯乙烯绝缘层(聚苯乙烯条)。在墙基处增设一层防潮膜可以防止砖头表面出现白花花的结晶体。可将环绕着水池的墙体衬垫巧妙地掩饰于水平面。在砖头经常要与池水相接触的情况下,使用高质量的工程用砖会大大降低霜冻对砖头造成的危害。

如果希望将墙体向内侧或者外侧拓宽,为安设水池边缘植物留出一定的空间,那么一定要在墙底下留出一个槽,以便日后需要安装电动水泵时连接电缆之用。

(3)使用预制件 结实的玻璃纤维模制预塑水池有足够的强度,可以被独立安置在地面上,只需在边角处装一层装饰砖或木质支架即可。然而,在绝大多数情况下,需要更坚固的支撑体。对于一个部分

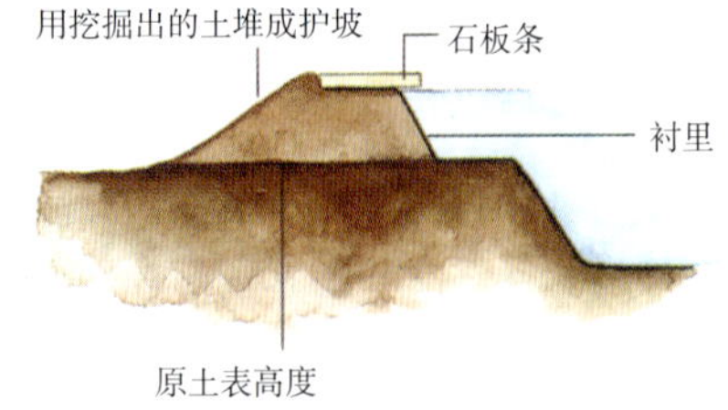

12 部分抬高式水池

将挖掘出的土壤夯实,用以支撑部分抬高式池塘的墙体。应切记,新土会下陷,要用原有的老土层打底

13 两种砖砌筑的高台式花墙水池

抬高式预塑水池来说,应把模子放在支撑架层上,再从地面层建起一堵直达池边的支撑墙。逐步回填模子与支撑墙之间的每一处缝隙。完全抬高的预塑水池需要有坚实的基座,一般为混凝土地基。建一堵墙来支撑架体,用聚苯乙烯条填充每一处细小缝隙。再建一堵墙来支撑池边,并填充缝隙。如同安装下沉式预塑水池时一样,注意每一步都要检查其水平度,以保证模子支撑得很好,且没有任何额外压力。

(4)混凝土的使用 水池的混凝土基座可作为四壁的地基。其厚度应足以承受水池中结冰对其施加的压力。需要用一整块防水衬里覆盖水池的全部内壁,而且此项工作最好能在同一天进行,以增加内层的坚固性,如有必要还可以上漆。池底与池壁的衔接处是一个薄弱环节,在较深水池衔接处使用的混凝土中应用上加固钢筋。需要强调的是,无论用哪种灰浆、混凝土板条、顶盖或建筑块料,都应在它们与水的接触面涂上一层石灰中和剂。

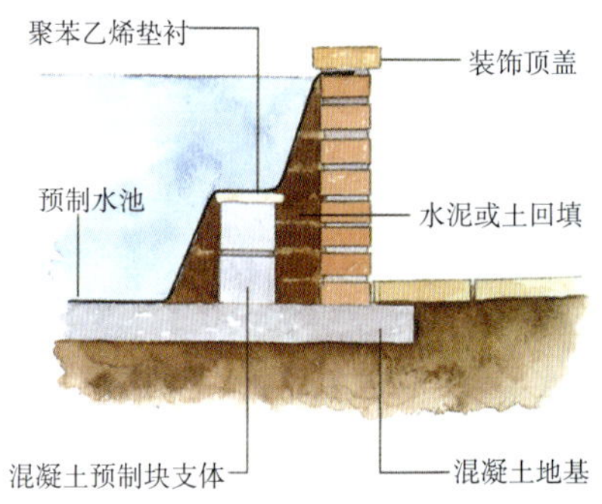

15 抬高式预制水池

一个抬高式预塑水池必须有坚固的支撑。使用砖头或者块料。在砌置每块砖头时都需用夯实的土壤或水泥填紧缝隙

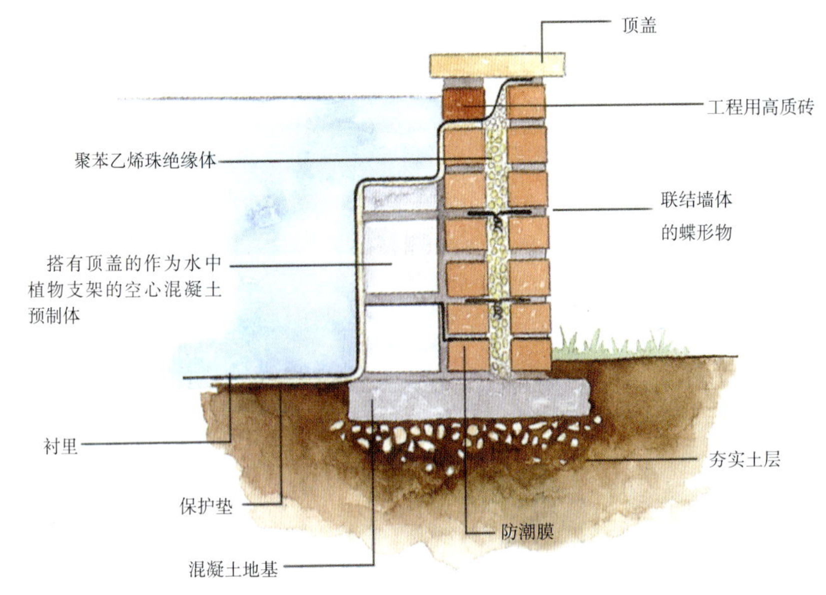

14 抬高式砖墙水池

墙体需要坚实的混凝土地基,地基至少应宽于墙体10cm(4in)。将衬垫掩藏在大双体墙之间。为方便起见,将植物架建在衬垫之上而不是之下

16 石砌池墙与衬垫结合的小水池

17 混凝土池壁，石板顶盖装饰的小水池

18 高台式预塑水池固定做法

用混凝土基座来支撑一个完全抬高的预塑水池，使它保持水平度并有足够的宽度容纳支撑墙。回填需逐步进行，并用顶盖来装饰水池的边缘

一、自然式

1 图3中自然式池塘局部(奥地利)

2 图3中自然式池塘一侧局部(奥地利)

3 因斯布鲁克城市中心公园的自然式池塘,雪山奇峰,尖塔教堂,渲染出浓郁的欧陆风情的园林景观(奥地利)

4 因斯布鲁克城市中心公园与溪流相连的自然式小池塘(奥地利)

5 因斯布鲁克市蒂洛尔公园里的自然式草坡池塘(奥地利)

6 曼谷苏安·帕凯德宫的自然式池塘(泰国)

7 苏安·帕凯德宫后景园密林中的小水面(泰国)

8 苏安·帕凯德宫密林围合的园林小水面鸟瞰(泰国)

9 图6 池塘水环境局部(泰国)

10 乔灌木和水生植物茂盛的园林小水面(泰国)

11 布里斯班南岸公园密林中的自然式小池(澳大利亚)

12 布里斯班南岸公园溪流中的自然式小池塘(澳大利亚)

13 城市绿地公园中密林护岸的自然式小水面(中国上海)

14 城市绿地中的自然式小水面(中国上海)

15 图14中的水面局部(中国上海)

16 私家园林中的自然式小水面(中国安徽)

17 私家园林中用河石护岸的小水面(中国安徽)

18 世界公园十几个湖泊中最小的水面——缘池，这是水面局部（中国上海）

19 缘池整体水面环境（中国上海）

20 缘池水面与白色沙滩局部（中国上海）

21 沙滩、石矶、亲水平台，使缘池成为吸引人的水环境（中国上海）

22 垂枝和木桩组成植物堤岸景观（中国上海）

23 缘池的阶梯形池岸，与坡形沙滩形成对比（中国上海）

24 缘池水面局部（中国上海）

25 圣陶沙岛中国园里的自然山石小池塘

27 光启公园的小水面(中国上海)

28 大宁灵石公园里的小水面(中国上海)

26 芭堤雅九世王御苑中的小水面(泰国)

29 海淀公园水景园区的小水面(中国北京)

30 黑风洞风景区的自然式小水面(马来西亚)

31 海淀公园自然山石小池塘(中国北京)

32 布里斯班罗马街公园里的自然式小池塘(澳大利亚)

二、规则式

1 凡尔赛御苑中轴线西段由十字形水渠、阿波罗水池及大小喷泉组成的水景为主的园区（法国）

2 阿波罗水池及雕像，远处是大水渠（法国）

3 凡尔赛十字形大水渠东端起始处的小水面（法国）

4 阿波罗水池以雕像为中心的水体空间环境（法国）

5 凡尔赛十字形大水渠水体与森林形成的宏大的空间环境（法国）

6 水池、堤岸、草地和树林，齐齐整整，气度宏大（法国）

7 从西向东看到的十字形大水渠东端起始处的小水面（法国）

8 从阿波罗水池的中轴线向西看十字形大水渠（法国）

9 凡尔赛中轴线东端两侧极具装饰性的喷泉水池(法国)

10 图9中左侧的水池,对称、均齐、规整(法国)

11 图9中右水池的水面景观(法国)

12 凡尔赛中轴线东段两侧小园林区镜池,几何形的池形,规整均齐(法国)

13 晶莹而明净的池水,犹如一面巨大的玻璃镜镶嵌在绿色的草坪上(法国)

14 中轴线东段上的拉托娜圆池喷泉(法国)

15 凡尔赛桔园中的圆形喷泉水池(法国)

16 卢浮宫玻璃金字塔后的大三角形水池(法国)

17 晶莹剔透的大三角形水池水面,雄伟的建筑和金波水面交相辉映(法国)

18 墨尔本圣派区克教堂前景园中的高台环形水池(澳大利亚)

19 与圣派区克教堂融为一体的水池(澳大利亚)

20 环形水池及其园区环境(澳大利亚)

21 规整的水池,民俗博物馆犹如浮在水中的巨轮(荷兰)

22 水池及博物馆的一个侧面(荷兰)

23 城市绿地里的小园林中的圆形水池（中国上海）

24 图23中规整的石拼池岸（中国上海）

25 酒店庭园中的矩形水池（荷兰）

26 以矩形水池为中心的庭园环境（荷兰）

27 图25水池不同角度下的环境效果（荷兰）

28 图30方形大水池水面局部（澳大利亚）

29 图30方形大水池及周围环境（澳大利亚）

30 堪培拉行政区公园中的方形大水池（澳大利亚）

31 悉尼圣玛丽教区广场上的矩形大水池(澳大利亚)

32 汉城世界杯主会场前绿地中的扇面形水池(韩国)

33 首尔景福宫内的方形大水池(韩国)

34 首尔景福宫内方形水池及圆形岛(韩国)

35 香山饭店四季厅内方形水池(中国北京)

36 四季厅方形水池水面局部(中国北京)

37 香山饭店四季厅方形水池水面空间环境(北京)

三、混合式

1 芭堤雅蒙天度假村庭园中的混合式水池(泰国)

2 图1中混合式水池局部(泰国)

3 一侧是规则整齐的池岸,另一侧则是完全自然随意的山石和草坡堤岸(中国上海)

4 规则式与自然式融合在一个水面中(中国上海)

5 图3混合式水池堤岸局部(中国上海)

6 规则式与自然式水面融合在一个理水系统中(澳大利亚)

7 整齐划一的池岸与自然山石叠岸组成完整的小水面(韩国)

一、自然的启示

大自然中的大河大江或是山谷河流，由于地质结构和地形变化而产生形式多样的落水景观。错综复杂的地形地势呈现出千姿百态的落水形态，我们根据自然界落水的特征和属性，将其分为瀑布、跌水和滚槛三大类。

1. 瀑布的形式和分类 瀑布是一种自然现象，是河床造成陡坎，水从陡坎处滚落下跌时，形成优美动人或奔腾咆哮的景观。

瀑布可以分为两大类：一是垂直瀑布，它的瀑面宽度小于瀑布的落差，见图1；二是水平瀑布，它的瀑面宽度大于瀑布的落差，见图2。

垂直瀑布比较著名的是萨泰尔连德瀑布，它的瀑面不宽，而落差有580m。

水平瀑布比较著名的是尼亚加拉大瀑布，宽度为914m，落差为50m，见图3。

2. 世界著名的瀑布

(1)落差最大的瀑布是委内瑞拉的安赫尔瀑布，它的总落差为979.6m，其中最高一段的落差为806m。1935年由美国飞行员安赫尔发现。它位于卡罗河上游的崇山峻岭之间，山高水急，交通不便，游人要乘小飞机才能观看。机上为游人发放印有最勇敢的探险者的“证书”以吸引游人。

(2)瀑面最宽的瀑布是老挝的南孔河瀑布，它高只有15~21m，但是宽达10800m，总流量为42500m³/s。

(3)世界上最怪的瀑布是美国尼亚加拉大瀑布，由于它的河床是由石灰岩中夹有页岩组成，而页岩易被水冲刷，使河床不断发生断陷，造成瀑布，每年以1.5m的速度向后撤退，因此被称为“怪瀑”。实际上陡坎均因受水冲刷而向后撤退，任何一个瀑布迟早定将消失，一点不怪。

(4)最优美的瀑布在赞比亚和津巴布韦的接壤处。在赞比西河上，有莫西奥图尼亚瀑布(旧名维多利亚瀑布)，当地洛兹语是“带有雷声的水”之意。瀑布带由东大瀑(主瀑)和沸腾渊造成“之”字形的峪谷，绵延达97km。主瀑高122m，宽约1800m，被岩岛分隔成五个瀑布，宛如大海倒悬，洪波滚滚，泻入宽400m的深壑，溅起的雨雾飘到1500m的高空。春夏时节，只要有太阳升起，就有悬挂天际、像一座巨大的彩色拱门的七彩长虹。秋冬时节，只要有月光，它又会出现绚丽多彩的“月虹”，又被称为夜虹。它如万雷齐鸣，雪浪翻滚，水雾腾涌，形成惊心动魄的优美壮观景色。

(5)最壮观的瀑布属我国贵州的黄果树瀑布，又被称为世界第二大瀑布。我国古代杰出的地理学家徐霞客赞道：“一溪悬捣，万练飞空，如鲛绡万幅，捣珠崩玉；如烟雾腾空，势甚雄厉。”黄果树的瀑布由瀑布、水帘洞和犀牛潭三部分组成，顶宽84m，总落差约90m。其景象如黄河倒倾，峭崖震颤，谷底轰雷，十里开外能听到它雷鸣般的咆哮声；雾雨升腾，数百米以上还迷迷蒙蒙。坐落在瀑布左侧崖顶上的寨子的街市常常被瀑雨雾气所包围，游人称之为“水云山庄”。隐匿于瀑布流水之后的是一条百米之长的崖郎洞穴，水挂珠帘，藤萝攀附。沿着曲折的石阶，游人又可经“水帘洞”钻到瀑布的背后，确是惊心动魄、壮观，见图4。

(6)最奇妙的瀑布是挪威的“七姐妹瀑布”，它由七股水流沿岩壁飞泻而下形成。

1 太行山的垂直瀑布

2 九寨沟的水平瀑布

(7)“新娘面纱”瀑布在几内亚的金迪亚近郊,水流从巨大岩丘上散落下去,百丈悬崖上仿佛挂着一幅 25m 宽的轻纱,在微风中轻盈飘忽。

(8)彩瀑。名山大川,瀑布常见,而彩瀑难得。坐落在江西玉山县怀王山主峰,海拔 1800m 的三清山,景色独特。极目所致,远山如黛。二桥墩瀑布,水从朱红色岩壁上倾泻而下,把瀑布染成朱红色,在阳光照射下,十分艳丽,有如红绵高悬,十分奇异。

自然山林中各种不同形态的瀑布景观见图3~图10。

3 尼亚加拉大瀑布

4 黄果树瀑布

5 山岩中的多级瀑布

6 瀑口狭窄的山岩瀑布

7 瀑口隐蔽的岩谷瀑布

8 垂直涓流的瀑布

9 瀑身有直有坡、滑跌结合的瀑布

10 图9瀑布局部

11 瀑身较宽、落差较小的天然瀑布

古人曰:“天地是我师。”大自然中的一山一水、一草一木和风晴雨露都赋予人世间阴柔之美和阳刚之气。

图11是大自然中的落差较小、瀑身较宽的水平瀑布;而图12～图15则是攫取大自然的绚丽神韵和美感,经过提炼、再塑设计的人工水平瀑布景观。

12 城市公园的人工水平瀑布

13 城市绿地中的水平瀑布

14 城市绿地中用自然山石砌筑的水平瀑布

15 城市公园入口处的水平瀑布

图16、图17是自然山林中涓细的垂直瀑布,岩崖、落水、深潭和野生灌木是这个自然水景的构成要素。图18则是取其神韵而设计制作的人工垂直瀑布。

16 水流涓细的天然垂直瀑布

17 纤细的涓涓瀑身,轻盈美丽

18 植物园中的人工垂直瀑布

二、瀑布设计

1. 瀑布设计的必要环境和模式图 俄国诗人T. P. 捷尔扎维的诗“玉山崩塌下□岩，浪花飞翻珍珠潭。低处沸腾高处溅，近看碧丘似水仙，遥望瀑布挂前川，吼声如雷进远山”概括了瀑布的环境和水的势态声貌。一般地讲，一个瀑布远处有群山的背景，有上游积聚的水源，有瀑布口、瀑身、下面深深的水潭及下流的溪水。其模式图样见图1～图4，按照瀑布模式设计的人工瀑布见图5～图8。

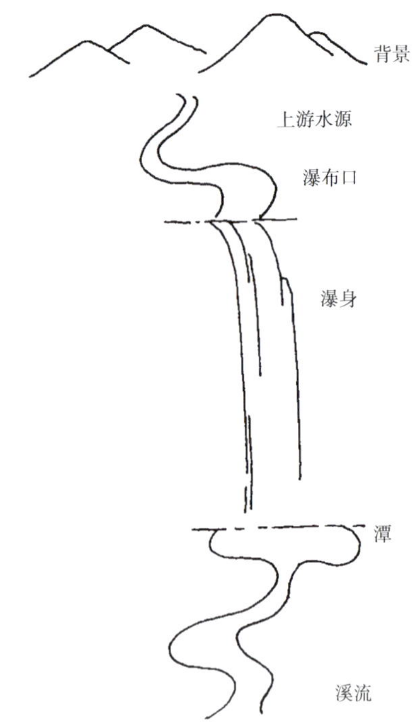

1 瀑布模式图

2. 日本瀑布模式图 在日本园林中，认为瀑布是最典型的景。它的模式见图2。

2 日本瀑布模式图

1—守护石；2—童子石；3—受水石；4—分水石；5—回流石；6—镜石

3 自然环境中有瀑、有潭、有溪的水景

4 自然山林中的瀑布

7 叠山、设二级瀑口和瀑身，下有深潭和溪水的人工水景

5 广州白天鹅故乡水

6 广州白天鹅瀑布

8 图7瀑布的整体水景环境

3. 瀑布用水量的估算 人工建造瀑布，其用水量较大，因此多采用水泵循环供水。其用水量标准可参阅表 1。

日本的经验认为：高 2m 的瀑布，每米宽度的流量约为 $0.5m^3/min$ 较为合宜。

瀑布用水量估算（每米用水量） **表 1**

瀑布的落水高度(m)	堰顶水深(mm)	用水量(L/s)
0.30	6	3
0.90	9	4
1.50	13	5
2.10	16	6
3.00	19	7
4.50	22	8
7.50	25	10
>7.50	32	12

4. 瀑布宽度与水流量关系 瀑布瀑身的宽度与水流量有直接关系，见表 2。

瀑布宽度与水流量（最小流量） **表 2**

瀑布口	覆盖在光滑瀑布口上的薄水膜	汹涌的水流盖在瀑布口之上
10cm 瀑布口	15L/min	30L/min
15cm 瀑布口	22L/min	45L/min
25cm 瀑布口	55L/min	90L/min
40cm 瀑布口	100L/min	160L/min
60cm 瀑布口	225L/min	300L/min

注 此表只供参考。实际数量在很大程度上取决于瀑布口的形状和喷池。

9 厚玻璃制成的堰口，水平精确，水口沿整齐划一，能产生极薄的水帘

5. 堰口处理 当瀑布的水膜很薄时，不仅可以节约用水，而且往往能表现出各种引人注目的水态。但如果堰顶水流厚度只有6mm，而堰顶为混凝土或天然石材时，由于施工很难达到非常平的水平，因而容易造成瀑身不完整，这在建造整形水幕时，尤为重要。此时可以采用以下办法：

(1)用青铜、不锈钢或玻璃制成堰唇，以保证落水口的平整、光滑，见图9～图11。

(2)增加堰顶蓄水池的水深，以形成较为壮观的瀑布。

(3)堰顶蓄水池可采用花管供水，或在出水管口处设挡水板，以降低流速。一般应使流速不超过 0.9~1.2m/s 为宜，以消除紊流。

10 混凝土浇筑的多级水平瀑布，堰口采用青铜作沿，使水膜一致

11 形状各异的自然山石使堰口很难达到水平标准，在水口沿镶嵌玻璃后，不仅使水膜很薄，也节约了用水

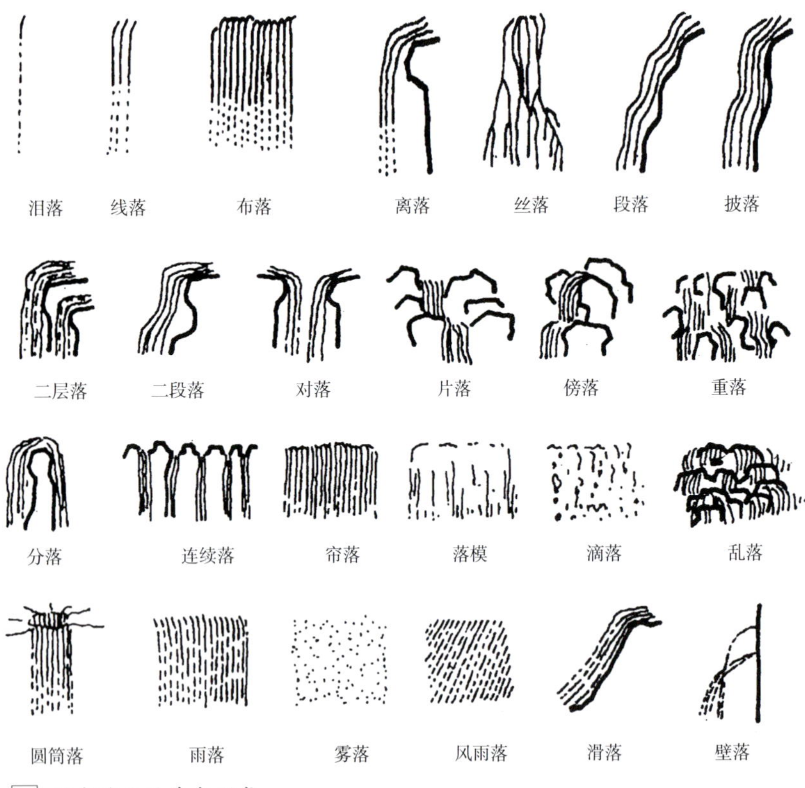

12 瀑布落水的基本形式

6. 瀑布落水形式与瀑身设计

（1）瀑布落水的基本形式　瀑布的落水形式是十分丰富多彩的，这里只介绍其基本形式，见图12，实例见图13～图19。

（2）瀑身设计　瀑身设计是表现瀑布的各种水态和性格。在园林造景中，往往追求瀑身的变化，创造多姿多彩的水态，见图13～图19。

那激流跌落、飞溅、飘荡的水花，也许会使人想起李白的“飞流直下三千尺，疑是银河落九天”的诗句，引起人们无限的遐想。天然瀑布的水态是很丰富的，设计时应根据瀑布所在环境的具体情况和空间气氛确定设计瀑布的性格。瀑布落差的景观效果与视点的距离有密切的关系，随着视点的移动，在景感上有较大的变化。

13 组合线落瀑布

14 泪落形的瀑布

15 布落形瀑布

16 重落形瀑布

17 段落形瀑布

18 丝落形瀑布

19 披落形瀑布

20 帘落形瀑布

21 对落形瀑布

22 玻璃幕帘落瀑布

23 离落形瀑布

24 分落形瀑布

25 分落形瀑布

26 二段落瀑布

27 三段落瀑布

28 滑落形瀑布

29 段落与滑落结合的瀑布

7. 瀑布与水潭

(1)瀑身与潭面的关系 天然瀑布落水口下面多为一个深潭，见图34。我们在做瀑布设计时，亦应在落水口下面做一个受水池。为了防止落水时水花四溅，一般的经验是使受水池的宽度不小于瀑身高度的2/3，见图30，设计实例见图35、图36。

$$B \geqslant \frac{2}{3}H$$

式中：B 为瀑布的受水池潭的宽度；H 为瀑身高度。

(2)瀑布水潭的做法 水潭池底的做法，通常使用如图31～图33所示的做法。

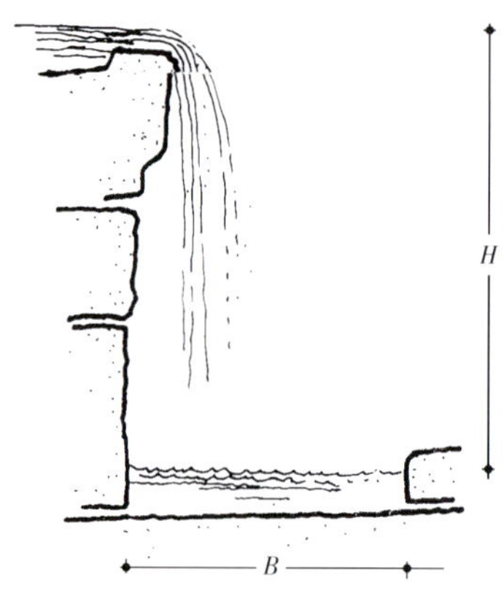

30 瀑身落差高度与潭面宽度的关系

34 天然瀑布及落水口下的深潭，急流冲击岩石跌落潭中，水声如波涛翻滚

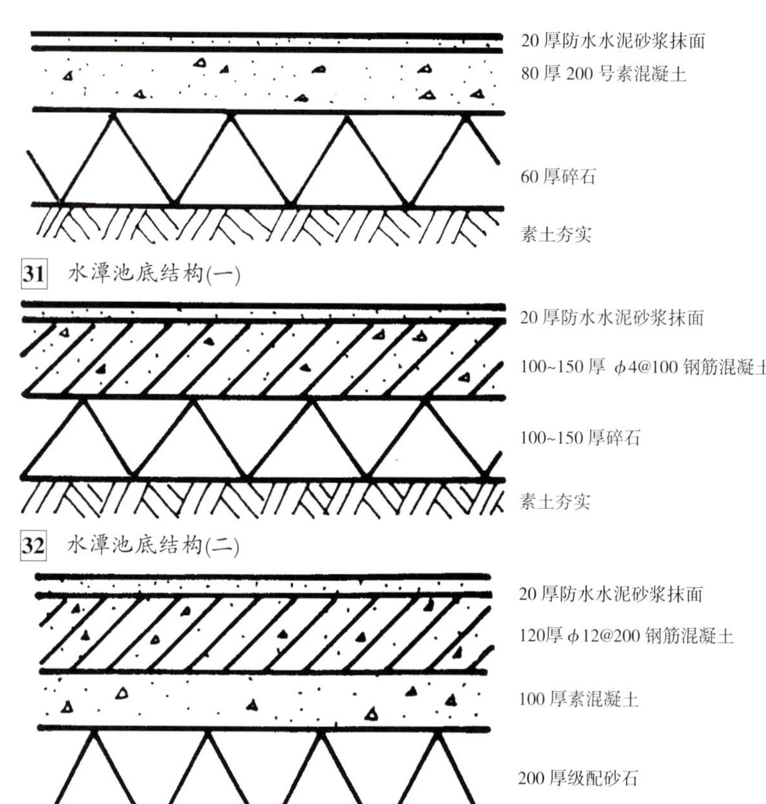

31 水潭池底结构(一)

32 水潭池底结构(二)

33 水潭池底结构(三)

35 直瀑倾泻潭中，水声轰鸣

8. 音响效果 当人们发现或接近自然瀑布时，首先是听到了它的声音，因而，声音是瀑布存在的第一个线索，有水滴击石的叮咚声，也有急水冲击岩石产生的共鸣声。我们在设计人工瀑布时，可以利用水的音响效果，使瀑布成为更吸引人的景观。因此，好的水声音响设计，不仅能将人们吸引过来驻足观赏，而且还能渲染气氛，增强水景的意境，见图34～图36。

36 散点落潭，营造出"大珠小珠落玉盘"的音响效果和意境

三、实例

1. 水平瀑布

1 城市绿地中自然山石砌筑的水平瀑布(中国上海)

2 图1瀑布侧面(中国上海)

3 图2中的瀑布局部(中国上海)

4 动物园内的仿石水平瀑布(澳大利亚)

5 校园中的组合水平瀑布(中国香港)

6 图5中的瀑布局部(中国香港)

7 布里斯班罗马街公园的水平瀑布(澳大利亚)

8 图7水平瀑布局部(澳大利亚)

9 城市绿地公园中的水平瀑布(澳大利亚)

10 三梯级的水平瀑布(澳大利亚)

11 玻璃幕的水平瀑布(澳大利亚)

12 黄石砌筑的、既规整又有自然韵味的水平瀑布(中国香港)

13 现代感极强的水平瀑布(中国上海)

14 玻璃做堰口的现代水平瀑布(中国上海)

15 城市公园中几何体的叠层水平瀑布(中国香港)

16 绿地公园中大型水平瀑布景观(马来西亚)

17 从人造大瀑布上方看水平瀑布的环境效果(马来西亚)

18 城市公园中多级水平瀑布(马来西亚)

19 多级水平瀑布正面景观(马来西亚)

2. 垂直瀑布

20 现代式水景中的线瀑(澳大利亚)

21 现代城市景园中的瀑布(澳大利亚)

22 城市园林中的自然山石双体瀑布(中国香港)

23 香山公园水帘洞瀑布(中国北京)

24 香山公园水帘洞叠石山及瀑布景观环境(中国北京)

25 主题公园自然式池塘中的垂直瀑布(澳大利亚)

26 图25瀑布局部及周围环境(澳大利亚)

27 香山饭店清音泉瀑布(中国北京)

28 森林公园鸟悦园人工塑山瀑布(中国江苏)

29 九龙公园的垂直瀑布(中国香港)

30 鸟悦园人工塑山瀑布的线流和分流瀑布(中国江苏)

31 自然山石的二片落瀑布(中国江苏)

32 人工塑山中的瀑布(中国江苏)

33 瀑布在人工塑山中的环境效果(中国江苏)

34 自然叠山上的离落形瀑布(中国江苏)

35 图34中的离落形瀑布局部(中国江苏)

36 城市广场小景园中的瀑布水景(中国北京)

37 旅游度假村的大堂瀑布(澳大利亚)

38 图40的瀑布局部

39 度假村大堂瀑布及水景(澳大利亚)

40 私家庭园小瀑布(中国江苏)

41 私家庭园自然山石瀑布(中国北京)

42 著名的施瓦洛斯奇水晶世界的人面造型瀑布(奥地利)

43 图42的瀑布局部

一、自然的启示

和瀑布一样，跌水原本也是自然界中的一种落水形式，是自然山林和山谷中成台阶状、分层下落的水态，见图1~图11。

一些丘陵塬坡地区的天然河流，在流经天然陡坎时，落差使水流陡然下落，形成壮观的自然跌水景观。

1 青岛崂山九水谷中的天然跌水（中国山东）

5 太行山的多层多梯级天然跌水（中国山西）

6 图5中的跌级局部（中国山西）

2 图1中的天然跌水局部（中国山东）

3 图4中的人工仿天然的跌水（中国山东）

4 在南九水中设槛拦水，并按图1的天然跌水神韵而修筑的岩层多叠的人工跌水（中国山东）

7 图5中的跌水局部（中国山西）

8 太行山峡谷溪流中的天然跌水（中国山西）

9 太行山人工辅修但没用材料的跌水（中国山西）

10 多层岩的激流跌水（中国山西）

11 太行山溪谷中的跌水局部（中国山西）

二、人工跌水设计

跌水，又称为叠水，广泛应用于传统园林、城市公园和风景名胜中。跌水按跌级数量分为单跌、三跌、五跌和多跌等；按形式分为自然式、规则式和现代式等；按结构可分为陡跌水、坡跌水和平缓跌水等，见图1～图4。

跌水是园林理水和现代景观设计最常用的一种落水形式。多梯级跌水的每一级台阶的高度和宽度既可相同，也可不同，规则式的跌水台阶形式和尺度完全相同，但水形一致、呆板；自然式跌水多采用天然岩石或仿石做台阶，加之处理手法的不同，使得跌落形式、速度和方向有很大差异。

1 自然山石砌筑的三叠跌水

2 自然式的多叠跌水

3 现代式建筑水景中的规则式陡坡跌水

4 现代式水景园中的平缓多叠跌水

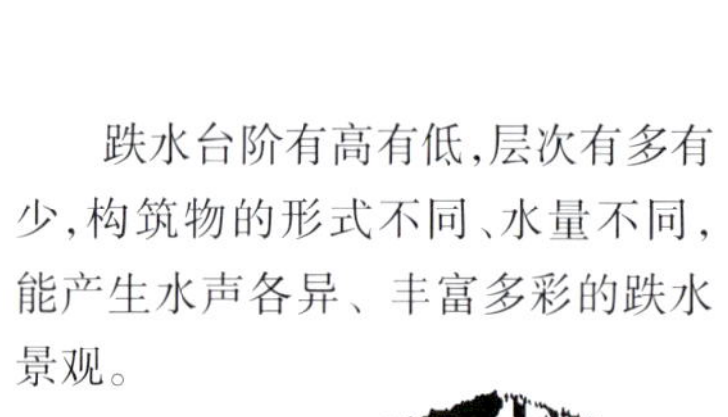

跌水台阶有高有低，层次有多有少，构筑物的形式不同、水量不同，能产生水声各异、丰富多彩的跌水景观。

在近代建筑环境中多应用水幕，如日本枥县美术馆重叠式水幕（见图5）、美国新墨西哥州阿尔伯克基市中心广场的大型跌泉（见图6）。

a 立面

b 平面

5 日本枥县美术馆重叠式水幕

6 美国新墨西哥州阿尔伯克基市中心广场大型跌泉

三、跌泉构造

1. 平缓跌泉的构造（见图1）

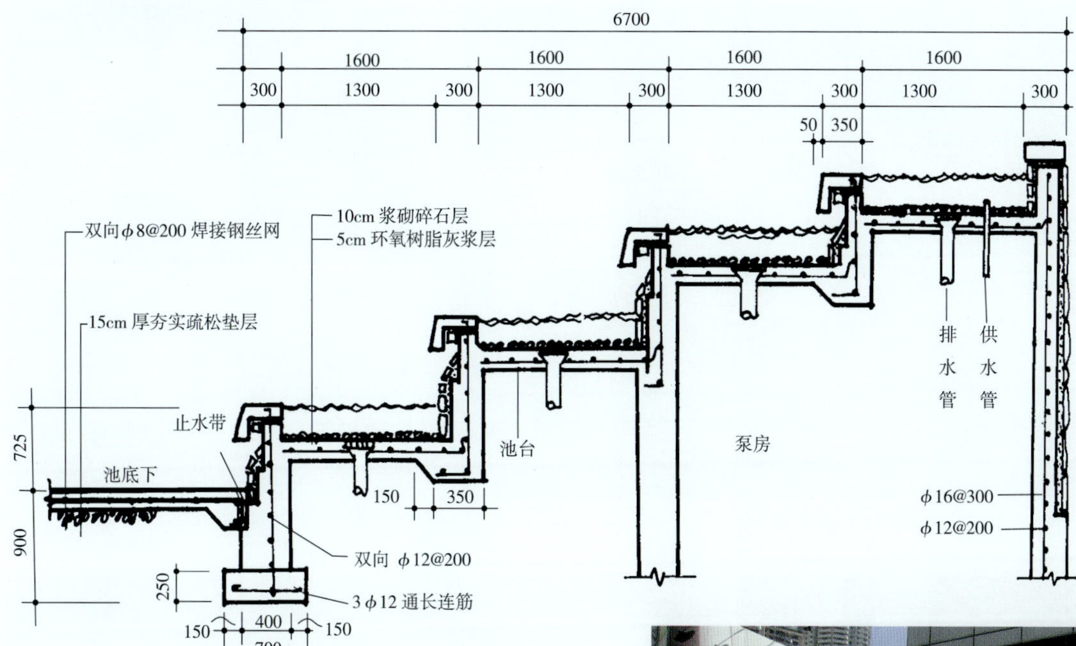

1 跌泉的结构及池底详图

2. 陡墙跌泉的构造（见图2～图4）

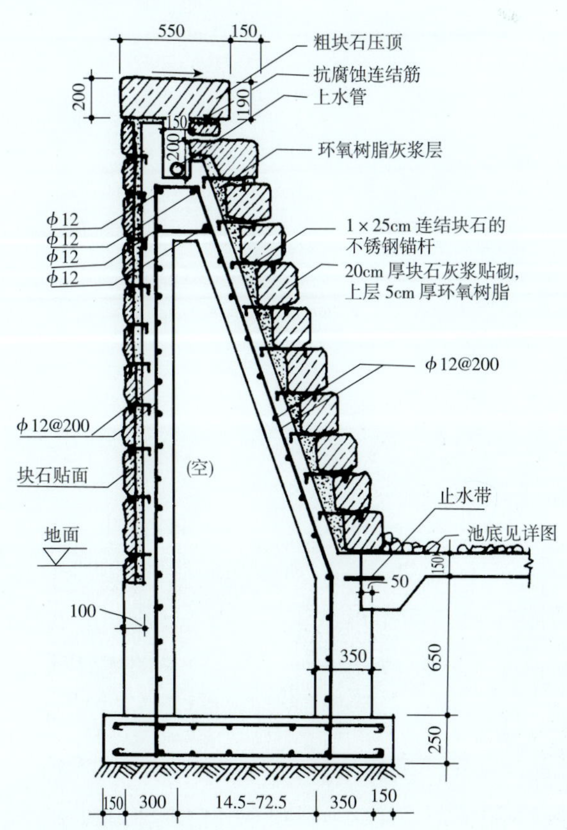

3 陡墙跌泉的结构详图

2 城市街边的陡坡叠水

4 城市建筑水景中扶梯边的陡墙叠水

四、实例

1. 自然式

1 依托小山坡用山石叠筑的自然式多级跌水(中国北京)

2 图1自然式跌水激流入塘景观(中国北京)

3 图5中水生植物与跌水景观(中国北京)

4 图5中的跌水局部(中国北京)

5 大型自然山石叠筑的跌水,每一级跌池都种植水生植物,优美而壮观(中国北京)

6 自然式池塘中植物与山石组合的跌水景观(卢森堡)

7 公共庭园理水中的自然式跌水(中国北京)

2. 规则式

8 城市公园水景园中的规则式台阶式跌水(澳大利亚)

9 城市公园中出水隐蔽的规则式跌水(澳大利亚)

10 城市公园入口处的多叠跌泉局部(澳大利亚)

11 城市广场中的连续跌泉局部(中国上海)

12 植物园内活跃气氛的规则式跌泉及汀步水景(澳大利亚)

13 植物园两园区间的跌泉水景，既起到分隔作用，又有连系过渡功能(澳大利亚)

14 墨尔本圣派区克宗教景园贯穿全园的梯级跌水(澳大利亚)

15 以铸铜跌泉池为开端的小渠式梯级跌水景观(澳大利亚)

16 圣派区克宗教景园跌水纵向全景(澳大利亚)

17 从出水泉池到石砌跌渠之间的过渡铜铸跌水盘(澳大利亚)

18 三面出水的铸铜跌泉池(澳大利亚)

19 图18的铸铜跌泉池俯视(澳大利亚)

3. 现代式水景跌水

20 悉尼著名的星城娱乐中心的现代式理水设计，这是其中的梯级跌泉（澳大利亚）

21 表现海湾风情的与雕塑结合的跌水（澳大利亚）

22 抽象舰船及风帆的跌泉水景（澳大利亚）

23 与建筑和雕塑为一体的现代跌水（澳大利亚）

24 图22中的梯级跌水细部（澳大利亚）

25 大型台阶中的跌泉（澳大利亚）

26 玻璃和不锈钢条构成的现代式跌水（澳大利亚）

27 具有构成效果的几何式现代跌泉（澳大利亚）

一、滚槛设计及构造

1. 滚槛设计原理 滚槛，又称为滚水坝、滚水堰和滚水坎。槛和坎的本意是门下面的横木和坎石，我们这里讲的滚槛，可以理解为水越过下面的横石，翻滚而下的一种急流状态，见图1~图3。

在园林造景中，常在溪流中做滚水坝，造成人工滚槛的水造型，并利用水的音响效果，渲染空间的某种气氛。

滚槛由于落水形式的不同，可以分为直墙式（见图4）和斜坡式（见图5）两种形式，它们形成各自不同的浪花。为了丰富景观，创造自然优美的景观，滚槛设计常与置石结合，共同组景。其平面模式可见图6。

1 在崂山的峡谷溪流中人工辅修的河石滚水坝

2 溪流中的仿石滚水坝

3 青岛崂山北九水顶水中人工修筑的滚水坝，形成半人工半天然的滚槛效果

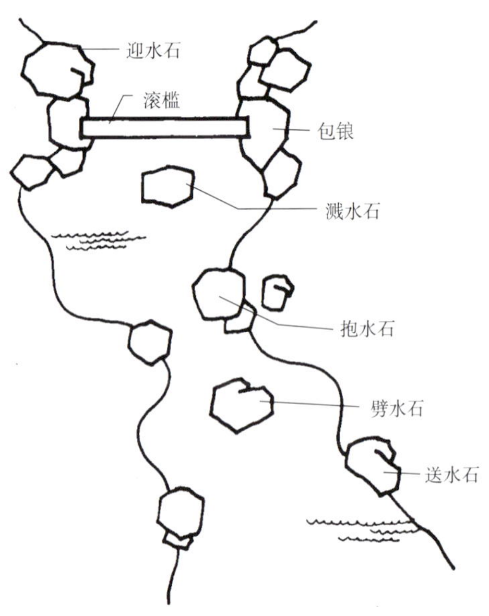

6 滚槛设计平面模式图

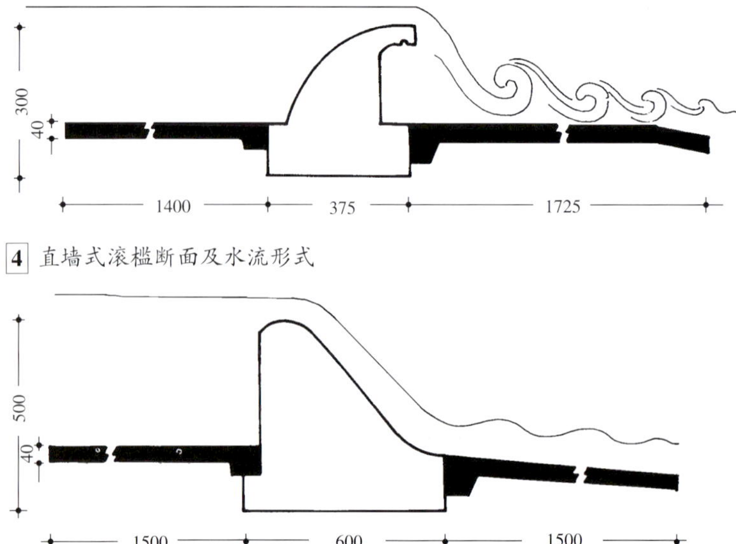

4 直墙式滚槛断面及水流形式

5 斜坡式滚槛断面及水流形式

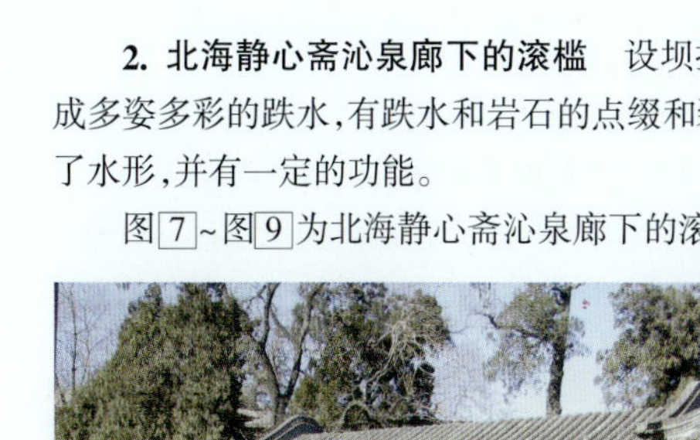

2. 北海静心斋沁泉廊下的滚槛 设坝拦水能形成多姿多彩的跌水，有跌水和岩石的点缀和装饰丰富了水形，并有一定的功能。

图7~图9为北海静心斋沁泉廊下的滚槛。

7 北海静心斋沁泉廊下滚槛

8 北海静心斋沁泉廊及滚槛

由万佛楼方向来的水，经廊北水池翻过阶梯形滚槛。增加水流的响声，使园子显得更宁静，见图8。

10 城市公园溪流中的滚槛

9 静心斋沁泉廊下滚槛与水面

3. 滚水坝构造 园林滚水坝坝体的构造见图11，滚水坝实例见图10和图12。

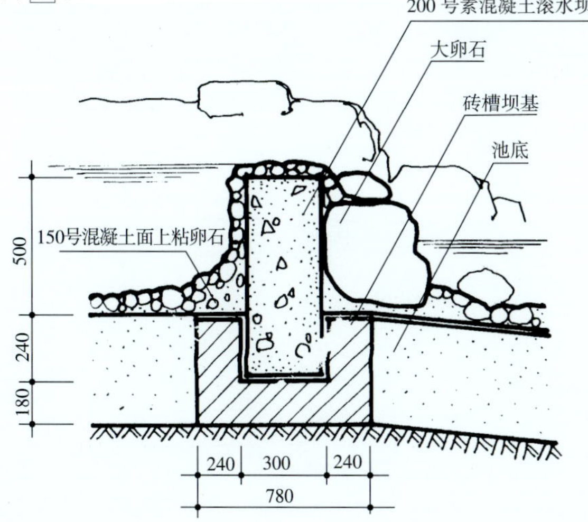

11 滚水坝结构图

12 混凝土滚水坝自然岩石装饰的滚槛实景

4. 大型河流、水渠的滚水坝

(1)常用堰坝的断面形式 河渠滚水坝的横断面(垂直水流方向)大都采用矩形,纵断面可以有多种形式,总的分为两大类,就是实用堰和宽顶堰,它们的形式不同,流量系数也就不同。

1)宽顶堰。水平堰顶顺水流方向的长度为b(也就是控制段的长度),堰顶水头为H(也就是控制段进口处的水深),当$2.5H<b<10H$时,称为宽顶堰,见图13。宽顶堰在溢洪道工程中采用是最多的,它的特点是施工简单,砌石或混凝土的工程量少。宽顶堰的堰顶一般都进行砌护,以增加过水能力,并保护地基防止冲刷。在岩石地基上,如果抗冲能力足够,也可以不加砌护,但这时应考虑开挖后岩石表面的不平整度(也就是糙率)对流量系数的影响。

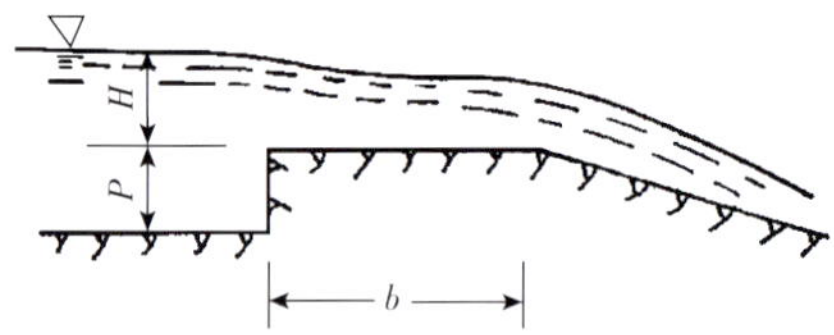

13 宽顶堰示意图

2)实用堰。$b<(2.5)H$的堰称为实用堰,它可以分为曲线堰和梯形堰两大类,具体的断面形式有很多种,见图14。实用堰用混凝土或浆砌石修建,曲线堰施工较复杂,但流量系数也稍大些。对于地面高程低于设计堰顶高程的溢洪道,大多修建实用堰,它兼有挡水和溢流的作用。

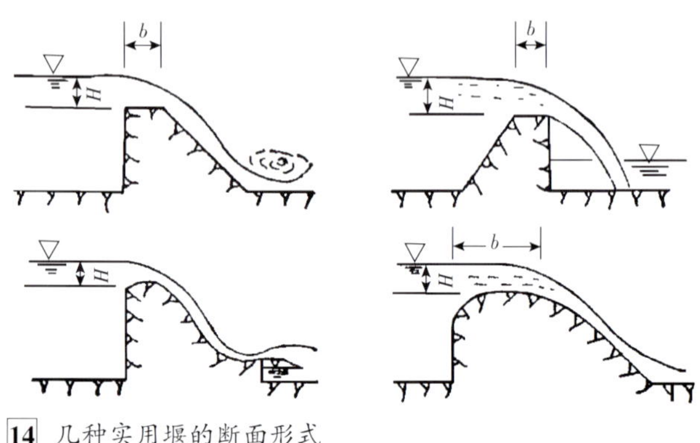

14 几种实用堰的断面形式

(2)带鼻坎消能的滚水坝断面形式(见图15)

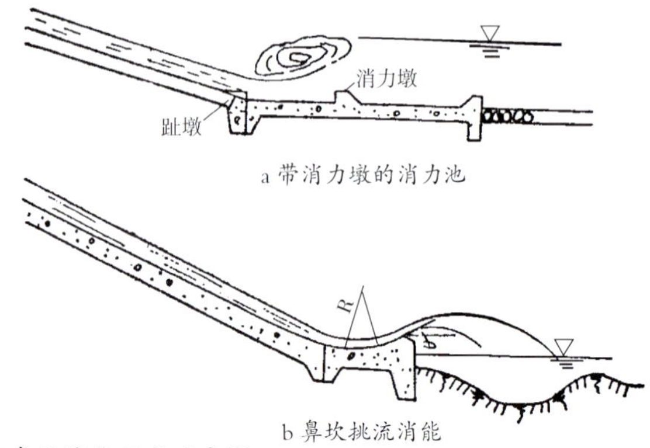

15 常用消能形式示意图

(3)与泄洪结合的河渠滚水坝(见图16) 许多城市河渠,既是城市景观河流,同时又是疏通洪水的重要渠道。因此,一些水景设施既有景观性,又具有实用功能,这些河流中的亲水设施和落水设计往往都具有防洪设计功能。图15~图17就是具有泄洪作用的滚水坝。

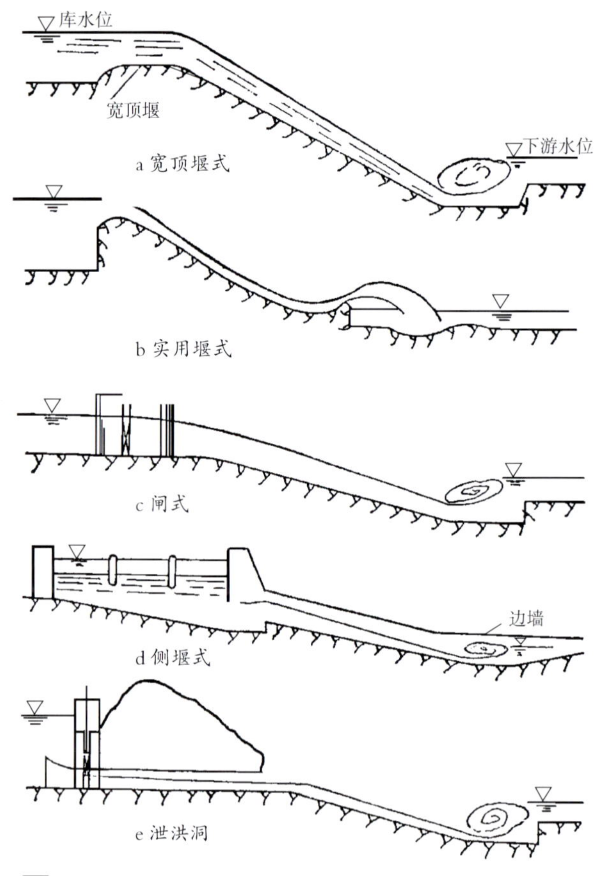

16 具有泄洪功能的河流滚水坝形式

(4)与消力池结合的滚水坝(见图17)

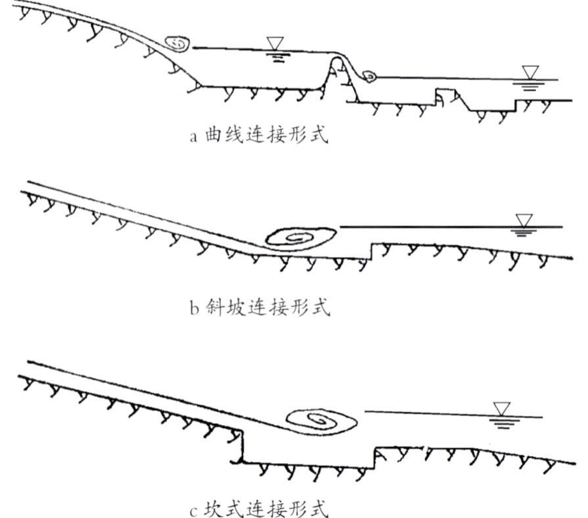

17 滚水坝与消力池结合的几种连接形式

二、实例

1 混凝土作坝身、自然岩石盖顶的滚槛(中国北京)

2 公园理水系统中的岩石盖顶的混凝土滚槛(中国北京)

3 图2中的滚槛局部(中国北京)

4 滚水坝利用置石使坝体分层变化、高低错落,使跌水水形丰富多彩(中国北京)

5 图6滚槛纵向全景(中国北京)

6 混凝土坝上贴卵石并在一侧设置高低错落的木桩,使水形富于变化

7 用河石堆筑的滚水石坝，适于流速较缓的河溪（中国上海）

8 滚水坝与汀步相结合的设计（中国上海）

9 兼有跳桥功能的方块石滚槛（中国上海）

10 混凝土作坝基，方块石间隙置顶，形成水从石缝间流过的汀步式滚槛（中国上海）

11 混凝土作坝基，大小方块分行布置的滚水坝，使跳桥与滚槛完美结合（中国上海）

12 大小块石双行中夹放单块石，富于变化（中国上海）

泉，清洌而甘甜，泉，从狭窄的岩缝中向外喷涌，不知疲倦。山岳的巍峨，是因为有泉做它的血液；江河的壮观，是因为有泉做它的渊源。

一、泉的分类及成因

1. 泉的分类 按泉水的温度，可分为冷泉和温泉；按泉的涌出状态，可分为长流泉和间歇泉；按泉的成因，可分为接触泉、侵蚀泉、溢出泉和断层泉；按泉水的化学成分，可分为矿泉和普通泉。

据有关资料统计，我国的冷泉数目难以计数，其中著名的冷泉就有数百处。首都北京的玉泉、杭州西湖的虎跑泉、济南的趵突泉、江苏无锡的惠山泉以及甘肃敦煌的月牙泉等等，林林总总，异彩纷呈。我国也是世界上温泉最多的国家之一，全国较大的温泉超过2600处。这些泉水，在特定的地质地形条件下，或从岩石缝隙中滴下，珠玑串串，或从岩洞地层中涌出，清流涓涓。有清澈如镜、汩汩外溢的潜水泉，有喷涌而出、飞珠溅玉的喷泉，有四季如汤的温泉，有治病祛邪的药泉，还有离奇古怪的喊泉、泪泉、鱼泉、水火泉和含羞泉等等，见图1。

2. 泉的成因 泉是水中的奇观，泉是地下水的天然露头。浅层地下水的地层结构和埋藏形式见图2、图3。

冷泉的形成，不受地热等条件限制，分布较广，在华夏大地星罗棋布。我国著名的冷泉，较常见的有碳酸泉、钙镁泉及氡泉。这些泉水有的以水质清莹、水味甘醇而成为上好的泡茶之水，有的所含成分有益于健康，有的分布在名山秀川之中，具有较高的观赏价值。

温泉的形成大致有两种原因：一种是受火山活动影响，火山爆发喷射出大量岩浆，火山熄灭后，经过熔岩区的地下水常年不断地流出地面，形成温度高低不一的温泉；另一种是地温及地下水的循环作用。地壳内的温度远远高于地面，地壳深处的水流受高温气压的影响，也会沿地壳断裂的地方向外流溢，形成温泉。我国的温泉，具有水温高、矿化度低和酸碱度高等特色。水温一般均在42℃以上，最高的达80℃，甚至有超过100℃的。温泉具有药用、医用、热用价值和疗养、保健及观赏价值，并逐渐扩大到工业应用领域，展示了利用天然能源的广阔前景。

1 由地下水形成的涌泉，白色的水花、优雅的造型和叮咚的音响成为引人注目的非人工的景观要素

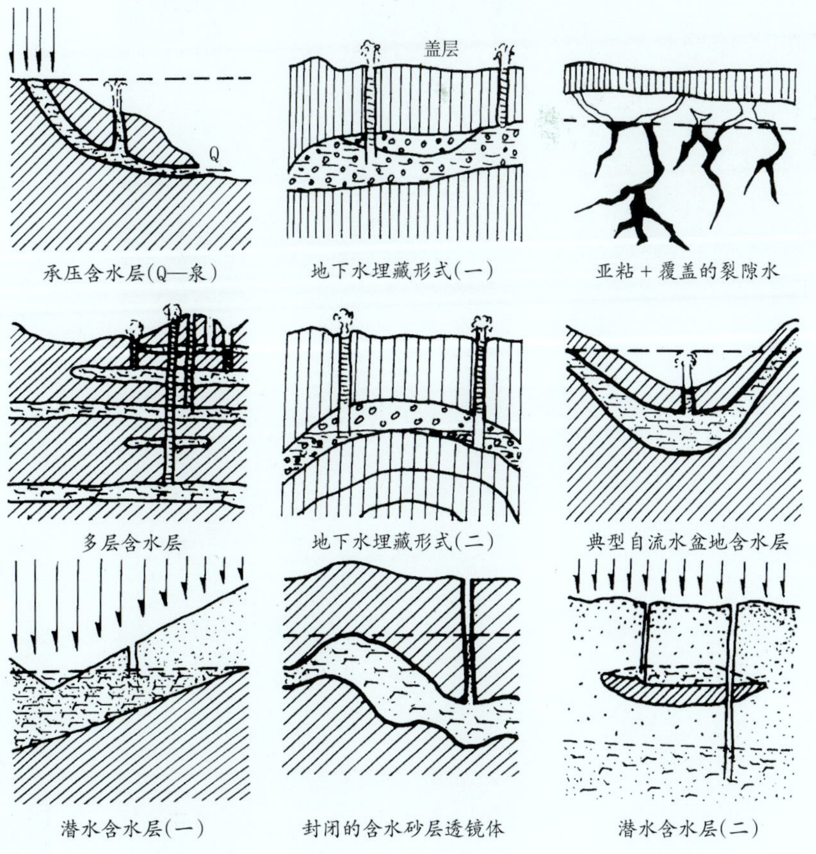

2 浅层地下水埋藏的若干形式(一)

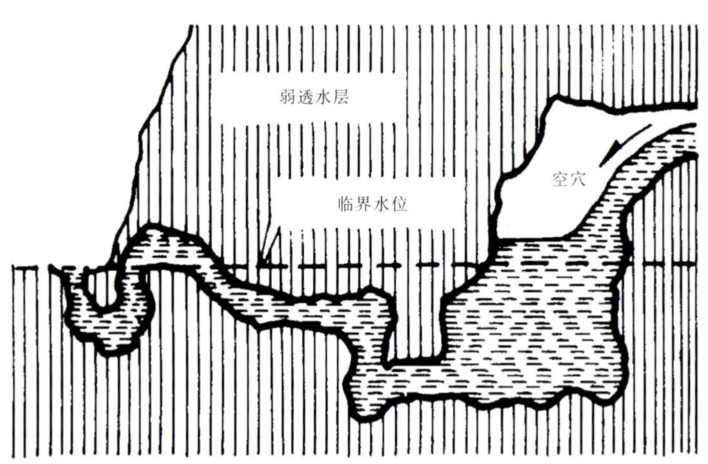

a 间歇泉示意剖面

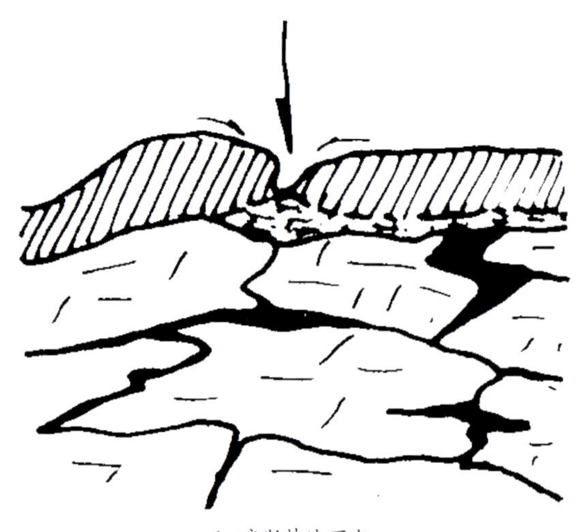

b 喀斯特地下水

3 浅层地下水埋藏的若干形式(二)

4 涓涓泉水,滋润万物,山因为有了泉、有了水,才被赋予了灵性,也为山丘增加了一道吸引人的构景元素

5 山谷森林中的一潭清水,非常诱人,成为孩子们玩水的好地方,可这一泓碧水是从哪儿来的呢

二、天然涌泉吸引人的因素

我们知道,大的水域具有广阔的景观效果,但却减弱了对人们的吸引力。小的水体,特别是泉这样的动态涌水,出水源极小,玲珑可爱,加上泉涌的神秘性,更增加了吸引力,使得孩子们玩耍不够,见图4~图6。

从地表自动涌出的泉水,以其汩汩溢吐、涓涓流淌的形态惹人喜爱,而叮咚、柔和的泉水声更受人青睐。涌泉千姿百态的风采、悦耳的声响、迷人的秀色吸引着人们去寻觅、鉴赏和品用。

我国对泉的关注和研究源远流长,《诗经》里有关泉水的诗就达10多首。北魏时的地理学家郦道元在其所著的《水经注》中,对许多泉水作了详细的记载。唐代的刘伯刍撰有泉的专著。茶圣陆羽游历天下,逢泉必加考察和品评,在《茶经》中对我国各地的泉水作了精到的分析和评定。唐代以后的众多茶人学者撰写了大量茶书文,其中有不少关于泉水的真知灼见。明代地理学家、旅行家徐弘祖在《徐霞客游记》中,对我国泉水的分布、成因和特征等,更是作了详尽的记录。由此可见,泉作为景观资源和饮用水源,自古就与人类的关系极为密切。

6 哦,找到了!无数个从岩缝中涌出的小泉汇成了图5的深潭碧水。涌泉使孩子们久玩不厌

三、天下"六大"泉

1. 天下第一泉——镇江中冷泉 镇江金山寺之西，在一片碧波荡漾的塔影湖畔，泉源在江心，因此名为"中冷泉"。每至炎夏，泉水格外清香甘洌，足以消暑解热。宋朝民族英雄文天祥对此泉十分向往。曾写下"扬子江心第一泉，南金来此铸文渊，量儿斩却楼兰首，闲品茶经拜羽仙"的诗句。

2. 天下第二泉——无锡惠泉 惠泉是唐代大历元年至十二年(766~777年)开凿。水含矿物质丰富，比重大，又因土质属乌铜砂岩，对水有过滤作用，故水质甘醇可口。宋熙宁七年(1074年)春，苏东坡游惠山吟出了"独携天上小团月，来试人间第二泉"的瑰丽诗句。每逢月色溶溶的夜晚，皎洁如玉轮冰晶的皓月，倒映在波光微动的清泉之中，银华闪烁、悠然入画，景色宜人。

民间音乐家华彦钧(1893~1950年)曾在惠山一带颠沛流离。在泉水的汩汩声中，这位饱经风霜、双目失明的艺人阿炳，追忆着旧时所见的山色水光，清冽的泉水，该是辛酸的泪水凝成的吧！倒映在清池里的明月，那柔和的银色光华，不正象征着阿炳梦寐以求的光明理想吗？因此，"天下第二泉"也随着他创作的《二泉映月》那行云流水般的乐曲声而名扬天下。

3. 天下第三泉——苏州虎丘泉 位于虎丘千人石西北，"铁华岩"下。附近有憨憨泉，相传为梁时(502~557年)憨憨僧所凿。泉水清冽。

1 杭州虎跑泉的泉池之一

4. 天下第四泉——杭州虎跑泉 相传唐代元和年间，这里住着一位名为性空的高僧，因用水不便，准备迁走，夜里忽然梦见神仙告诉他说："南岳有童子泉，当遣二虎移来。"第二天果然有二虎"跑地作穴，涌出泉水"。虎跑泉亦因此而得名。虎跑泉实为石英砂岩中渗出的泉水。每秒流量为2L，水质清澈、醇厚。水中溶有微量的有机氧化物和相当数量的二氧化碳。龙井茶叶虎跑水是"西湖双绝"。茶园旖旎的风光和泉水叮叮咚咚迷人的幽趣，加上一杯甘泉香茗，沁人肺腑，使游客乐而忘返，见图1、图2。

2 杭州虎跑泉池

甘甜的香茗，往往引起人们探索"茶文化"的欲望，而悠久的茶历史和随之产生的茶故事，不仅给人以精神上的享受，还启迪人们去进一步寻胜探幽。老龙井狮子峰一处(真正的龙井茶只产于老龙井)，胡公庙前的十八棵茶树被乾隆封为"御茶"，此地的径山寺为日本佛教临济宗的祖庭。当时寺里举行盛大的"茶礼"，随着佛教的流传，"茶道"也从这里远渡东洋。茶自古就入诗入画。饮茶成为文人雅士的风尚。苏东坡就有"从来佳茗如佳人"的诗作。陆羽在《临安春雨初霁》中的"晴窗细乳戏分茶"成了后人品茶的引证。茶文化是中国文化中最普及的一种，它渗透到家家户户，以至成语中将最低生活标准说成"粗茶淡饭"。名胜古迹处也必有茶事。它丰富多彩的文化内涵，给旅游增添了无限情趣。

另有书记载江西上饶市广教寺(现一中)有"陆羽泉"为天下第四泉，为陆羽在此隐居时所凿。泉边砌有石圈"源清流洁"。诗人孟郊在《题陆鸿渐上饶新开山舍》一诗中赞誉它"凿石先得泉，啸竹引渍吹，吟花成新篇，乃知高洁情，摆落区中缘"。

5. 天下第五泉——扬州平山堂泉

扬州西北郊，有座蜿蜒起伏的山冈。人称"蜀冈胜地"。这里曾是盛唐时的大明寺(今法净寺)。我国古代杰出的佛教大师鉴真大和尚，曾在此主持。他于公元753年扬帆东渡，为中日文化交流写下了灿烂的一章。宋代欧阳修在此建堂，他坐在厅堂内，江南诸山历历在目，故得名"平远堂"。堂西芳圃的黄石丛中有一眼泉，欧曾称"此井为水之美者也"。后被陆羽定为天下第五泉。

6. 天下第六泉——江西庐山招隐泉

江西庐山南麓三峡桥东侧的一个亭子内，有招隐泉，泉水清澈，其味甘甜，终年流动不竭。陆羽品尝定名为第六泉。

北京静明园中的玉泉，出自山间石隙，艳阳光照水卷银花，宛如玉虹，因此明代以前称为"玉泉垂虹"，为北京八景之一。清代乾隆常来此赏景，见汩汩泉水，并不像瀑布那样飞流直落，而是从石间涌出如趵突。于是改名为"玉泉趵突"。并命臣属在全国各大名泉取集水样，用一个特制的银斗，逐一盛满秤量，结果北京玉泉山泉水一斗重1两。乾隆遂命名玉泉山泉水为"天下第一泉"，并指出陆羽对南方诸泉的评定颇为中肯，但他没有到过北京，不知玉泉山泉水的佳妙。

四、中国著名的天然泉

我国有很多著名的泉，千奇百怪，各显媚姿。下面介绍几个我国著名的泉。

1. 趵突泉 济南是著名的泉城，有关济南泉水的记载，最早见之于《春秋》。金代有人立"名泉牌"，列名泉72处，趵突泉为七十二泉之首。明代晏璧有诗曰："渴马崖前水满川，江水泉迸蕊珠圆。济南七十泉流乳，趵突洵称第一泉。"沈复在《浮生六记》中说："趵突泉为济南七十二泉之冠。泉分三眼，从地底忽涌突起，势如腾沸，凡泉皆从上而下，此独从下而上，亦一奇也。"——见图3、图4。趵突泉又名瀑流泉、槛泉。它出露于济南市旧城区的西南，"泺水发源天下无，平地涌出白玉壶"。趵突泉东西700m，南北250m，为古泺水发源之地。

北宋文学家曾巩任齐州(今济南)太守时，在《齐州二堂记》一文中，正式将其命名为"趵突泉"。按字义释，"趵，跳跃貌；突，出见貌"，形容该泉水瀑流跳跃如趵突。趵突泉与漱玉泉、金线泉、马跑泉等28眼名泉及其他5处无名泉，共同构成趵突泉群。其中，集中在趵突泉公园的有16处，是国内罕见的城市大泉群。趵突泉是此泉群的主泉，泉水汇集在一长方形的泉池之中，泉池东西长约30m，南北宽为20m，四周砌石块，围以扶手栏杆。池中有3个大型泉眼，

3 从地底忽涌突起的趵突泉

4 一泉分三眼，各具形态

昼夜涌水不息，其涌水量每昼夜曾达9.5万~13.8万余t，约占济南市总泉水量的1/3。池中三泉，平地上涌，浪花四溅，声若隐雷，势如鼎沸，状似堆雪，景状极为壮观。前人有“倒喷三窟雪，散作一池珠”及“千年玉树波心立，万叠冰花浪里开”之咏。清代学者魏源在《趵突泉》诗中亦称：“三潜三见后，一喷一醒中；万斛珠玑玉，连潭雷雨风。”

趵突泉古今之观相差甚多。《老残游记》说趵突泉在未修池之前，能喷水五六尺之高，后来修了池子，只能喷翻二三尺高了，见图5、图6。若干年前，由于过量的开采，济南地下水位明显下降，致使趵突泉出水量越来越少，乃至在枯水时节停止喷涌。后经多方采取措施，终于使趵突泉重现“泉源上喷，水涌如轮”的胜景。

6 济南趵突泉及泉池

5 趵突泉与观澜亭

7 被亭、廊、榭、殿等建筑围合的趵突泉池，成为一处名副其实的园林水庭

在趵突泉四周有许多古建筑。泉池北岸有三座大殿，曰泺源堂。元代大书法家赵孟□所题的楹联“云雾润蒸华不注，波涛声震大明湖”就刻在堂前抱厦柱上。后堂内壁上嵌着明清以来咏泉的若干石刻。泉池南为半壁廊水榭，曰“沧园”。西南有明代观澜亭，建于公元1461年。亭边立有明清时胡缵宗、张钦和王仲霖书写的“趵突泉”、“观澜”和“第一泉”等石刻，见图7。池东侧为来鹤桥、望鹤亭茶室，游客多喜爱在亭中小憩，享用名泉香茗。趵突泉水清醇甘冽，最宜煮茶。用此泉水泡沏的绿茶、茉莉大方茶，茶汁汤色明亮，幽香沁人。宋代曾巩品尝之后有“润泽春茶味更真”之赞咏。

趵突泉得名“天下第一泉”，相传是乾隆皇帝游趵突泉时赐封的。当时，乾隆皇帝巡幸江南，专门派车辆运载北京玉泉山泉水，供沿途饮用。途经济南时，他除了遍游名泉之外，还亲自品尝了趵突泉的水，觉得这泉水果真名不虚传，水味竟比玉泉之水还要清冽甘美。于是，从济南启程南行，沿途的饮用水，就改用趵突泉的水了。临行前，乾隆为趵突泉题了“激湍”两个大字，还写了一篇《游趵突泉记》，文中写道“泉水怒起跌突，三柱鼎立，并势争高，不肯相下”。

其实，趵突泉除乾隆皇帝赐封为“天下第一泉”之外，还有不少文人学士都赋予其“第一泉”的桂冠。蒲松龄的《趵突泉赋》中写道：“尔其石中含窍，地下藏机，突三峰而直上，散碎锦而成绮。波汹涌而雷吼，势□洞而珠垂。……海内之名泉第一，齐门之胜地无双……”而《水经注》赞趵突泉水为“固寰中之绝胜，古今之壮观也”。

2. 黑虎泉 济南的黑虎泉，在金代以前就闻名于世，明朝晏壁所作《济南七十二泉诗》中描述：“石蟠水俯色苍苍，深处浑如黑虎藏，半夜朔风吹石裂，一声清啸月无光。”——见图8。

3. 鸳鸯河泉 山东招远县城东，泉涌很盛，雾气蒸腾，水温高达100℃。沸汤

8 济南黑虎泉

与附近龙冷泉并流，汇合成小溪，古代叫“阴阳水”，又名“鸳鸯河”。

4. 洪范池泉 山东平阴，在高台上有泉水，金龙喷珠，著名的阿胶，惟用此水熬制而成。

5. 蝴蝶泉 云南大理下关市云弄峰(苍山第一峰)下，在一池泉水上有一株古树横卧，浓阴翠盖，每当春末繁花满树，20多种蝴蝶便聚在这里，上下翩翩起舞。待到农历四月十五，成串成串的蝴蝶，首尾相衔，从树上一直垂到水面，倒映在泉水中，犹如明镜中一束束盛开的花朵，五彩缤纷，绮丽壮观。这即是遐迩闻名的蝴蝶的盛会，见图9、图10。

9 云南大理蝴蝶泉

6. 沸泉 海南岛万宁县北大黎族苗族乡棉树园的附近，发现一处遇上烟雾就“沸腾”的神奇温泉。

此泉共有泉眼数十个，主泉坐落在山沟里，其余分布在山腰上。泉水汇成细流流入附近的龙尾河。该河长约30m的河面在早晨、黄昏或阴天时，被水蒸气笼罩着。如遇噪声影响，特别是把点燃的香或其他烟火，在任何一个泉眼上连续盘旋几分钟，则附近所有的泉，便都冒出连珠般的汽泡，还伴有“啧！啧！”的声响，泉水也随之滚动，状如沸汤。涌水量和温度也随之增高。整个山沟都弥漫着水蒸气，并伴有强烈的硫磺味。此泉的成因，目前尚未作出科学的解释。

10 云南大理蝴蝶泉的合欢和翩翩起舞的蝴蝶

7. 羊八角地热湖 拉萨当雄县山谷外的盆地中，面积14.5km^{2}的地方，这里到处都有地热泉的露头点。有的是涌出天然蒸汽的喷气孔，有的是沸泉、热泉和温泉，有的是热水塘和热水沼泽，其中以东部热水湖景象最为壮观。在7300m^{2}的湖面上，巨大的气柱飘然升起，高度达100m，同时湖中泉眼也冒出无数的小气泡。

8. 圣泉 贵阳西部，黔灵山后，有一圣泉，又名灵泉、漏勺泉，自盈自缩，有如潮水，明洪武八年(公元1375年)镇远侯顾成用石砌成一池，池上筑一亭，水中置石鼓，以此测验水的消长。相传逢贵人至，泉水盈，相反即缩，有“圣泉”石碑，古人来此观泉，大都饮酒赋诗。清代刘世恩《圣泉百盈》诗云：“山石涓涓涌圣泉，盈虚消长景堪传，濯缨濯足凭君取，千古流清出自然。”

9. 三潮水 贵州修文县城北青山脚下，有一池碧蓝、明净的泉水，池呈半月形，宽仅1m余，亭上题联，上联“为盈为虚即水可鉴”，下联“或潜或濯与时偕行”，横批“静观自得”。相传泉水过去只在每天的子、午、酉三个时辰流出，故名曰“三潮水”。

10. 喊水泉 四川省酉阳县尖坝乡的龙池，有一眼奇怪的泉水。它在一块白色的石灰岩上，泉眼就像两个牛鼻孔，“鼻孔”下边有一个碗口大的石窝，平时窝内是干的。当过路的人想喝水时，只要对着泉孔喊几声，并用石块在泉边敲几下，就会有一股浑水缓缓流出，稍过一会儿水就由浑变清，可以饮用了。当地人把它叫作“喊水泉”。相传清朝光绪年间，有个绰号叫“稀巴烂”的酉阳州官，到喊水泉来求子求雨，碰巧如愿以偿。他就为这眼泉修了庙，立了石碑。

11. 含羞泉 四川广元陈家乡龙门山东北段，在山下蔓草丛生的黑色岩隙里，有碗口大的一股清泉淌出，遇有声响振动，泉水便倒流回去，悄悄地隐退，静静地待一会儿，它又会欢畅地流出来，熟悉它的人，尽可捧水解渴。但若高声讲话或投石撞去，泉水就会发出咯咯的响声，并闻声倒流，千载如故，很像含羞草受到触动而蜷缩一样。相传从前有个名叫泉姑的女孩，受继母虐待，被剥光衣服丢进山洞，在洞中日夜啼哭，当听到洞外有声响，就不敢再哭。日久天长，她的眼泪化作一股清泉。这只不过是一种传说，实际上是地下潜水通过岩石的细小孔隙溢出来，由于孔隙很多，形成一股细流，当受到外界声响的振动，周围产生一种声压，潜水也产生一种回引力，将河床平面上的水又吸了回去。

12. 粪泉 陕西合阳县东王乡，有一泉水，用此水灌溉作物，肥效明显，产量大增，故群众称之为粪泉。远在《列子》和《水经注》中已有记载，《合阳县志》中载：“有水口如车轮许，喷沸涌出，其深无限，名之曰粪。”

13. 鱼泉 我国有很多鱼泉。如河北易县的“黑水窟”，又名“怪泉”。在易县鱼洞山脚下，泉眼里不断地流出鱼来。据说有一年竟流出两万多条鲜鱼。

四川城口县，有57个鱼泉。据《城口县志》中记：“峡中有两穴，穴中产嘉鱼，春社出穴，秋社即归。”科学家观察，境内多石灰岩分布，地下有流动的阴河；不受外界冷空气的影响，水温变化不大，具有冬暖夏凉的特点；是鱼类冬季越冬最舒适的场所。每年春天，滂沱大雨时节，鱼群从阴河流向泉口外，形成鱼泉。

山西省五台县的季家庄岩溶鱼泉，洞口直径10cm，在清明前后20天，夜间从洞口涌出大量金丝鲤鱼，每条约100~250g，形成了五台八景之一的“石窟尘鱼”。据分析，这是由于峡谷内积存的数百万立方米的冰层,在清明节前后融化渗入地下,使暗河水温骤减,鱼无法适应逃出所致。

14. 承德热河泉 在承德避暑山庄内湖区的东北隅，有一处引人入胜的泉景,那就是热河泉。热河泉是山庄湖泊和热河之源。这里泉水潺潺涌溢,汇成碧波千顷。泉旁有座石碑,上面镌刻“热河泉”三字。200多年前,清代乾隆皇帝曾赋诗赞曰:“名泉亦多览,未若此为首。”

热河泉的水温只有9~11℃,但比当地的平均气温8.8℃要高。寒冬时节,山庄内外天寒地冻,银装素裹,湖水冰封雪凝,惟独热河泉依然水流淙淙,云蒸霞蔚,一派盎然春意。而到盛夏,泉水清澈晶莹,冷砭肌骨,泉流如绉,水雾似纱,一派烟雨风情,令人怡神清心。热河泉水矿化度较低,含有碳酸镁、碳酸钙和少量的可溶性二氧化碳及微量硼酸,因此,人们饮后顿感清凉爽口。水中还含有微量的氟，可使人们的牙齿洁白防龋。热河泉水质优良,用来沏泡茶叶,汤清味甘,醇香沁人。古人对热河泉水的评价是:“泉味甘馨,怡神养寿。”

在避暑山庄诸泉之中，热河泉最有名。泉水经人工疏导引流,汇聚成大小湖泊,外流形成小河,往南注入武烈河,清代时称为热河。清康熙十二年(1673年),始建热河行宫,乾隆五十七年(1792年)竣工,建筑物达110余处,为我国现存占地最大的古代帝王宫苑。背山面湖,花木蓊郁,宫殿亭榭掩映,湖泊洲岛错落,风光旖旎,巧夺天工。此行宫专供皇帝避暑和处理政务,名为避暑山庄。如今,热河泉依然涌流不息，泉水汇成的湖泊碧波荡漾,见图11、图12。

12 承德热河泉

15. 鸳鸯泉 江西三清山和尚山下，流出二股泉水,一红一白,鲜明成趣。这是由于泉底岩石颜色不同，当日光照射,石的反衬而使水变成红、白二色,交相辉映。

16. 干泪泉 拜城县克孜尔千佛洞附近，在一条幽僻狭窄的山坳的尽头,三面石壁如削,头上只有蓝天。泉水从布满苔藓的悬崖峭壁上滴落下来，叮咚有声，美如曲调。相传古龟兹国公主与民间青年相爱,国王有意刁难。青年上山凿千佛洞,以示忠诚。当凿至999个时,青年力尽身亡。公主闻讯赶来,抱尸痛哭,泪竭而亡。此事感动得山崖为之垂泪,故名干泪泉。

17. 贵德矿泉 青海贵德县河西乡，海拔2350~2450m处有24个自行涌冒的泉眼,有的由沟壁岩石裂缝中喷出,水温达92℃。此泉水对慢性风湿性关节炎、瘫痪症、小儿麻痹后遗症、消化不良和皮肤病等均有良好的疗效。

11 承德热河泉景观环境

18. 白水泉 云南中甸县城东南20多km里的山腰平坝的中央，有奇特的白水泉。泉水流经的地方,都被染成白色,成为大自然的一个奇观。泉口面积约$2m^2$,水深2m。水清如镜,蓝天白云,青峰、古树倒映在水面上，组成一幅秀丽的风景画。此泉终年不涨不落，保持同样的流量。泉水沿着一条弯弯曲曲的水渠,向东流100多m。分别注入山腰平坝的几个天然积水潭,再从积水潭的缺口溢出,呈扇面形状自由地漫流。从表面上看去，只是水质清亮的薄薄的一层流水，却留下了一层晶莹洁白的沉淀物,形成一片白色坝地。泉水继续向山坡漫淌,从台状坡地一层层地淌下去,将整个东山坡染成洁白色。游客登高远眺,仿佛山坡披上了洁白的银装,玲珑秀丽,给人以新奇、可爱的美感。尤其在皓月当空的山坡上,更显得分外妖娆。据化验,这是由于水中含有大量的纯净的碳酸氢钙,当泉水溢出流经山坡时,由于温度和压力等条件的变化,碳酸氢钙分解为不溶于水的碳酸钙并迅速沉积在这片山坡地上，久而久之，使这片地方变成了洁白色,成为大自然中的奇观。

19. 酒泉 酒泉原名为金泉,在甘肃省酒泉县东。据载:“汉时开凿河西水道,引通泉脉。”相传西汉武帝时,骠骑将军霍去病率兵西征,打了胜仗,武帝赐酒庆功,因酒少人众，去病遂将御酒注入金泉,与将士酌泉水共饮,并称“金泉”为“酒泉”,酒泉以此而得名。

酒泉原有三眼井,泉水汹涌旺盛。日出水量3万m^3以上。

20. 卓刀泉 武汉东湖南岸,伏虎山麓,相传三国时关羽行军至此,以战刀掘地,泉水喷涌而出,故名卓刀泉。

五、天然水态的再现

水作为景观资源，在中国园林中占有重要的位置。水池、溪流、瀑布、清泉……古往今来吸引着无数的人。它的传统样式被一代一代地继承、因袭着。突破传统，利用现代科学技术的手段，表现更丰富、更壮美的大自然，使中国的自然山水园林更具有时代的风貌，以满足现代人的审美心理和生活情趣，将成为中国园林发展的一个推动力。

下面对几种天然水态人工再现的途径作一些简要的叙述和设想。

1. 间歇泉 间歇泉是一种奇异、壮阔的自然景观。这种自然现象在全世界都是罕见的，因此它对人们有很大的吸引力。世界上喷得最高的间歇泉在美国怀俄明州的黄石国家公园内。因其喷射高度、喷发和间歇的时间等均很有规律，因此被称为“老可靠喷泉”(Old Faithful Geyser)。它通常每隔 50min 左右喷发一次，每次喷射 2~5min，每日喷发 21~23 次，喷发前先是水珠激溅，然后水柱冉冉上升，喷射高程平均为 40m，最高射程达 56m。每次喷水量为 12000~32000L，景色壮丽，气象万千。

同样的间歇泉景观，在我国西藏的羊八角一带和湖南湘西大庸县等处均有发现。就以西藏的羊八角来说，即使在河上漂浮着冰块的时节，地热泉依然不停地翻滚，喷出的热气和水高达数米，比比皆是。

在西藏还有一种炸泉。炸泉——热水爆炸是一种罕见的水热活动，当地下高温的热水流上升时，因通道受阻，热量聚积，压力一旦超过与上面覆盖地层的压力相适应的临界温度，便突然汽化，体积急剧膨胀，压力也随之急剧增高，从而导致爆炸。这就是我国西藏热水湖中奇异的炸泉。在间歇泉和热水湖周围的地表和浅层沙砾，被地下热水析出的含硅物质胶结成泉胶砂砾岩，有的作层状结构的锥状体，有的成半透明的硫磺晶体，积聚在直立的地层裂隙内。在潭内由于藻类、岩石和矿物的不同，形成奇特的、五彩的艳丽景象。如美国黄石公园内的“五彩潭”(Grand Prismatic pool)便因此得名，无论在国内还是国外，地热地貌和间歇泉的景观，都是游客最欢迎的。

间歇泉的定时喷射和在喷射过程中的种种水态的变化，今天完全可以用一套时控喷泉装置来实现。间歇泉周围的色彩丰富的厚生岩、泉胶砂砾岩和层状结构的锥状体以及古泉口的奇丽景观，是完全可以通过艺术家的手人工再现的。

2. 珍珠泉 我国很多地方有天然的珍珠泉，如济南的珍珠泉、昆明温泉的珍珠泉等。珍珠泉是水中的奇观之一，在清冽透底的泉水中，从石缝里或卵石间冒出一串串珍珠般的水泡，忽聚忽散，犹如万斛珍珠，蹦蹦跳跳地消失于水面，见图[1]。“一泓寒碧湛清空，喷玉跳珠不少停。”对于特别喜欢饮茶的东方，泉水是一种宝贵的风景资源。在品茶的同时，又能欣赏那珍珠般的泉水，是一种很美的享受!其实人工再现珍珠泉的方法是很简单的，只要把水的管子引入水体，在出水口处装上一个加气喷头或在水中置一个空气泵，并将其全部装置隐藏在石缝里或卵石间，即可实现。其装置见图[2]。

[1] 济南珍珠泉

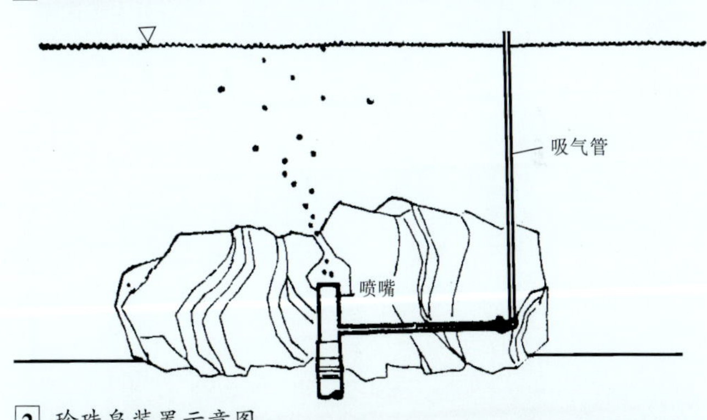

[2] 珍珠泉装置示意图

[3] 仿趵突泉的人工涌泉

3. 趵突泉 我国的冷泉（水温在 30℃以下者）有数十万之多，如镇江金山的中冷泉、无锡的惠山泉、苏州虎丘的观音泉和杭州西湖的虎跑泉等。其中以山东济南的趵突泉名列前茅，被誉为“天下第一泉”。它有三股泉眼，平地涌起，水花四溅，喷射数尺。元代文学家赵孟俯赞颂道：“泺水发源天下无，平地涌出白玉壶，谷虚久怨无气泻，岁旱不愁东海枯。云雾润蒸华不注，波涛声震大明湖，时来泉上濯尘土，冰雪满怀清兴孤。”趵突泉古称“槛泉”，早在《诗经》中就有“□沸槛泉”的描写，几千年来它一直吸引着多少旅游者。

今天，只要用几个涌泉喷头装于水面下的管路上，那水晶般的、欢腾跳跃的奇景，就会象趵突泉水一样出现在人工的园林水面上，见图3。

4. 金线泉 金线泉是两股泉水上涌时，在水面上的交汇处形成一条游动的波纹。在阳光下，宛如一条金线，因而得名。

造金线泉的关键是要有两股相对的泉眼，我们可以用两个涌泉的喷头隐于泉壁，开动阀门时，水就会从两壁相对的石缝中缓缓流出，这时在水面上就能看到一条游动着的美丽的金线。

4 济南金线泉

5. 弹琴峡与琵琶泉 弹琴峡位于居庸关，水流石罅，声若弹琴。元朝陈孚诗曰"月作金徽风作弦，清声岂待指中弹，伯牙别有高山调，写在松风乱石间。"

琵琶泉是泉水通过地下的石灰岩岩洞冒出的，构成一池清流。泉水由池底渗出一簇簇米粒大小的气泡，上升时淙淙作响。每当夜深人静，其声如琴手弹拨琵琶。无怪有"泉水流注生琴韵，欢君聆听琵琶音"。有了声控喷泉的装置，无论是一簇簇气泡还是淙淙作响的流水音，不是都可以利用人工来创造吗?不仅在夜深人静，而且是在任何时候，只要轻轻地按动电钮，就能尽赏弹琴峡与琵琶泉的美景。

6. 喊泉 在我国四川省有一眼奇异的泉水，平时泉是干的，当过路的人口渴想喝水时，只要对着泉口喊几声，并用石头在泉边敲几下，就会有一股浑水缓缓流出，稍过一会就会由浑变清，可以饮用，当地群众称之为"喊水泉"。

5 济南琵琶泉

要再现"喊泉"的自然景观并不困难，只要有简单的声控装置就能实现，其装置的框图如下。

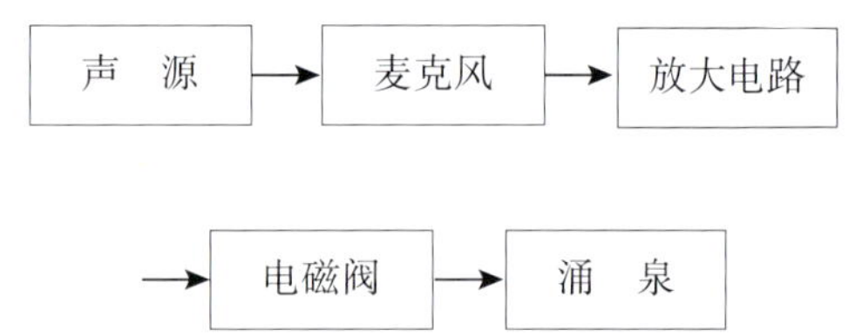

6 人工喊泉装置图

在"喊泉"这一自然景观的启迪下，我们还可以发展这一思路，创造出"诗泉"、"对诗泉"……使它更富于文化，富于情趣——在现代技术的条件下，点缀我们更加诗情画意的新园林。

7. 漩涡 在江河水流汇聚的地方，水面宽阔，水流湍急，浪涛滚滚，在急流中往往卷起一个个巨大的螺旋形的水花，在浩浩荡荡的水面上，气象万千，十分壮观，这就是漩涡。如果仔细观察，就会发现那漩涡是一层层的，最上面的一层是空心层，第二层水流旋转得很快，是急旋层，最下面一层漩力微弱，是稳流层。它们又像在跳荡翻腾的波浪上欢快地舞动着的白莲花，而那喧啸的流水声又仿佛是伴奏的交响乐。

人工漩涡则更具有装饰性。在平静、清澈的池水里，可以清楚地看见五颜六色的鹅卵石，当微风轻轻地吹动着水面，泛起细细的波纹，水面上飘浮着美丽的漩涡，就像一朵朵绽开的花，在阳光下闪耀着彩色的光。图7为北京长城饭店门前水池的漩涡景观。它实际上是壁泉用水泵的一个回水口。由于水泵的吸力，水向回水管方向流动，水池中就会形成一个大漩涡。物理学的知识告诉我们，在没有其他力影响的情况下，由于受到科里奥利力的作用，在北半球，漩涡以逆时针方向旋转，形成漩涡。在南半球则以顺时针方向旋转，形成漩涡。它与壁泉对照，更是相映成趣。

8. 浪花 提起浪花，人们就会想到碧蓝色大海的种种情趣。有时微波抚摸着堤岸，发出轻轻的声响；有时蜂拥而来，像一行行展翅的白鹭；有时又惊涛澎湃，撞击着岸边的巨石，掀起波澜，像绽开的朵朵洁白晶莹的花。人工浪花基本有以下两种：

7 北京长城饭店水池中的漩涡景观

(1)沸水与微波 这种景观的实现，是在池底设有压缩空气喷管，当接通空气压缩机时，压缩空气由喷孔射出，汽泡在水中上升，逐渐加大，至水面后破裂，形成像沸水一样的景，并掀起微波。其简单装置见图8。

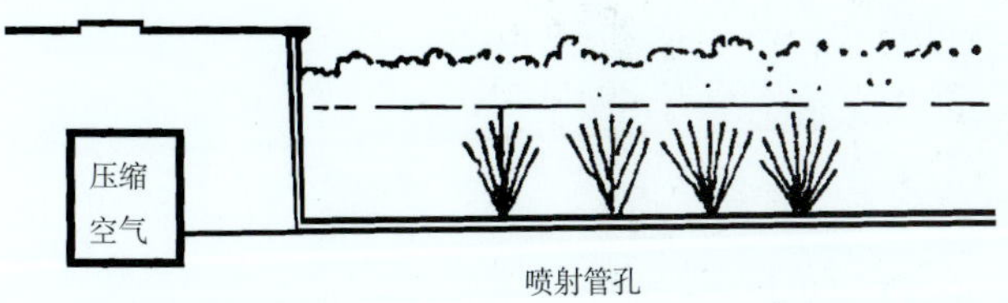

8 沸水与微波装置

(2)海浪池 海浪池一般为长方形，一个典型的海浪池可分为三个区："摇浪区"即靠近制浪机前面的水域，为了减少池底对制浪过程的干扰，池底为平底；"浪花区"接在摇浪区的后面，池底逐渐抬高，根据造景的需要，水面可以有宽窄的变化，在水中可散置石块，每当浪头翻卷，撞击着岩石时，就会激起飞溅的水柱和浪花；"海滩区"是从池底继续抬高至陆地，为使水的能量进一步扩散消耗，岸边可以用卵石等护坡，可模仿海岸景观，见图9、图10。

海浪池的人工制浪方法有三种：鼓风式造浪，摇板式造浪和活塞式造浪。其构造如图11a~图11c所示。海浪池除作为观赏用外，在国外还作为游泳池的一种形式，很受欢迎。

9 与喷泉结合的浪池

10 海浪池分区示意图

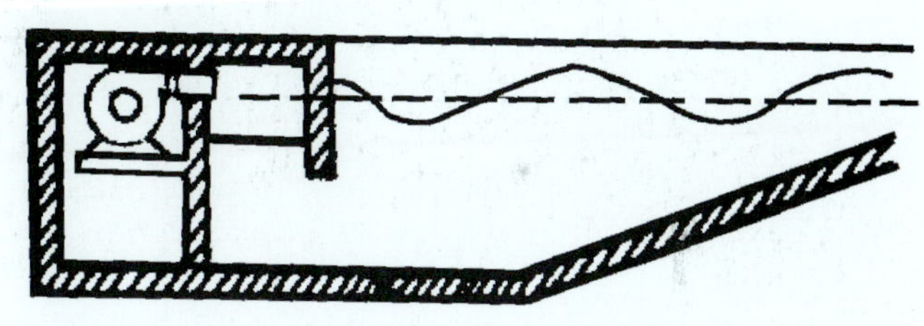

a 鼓风式造浪

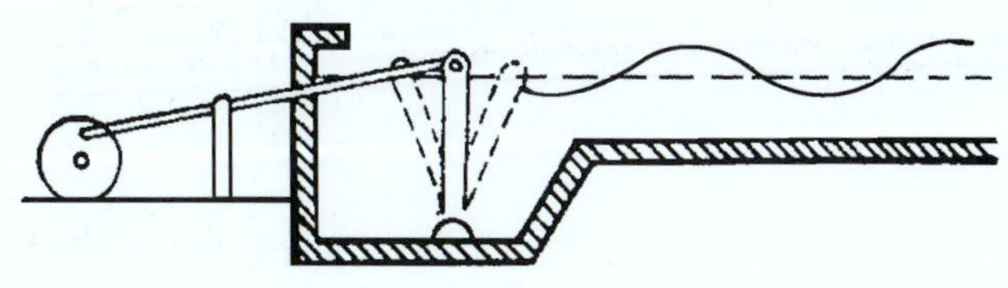

b 摇板式造浪

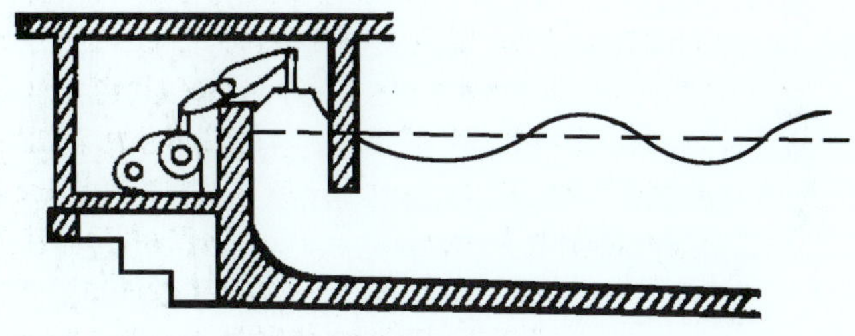

c 活塞式造浪

11 人工制浪的方法示意

一、国外喷泉景观技术的发展

1. 人工喷泉的起源 喷泉原为一种自然景观，是承压水的地面露头，譬如，世界上最大的天然喷泉是格兰喷泉，位于美国洛基山脉禁猎区2000多m的高地上，能喷射出高达73m的水柱，景象十分壮观。人工喷泉则是为了造景需要而建造的、具有装饰性的喷水装置。它不仅有丰富绚丽的水花，还能与音乐和彩色照明等结合。与自然喷泉相比，它更能为人的创造力所支配，造成各种奇异的景观，不仅给人以美的享受，还能显示出艺术和智慧，催人奋发。

喷泉在古希腊文化时代，就已经由饮用的泉水发展成为一种装饰性的泉水。据公元前六世纪的荷马史诗中记载，在宫中已有装饰性的喷泉水池。公元前605～562年巴比伦国王尼布加尼撒(Nebuchadnezzre)为王后阿米娣斯(Amytis)所建的巴比伦空中花园(Hanging Garden)中已建有喷泉，见图1。

1 巴比伦空中花园想象图(J. B. Beale 绘)

另一种说法认为，喷泉起源于穆斯林国家的斋戒淋浴用水，回教把水当作灵魂，爱惜、敬仰甚至神化。喷泉为进入清真寺的人们洗礼之用。在西班牙，以十字形水渠象征天堂，以喷泉为其中心，见图2。在摩尔式园林中，多沿轴线布置喷泉，令人遗憾的是之后被蒙古席卷荡平。现在仅幸存一个格内拉里弗喷泉(Generelife gardens Granada)，见图3。这以后在拜占庭人和伊斯兰人的手中，喷泉技术得到了很大的发展。

2. 喷泉的发展 喷泉技术真正走向成熟并被广泛采用，是在12世纪以后。特别是到了文艺复兴时期(14～16世纪)，在意大利有著名的伊斯特别墅的"百泉步道"(The Hundred Fountains Villad' Este)和莱恩脱别墅花园的喷泉水渠(water channel at Villa Lante)，见图4，以及罗马圣彼得广场上的伯尔尼尼喷泉(Bernini fountain St Peter's Square Rome)，见图5。到了17世纪，喷泉在欧洲盛极一时，当时仅罗马一个城市就有3000多个喷泉，不仅在纳沃纳巴贝

2 西班牙阿尔罕布拉宫以喷泉为中心的十字形水渠

3 西班牙格内拉里弗喷泉

4 意大利文艺复兴时期莱恩脱别墅花园的喷泉水渠

5 罗马圣彼得广场的伯尔尼尼喷泉

里尼广场上有千姿百态的喷泉，就是在僻静的小巷里的喷泉也十分吸引人。像建于1762年著名的特莱维喷泉(Fontana di Trevi)，喷泉的正中立着海神像，两侧是象征富饶和安乐的女神像。来到这里的游客，喜欢背向喷泉往里面抛硬币，据说这样可以获得重游罗马的幸运。

6 特莱维喷泉全景

7 特莱维喷泉的正面景观效果

特莱维喷泉，俗称许愿泉、幸福泉和少女泉。据罗马人说，特莱维喷泉之所以被称为“少女泉”，缘于当地的一个古老传说。在古罗马时期，一队从战场上归来的罗马士兵筋疲力竭，口渴难忍，这时，一位美丽的罗马少女为军队指点水源，使他们恢复了体力，重返战场。后来为纪念这位少女的功德，特修建此泉，名曰少女泉。该泉是罗马境内规模最大、知名度最高的喷泉，它是集建筑、雕塑和水景于一体的城市景观。特莱维喷泉景观位于罗马市的 Viadel Corso 大道附近，是18世纪晚期巴洛克风格的杰作，见图6、图7。

17~18世纪的罗马，富有的教皇和贵族们大兴建喷泉之风，他们不惜巨款，竞相追求气派和豪华。于是，大小不同、风格各异的喷泉出现在罗马的路旁和广场，为这座伟大的城市增添异彩。特莱维喷泉从1732年开始动工，直到1762年才建成，工期前后长达30年。由于乌尔班教皇的去世而出现资金问题，工程中途曾几次停工，先后有多位设计师接手，最后是由设计师尼科拉·沙尔威(Nicolo Salvi)设计完成的。

这座气魄雄伟的喷泉壮观而精美，雕像、景石、水体和背景组成了一个和谐的整体。雄壮的雕刻组景叙述了海神的故事，背景建筑是一座海神宫，采用了罗马凯旋门的样式，综合了半圆形内凹的神龛和文艺复兴时期样式主义的凸起的窗边框，正面有四根科林斯式立柱。凯旋门中央站立着的是海神雕像，两旁为两个寓意女神像，左边一个象征富庶，右边一个象征安乐。喷泉水池中央是特里同驾驶马车的组合雕塑，它是雕刻家伯拉奇(Pietro Bracci)设计完成的杰作。

特莱维喷泉的设计是极具想象力的，它那戏剧性的构思和布局、协调的整组群雕作品和富于神秘色彩的泉水，使它成为令世人赞叹的雕塑、建筑和水景力作。

8 罗马石舫喷泉

位于罗马三一教堂石阶下的石舫喷泉，是为纪念17世纪罗马人在一场罕见特大洪水中奋起抗洪而修建的，由意大利著名雕刻家贝尼尼的父亲彼得于1627年设计，又称为破船喷泉。它真实形象地记录了当年在一场泛滥洪水中破损小船漂流至此的情形。破旧的石船，半淹在池水中，喷泉喷出的水先流入破船，再由船的四边慢慢溢出，此外，船首两股水柱同时射出，船尾落水如瀑，形象逼真、生动，见图8。

1689年建成的巴黎凡尔赛宫，在正宫的前面是一座风格独特的法兰西式大花园，园内有多处喷泉，景象万千，如著名的阿波罗喷泉和拉托娜喷泉，见图9、图10。阿波罗在希腊神话中是主宰光明、文艺、学术和医学的神，后来他成为太阳神。

9 凡尔赛宫的阿波罗喷泉

在凡尔赛，水体面积之大，水池和喷泉数量之多，堪称当时欧洲各国宫殿水景之最。因而，能否为水渠和喷泉找到持续而稳定的水源，始终是国王路易十四关心的问题，甚至在战争期间，他也在为这个问题担心。因为路易很清楚，充足的水源对凡尔赛的景观起决定性作用。

在 $44hm^2$ 的理水系统中，仅全部喷泉开放每小时就需 $3600m^3$ 的水。因此，如果没有了水源，喷泉水池和号称具有威尼斯河道景观的水渠运河，将变成干涸的沟壑，壮丽景观将不复存在。为此，路易十四和他的大臣们曾考虑过从 200km 外的法国最大河流——卢瓦尔河引水，但最终由于技术问题和工程规模巨大而搁置。

由于凡尔赛的水源问题始终没能解决，喷泉远远不能达到全部开放的用水要求。在平日，有限的水仅仅能供应宫殿近旁的喷嘴、北翼的乃普顿湖和小林园里的四季喷泉喷水。如遇国王、王后们游玩或外国王室和使节来凡尔赛参观，为了不丢面子，宰相高尔拜灵机一动，就派小童们跑在前面给喷泉放水，王室一行一过，就关上阀门。小童们在林阴路的交叉口上打旗语来报告游览者走动的方向，这个措施在当时是绝对保密的，就连路易十四本人也不知道。

我们现在看到的凡尔赛水景区域的水源是由巴黎及附近省市兴建的现代水网提供的，水质较好，没有污染。

在中轴线林阴大道绿草坪西边路的尽头，有一个巨大的水池，阿波罗赶着他的战车，风驰电掣般从水池中央奔突而出，喷起 20 多 m 的水柱，开始了他一天的巡程。在战车之前不远处，向西展开一条望不到尽头的大水渠。每天，阿波罗伴着落日结束了他一天的行程。这就是以阿波罗神话故事为主题的阿波罗之车群组雕像和喷泉景观。其中，主要为阿波罗的战车装饰。

这种设计景象，描绘出太阳神阿波罗每天在破晓时驾着战车从波涛中出现并向西奔驰的情景，而水泽女神克吕提厄，凝视着初升的太阳，目不转睛地追随太阳神，直至他走完每天的行程下山去。离此不远处是阿波罗的母亲拉托娜(Latone)，她为了躲避赫拉的迫害，不得不漂泊四方。太阳神阿波罗完成每天东升西落的周期循环，夜晚终止于西蒂斯的洞室，也就是北翼所处的地方，它展现了这位太阳之神在夜间由仙女们照管的景象。

西边中轴线上就是那条长 1600m、宽 60m 的大水渠，又称为运河。每当红日西沉之时，夕阳在大水渠的西端放射出万道霞光映照在水面上，阿波罗冉冉隐没，大水渠衬映着太阳神从日出到日落巡天的全过程，这幅灿烂壮丽的落日景象感动过无数到过凡尔赛的人，大文豪雨果曾激动地赋诗吟赞。可惜我去的时候正值多云天气，没能一饱这一美景。

凡尔赛宫的拉托娜喷泉是太阳神阿波罗的母亲拉托娜站立在水池中央大喷泉顶上，一手揽着幼年的阿波罗，若有所思地向西凝望着，周围分四圈布置着被上苍处罚而不得离塘的神态各异的青蛙。这是以一组希腊神话雕塑喷泉为中心布置的景园(Bassin et Parterre de Latone)。据神话所记，拉托娜被赫拉逐出后，四处流浪，一些无知的农人骂她，并在她的残食上唾口水。宙斯知晓后大怒，把这些落井下石的人都变成了癞蛤蟆。这些神话中的癞蛤蟆被造像在拉托娜喷泉里，围成一圈向拉托娜像喷水。

10 凡尔赛宫的拉托娜喷泉

18 世纪中叶，欧洲的喷泉已发展到了鼎盛期，特别是法国巴黎，建筑了许多精美的雕塑喷泉。其中，最著名的是巴黎协和广场上的金喷泉。协和广场始建于 1754 年，完工于 1763 年，原名为路易十五广场，是为彰显路易十五的丰功伟绩而建的，广场中央放置路易十五的骑马雕像。1789 年法国大革命时，雕像被推倒，最后的法王和玛丽皇后被送上了设在这里的断头台。为了一洗血流成河的惨烈历史，广场被翻新重建，原来放断头台的地方竖起了方尖碑，并新建了雕塑喷泉，见图 11 。

11 巴黎协和广场的金喷泉

12 协和广场的喷泉与方尖碑

巴黎协和广场上的金喷泉的设计灵感源于罗马圣彼德广场上的伯尔尼尼喷泉(见图5),设计人是建筑师希托弗。喷泉及池中的雕塑金碧辉煌,古典绚丽,为协和广场带来了灵动的景观,见图12。

自18世纪的工业革命后,欧洲出现了诸如巴黎和伦敦这样的大机器生产的工业城市,引起了城市结构的根本变化。城市出现了以前没有的大片工业区,城市规模越来越大,城市布局也越来越混乱。城市环境随着人口的剧增而遭到破坏,城市绿化与公共设施严重不足。1853年,巴黎执行法国皇帝拿破仑第三的城市改建政策,开始了对市中心区的大规模改造工程。在此后的半个世纪中,先后开拓了爱丽舍田园大道及12条宽阔林阴放射路和明星广场,全巴黎修建了无数座大面积公园,使巴黎成为当时世界上最漂亮的首都之一。

巴黎夏乐宫是这场城市改建热潮接近尾声时兴建的,始建于1886年,与埃菲尔铁塔建于同一年,也是1889年世界博览会的永久纪念物。但它不像埃菲尔铁塔仅仅是一种象征和装饰,没有太大的使用功能;夏乐宫一开始就作为巴黎重要的艺术场所,它的右边是歌剧院,左边是海洋博物馆、人类博物馆、文化遗产博物馆和电影博物馆。它被称为法国的文化和艺术宫殿。夏乐宫环形柱廊建筑的前后是著名的人权广场,处在广场中心位置的是规模宏大的组合式喷泉水景,成为19世纪末至20世纪初欧洲近现代城市大型水景的代表作品,见图13。

13 夏乐宫广场上的大型组合城市喷泉

四组共20支巨型炮筒式喷嘴组成的喷雾喷泉,是世界上最大的喷水设施。如果全部开启,水态多姿多彩,中间喷水筒轰击出的水流在空中形成团团水雾,水声隆隆,极为壮观!夏乐宫广场上的喷泉水景层次丰富,喷水造型多样,是综合性大型水景的优秀作品,见图14、图15。

夏乐宫的建筑及广场营造出了一个新古典主义环境下具有时代气息的城市景观环境,为花都巴黎增添了一道亮丽的城市景观。

另外还有许多寓意很深的喷泉小品。例如,比利时首都布鲁塞尔的于廉喷泉,是一个半米高的紫铜雕像,是一个光着身子站在大理石台座上,聚精会神地撒尿的小男孩。这就是被比利时人民誉为“布鲁塞尔市第一公民”并象征比利时民族独立精神的于廉。相传13世纪,敌军侵占了布鲁塞尔城,并要炸毁市政厅中心

14 从夏乐宫环形建筑中轴线平台上看大喷泉景观

15 夏乐宫大喷泉是形同榴弹炮管的四组射流管,景象壮观

广场上的“珍宝馆”,这时小于廉突然发现了燃烧着的导火索,他急中生智,便朝着导火索的火花撒了一大泡尿,火花熄灭了,布鲁塞尔城得救了,小于廉却英勇地牺牲了。为了表彰他的功绩,1619年杜克斯诺伊雕刻了这座喷泉雕像(现在的雕像是1630年的复制品)。又如丹麦哥本哈根的基芬(Gefion)喷泉,也有一个美丽的神话故事——传说魔鬼要用洪水把哥本哈根所在地的西兰岛淹没,杰芬女神把自己的四个儿子化为神牛,在她的指挥下,牛低头奋蹄,勇往直前,终于把西兰岛从水中拉了出来。喷泉雕像给人以动的力感,它激励人们奋起与大自然搏斗的勇气。

总的来说这一时期的喷泉多与雕像、神话故事、柱饰和水池等结合起来,并以表现王侯和贵族的权力为主要特征。

到了20世纪中期,喷泉发展成为一种巨大的水雕塑,即人工塑造出各种姿态的水柱,见图16。日内瓦莱蒙湖上耸入云天的喷泉。建于1958年,喷泉的水柱高达145m,由两台1360J的水泵,以16个大气压力,每小时200km的流速,将大约7t重的水,送入涟漪微波的莱蒙湖的上空。每当夜晚,巨型的探照灯光顺着银白色的水柱直刺暮空,景色极为壮观,被称为世界第一高喷泉,见图17。堪培拉格里芬湖上的库克喷泉,高达139m,是为纪念1770年乘“努力号”帆船登陆澳大利亚的詹姆斯·库克船长而于1970年建的。喷泉如白玉水柱,直指蓝天,见图18。

16 一大两小的组合喷泉水柱

沙特阿拉伯建造了世界上最高的喷泉——吉达喷泉。它的喷水高度为261m，相当于80层楼高，使用三台大水泵，以每小时320km的速度，抽取红海的水，射入高空。它以极为壮观的景色，吸引大量的旅游者。

英国伦敦的诺姆卡堡喷泉(Kinetic Sculpture Fountain by Naum Gabo)，底部是活动的，靠水的反推力可以转动。水的压力也可以变化，因此能形成多姿多彩的水造型，见图19。美国西雅图水利局操作中心喷泉（Seattle Water Department Operations Center Fountain)的出水口由很多小喷头组成，形成粗壮的水柱，再由水的反作用力使水柱不断地旋转，产生了极大的趣味，见图20。

17 日内瓦莱蒙湖大喷泉

18 堪培拉格里芬湖库克喷泉

随着现代技术的发展，到了20世纪五六十年代，先后出现了包括电子技术在内的各种自动控制的喷泉，如日本东京池袋地区的阳光城地下街大厅中的“会跳舞的喷泉”，是利用各种不同喷头、变化的压力和彩色灯光等做成的。它能使喷泉的水姿有时翩翩起舞，有时旋转，并有音乐伴奏。

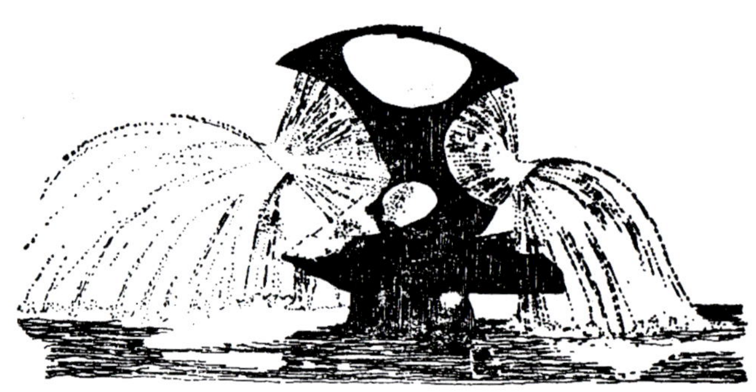

19 伦敦诺姆卡堡喷泉

20 美国西雅图水利局操作中心喷泉

又如美国佛罗里达州“海世界”的华尔兹舞喷泉(Waltzing Waters Fountain Fort Myers Florida)在立体声华尔兹舞曲的旋律和彩色灯光的配合下，喷泉水柱时而细如丝线，若断若续；时而汹涌澎湃，排山倒海；时而彩霞霁晴，霓虹相映；时而如万条银箭脱弦而出，瞬息千里。那袅娜多姿的水花，此起彼伏，气象万千，使人眷恋。

法国巴黎德芳斯中心广场上的“阿加姆”音乐喷泉(La fontaine musique de La Place de Defense a Paris France）建于1980年，由66个喷头组成，呈“S”形布置。它可以喷出高达15m和低于1m的高低不同的水柱，能表演如格什温的《蓝色狂想曲》、柴可夫斯基的《悲怆交响曲》等十多个精彩的节目，并在多姿多彩的水柱间配上奇异夺目的火花——火花由特制的火花喷射管喷出。水花和火花交织在一起，那奇妙的景观令人心旷神怡。

日本的水力喷射动物园，是在一个10m直径的水池内安装了6036个旋转的喷头，能喷射出老虎和狮子博斗、老鹰和羚羊厮杀等奇妙的景象。

在法国巴黎蓬皮杜文化中心侧面的斯特拉文斯基广场上，有一座独特的喷水池，水池中有夜莺、帽子、美人鱼、大象和五线谱符号等彩色雕塑。它能向四面八方喷射出水花，新颖别致，引人注目。雕塑是根据斯特拉文斯基的《春祭》、《火鸟》、《婚礼》、《彼得鲁什卡》等著名乐曲的主题而创作的。

进入21世纪，世界进入信息时代，人类也快速进入了数字化时代。水景喷泉也充分利用世界最先进的高科技成果，从过去的单纯声控的音乐喷泉向激光、影像和三维立体动画发展。例如，被称为目前世界最先进的新加坡圣淘沙梦幻喷泉，数控技术、影像、芭蕾、光色、三维动画和最先进的激光镭射技术以及烟火、水幕的运用，交织成一幅绚丽迷人的景象，见图21～图26。

每当夜幕降临，梦幻喷泉就会随着水幕、音乐和镭射光曼纱起舞。奇幻的水形通过水幕、激光和喷火，配合激光投影和水柱的舞动，讲述一个真人进入圣淘沙梦幻世界的故事……这时，喷泉和水幕中的虚拟"主持人"出现，通过音乐和特效的巧妙配合，游客们开始观赏一场虚幻离奇的演出，喷泉水景成为融入高新技术和浪漫故事情节的神奇舞台。

还有许多丰富的喷水小品，如编织型的水花小景、涌泉水柱、时钟喷泉和彩虹水幕等，不胜枚举，见图27～图30。

二、中国喷泉简述

我国园林崇尚自然，力求清雅、素静、野趣。因此在理水方面，着重对自然山水的艺术概括，对于人工动水的喷泉则注意较少。据《汉书典职》记载，在秦汉上林苑中有"……激上河水，铜龙吐水，铜仙人衔杯受水下注"的创造。在《贾氏杂录》中记载，在唐华清宫御汤池中"……有双白石莲，泉自瓮石口中涌出，喷注白莲之上"。《洛阳名园

23 梦幻世界

24 声、光、色、形的交响曲

21 水柱漫舞

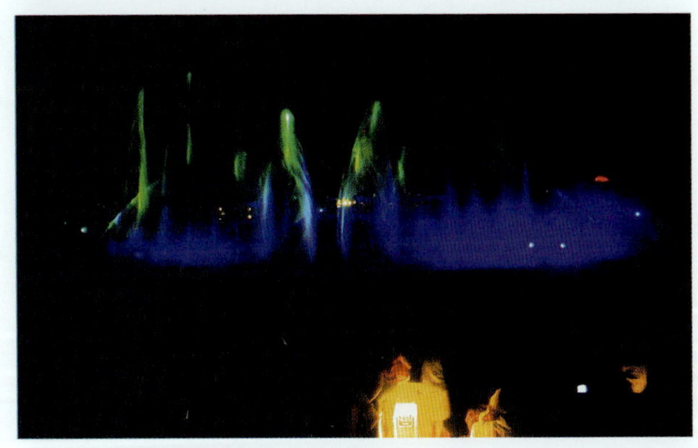

25 水、光、色的雕塑

22 金梳篦空

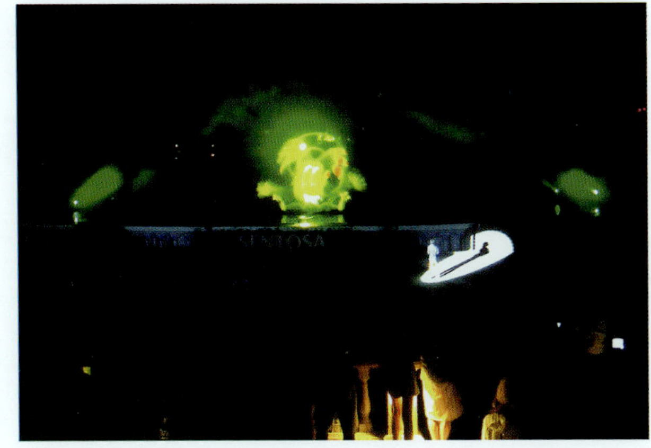

26 喷泉水幕中的三维动画

记》中记载，在董氏西园中有“水自花间涌出。”这种形式的动水景一直延续至今，如目前多处园林名胜内保有的黄龙吐水、青龙吐水和二龙戏水等景。18 世纪，西方的喷泉传入我国。1747 年清乾隆为了猎奇，先后在圆明园西洋楼建“谐奇趣”、“海晏堂”和“大水法”等三处大型喷泉。“大水法”是在中央水池中有十支铜狗，口中齐射急流，直指铜鹿，这就是有名的“猎狗逐鹿”。在“海晏堂”现在还残存着由嘴里喷水、身穿罗汉袍的地支“十二属”，代表十二生

27 与壁灯结合的喷泉小品

28 涌泉水柱与现代鸟浴坛

29 围绕雕塑喷水的花坛喷水小景

30 现代感极强的组合喷泉小品

肖，见图 31。它是用人工操纵的提水机械——龙尾车，通过铜管，将水从低处提升到设在高处的 180m³ 的蓄水池内，为了防止渗漏，在池周包满□板，池中可以养鱼，称着“□海”，然后自流而下，供给喷泉。它能依次每隔一个时辰(相当两个小时)更换一个喷头喷水，到正午 12 时，十二个生肖同时喷水。但是，这些喷泉和圆明园一起在 1860 年 10 月被英法联军劫掠焚毁。

从晋到北宋后期，我国先后研制出喷水的“瓷洗”和“铜洗”。如现在浙江省博物馆珍藏的“喷水鱼洗”，是一个青铜器皿，外形像一个深腹的脸盆，在盆底铸有四尾鱼纹，壁上有须，沿口具有双耳。在鱼洗内蓄水后，用手心在器耳上来回摩擦，洗内水面便逐渐跃动，发出嗡嗡的响音，继而喷出高高的水珠，形如细丝，状似急风骤雨，它是利用共振原理制成，蔚为奇观，被誉为“绝代之珍”。这可以说是世界上最早的移动式喷水装置了，见图 32。

近年来随着城市现代化的发展，喷泉已引起人们广泛的喜爱和兴趣，喷泉技术也正在不断地进步。

31 圆明园海晏堂十二生肖大水法

32 喷水鱼洗

我们这里讲的喷泉则是作为造景的理水手法之一，常用于城市广场、公共建筑和园林小品等。它不仅自身作为一种独立的艺术品，可以振奋精神、陶冶情怀、丰富城市的文化面貌，而且能增加周围空气的湿度，减少尘埃，还能大大提高空气中的负氧离子的含量，从而有利于提高环境质量，增进人们的身心健康。

一、喷泉系统布置原理

一个喷泉主要是由喷水池、管道系统、喷头、阀门、水泵、灯光照明和电器设备等组成。图1、图2分别为一典型喷泉的给排水管道系统平面布置图和喷泉的灯光照明系统平面布置图。

二、喷泉的水源及给排水方式

喷泉的水源应为无色、无味、没有有害杂质的清洁的水。因此，喷泉除使用城市自来水作水源外，其他如冷却设备和空调系统的废水等均可作为喷泉用水的水源。

对于流量在2~3L/s以内的小型喷泉，可直接由城市自来水供水。使用后直接排入城市雨水管道，见图3 a。

为了保证喷水具有稳定的高度和射程，供水需经过特设的水泵加压。当用水量不大时，仍可直接排入城市雨水管，见图3 b。

对于大型喷泉，一般应采用循环供水，可以设水泵房，也可以将潜水泵置于水池内供水，见图3 c。

在有条件的地方，可以利用天然高位水作为水源，用毕自行排除，见图3 d。

为了保持喷水池的卫生，大型喷泉还可以设置专门的水泵，供喷水池水的循环，并在管路中设过滤器和消毒设备，以清除水中的杂物、藻类和病菌。

喷水池的水应定期更换，其废水可以用于周围绿地的喷灌或者地面洒水。

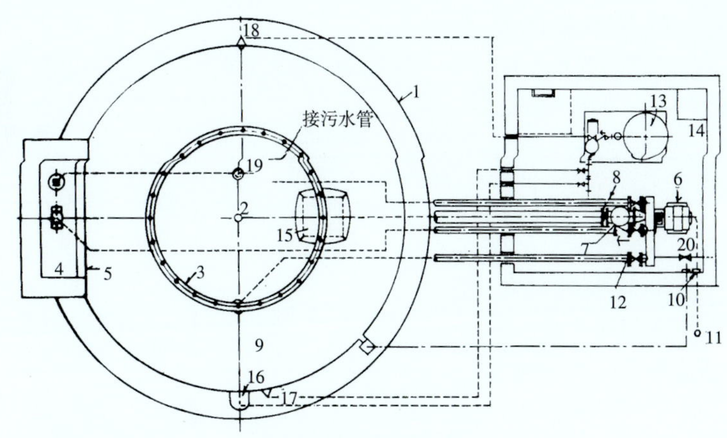

1 喷水池给排水系统典型平面布置图

1—喷水池；2—加气喷头；3—环状管上的单射程喷头；4—高水池；5—堰；6—水泵；7—吸水滤网；8—吸水关闭阀；9—低水池；10—风控制盘；11—风传感计；12—平衡阀；13—过滤器；14—泵房；15—阻涡流板；16—除污器；17—真空管线；18—可调进水设备；19—溢水口；20—水位控制阀

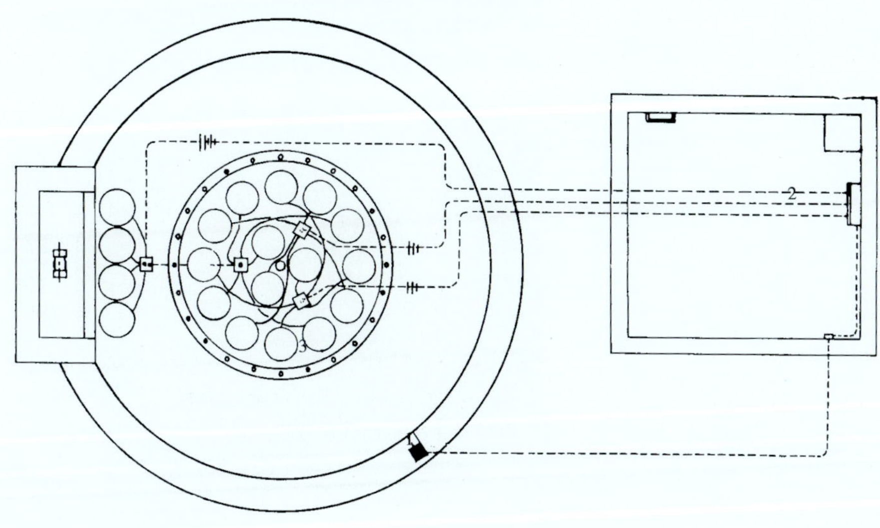

2 喷水池照明布置图

1—低电控制器；2—程序盘；3—水下灯

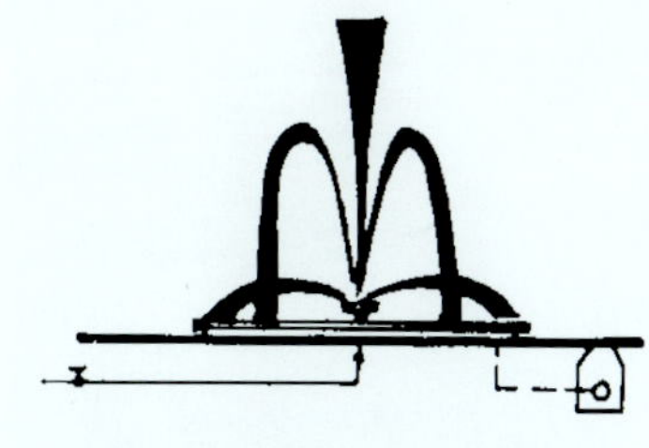

a 水源直接引城市自来水，用毕排除

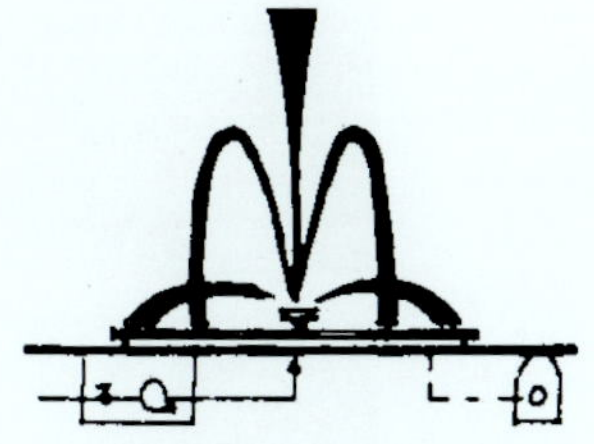

b 给水经水泵房加压，用毕排除

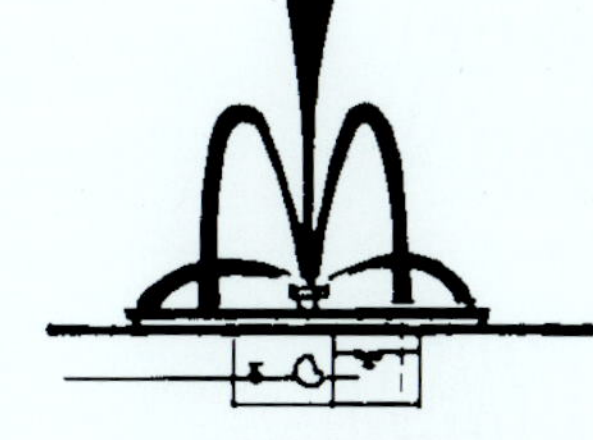

c 给水经水泵循环使用

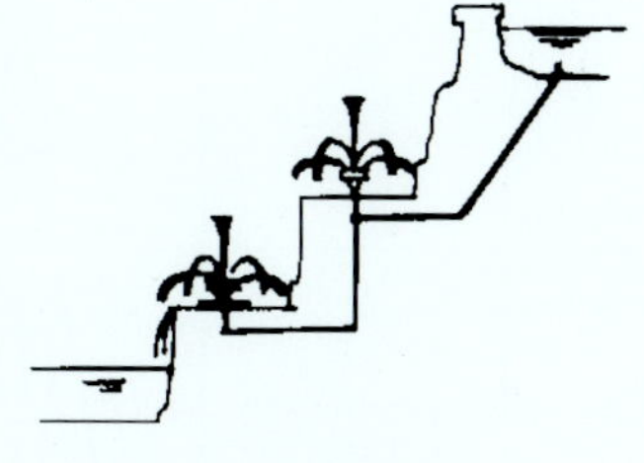

d 引用高水位，用毕排除

3 喷泉给排水方式

三、喷泉水姿的基本形式

随着喷头设计的不断改造与创新，新的喷泉水姿不断地丰富。其基本形式见表1和图1~图14。

喷泉水姿的基本形式　　表1

序号	名称	喷水姿	备注
1	单射形		单独布置
2	水幕形		布置在圆周上
3	拱顶形		布置在圆周上
4	向心形		布置在圆周上
5	圆柱形		布置在圆周上
6	向外编织形		布置在圆周上
7	向内编织形		布置在圆周上

1 单射形喷泉

2 街边花园中的单射形喷泉

3 水池中的向心形喷泉

4 城市公园人工湖中的水幕组合喷泉

5 圆型小水池中的拱顶形喷泉

6 城市广场上的圆柱形喷泉

续表

序号	名　称	喷水姿	备　注
8	圆弧形		布置在曲线上
9	蘑菇形		单独布置
10	吸力形		单独布置（此型又可分为吸水型、吸气型、吸水吸气型）
11	旋转形		单独布置
12	喷雾形		单独布置
13	篱笆形		布置在直线或圆周上
14	屋顶形		布置在直线上
15	喇叭形		布置在圆周上

7 单独布置的蘑菇形水膜喷泉

8 直线布置的拱顶形喷泉

9 喇叭形水膜喷泉

10 由单嘴组合布置在圆周上的喇叭形喷泉

续表

序号	名称	喷水姿	备注
16	扇形		单独布置
17	孔雀形		单独布置
18	多层花形		单独布置
19	牵牛花形		单独布置
20	半球形		单独布置
21	蒲公英形		单独布置

11 单独布置的扇形水膜喷泉

12 与直射流喷头组合式扇形喷泉

13 大型、低矮的牵牛花形喷泉

14 蒲公英形球状喷泉

各种喷水姿可以单独使用，也可以组合成美丽的图案使用，多种水姿的组合并非越多越好，单喷水姿如果和环境结合的好，一样能取得较好效果。设计者可根据具体环境状况和需要选择使用，见图15～图33。

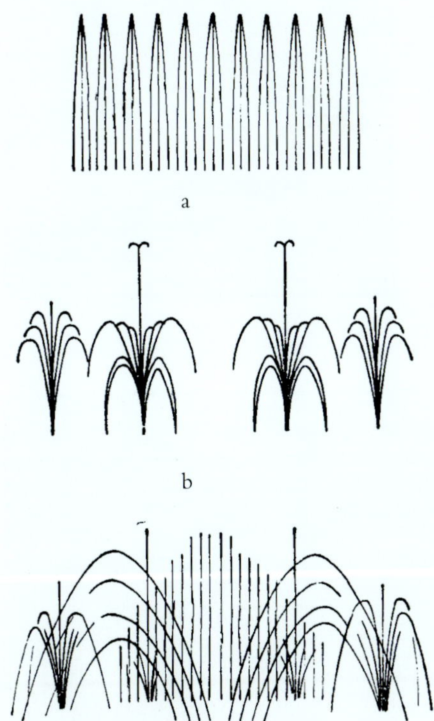

a

b

c

d

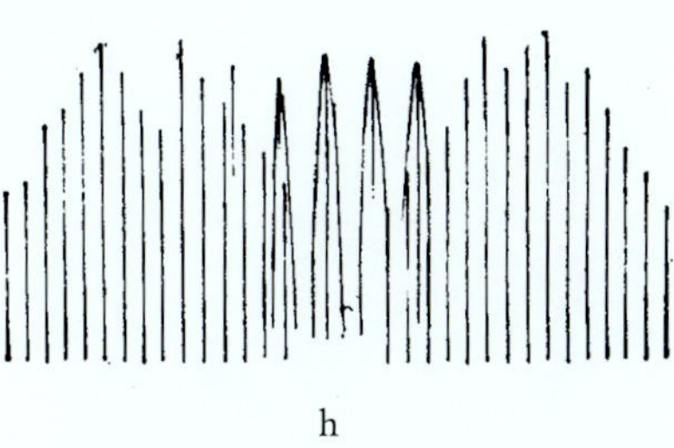

h

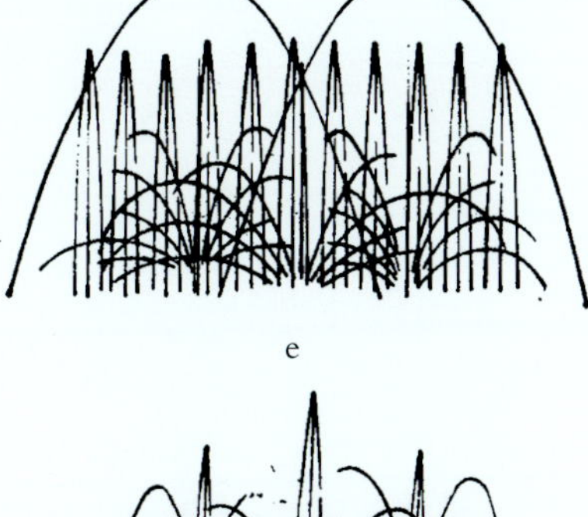

e

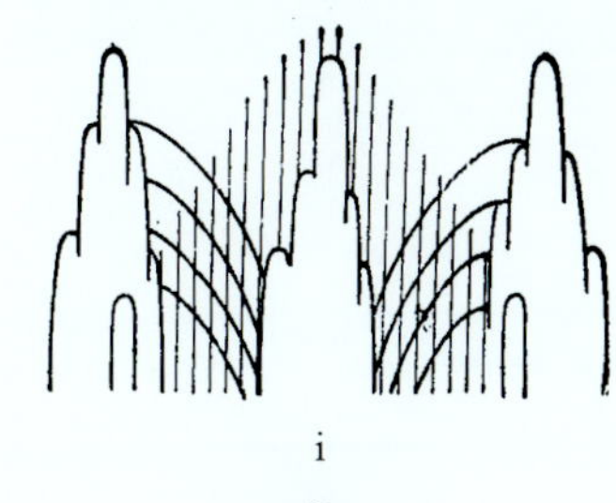

i

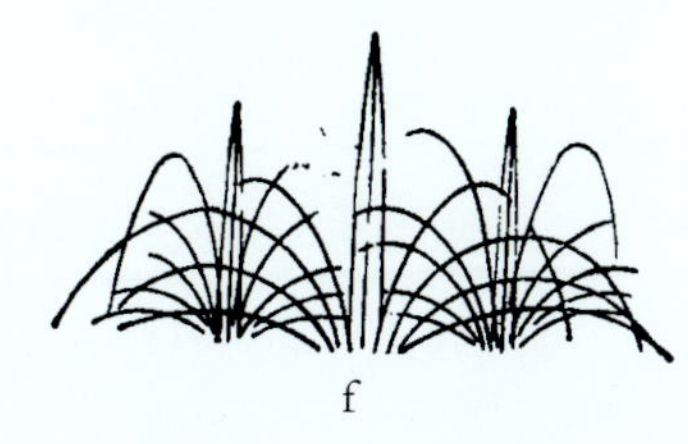

f

j

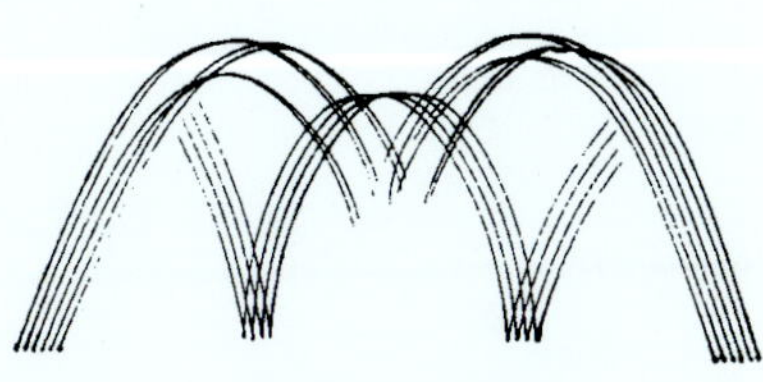

g

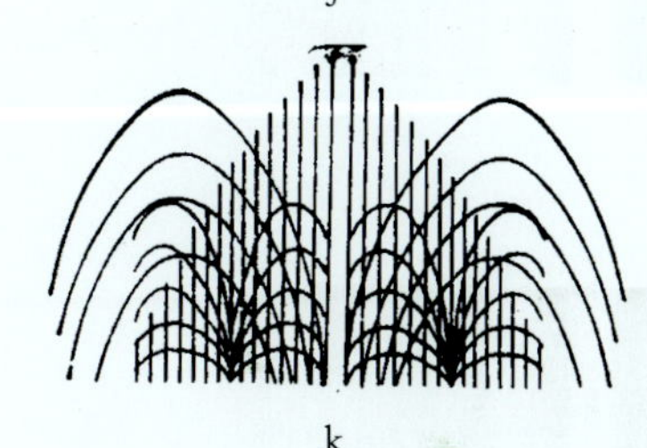

k

15 组合式喷水姿变化图形

16 组合喷泉实景一

17 图16不同角度实景效果

18 组合喷泉实景二

19 组合喷泉实景三

20 图19局部

21 图19圆周局部

22 组合喷泉实景四

23 图22组合喷泉环境

24 图22组合喷泉正面

25 图22组合喷泉侧视

26 图22喷泉局部

27 组合喷泉实景五

28 图27组合喷泉变化一

29 图27组合喷泉变化二

30 组合喷泉实景六

31 组合喷泉实景七

32 图31喷泉正面效果

33 组合喷泉实景八

四、喷泉的环境关系

1. 喷泉位置的确定与环境布置 喷泉的类型很多,大体上可以归纳为以下几类:

(1)普通装饰性喷泉——由各种花型图案组成固定的喷水形。

(2)与雕塑结合的喷泉——喷泉的水形与柱式、雕塑……等共同组成景观。

(3)水雕塑——用人工或机械塑造出各种大型水柱的姿态。

(4)自控喷泉——利用各种电子技术,按设计程序控制水、光、音、色,形成变化的奇异景观。

因此,在选择喷泉位置,布置喷水池周围的环境时,首先应考虑喷泉的主题和形式要与环境相协调。把喷泉和环境统一考虑,以环境渲染和衬托喷泉,以达到装饰环境或启发联想、创造意境的目的,见图1、图2。

一般情况下,喷泉的位置多设于建筑或广场的轴线焦点或端点处。也可以根据环境特点,做一些喷泉小景,自由地装饰空间。其次要根据喷泉所在地的空间环境来确定喷水的形式、规模及喷水池的大小式样等。环境条件与喷泉规划的关系,见图1、图2。

1 从泉钵到喷水池的造型和色彩都与建筑环境和谐统一

2 雪松形喷水与自然式的园林环境极为协调

不同环境条件喷泉形式的选择 表1

环境条件	适宜的喷水规划
开阔的场地 站前广场 公园入口 街道中心岛	水池一般选择规则形式。水池要大,喷水要高,照明不宜太华丽
狭窄的场地 街道转角处 建筑物前	水池多为长方形或它的变形。照明应注意周围的亮度
现代建筑 旅馆,饭店, 展览会会场	水池形状多为圆形、长方形等。水量要大,水感要强烈,照明要华丽
中国传统式园林	水池的形状多为自然式,喷泉可以做成瀑布、跌水、滚水、涌泉等形式,多以表现天然水态为主
热闹的场所 旅游宾馆 展览馆	喷水姿要求富于变化、色彩华丽,如使用音乐喷泉、彩色灯光照明等
寂静的场所 公园内的一些小的局部,庭院	形式自由,可与雕塑等各种装饰性小品相结合,一般变化不宜过多,色彩也应较朴素

2. 喷泉 喷泉水池周围的地面应做铺装。场地的大小与喷水的高度和喷水池直径的大小有关。根据人眼视域的生理特征,对于喷泉、雕塑和花坛等景物,其垂直视角在30°,水平视角在45°的范围内,有良好的视域。那么对于喷泉来讲,怎样确定合适的视距呢?现将有关推算简述如下。

当垂直视角为30° 时,其合适视距为

$$D_1=\cot\alpha(H-h)$$
$$=\cot\frac{30^\circ}{2}-(H-h)$$
$$=3.7(H-h)$$

式中:D_1为合适视距;H为景物高;h为人眼高。

据此粗略地估计,大型喷泉的合适视距约为喷水高的3.3倍;小型喷泉的合适视距约为喷水高的3倍。

当水平视域为45° 时,其合适视距为

$$D_2=\cot\frac{45^\circ}{2}\times\frac{W}{2}$$
$$=\cot22^\circ30'\times\frac{W}{2}$$
$$=2.41\times\frac{W}{2}$$
$$\approx1.2W$$

式中:W为喷水池的宽度。

喷泉景物合适的视距约为景物宽度的1.2倍。因此在这个空间范围内的场地,应做良好的铺装,以供游人停留欣赏。

喷头是喷泉的一个主要组成部分。它的作用是把具有一定压力的水，经过喷嘴的造型，在水面的上空喷射出各种形状的水花。因此，喷头的形式、结构、制造的工艺质量和外观等，都对整个喷泉的艺术效果产生直接的影响。

一、喷头概说

1. 不同材质喷头的性能和特点 喷头受水流(有时是高速水流)的摩擦。因此，一般多用耐磨性好、不易锈蚀，又具有一定强度的黄铜或青铜制成。为了节约铜材，近年来亦使用铸造尼龙(几内酰氨)制造喷头。这种喷头具有耐磨、自润滑性好、加工容易、轻便(它的重量只有铜的1/7)、成本低等优点，但目前尚存在着易老化、使用寿命短、零件尺寸不易严格控制等问题，因此主要用于低压喷头。当前国内还使用合金铝制作的喷头。这种合金铝喷头虽然耐磨性差、使用寿命短，但成本低、易于加工，材料来源方便，小型喷泉几年更换一次喷头，可以改变喷泉水姿，因此也是可取的。

2. 喷头的通径(D) 喷头的通径是指喷头进水口的直径。单位以mm表示。在选择喷泉喷头的通径时，要与连接管的内径相配合，管径不能有急剧的变化，以保证喷水的花型。

我国目前喷泉用喷头还没有定型的系列产品，现将常用喷头通径的公称值列表，见表1。

常用喷头通径公称值表 **表1**

公称通径										
	mm（毫米）	15	20	25	32	40	50	70	80	100
	in（英寸）	$\frac{1}{2}$	$\frac{3}{4}$	1	$1\frac{1}{4}$	$1\frac{1}{2}$	2	$2\frac{1}{2}$	3	4

喷嘴出水口面积(W)的单位是cm^2。在一定压力下，喷嘴出水口的面积反映喷头的过水能力。喷嘴出水口面积大，喷出的水量也大，反之，喷嘴出水口面积小，喷出的水量也就小。

喷嘴出水口的内壁及其边缘的光洁度，对喷头的射程和水姿的造型有较大的影响。因此在喷头设计和制造时，应根据各种喷嘴的不同要求及同一喷头的不同部位，选择不同的光洁度。

二、常用喷头的类型、构造及其喷水造型

喷头的种类很多，这里仅就常用的喷头形式和构造作一介绍。为了便于选用，在每种类型的喷头中，选1～2种作详细介绍。

1. 单射流喷头 单射流喷头是压力水喷出的最简单的喷头，也是喷泉中应用最多的一种喷头。它可以单独使用，也可以组合使用，以形成多种多样的喷水图案。

根据水力学的实验证明，这种单射流喷头当喷嘴为圆锥形收缩管嘴，其锥角为13°24′ 时最为理想。这时其流量系数τ=0.946；流速系数ψ=0.963；收缩系数ε=0.982。因此一般消防喷头选用13° 收缩式圆锥形喷嘴。喷泉用喷嘴，则可根据使用特点的不同，选用不同的圆锥角。

单射流喷头，可分为固定式喷头和可活动式喷头两种。固定式喷头又称为定向式喷头；可活动式喷头又称为多向喷头或万向喷头。

(1)固定式(定向)单射流喷头 单喷嘴，直射流，水柱晶莹透明，垂直射流时顶端可能形成压花，倾斜射流成抛物线形。线条明快流畅，可组成多种图案。固定式单射流喷头的技术参数见表2。

固定式单射流喷头又可分为单射流喷头和涌泉喷头两种。其详细构造见图1 a、图1 b。

固定式单射流喷头的技术参数 **表2**

型号规格(mm)	联接尺寸(G)	技术参数			
		工作压力(kg/cm²)	喷水量(m³/h)	喷射高度(m)	覆盖直径(m)
ZDB 50	2"	50~200	5~8	3~8	射线状
ZDB 40	1 1/2"	50~150	3~6	3~8	
ZDB 25	1"	50~150	2~4	3~7	
ZDB 20	3/4"	50~150	1~3	1~5	
ZDB 15	1/2"	50~150	0.3~15	1~5	

(2)活动式单射流喷头 这种喷头由活动喷嘴、套筒、底座及硬橡胶垫圈四个部件组成。其喷嘴的球面与套筒间为滑动配合，因此喷嘴的喷射角度可以任意选定。射流轴线可以作为±10° 的调节，安装调试灵活方便，组成图案的能力强。活动式单射流喷头的技术参数见表3。

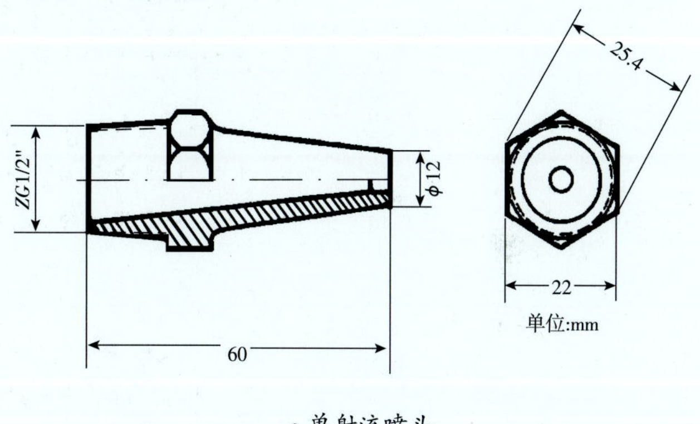

a 单射流喷头

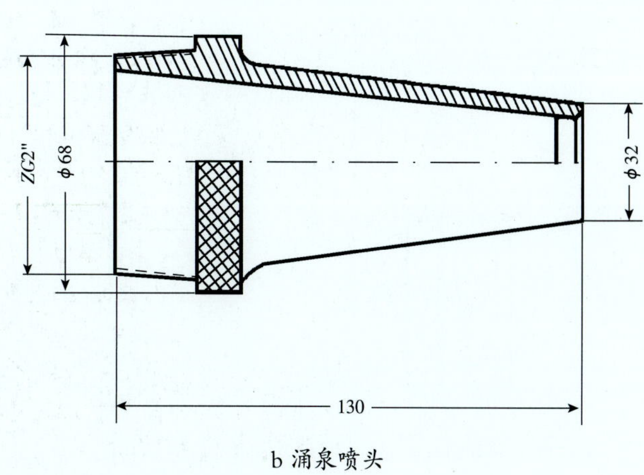

b 涌泉喷头

1 固定式单射流喷头

活动式单射流喷头的技术参数　　表 3

型号规格（mm）	联接尺寸（G）	技术参数			
		工作压力（kg/cm^2）	喷水量（m^3/h）	喷射高度（m）	覆盖直径（m）
ZWT2$_{1/2}$	2 1/2"	70～150	10～15	3.5～10	
ZWT2	2"	50～150	5～8	3.5～8	
ZWT1$_{1/2}$	1 1/2"	50～150	3～5	3.5～8	
ZWT1	1"	50～150	2.5～4	3.5～–8	
ZWT3/4	3/4"	50～150	1～3	3.5～8	
ZWT1/2	1/2"	50～150	0.5～1.5	3.5～8	射线状
ZWT3/8	3/8"	50～150	0.1～1	2.5～5	
ZWT10	M10	30～100	0.08～0.5	2～3	
ZWT8	M8	10～20	0.06～0.4	1～2	
ZWT6	M6	8～12	0.05～0.3	0.5～1	
ZWT4	M4	8～10	0.03～0.8	0.3～0.8	

活动式单射流喷头的详细构造见图 2 。

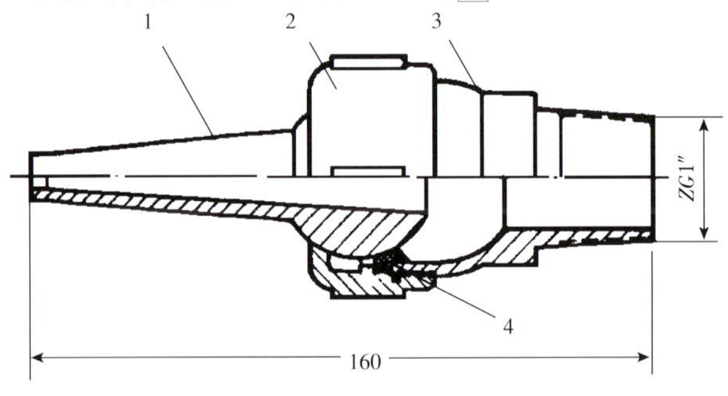

a 活动式单射流喷头总装图

1—喷嘴；2—喷头套筒；3 喷头基座；4—硬橡胶垫圈

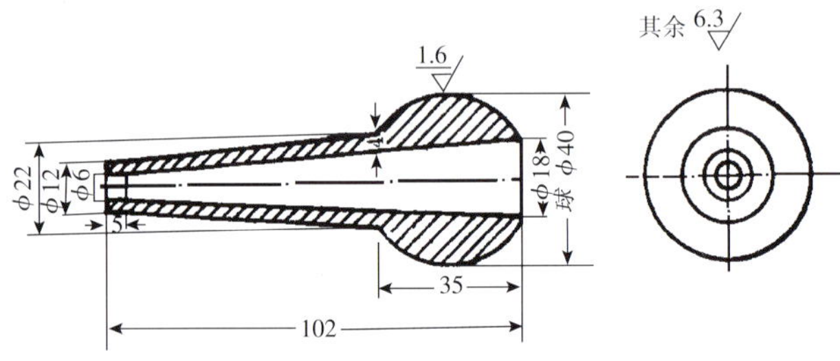

b 活动式单射流喷头喷嘴图

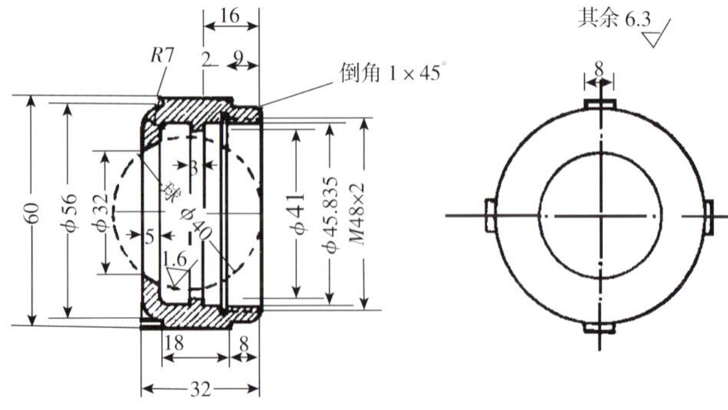

c 活动式单射流喷头套筒图

2 活动式单射流喷头

可调式活动单射程喷头的效果及安装见图 3 、4 。

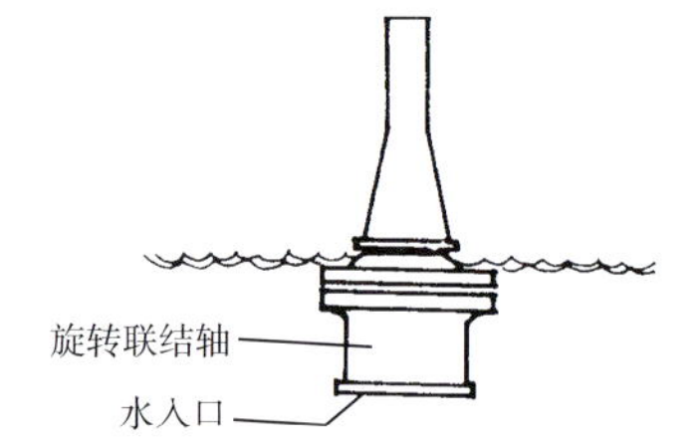

a 可调式单射程喷头

b 喷水效果

3 活动式单射流喷头效果

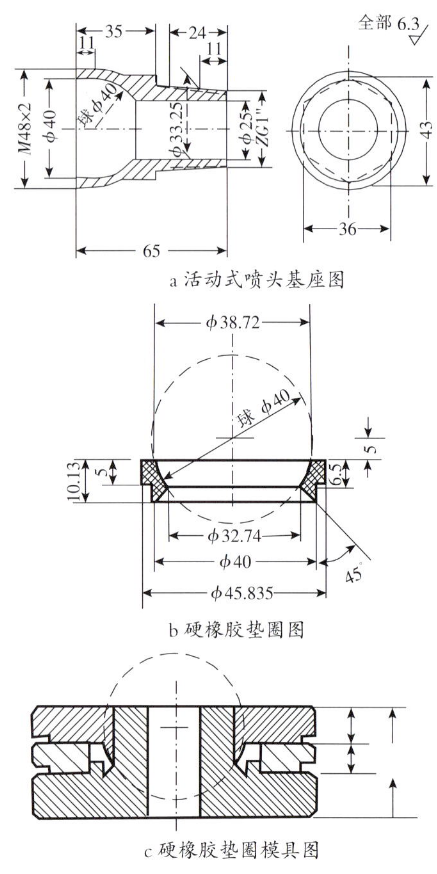

a 活动式喷头基座图

b 硬橡胶垫圈图

c 硬橡胶垫圈模具图

4 活动式单射流喷头安装

2. 喷雾喷头 这种喷头的内部，具有一个螺旋形导水板，能使水进行圆周运动。因此，当旋转的水流由顶部小孔喷出时，迅速散开，弥漫成雾状的水滴。每当天空晴朗，阳光灿烂，在太阳对水珠表面与人眼之间联线的夹角为 42° 18′~ 40° 36′ 时，伴随着蒙蒙的雾珠，色彩缤纷的彩虹辉映着湛蓝的晴空，景色十分瑰丽。

喷雾喷头的型式很多，见图5。喷雾效果见图6。

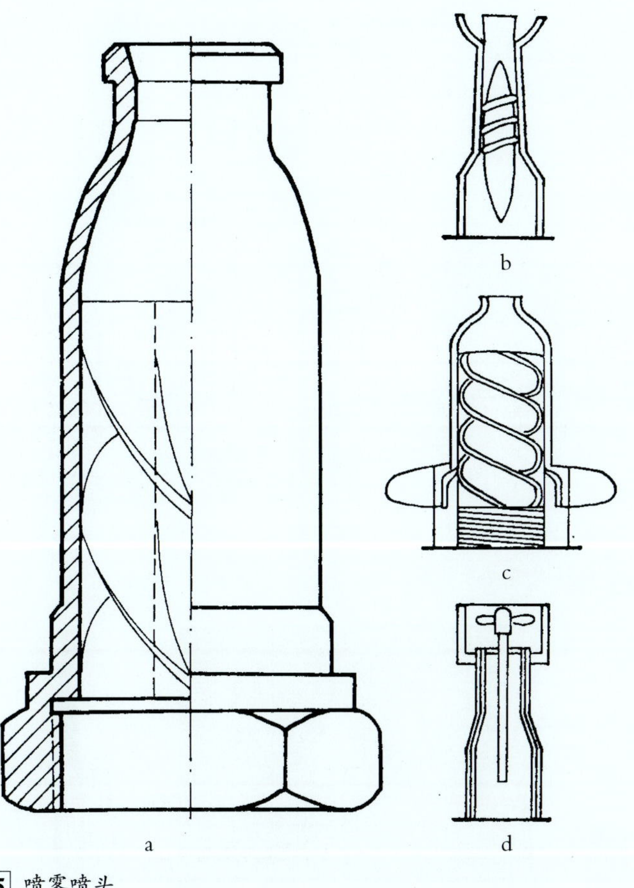

5 喷雾喷头

6 由众多喷雾喷头组合成的大型喷雾景观

3. 旋转式喷头 这种喷头的出水口有一定的角度，当压力水流喷出时，水的反推力使喷头不断地旋转，因而喷出的水花或欢快旋转，或飘逸荡漾、婀娜多姿。旋转喷头利用喷水的反作用力推动喷头旋转，多条水线在空中离心向外形成螺旋扭动的曲线。夜晚在彩灯映射下犹如彩带在夜空中飘舞。旋转型喷头的规格、型号及技术参数见表 4。

旋转式喷头的技术参数 **表 4**

型号规格（mm）	联接尺寸（G）	技术参数			
		工作压力（kg/cm²）	喷水量（m³/h）	喷射高度（m）	覆盖直径（m）
SXnB50	2"	150	22	6	1.5 ~ 4
SXnB40	1 1/2"	100	10	4	1.5~2.5
SXnB25	1"	75	3.5	3	1~1.5
SXnB20	3/4"	40	2.5	3	1~1.5
SXnB15	1/2"	40	2	2	0.5~1.2

旋转式喷头的形式很多，见图7。

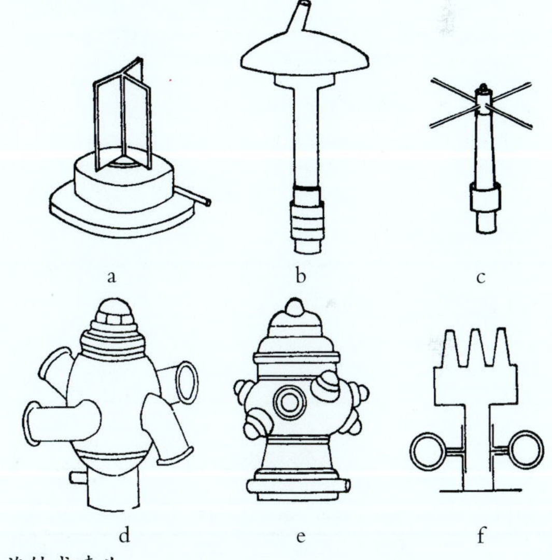

7 旋转式喷头

旋转式喷头的详细构造，见图8 ~ 图12。

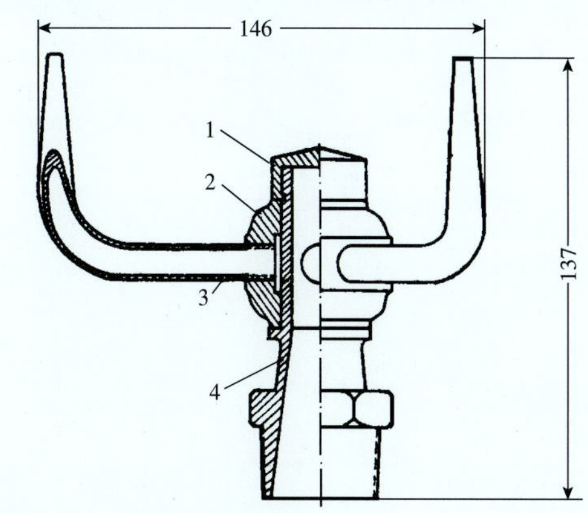

8 旋转式喷头构造总装图

1—螺帽；2—转筒；3—喷嘴；4—管轴

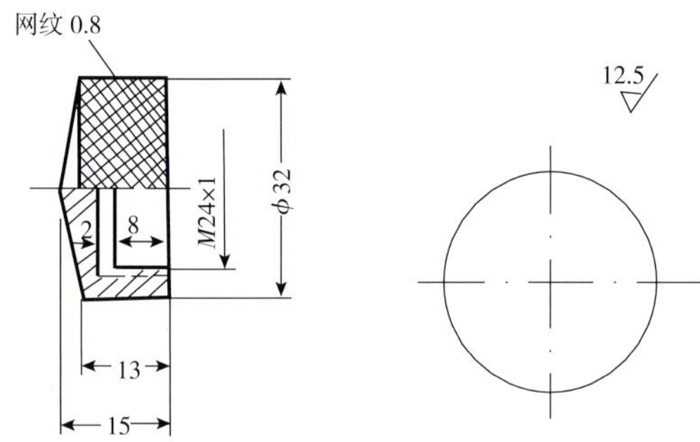

9 旋转式喷头螺帽图

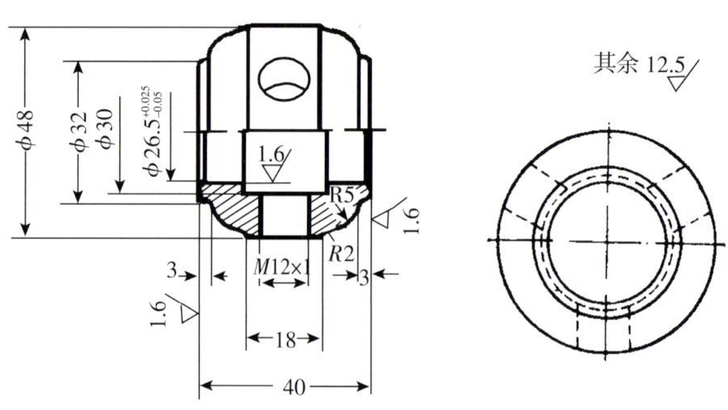

10 旋转式喷头转筒图

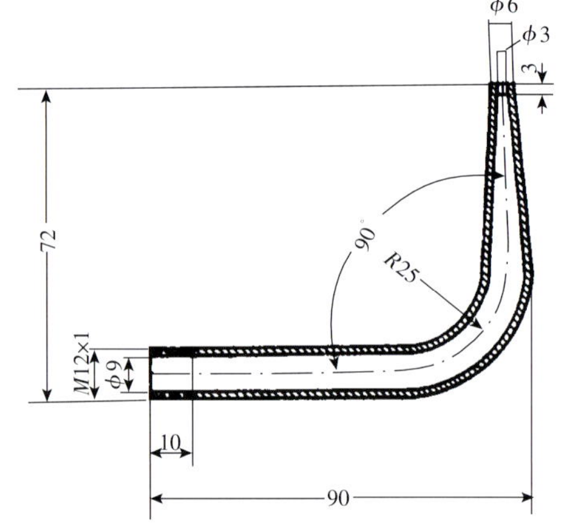

11 旋转式喷头喷嘴图

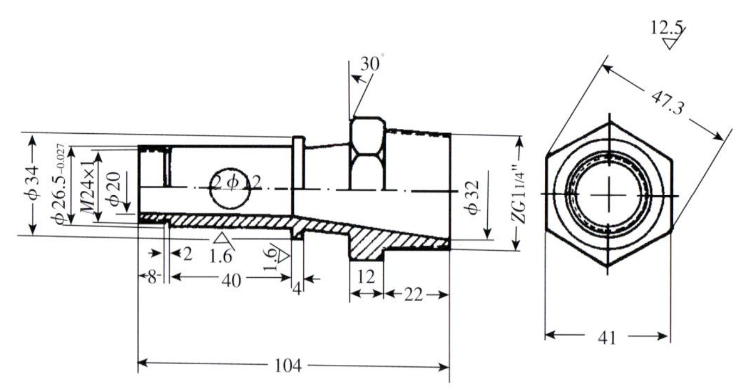

12 旋转式喷头管轴图

旋转型喷头的喷水效果见图13。

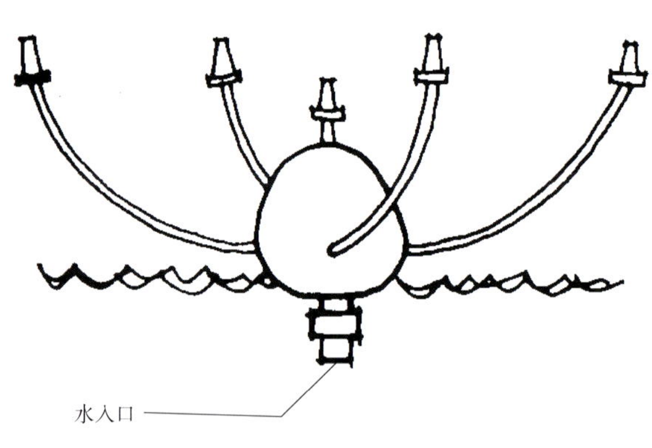

a 旋转式多嘴喷头在水中的安装位置

b 喷水效果

13 旋转式喷头的安装及喷水效果

4. 变形水膜喷头 变形喷头的种类很多，它们的共同特点是在出水口的前面，有一个形状各异的反射器。当水流射击反射器后，通过反射器激起水花的造型作用，形成各种式样的薄薄的水膜。反射器的形状和水花变化的关系见图14。常见的变形喷头有蘑菇形、牵牛花形、扶桑花形、伞形和散射形，见图15、图16。重瓣花形喷头见图17。其中，蘑菇形、牵牛花形和扶桑花形又被统称为半球形喷头。

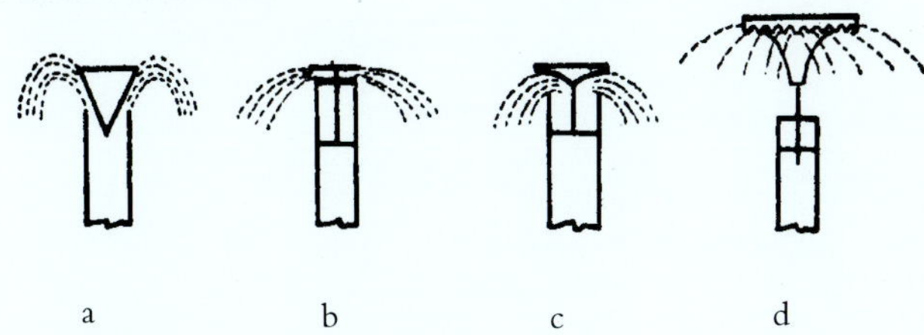

14 反射器的形状和水花变化关系

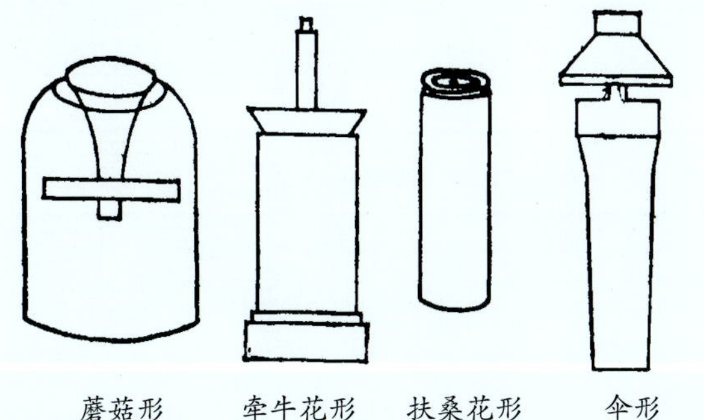

15 各种变形喷头

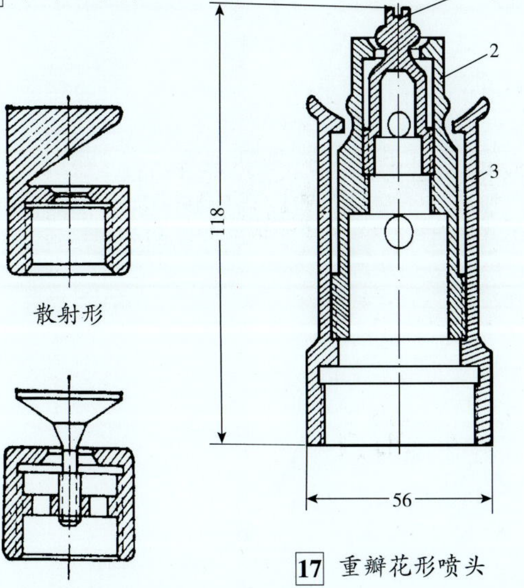

17 重瓣花形喷头

1—喷头内芯；2—喷头中芯；3—喷头外壳

16 变形喷头的构造

(1)半球形喷头 这种喷头的种类很多，它们的共同特点是在出水口的前面，有一个可以调节的、形状各异的反射器。当水流通过反射器时，起水花的造型作用，从而形成各式各样的、均匀的水膜。半球形喷头的规格型号及技术参数见表5。半球形喷头的详细构造见图18。

半球形喷头的型号、规格及性能指标　　表5

型号规格 (mm)	联接尺寸 (G)	技术参数			
		工作压力 (kg/cm²)	喷水量 (m³/h)	喷射高度 (m)	覆盖直径 (m)
MMgB100	4"	10~20	23	0.5	2.2
MMgB80	3"	10~20	18	0.5	1.6
MMgB50	2"	6~10	5	0.5	1.5
MMgB40	1 1/2"	6~10	3.0	0.4	1.0
MMgB25	1"	5~8	2.0	0.25	0.6
MMgB20	3/4"	5~8	1.5	0.25	0.5
MMgB15	1/2"	5~8	1.0	0.20	0.3

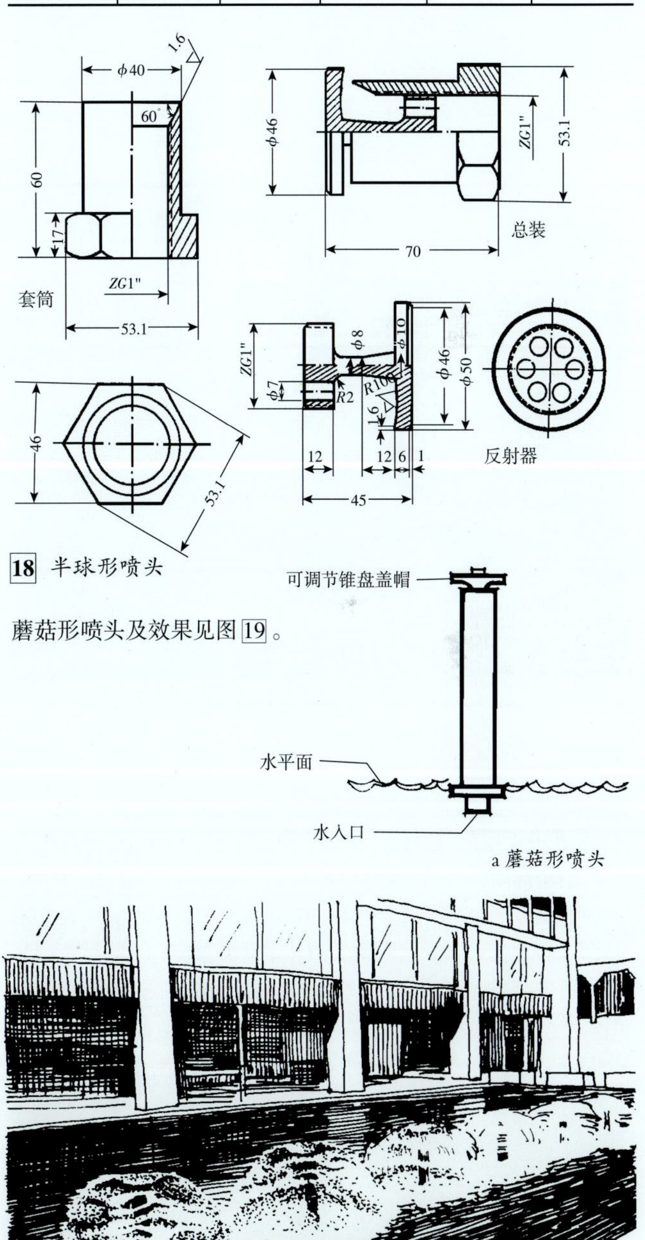

18 半球形喷头

蘑菇形喷头及效果见图19。

19 蘑菇形喷头及其喷水效果

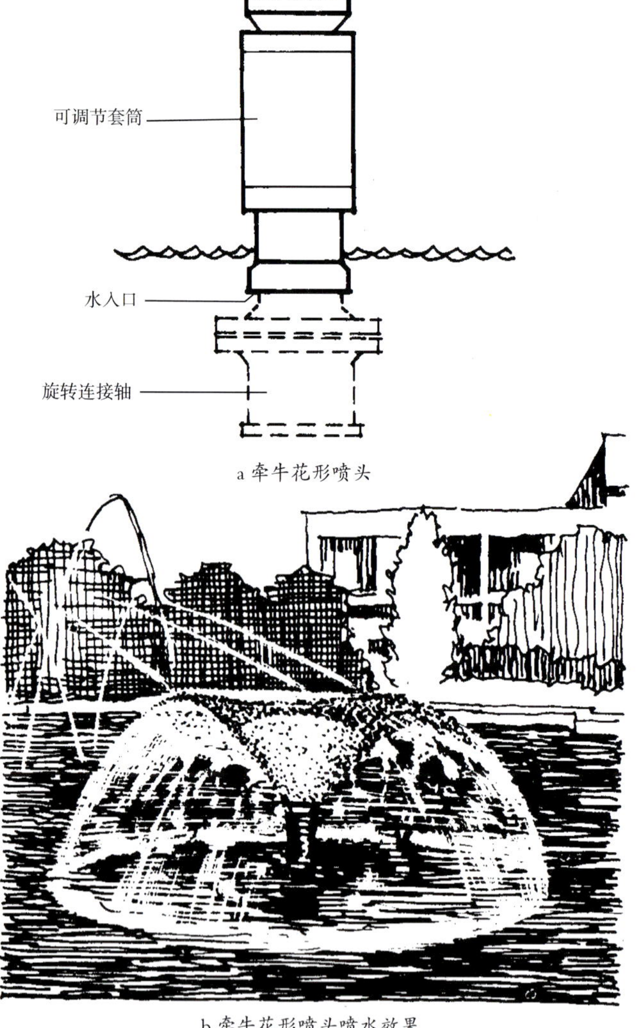

a 牵牛花形喷头

b 牵牛花形喷头喷水效果

20 牵牛花形喷头及其喷水效果

牵牛花形喷头及其效果见图20。

扶桑花形喷头及其喷水效果见图21。

(2)扇形喷头 喷头的外形很像扁扁的鸭嘴,它能喷出扇形。喷头喷水时水流自扁平的喷嘴喷洒,形成扇形的水膜。夜晚在水下彩灯的照射下,犹如五彩缤纷的孔雀开屏,绚丽多彩,可单独使用,也可多个组合造型。扇形喷头的型号规格及性能指标见表6。孔雀扇形喷头的构造见图22,孔雀舞喷泉实例见图23,各种扇形喷头的形状见图24。扇形喷头喷水形状见图25、图26,实景见图23、图27、图28。

扇形喷头的规格型号及性能指标 **表6**

型号规格(mm)	联接尺寸(G)	技术参数			
		工作压力(kg/cm^2)	喷水量(m^3/h)	喷射高度(m)	覆盖直径(m)
MSgB100	2"	30~80	15~25	0.6~1.3	1.0~2.2
MSgB80	1 1/2"	30~80	10~18	0.5~1.0	0.8~1.5
MSgB50	1"	30~80	4~8	0.3~0.8	0.6~1.2
MSgB40	3/4"	50	2.5	0.2~0.6	0.4~0.8

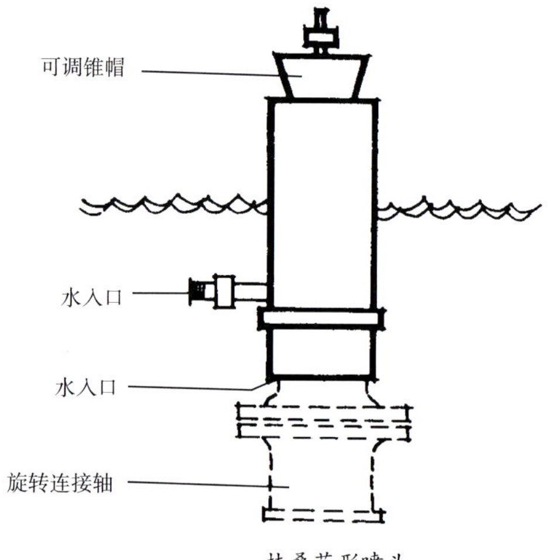

a 扶桑花形喷头

b 扶桑花形喷头喷水效果

21 扶桑花形喷头及其喷水效果

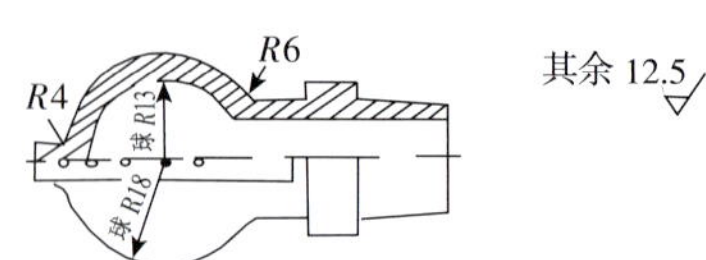

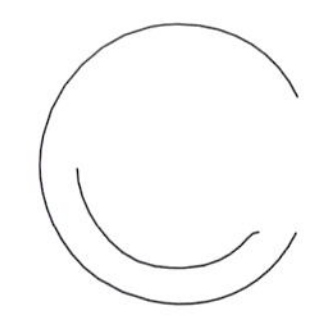

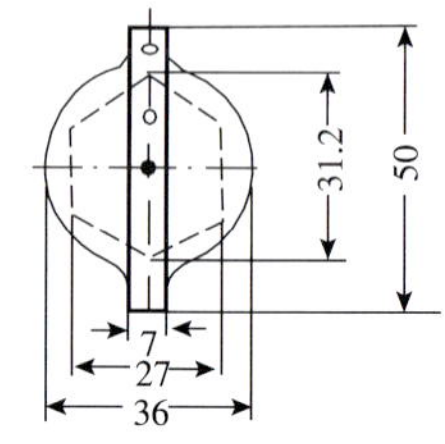

22 孔雀形喷头构造图

23 表现孔雀出山的孔雀舞音乐喷泉(毛培琳提供)

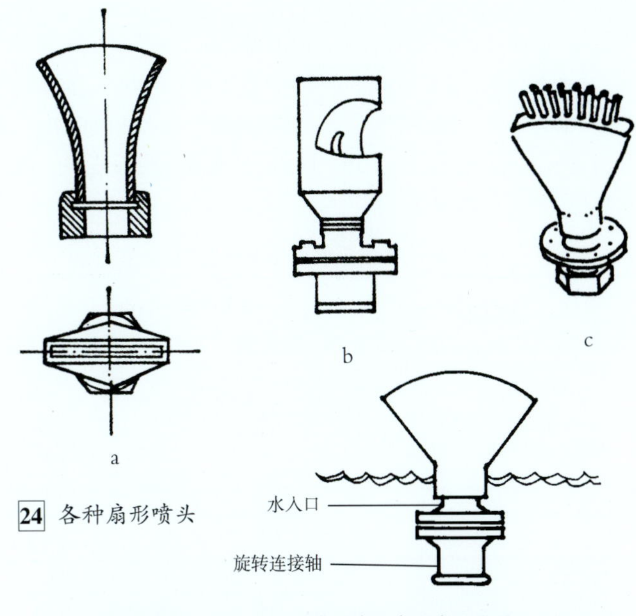

24 各种扇形喷头

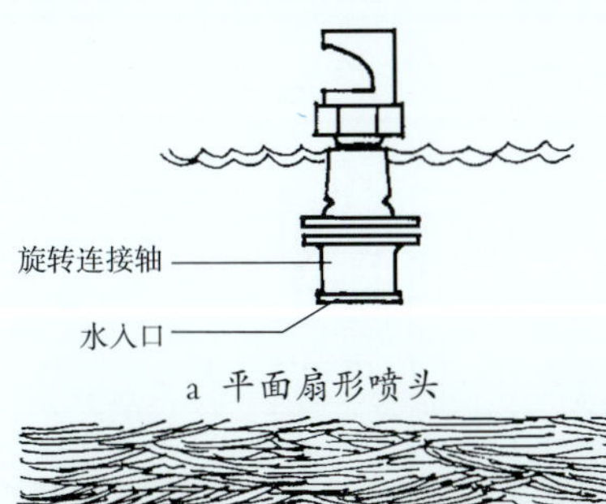

a 平面扇形喷头

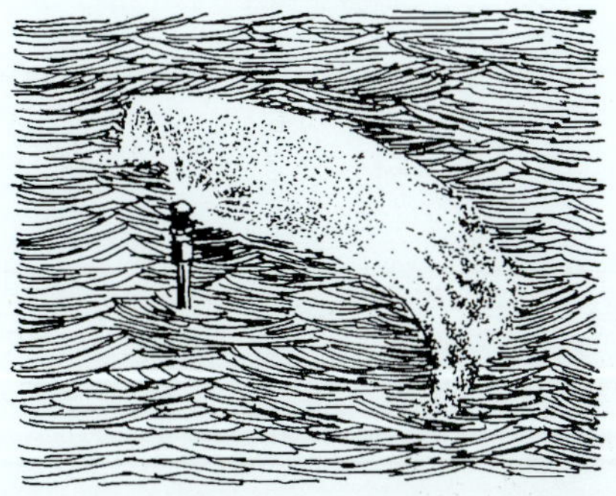

b 平面扇形的喷水造型

25 平面扇形喷头及其喷水造型

a 扇形喷头在水中的位置

b 扇形喷头的喷水造型

26 扇形喷头及其喷水造型

27 现代水景中平面扇形喷头的组合运用实景

28 采用图24喷头的孔雀造型喷泉实景

5. 多孔集流喷头　这种喷头可由多个单射流喷嘴组成一个大喷头，也可是平面、曲面或半球形的带有很多细小孔眼的壳状喷头，能喷出花形各异的展开的水花。集流直上喷头喷水时射流集中，粗壮高大，气势宏伟，常用来作喷水池中心水柱的主喷头，见图 29，多孔集射流喷头见图 30、图 32，菊花形喷头见 31。喷头规格型号及性能指标见表 7。

多孔集流喷头规格型号及性能指标　**表 7**

型号规格（mm）	联接尺寸（G）	技术参数			
		工作压力（kg/cm²）	喷水量（m³/h）	喷射高度（m）	覆盖直径（m）
ZJT2 1/2	2 1/2"	260	51	10	1.6
		180	38	7.5	1.2
		100	28	6	0.8
ZJT2	2"	280	45	9	1.0
		200	33	7	0.8
		120	23	5	0.6

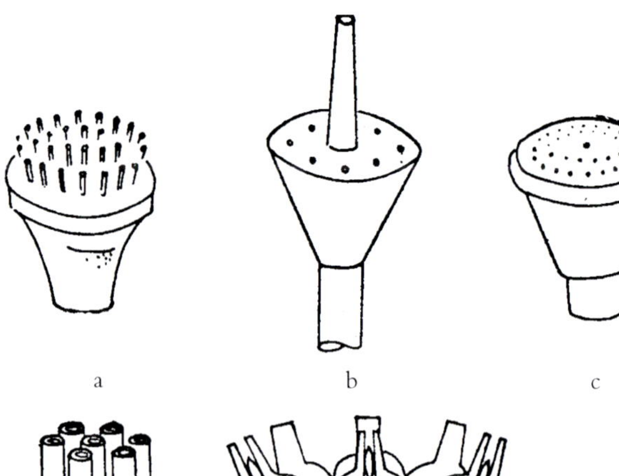

a　b　c

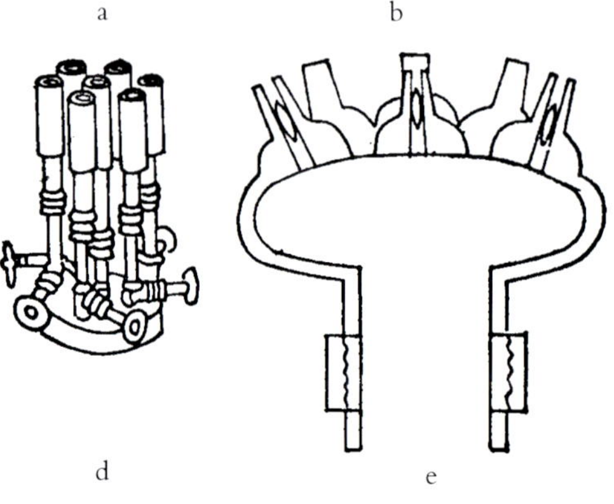

d　e

29 各种多孔集流喷头

多孔集流喷头的水形变化丰富，既可由多个单射程喷头组成的一个大喷头（见图 33、图 34 的多头喷头和图 36、图 37 的水钟浪喷头），也可以是由平面、曲面或半球形的带有很多细小孔眼的壳体构成的喷头（见图 34、图 35 的莲蓬形喷头）。

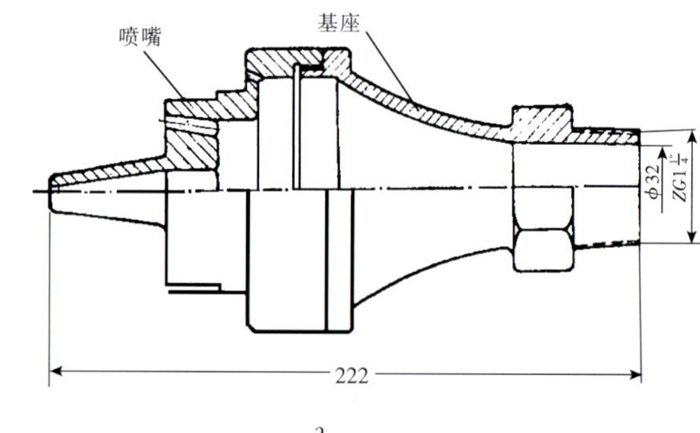

a

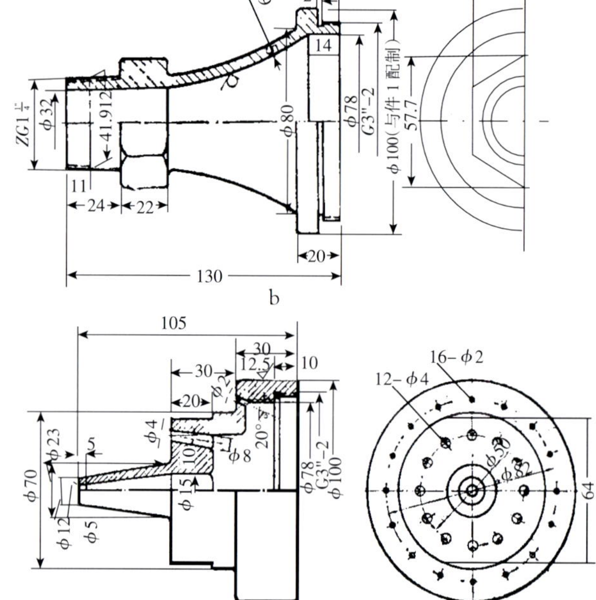

b

c

30 多孔集射流喷头总装图

f 多孔喷头实景

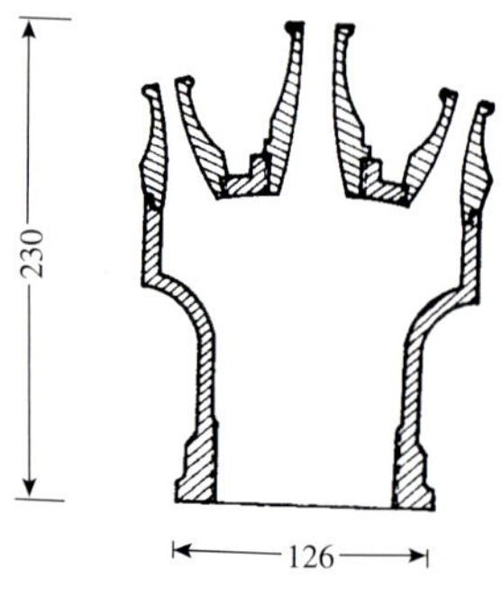

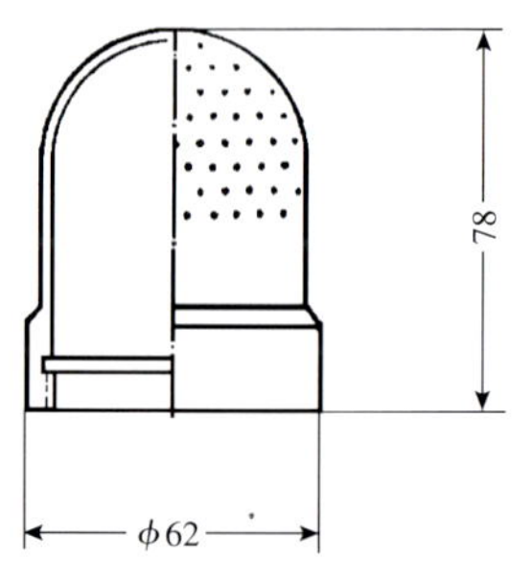

31 菊花形喷头

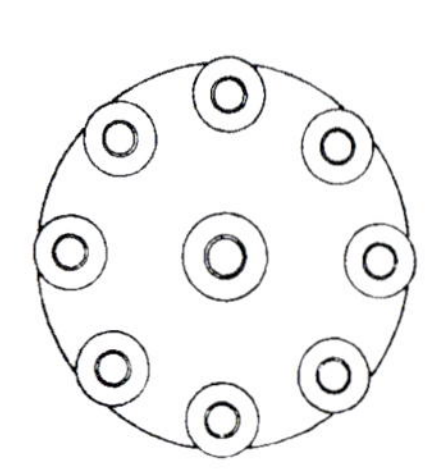

32 多孔形喷头

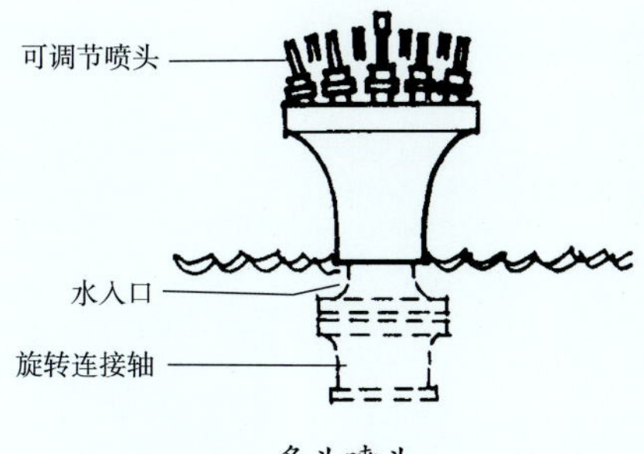

a 多头喷头

b 多头喷头喷水效果

33 多头喷头及其喷水效果

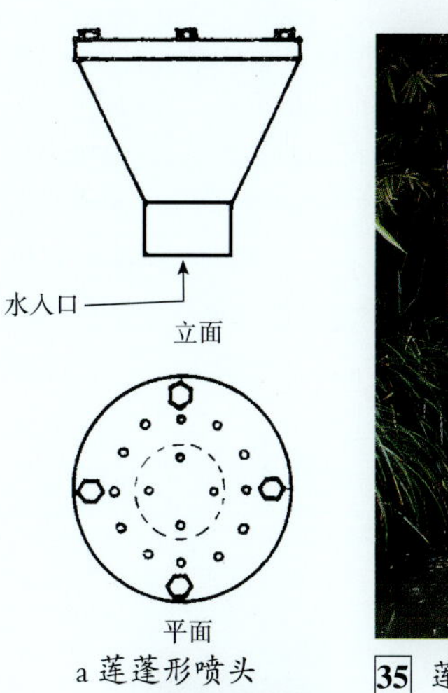

a 莲蓬形喷头

35 莲蓬形喷头喷水实景

b 莲蓬形喷头喷水效果

34 莲蓬形喷头及其喷水效果

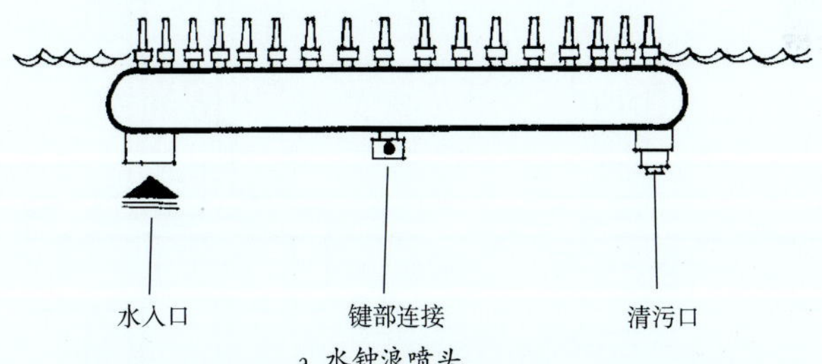

a 水钟浪喷头

36 水钟浪喷头及其喷水效果

b 水钟浪喷头喷水效果

37 水钟浪喷头喷水实景

6. 掺气吸力喷头 这种喷头是利用压力水从喷头喷出时，在喷嘴的出水口附近形成负压区，由于压差的作用，它能把空气和水吸入喷嘴外的套筒内，与喷嘴内喷出的水混合后，一并喷出。这时水柱的体积膨大，同时因为混入大量细小的空气泡，使喷出的水形成白色不透明的水柱。水柱能充分地反射阳光，因此色彩艳丽。夜晚如有彩色灯光照明，则更光彩夺目。吸力喷头又可分为吸水喷头、加气喷头、吸水加气喷头和可活动式吸水加气喷头等种类，见图38。

掺气喷头利用喷嘴出水口外高速水流形成的负压，吸入空气形成白玉般壮观的水柱。常见的掺气吸力喷头有玉柱喷头、冰塔、雪松和涌泉（鼓泡）形喷头等，见图39～图46。喷头构造见图43。掺气吸力喷头的规格型号及性能指标见表8。

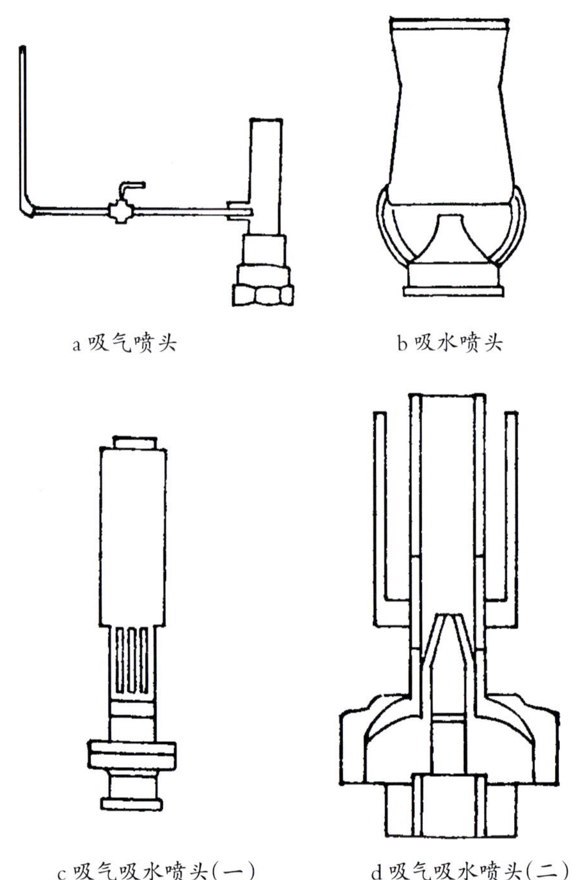

a 吸气喷头　　b 吸水喷头

c 吸气吸水喷头(一)　　d 吸气吸水喷头(二)

38 四种吸力喷头

掺气吸力喷头的规格型号及性能指标 **表8**

型号规格（mm）	联接尺寸（G）	技术参数			
		工作压力（kg/cm²）	喷水量（m³/h）	喷射高度（m）	覆盖直径（m）
CCqB80	3"	50~450	21~50	1~12	1.5
CCqB50	2"	50~320	12~20	2~10	0~1.2
CCqB40	1 1/2"	50~250	10~15	2~7	0.6~1.0
CCqB25	1"	50~200	6~12	1.5~5.5	0.5~0.8
CCqB20	3/4"	50~150	3~5	0.5~4	0.3~0.5
CCqB15	1/2"	30~150	2~3	1~2.5	0.2~0.4

39 玉柱喷头喷水实景效果

40 冰塔形喷水实景效果

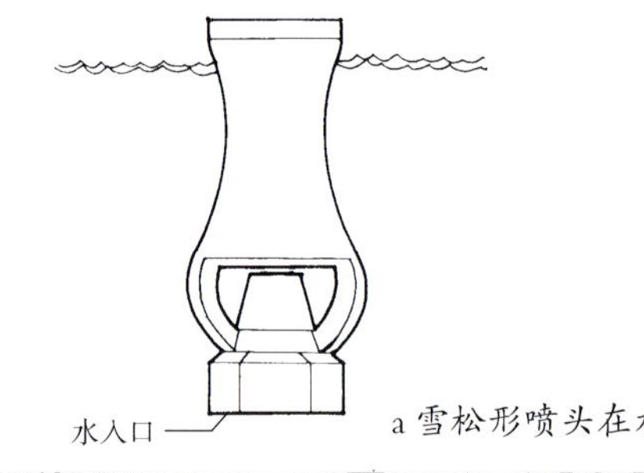

a 雪松形喷头在水中的位置

b 雪松形喷头的喷水效果

41 雪松形喷头及其喷水效果

42 雪松形喷头喷水的实景

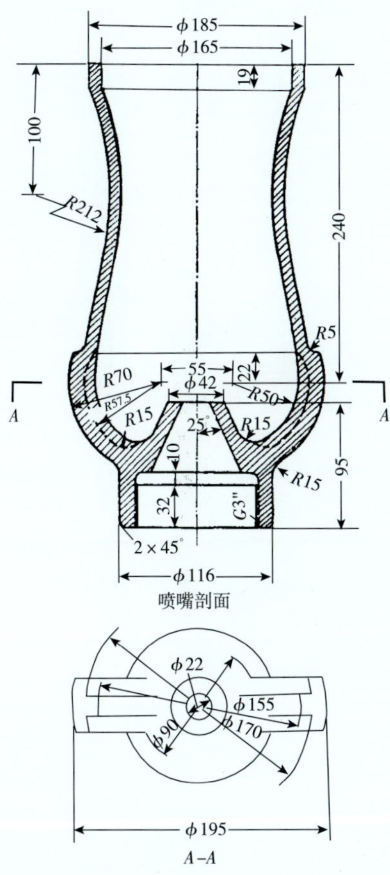

43 吸水喷头构造图

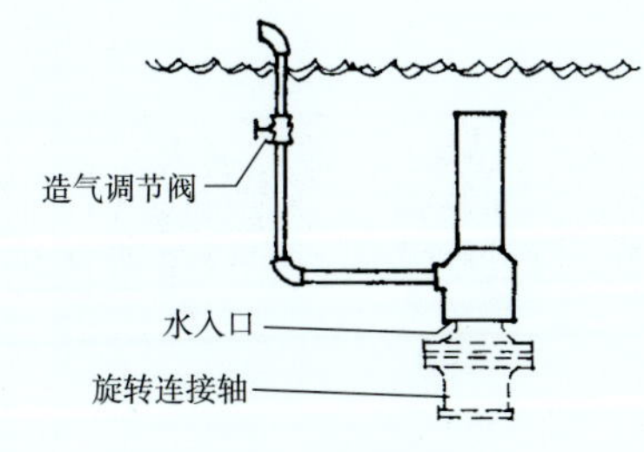

a 涌泉(鼓泡)喷头

b 涌泉(鼓泡)喷头喷水效果

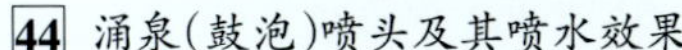

44 涌泉(鼓泡)喷头及其喷水效果

45 涌泉(鼓泡)喷头在水景中应用实景

46 涌泉(鼓泡)喷头实景

7. 蒲公英球形喷头 这种喷头是在圆球形的壳体上,装有很多放射状短管,又在每个短管的头上,装一个半球形变形喷嘴,因此,它能组成像蒲公英一样美丽的球形或半球形的水花。它可以单独使用,也可以两三个高低错落地配置,显得格外新颖、典雅。蒲公英球形喷头和半球形喷头及其水造型见图47~图49。蒲公英球形喷头的规格型号和性能指标见表9。

蒲公英形喷头规格型号及性能指标 **表9**

型号规格(mm)	联接尺寸(G)	技术参数			
		工作压力(kg/cm²)	喷水量(m³/h)	喷射高度(m)	覆盖直径(m)
QJbB100	4"	100~150	80	2.5	2.3
QJbB80	3"	100~150	65	2.3	2.0
QJbB65	2 1/2"	100~150	45	2	1.5
QJbB50	2"	100~150	25	1.5	1.0
QJbB40	1 1/2"	80~100	20	1.3	0.8
QJbB40	2 1/2"	80~100	18	1.0	0.6

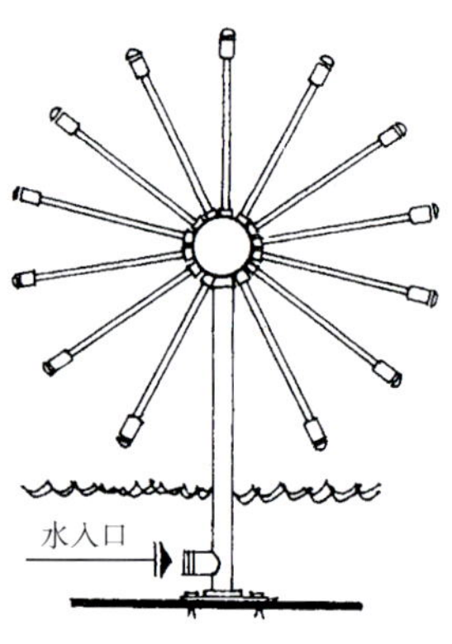

a 蒲公英球形喷头

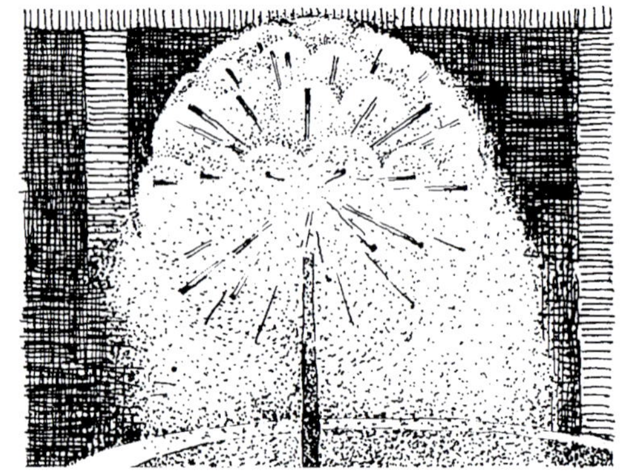

b 蒲公英球形喷头的喷水效果

47 蒲公英球形喷头及其喷头喷水效果

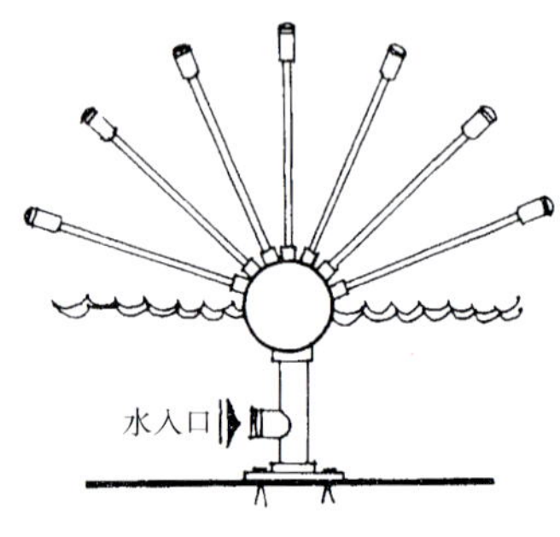

a蒲公英半球形喷头

b 蒲公英半球形喷头水造型

48 蒲公英半球形喷头及其喷水效果

8. 环形喷头 这种喷头的出水口为环形断面，它能使水形成外实中空、集中而不分散的环形水柱，以雄伟、粗犷的气势跃出水面，给人们带来一种奋进向上的激情。其构造见图 50。

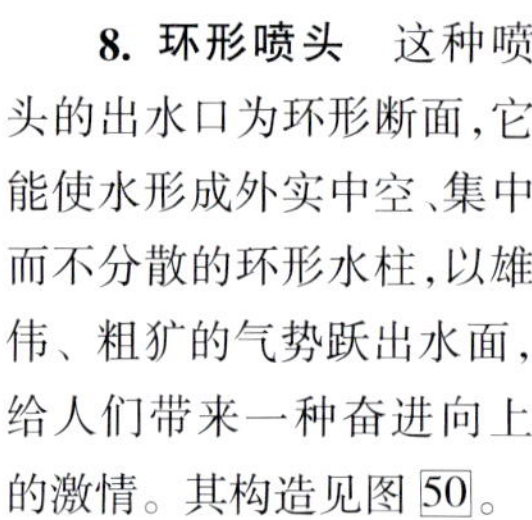

9. 组合喷头 这种喷头是由两种或两种以上形体各异的喷嘴，根据花形变化的需要，共同组合成一个大喷头，所以称为组合喷头。它能形成变化的或较复杂的花形，见图 51。

49 蒲公英喷泉实景

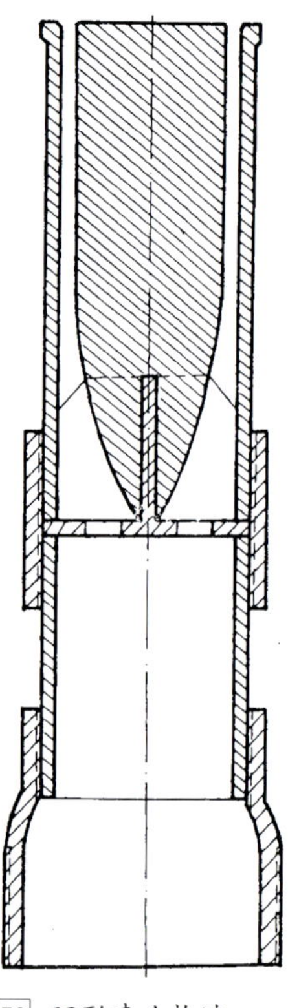

50 环形喷头构造

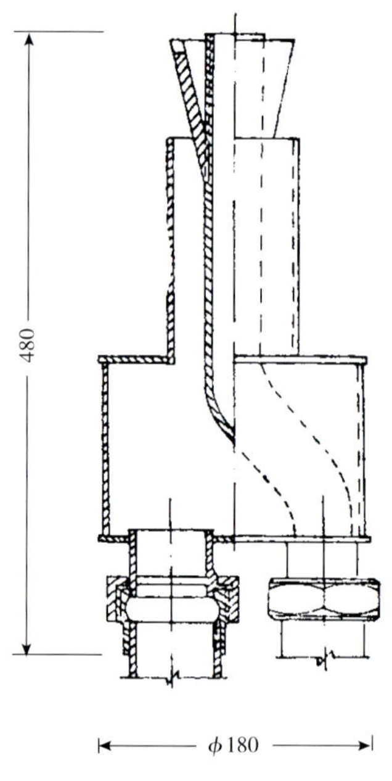

a

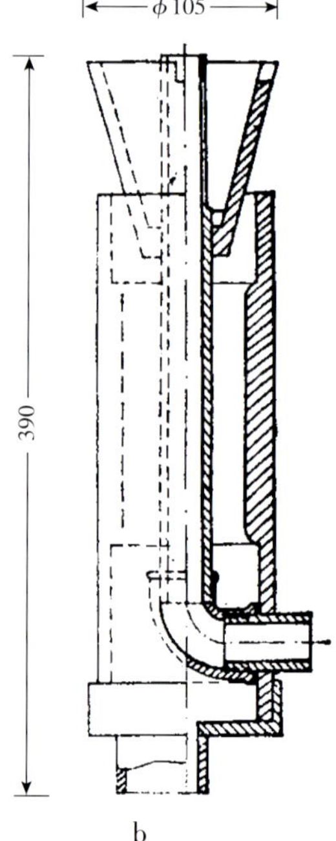

b

51 组合喷头

10. 喷头外的装饰 喷头直接露在水面上，不够美观，因此，有时在喷头的外面覆以装饰品，如套上各种铜制的金属花，将喷头打扮起来，见图 52。

52 莲花形喷头外装饰

一、喷泉的自控设备

1. 喷水的自控设备 作为喷泉喷水的自控设备，一般是由电磁阀来完成的。

电磁阀是由电信号来控制管路通断的阀门。喷泉喷水的自控装置，首先是使用电磁阀来实现的。当电磁阀接受了控制设备所发出的脉冲信号的指令，它就能自动启闭。因此，它能控制管路的通断。

电磁阀的种类很多，广泛应用于各种自动控制的系统中。这里以 ZCT—A 系列(旧型号 DFl 系列)为例，作一简单介绍。这种电磁阀是由电磁铁、阀盖、先导口、节流口、橡胶膜片和阀体等组成。其构造见图1。

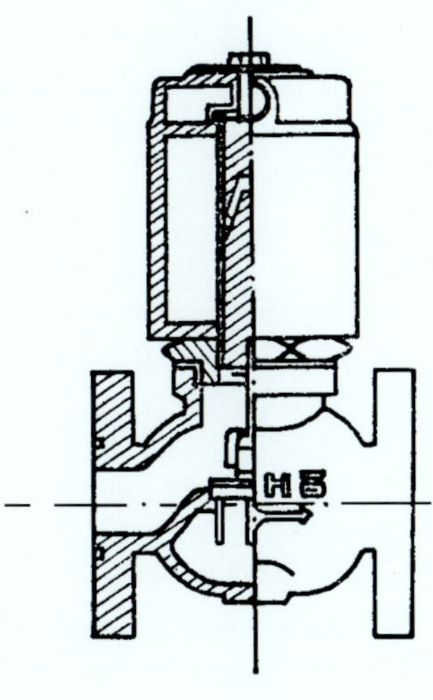

1 电磁阀构造图

它的工作原理是，电磁阀在断电时处于关闭状态，此时靠作用在橡胶膜上腔的工作介质的压力，使阀体保持良好的密封。当线圈充电后，即形成磁场，在磁力的作用下，吸起铁芯，打开先导阀门。由于进口端的节流，及节流孔小于先导阀口，使上部压力减小，造成压差，这时将主阀口放开，形成通路。断电时铁芯在弹簧的作用下，又自行复位，将阀口关闭。这样电磁阀控制了水路的开闭，从而使各组喷头就能按照设计者预先编排的程序，喷射出各种奇异的水花。

在使用电磁阀时，应注意以下几个问题：

(1)电磁阀应沿水平方向垂直安装。安装时要注意使阀体上的箭头方向与介质的流向一致。

(2)为了保证电磁阀的动作可靠，最好在阀的管路上安装旁路装置，见图2。

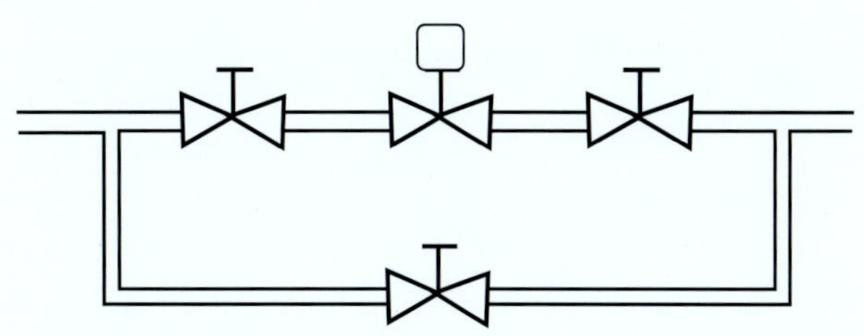

2 电磁阀的旁路装置

(3)电磁阀应安装在环境温度高于 60℃，相对湿度低于 85%的场所。因此，自控喷泉的水泵房应特别注意地面排水和房内通风，以保持室内的干燥。

(4)为了避免管道系统内的杂质进入电磁阀内部，应在阀前安装一个过滤器，否则不能保证电磁阀的密封及其动作的可靠性。ZCT—A 系列电磁阀的技术参数见表 1。

选用电磁阀时，应根据喷泉管道的公称通径、电源电压、工作压力等进行选择。

另外，也可以选择气动阀来控制管路的开闭。

ZCT—A 系列电磁阀技术参数 **表 1**

型号	通径(mm)	额定电压(V)	工作压力(kg/cm^2)	功率(W)	介质及温度	连接方式	外形尺寸		备注
							H	*L*	
ZCT-15A	ϕ15	交流：24;36;110;220 直流：24;36;110;220	1~8	14	净水；压缩空气；<60℃	1/2" 管螺纹	115	100	
ZCT-25A	ϕ25					1" 管螺纹	135	120	
ZCT-40A	ϕ40					11/2" 管螺纹	165	140	
ZCT-50A	ϕ50					法兰 4 孔 ϕ13/ϕ111	200	220	
ZCT-75A	Φ75					法兰 4 孔 ϕ17/ϕ150	230	250	

注 1. ZCT—B、ZCT—C、ZCT—D系列分别为二位二通式、二位三通式、二位四通式电磁阀。
2. ZCT为新型号，旧型号用DF表示。

2. 喷水的过滤装置 在使用循环供水的喷泉中，为了清除污物、藻类及泥砂等，在喷水系统中，应设置过滤装置，以保证池水的清洁，并为电磁阀和喷头等的可靠工作创造一个良好的环境。在喷泉的过滤系统中，一般应包括设在水泵底阀外的过滤网和装在水泵进水口前的除污器。在一些特殊的场合，还可设水的净化和消毒等装置。现将常用的过滤装置介绍如下。

(1)网式过滤器 它是一种最简单有效、使用广泛的过滤装置，其构造见图3。这种过滤器的外壳和过滤网都是圆柱形，滤网共有两层，由塑料或铜做成。各孔眼的大小和它的总面积决定了它的效率和使用条件。一般地说，滤网每平方厘米面积上的孔数不少于 30 个，有效过滤面积(过滤孔的总面积)不小于进水管断面的 2.5 倍。这种过滤器对除去水中极细的砂是有效的，但很容易被水中的藻类或其他有机质堵塞。因此，需要定期进行冲洗。当水流通过过滤器时，水的压力降低为 2m，也应进行冲洗。冲洗的方式可以用人工清洗或用自动冲洗装置。

立式直通除污器技术资料见图4及表 2、表 3。

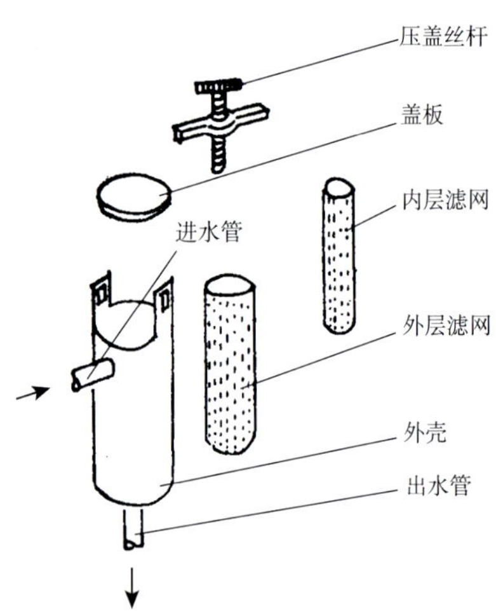

3 网式过滤器

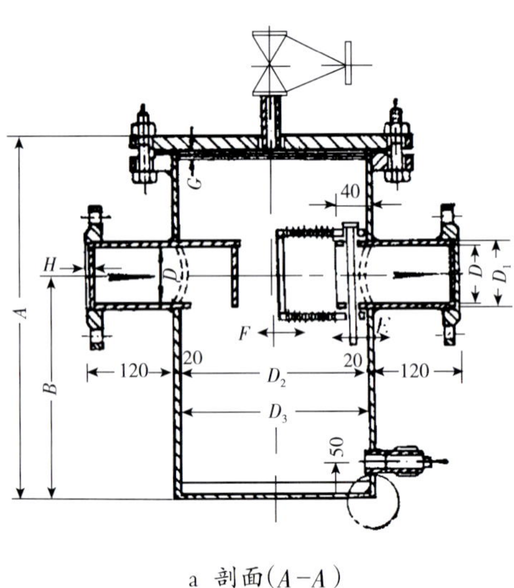

a 剖面(A–A)

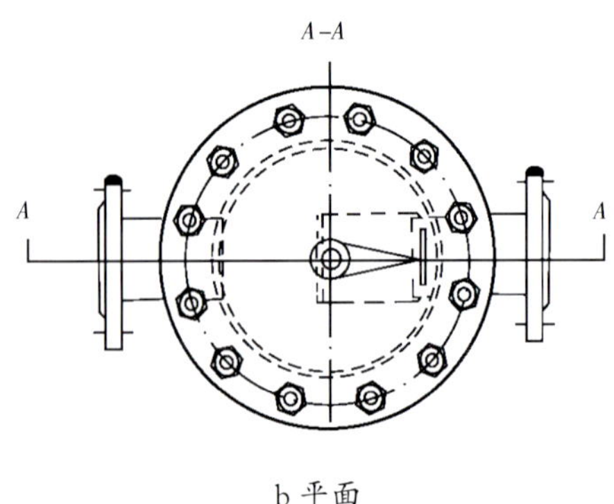

b 平面

4 立式直通除污器

立式直通除污器尺寸表 表2

管径	D	D_1	D_2	D_3	A	B	E	F	G	H
ϕ40	38	45	159	150	250	220	3.5	5	6	5
ϕ50	50	57	159	150	350	220	3.5	5	6	5
ϕ65	65	73	219	210	400	250	4	6	8	6
ϕ80	81	89	273	264	500	350	4	6	10	6

注 1. 除图中注明的焊接方法外,其余焊接缝均系用周边角焊,焊接高度应为被焊件最小厚度。
2. 工作压力不大于 6kg / cm²。
3. 水压试验后涂刷防锈漆两道。

(2)砾料层式过滤器 当水质中含有泥砂时,用网式过滤器很易淤塞,这时用砾料层式过滤器较为合适。在喷泉系统中选用的过滤器的大小与喷泉的喷水量有关。这种过滤器的外壳是一个金属罐,在盖顶上有调压阀,罐内有滤网、滤料等。水由上部注入,过滤后由罐底阀门流出。为了防止微生物和病菌等侵入,还可在过滤的同时,加放一些消毒的药品,以保证水质的卫生。砾料层式过滤器的构造见图5。

这种过滤器的面积,按照喷水池面积的大小而定,一般每 100m² 水池面积要有 0.3~0.4m² 的过滤器面积;而高速过滤器每 100m² 的喷水池面积,能过滤的水量约为 15m³ / h。

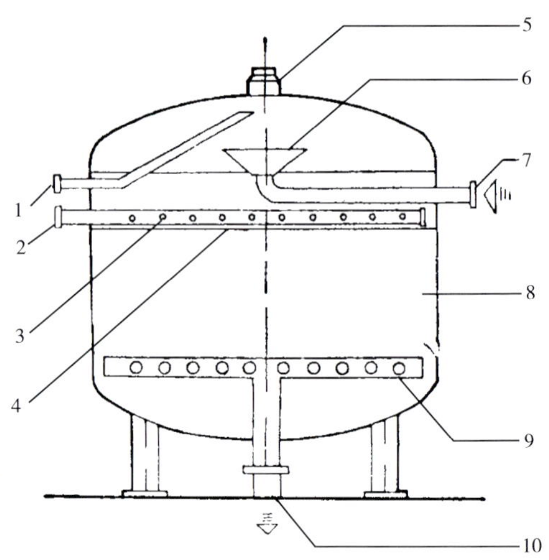

5 砾料层式过滤器

1—排气管;2—冲洗水入口;3—面冲洗装置;4—滤网;5—调压网;6—散水装置;7—进水管;8—砾料过滤层;9—集水装置;10—出水管

关于药品的投放,要注意观察水质的变化情况,定期取样化验。一般要求水的 pH 值为中性(6.8~7.0 之间),如碱性过高易生青苔;如酸性过高,则易腐蚀管路系统的各种设备。因此应根据水质情况,适量地加入药品,如次氯酸钠溶液等,以防止水中微生物的滋长,保持水的卫生。

(3)沉砂池 如果喷泉用水的水质较差,为排除大量泥砂,可在喷水池附近设地下沉砂池,使经过沉淀后的清水再供喷泉使用。

立式直通除污器材料表

表 3

件号	名称	材料	规格			
			$D_0$40	$D_0$50	$D_0$70	$D_0$80
1	筒体	10	D150×4.5 L=326	D159×4.5 L=326	D219×4.5 L=374	D273×4.5 L=472
2	底板	A_3F	ϕ146 δ=7	ϕ146 δ=7	ϕ206 δ=7	ϕ260 δ=10
3	进水管	10	D45×3.5 L=160	D57×3.5 L=170	D73×4 L=180	D89×4 L=200
4	螺栓	A_3	M16×65	M16×65	M16×65	M16×70
5	螺母	A_3	AM16	AM16	AM16	AM16
6	出水管堵板	A_3F	ϕ48 δ=3.5	ϕ63 δ=3.5	ϕ79 δ=4	ϕ100 δ=4
7	排气管	A_3	$D_0$15 L=70	$D_0$15 L=70	$D_0$15 L=70	$D_0$15 L=70
8	截止阀	可锻铸铁	$D_0$15 $P_0$16	$D_0$15 $P_0$16	$D_0$15 $P_0$16	$D_0$15 $P_0$16
9	法兰软垫片	石棉橡胶	ϕ159/ϕ270 δ=2.4	ϕ159/ϕ270 δ=2.4	ϕ219/ϕ262 δ=2.4	ϕ273/ϕ317 δ=2.4
10	法兰盘	A_3F	$D_0$150 δ=16	$D_0$150 δ=16	$D_0$200 δ=16	$D_0$250 δ=16
11	平焊钢法兰	A_3F	$D_0$150 δ=20	$D_0$150 δ=20	$D_0$200 δ=22	$D_0$250 δ=24
12	出水管	10	D45×3.5 L=160	D57×3.5 L=160	D73×4 L=160	D89×4 L=160
13	出水花管	10	D57×3.5 L=100	D70×3.5 L=100	D89×4 L=120	D108×4 L=150
14	平焊钢法兰	A_3F	$D_0$40 δ=16	$D_0$50 δ=16	$D_0$70 δ=16	$D_0$80 δ=18
15	丝堵		$D_0$20	$D_0$20	$D_0$20	$D_0$20
16	管接头	可锻铸铁	$D_0$20 L=38	$D_0$20 L=38	$D_0$20 L=38	$D_0$20 L=38
17	外丝短管	A_3	$D_0$20 L=60	$D_0$20 L=60	$D_0$20 L=60	$D_0$20 L=60

3. 喷水池水位的自控装置 在喷水池内，由于蒸发和在喷水的过程中，一部分水被风吹出池外等原因，使喷水池内的水不断地减少，故应设置补充供水的设备。在一般喷水池中将供水管引入水池，设闸阀，根据需要由人工控制补充给水。在自控泉中，可采用浮球阀或液位继电器，自动补充供水，以保持喷水池水位的稳定。

(1)浮球阀 浮球阀是喷泉、屋顶水箱和蓄水池等供水管路中常用的一种阀门，是依靠水位变化而自动控制管路水流的开关。它由浮球、阀杆、阀体和胶皮柱塞等组成。其构造详见图6。它的工作原理是，当水位下降到设计低水位线时，浮球靠自重下落，打开水路。这时水池的水位上升，对浮球产生浮托力，靠阀杆的杠杆作用，将力放大并转给胶皮柱塞，当水位上升到设计要求的水位时，胶皮柱塞刚好将管路封闭，停止供水。这种阀门的规格有管径 15～100。当管径增大时，要求有相当大的推力才能使管路封闭。因此不得不延长阀杆。为了不影响景观效果，在喷水池中使用这种阀门时，应将其安装在隐蔽的地方。

另外，只有当阀前管路的水压力小于浮球产生的柱塞压力时，方能保持自闭。因此不能过分信赖它的自闭性能。

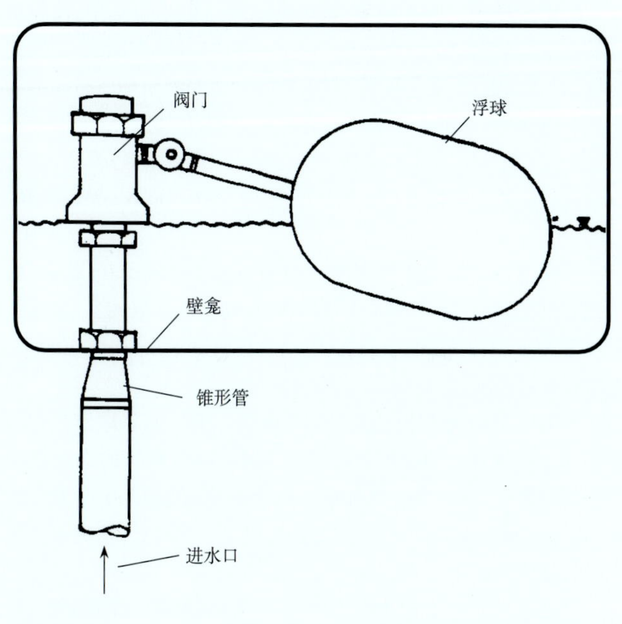

6 浮球阀

(2)液位继电器 继电器是自动控制电路中经常使用的一种器件。现在继电器的种类和规格已有100万种以上，专门用在自动控制方面的继电器大约有30多万种。

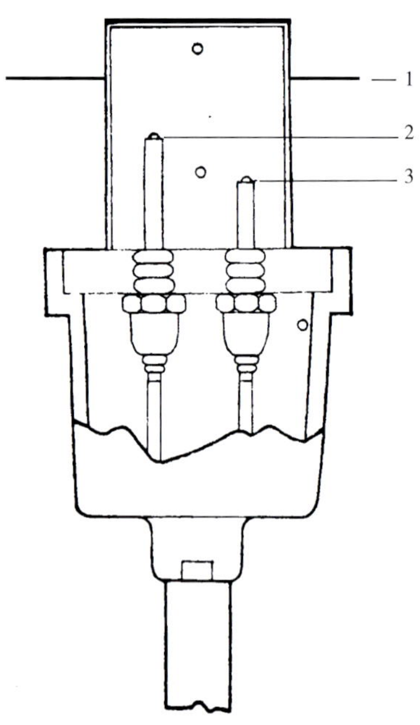

7 液位继电器

1—水位线；2—高位探头；3—低位探头

在喷水池中使用的液位继电器，其工作原理是利用被控水面高度的变化，驱动感受元件使继电器的触头开启或闭合，以完成电路的通断，再指令电磁阀来实现水位的定值控制。其构造见图7。

二、几种类型的自控泉

1. 时控喷泉 时控喷泉，就是按照设计的时间程序，使喷水型发生变化的喷泉。时间控制的手段可以是多种多样的，如使用凸轮、时间继电器、电子钟等。目前国内的时控喷泉是由时间继电器指令电磁阀，控制喷头水路的通断来实现的。时间继电器在获得信号后，被控电路的工作状态能在延迟一定时间后改变，也可以使被控电路作周期性的通断。因此，它能按时间程序控制喷水形的变化。

时间继电器的型式很多，有空气阻尼式、电磁式、电动式，机械式和电子式等。其工作状态各有特点，如空气阻尼式、机械式延时范围大，误差也较大；电磁式、电动式延时范围小，误差也较小；电子式延时范围大，精度高，但线路复杂。

下面以JS11系列电动式时间继电器为例，简单地介绍它的结构和工作原理。该继电器适用于50Hz、500V以下的电气自动控制的线路中，由一个电路向另一个需要延时的被控电路发送讯号。由于这种继电器是同步电动式的，所以其延时长，整定偏差较小。其结构见图8。

这种继电器是由同步电动机D，离合电磁铁I，减速齿轮，差动轮系Z_1、Z_2、Z_3，复位游丝，不延时触头，延时触头和推动延时触头脱扣机构的凸轮等组成，见图8。当只接通同步电动机电源时，齿轮Z_2和Z_3只在轴上空转，若需要延时，只要接通或断开离合电磁铁，这时Z_3被刹住，Z_2继续在轴上空转，同时以Z_3为轨迹连同轴作圆周运动，因为凸轮与轴固定，从而推动脱扣机构使延时触头发出讯号，同时断开同步电动机的电源。当需要去除讯号时，只要断开或接通离合电磁铁电源，这时指针在复位游丝的作用下，返回始点。延时的长短，只要用螺丝刀改变指针定位在刻度盘上的位置即可，但必须在离合电磁铁电源断开或接通时才能进行。

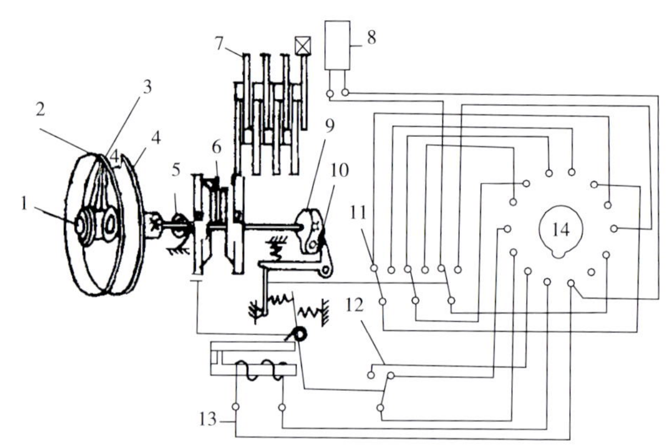

8 电动式时间继电器构造图

1—延时长短整定处；2—指针定位；3—指针；4—刻度盘；5—复位游丝；6—差动轮系；7—减速齿轮；8—同步电机；9—凸轮；10—脱扣机构；11—延时触头；12—不延时触头；13—离合电磁铁；14—接线插角

继电器按其电源电压分为交流50Hz，100、127、220及380V。按其延时整定范围及延时与不延时的触头数，分为下列型号：

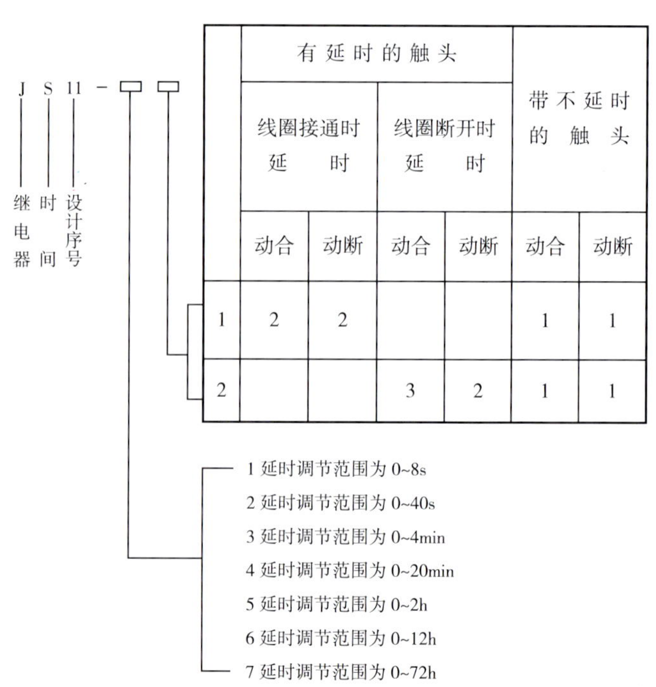

	有延时的触头				带不延时的触头	
	线圈接通时延时		线圈断开时延时			
	动合	动断	动合	动断	动合	动断
1	2	2			1	1
2			3	2	1	1

1 延时调节范围为0~8s
2 延时调节范围为0~40s
3 延时调节范围为0~4min
4 延时调节范围为0~20min
5 延时调节范围为0~2h
6 延时调节范围为0~12h
7 延时调节范围为0~72h

在了解了电磁阀和时间继电器的工作原理以后，时控喷泉的实现就解决了，它的装置见图9：

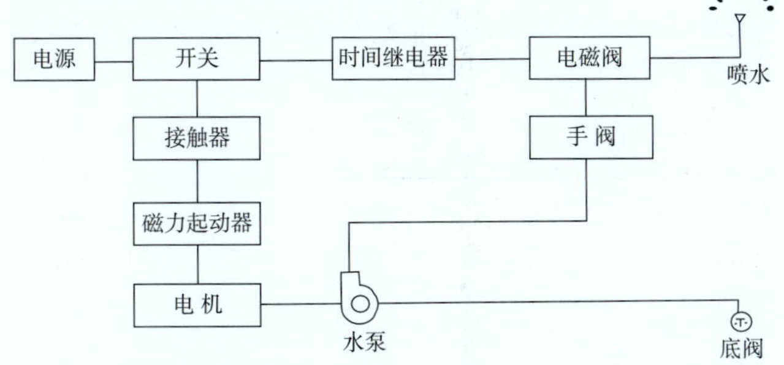

9 时控喷泉装置框图

时控喷泉每组喷头喷射的时间，是由程序设计决定的。当第一组喷头喷射完后，第一个时间继电器将讯号传给第二个时间继电器，第二个电磁阀收到指令后，第二组喷头开始工作。第二组喷头喷射完后，第二个时间继电器又将讯号传给第三个时间继电器。……当最后一组喷头工作完后，最后一个时间继电器又将讯号传回给第一个时间继电器……这样循环往复，喷泉就可以按照设计的时间程序，实现自动喷射了。

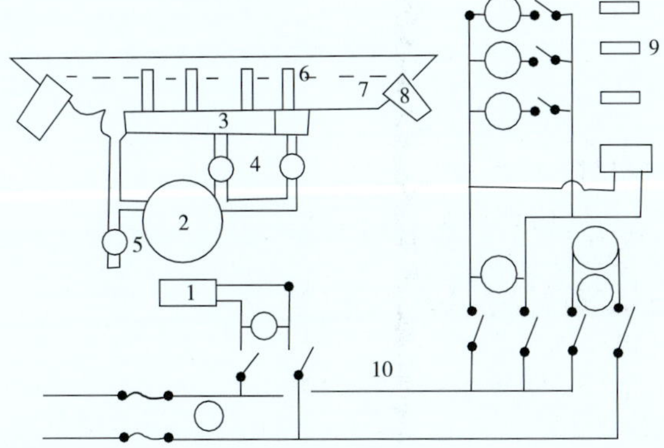

10 移动式喷泉构造及电原理图

1—电机；2—水泵；3—压力水箱；4—进水阀门；5—排水阀门；6—喷头；7—受水盘；8—彩色灯；9—调光凸轮；10—电路

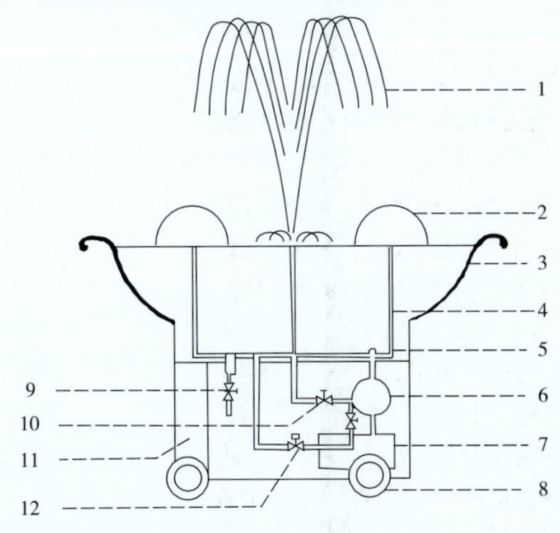

11 移动式喷泉总装图

1—喷水型；2—喷头；3—受水盘；4—管道；5—过滤器；6—压力水箱；7—电机、水泵；8—轮子；9—排水孔；10—闸阀；11—配电箱；12—电磁阀

2. 移动式喷泉 大约在20世纪60年代，国外市场上出现了一种可以移动的喷水装置，人们称它为喷水器或移动式喷泉。

这种移动式喷泉，直径一般在0.6~2.0m之间，小的直径只有0.3~0.4m。人们称它为台式喷泉。它是由一个或数个喷头组成，喷泉水柱一般不高，但喷水的花形可以变化，有的并装有彩色调光装置。移动式喷泉主要由受水盘、水泵、压力水箱、喷头、过滤器、喷水调节阀、排水装置、彩色调光照明装置、电源开关、接地端子等组成。其构造及电控原理见图10。

这种喷泉占地小，可以任意移动，非常灵活，不用时又可以随时封存起来。它还可以与花草、山石等共同组景。因此，可以在饭店、旅馆、茶馆，商店，俱乐部、屋顶花园和庭院等广泛应用，见图11~图13。

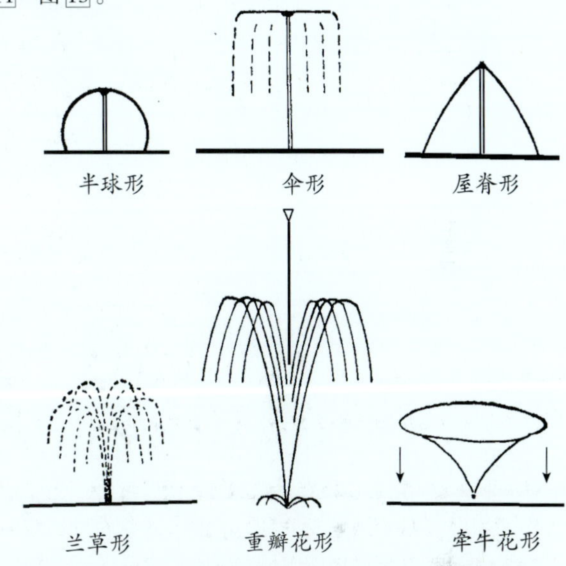

12 移动式喷泉喷水姿花形变化图

13 微型移动式喷泉，可根据需要灵活机动、随意设置(毛培琳提供)

3. 声控喷泉 声控喷泉是用声音来控制喷泉喷水形变化的一种自控喷泉。它一般由以下几部分组成：

（1）声——电转换、放大装置：通常由电子线路或数字电路、计算机等组成。

（2）执行机构：电磁阀。

（3）动力：电机、水泵。

（4）其他设备：主要由管路、过滤器和喷头等组成。

声控喷泉的原理是将声音信号转变为电信号，经过放大及其他一些处理，推动继电器或电子开关，再去控制设在水路上的电磁阀的启闭，从而达到控制喷头水路的通断。这样随着声音的变化，人们可以看到喷水大小、高矮和形态的变化。它能把人们的听觉和视觉结合起来，使喷泉喷射的水花随着音乐优美的旋律而翩翩起舞。因此，它也被誉为“音乐喷泉”或“会跳舞的喷泉”。这样的音乐喷泉控制的方式很多，见图14～图16。

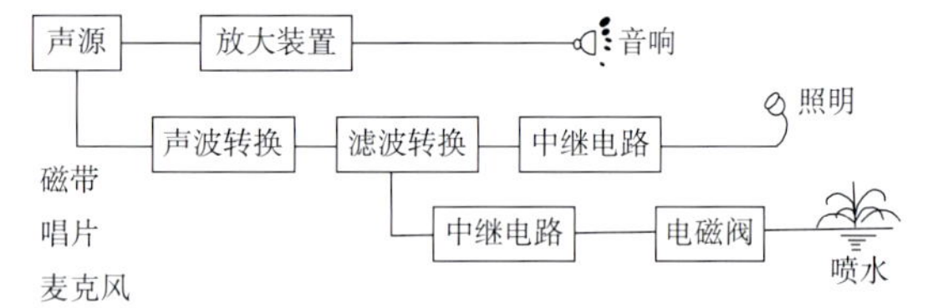

a 电气调谐的直接控制方式之一

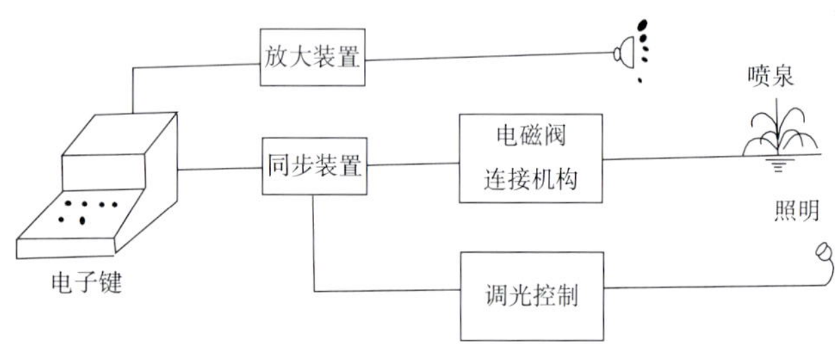

b 电气调谐的直接控制方式之二
由演奏者任意选择曲目，利用电子键使之同步

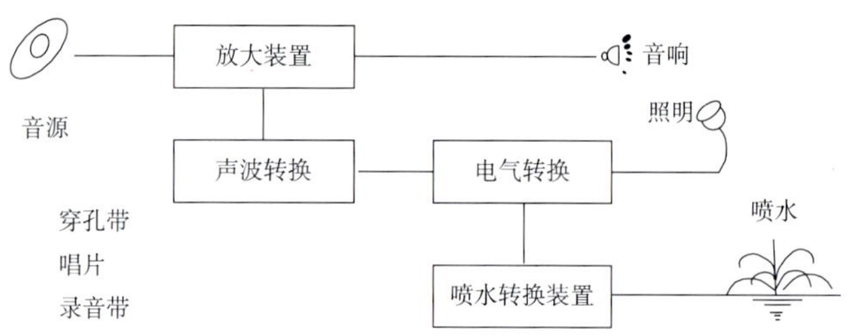

c 简易控制方式
按声音强弱把音乐分为若干段，使之与光同步，喷水按程序变化

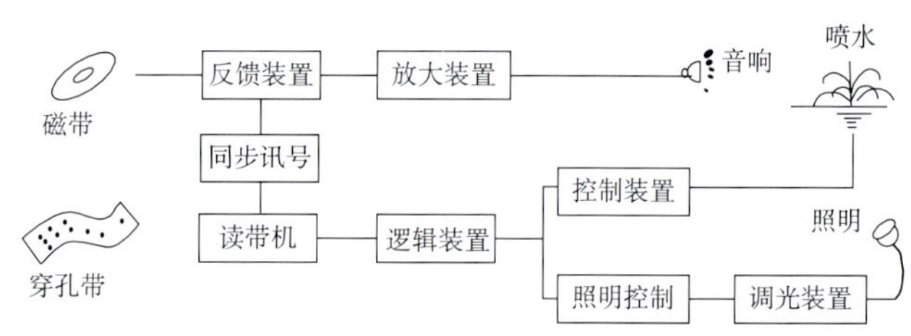

d 电气调谐的间接控制方式
首先进行音乐、喷水姿和照明的选择与设计，再使音响、喷水、照明的程序同步动作

14 电气调谐的控制方式

15 天坛公园声控喷泉电原理图

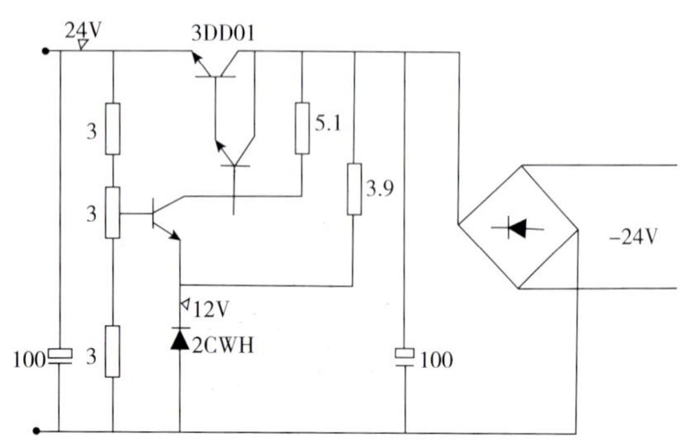

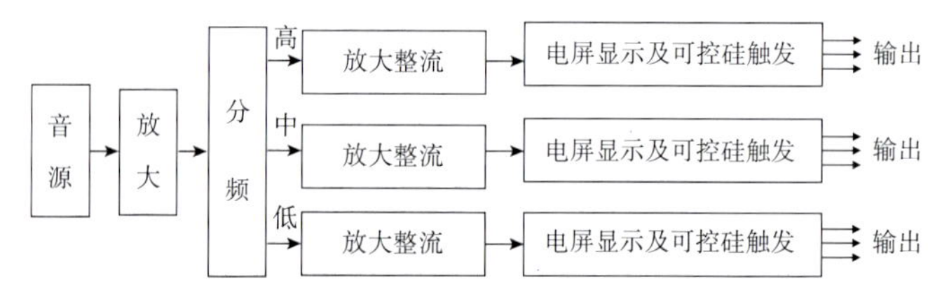

16 彩色灯光音乐喷泉控制原理图

一、喷泉的水力计算

喷泉的水力计算，是要解决喷水射流的水平射程、射流高度、流量、管径和所需要的水头的问题，为喷泉的管道布置和水泵的选择提供参数。

1. 水平射程和喷水高度 影响喷头水平射程的因素很多，但主要的是工作压力、喷嘴直径和喷射角度。射流曲线轨迹的几个主要参数见图1。

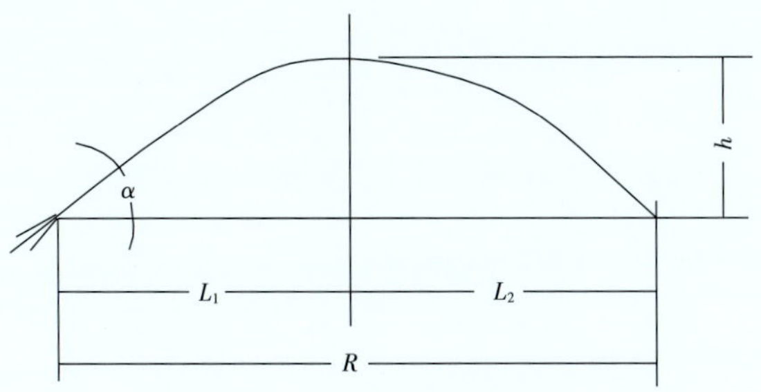

1 倾斜射流曲线轨迹

图中 L_1——射流上升部分的水平投影，m；

L_2——射流下降部分的水平投影，m；

R——水平射程，m；

h——射流高度，m；

α——倾斜射流的仰角，度(°)。

其中

$$L_1=H\left[\frac{1}{2}\sin2\alpha+\cos^3\alpha\ln\left(\frac{1+\sin\alpha}{\cos\alpha}\right)\right]$$

$$L_2=2H\cos\alpha\sqrt{\frac{2}{3}(1-\cos^3\alpha)}$$

式中：H 为喷头入口水压，mH_2O。

$$R=L_1+L_2$$

$$=H\cos\alpha\left[\sin\alpha+\cos^2\alpha\ln\left(\frac{1+\sin\alpha}{\cos\alpha}\right)+2\sqrt{\frac{2}{3}(1-\cos^3\alpha)}\right]$$

$$h=\frac{2}{3}H(1-\cos^3\alpha)$$

简化上式，设

$$\cos\alpha\left[\sin\alpha+\cos^2\alpha\ln\left(\frac{1+\sin\alpha}{\cos\alpha}\right)+2\sqrt{\frac{2}{3}(1-\cos^3\alpha)}\right]=B_0$$

$$\frac{1}{2}\sin2\alpha+\cos^3\alpha\ln\left(\frac{1+\cos\alpha}{\cos\alpha}\right)=B_1$$

$$2\cos\alpha\sqrt{\frac{2}{3}(1-\cos^3\alpha)}=B_2$$

$$\frac{2}{3}(1-\cos^3\alpha)=B_3$$

所以

$$L_1=B_1H$$

$$L_2=B_2H$$

$$R=B_0H$$

$$h=B_3H$$

B_0、B_1、B_2、B_3 均和 α 角有关，其值可由表1查出。

倾斜射流的 B_0、B_1、B_2、B_3 值 表1

α(°)	B_0	B_1	B_2	B_3
10	0.680	0.339	0.341	0.030
15	0.985	0.489	0.496	0.066
20	1.250	0.617	0.633	0.113
25	1.467	0.719	0.748	0.170
30	1.633	0.796	0.837	4.234
35	1.727	0.829	0.898	0.300
40	1.763	0.835	0.928	0.367
45	1.740	0.812	0.928	0.431
50	1.661	0.761	0.900	0.489
55	1.532	0.688	0.844	0.540
60	1.362	0.598	0.764	0.583
65	1.161	0.497	0.664	0.616
70	0.938	0.391	0.547	0.640
75	0704	0.285	0.419	0.655
80	0.468	0.185	0.283	0.663
85	0.229	0.089	0.142	0.666
90	0.000	0.000	0.000	0.667

由公式计算可知，当仰角 α=40°～45°时，其水平射程最大，但实验证实，水舌在空气中的水平射程以仰角 α=28°～32°时的射程最远。因此，在其他条件相同时，为了达到水平射程最远，喷头仰角可选择30°。

上述计算未考虑喷嘴直径的影响。实际上当喷头水压在10m以内时，射程与喷嘴直径无关；当喷头水压在20m以内时，由于修正系数接近于1，可以忽略不计；当喷头水压在20m以上时，喷头水压和喷嘴直径影响射程，故应乘以修正系数，见表2。

射程修正系数 表2

水压 h(m)	喷嘴直径(mm)			
	20	30	37	48.5
10	1.00	1.00	1.00	1.00
20	0.94	0.97	0.98	1.00
40	0.68	0.83	0.92	0.99
60	0.56	0.72	0.82	0.91

为了简化工作量，估算时可以用下列经验公式进行：

$$R=1\cdot3\cdot5\cdot\sqrt{dH_{嘴}}$$

式中：R 为水平射程，m；$H_{嘴}$为喷头入口水压，mH_2O；d 为喷嘴直径，mm。

当 $h/d>50$ 时，得

$$h=\frac{2}{3}H_{嘴}$$

式中：h 为射流高度，m；$H_{嘴}$为 喷头入口水压，mH_2O；d 为 喷嘴直径，mm。

喷头的水平射程与射流高度，也可以通过图表直接查得，见图2。

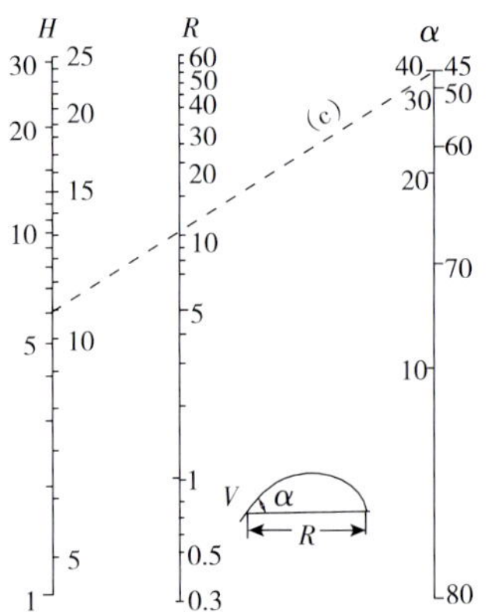

a 喷水的水平射程

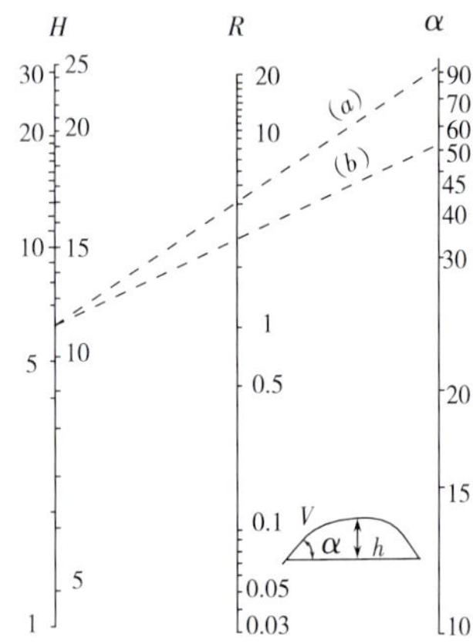

b 喷水的射流高度

2 喷水的水平射程与射流高度

根据图2a 得出如下公式：

$$R=H\left[\frac{1}{2}\sin2\alpha+2.3\cos^3\alpha\log\left(\frac{1+\sin\alpha}{\cos\alpha}\right)\right]$$

$$+2H\cos\alpha\left[\frac{2}{3}\left(1-\cos^3\alpha\right)\right]^{\frac{1}{2}}$$

（Koch U. Carstanjen 式）

式中：R 为喷水的水平射程，m；H 为喷头入口水压，m；v 为喷嘴的流速，m/s；α 为喷嘴的倾斜角，度（°）。

根据图2b 得出如下公式：

$$h=\frac{2}{3}H(1-\cos^3a)$$

（Koch U. Carstanjen 式）

式中：h 为喷水的高度，m；g 为重力加速度，等于 9.8m/s^2。

涌泉喷头在水面下垂直向上喷射时，在水面上能形成蘑菇形水柱。其水柱的高度与喷嘴口淹没的深度和喷嘴前的水压有关，见图3。

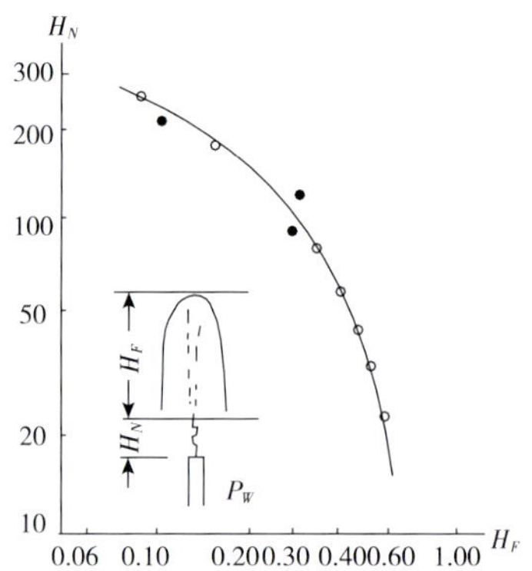

3 水柱高、喷嘴淹没深度和水压的关系

图中 H_N —— 喷嘴口淹没的深度；

H_F —— 涌泉水柱的高度（简称涌高）；

P_W —— 喷嘴前的压力。

其中涌高与水压的比值 H_F/P_W 可以由表 3 中查得。将涌高与水压的比值乘以水压即可求得水柱的高度

涌高与水压的比值 表 3

淹没深度 H_N（mm）	H_F/P_W
10	0.64
20	0.58
30	0.51
40	0.48
50	0.44
60	0.41
70	0.38
80	0.35
90	0.33
100	0.31
120	0.27
140	0.23
160	0.20
180	0.17
200	0.14
250	0.10
300	0.07

2. 流量 喷头的流量可按下列公式计算：

$$Q=\mu f\sqrt{2gH_{嘴}}$$

式中：Q 为喷头的流量；μ 为喷头的流量系数（一般为 0.6~0.94 之间）；f 为喷嘴的过水面积（对于圆形喷嘴 $f=\frac{\pi d^2}{4}$，其中 d 为喷嘴直径）；$H_{嘴}$ 为喷头入口水压；g 为重力加速度，等于 9.8m/s^2。

对于单射程喷头，有时可以采用消防常用的公式计算流量：

$$Q=0.653d^2\sqrt{H_{嘴}}$$

式中：Q 为喷头的流量；d 为喷嘴的直径；$H_{嘴}$ 为喷头入口压力。

当水柱高度在5m以下时，按上式计算误差不超过2%；当水柱高度在5~10m范围之内时，误差不超过2%~6%。

(1)涌泉喷头流量计算 自由涌流时，喷头喷嘴在水面以上，其出水流量与涌水高度之间有以下的关系（见图4）：

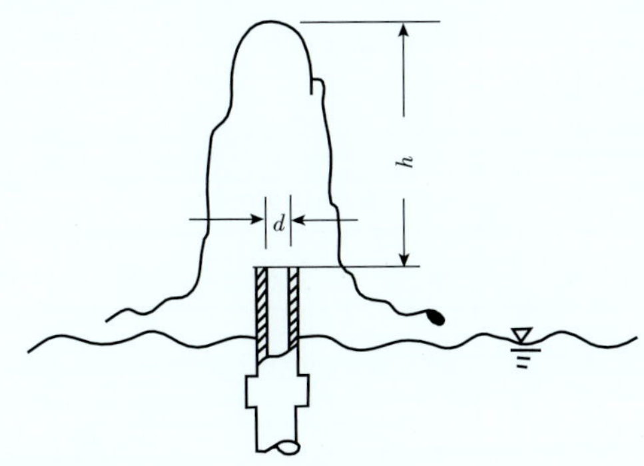

4 水柱高度与喷嘴口的内径的关系

$$Q=0.00011d^2\sqrt{h}$$

式中：h为水柱高度，mm；d为喷嘴口的内径，mm。

(2)环隙式喷头流量的计算

$$Q=0.003478\mu(D^2-d^2)\sqrt{H}$$

式中：Q为出流量，L/s；μ为流量系数，当芯子为流线形时，$\mu=1.0$；D为外管的内径，mm；d为芯子的直径，mm；H为喷嘴前的水压。

对特殊的喷头要计算喷水的流量，水平射程和喷水高度等是比较复杂的，多通过实验直接求得。

水盆溢出水帘流量的计算，一般可按宽顶和非潜流水堰计算。

宽顶堰流量的计算是，当堰口宽度大于2倍的堰前水头时（即$b>2H$时）为宽顶堰，见图5。

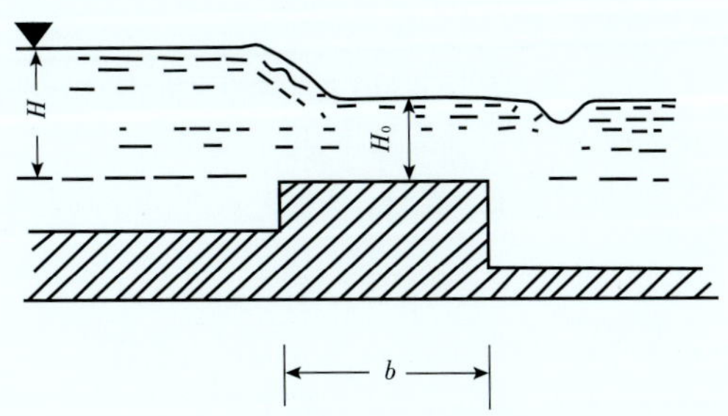

5 宽顶堰

$$Q=mb\sqrt{2g}\,H_0^3/2$$
$$=Mb\sqrt{2g}\,H_0^3/2$$

式中：m、M分别为流量系数，由堰的进口边缘的形式确定，见表4；b为堰口宽度，m；H_0为堰前静水头，等于$H+V_0^2/2g$；H为堰前水头，m；V_0为堰前流速，m/s。

宽顶堰流量系数　　表4

堰进口形式	流量系数	
	m	M
直角	320	1420
45° 斜角	360	1600
斜坡，圆角 θ=20° ~80°	360	1600
斜坡 θ=20° ~80°	340~380	1510~1680

注　表中所列系数均指水流进入堰口时无侧向收缩的情况；如有侧向收缩，应乘以收缩系数 ε，一般采用 ε=0.95。

对于圆形水盆的流量，可按照下式计算：

$$Q=4.67DH^{3/2}(m^3/s)$$

式中：H为堰顶水深，m；D为水盆直径，m。

此外，亦可根据堰顶的不同水深，由表5直接查出每米长度水帘的流量。

堰顶水深与每米长度水帘流量　　表5

H(m)	Q(L/s)	H(m)	Q(L/s)	H(m)	Q(L/s)
0.002	0.13	0.008	1.06	0.014	2.46
0.003	0.24	0.009	1.27	0.015	2.77
0.004	0.38	0.010	1.48	0.016	3.00
0.005	0.53	0.011	1.71	0.017	3.30
0.006	0.69	0.012	1.96	0.018	3.58
0.007	0.87	0.013	2.20	0.020	4.20

如果水盆的边缘非平边，而是各种形状的花边，则可按近似的几何形状来计算，如按三角形堰、梯形堰、半圆形堰、抛物线形堰等来计算。

二、溢水流量计算

喇叭口溢水流量可用下式计算，见图6。

$$Q=1000\mu F\sqrt{2gH}$$

式中：Q为溢水流量，L/s；μ为流量系数，一般取0.49；F为过水断面积，m^2；g为重力加速度，m/s^2；H为漏斗淹没水深，m。

上述公式适用于$H<0.36d$。

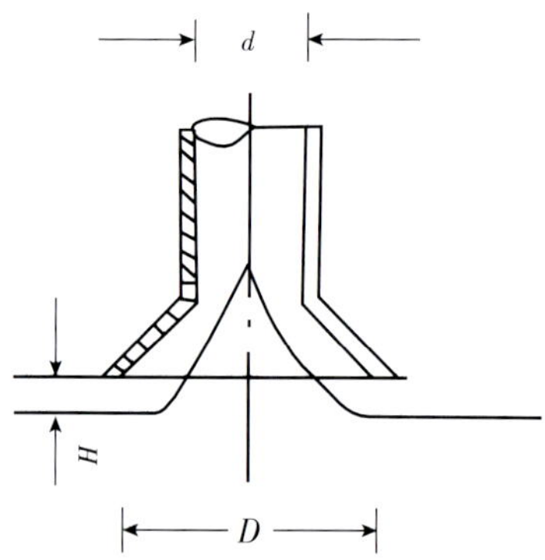

6 喇叭口式溢流

D—漏斗上口直径；d—漏斗管内径；H—淹没水深

亦可根据管径和淹没水深查表6求得溢水流量。

由于风吹、蒸发、溢流、排污和渗漏等原因，喷水池的水量有一定的损失，需要补充。补充水的量一般按循环水流量或按水池容积的百分数进行估算，其数值可参考表7。

三、配水管网的计算

配水管网的计算主要是确定管径和水头损失。

1. 管径的计算 由水力学公式得知$Q=wr$，而$w=\frac{\pi}{4}D^2$，将其代入上式，移项即得：

$$D=\sqrt{\frac{4Q}{\pi r}}$$

式中：D为管径；Q为流量；w为水管的过水断面积；π为圆周率；r为流速。

由公式中可知，在管径的计算中，流速的选择是个先决的条件。在一般给水管网中，为了防止产生水锤引起的破坏作用，最高流速选用2.5～3.0m/s。由上式还可以看出，在流量不变的情况下，流速选择愈小，管径愈大，管的造价也就愈高，反之当选择的流速大，则管径小，管子的造价就低，但水头损失也增加，使输水的耗电量加大，从而增加了日常的经营费用。所以在选择流速时，要综合考虑，使管道的建造费和经营费这两个主要经济因素之和最小，这时的流速称为经济流速。但在喷泉的管网计算中，为了获得等高的射流，管内流速低些为好，一般以不超过0.5～0.6m/s为宜。

泄水管管径的计算，可近似按下式计算：

$$d=17.9F^{0.5}H^{0.25}T^{-0.5}\text{（mm）}$$

式中：F为水池面积，m^2；H为水池水深，m；T为要求泄水时间，h。一般可选用4~8h，最长以不超过12h为宜。

2. 水头损失的计算 在喷泉中使用的管道都是压力管道，水流经管道时产生的能量损失称为水头损失。由于产生水头损失的外部条件的不同，又可以分为沿程水头损失和局部水头损失。

在直管段内，水在均匀流情况下，由于水和管壁间摩擦力及水体内的黏滞性所引起的能量消耗，称为沿程水头流失。

当水流通过连接件和控制件等时，水流突然变形，由于水流内部摩擦而消耗的能量称为局部水头损失。

当μ=0.45时，喇叭口的溢流量 表6

d（mm）	50	75	100	125	150	200
D（mm）	86	130	172	216	258	344
H（mm）	18	27	36	45	54	72
Q（L/s）	1.3	3.6	7.3	12.9	20.2	41.5
Q（当D=d时）	2.75	3.1	4.27	7.5	11.8	24.2

水量损失 表7

水景形式 \ 项目	风吹损失	蒸发损失	溢流排污损失（每天排污量占水池容积的%）
	占循环水流量的（%）		
喷泉，水膜，冰塔，孔流等	0.5~1.5	0.4~0.6	3~5
水雾	1.5~3.5	0.6~0.8	3~5
瀑布，水幕，叠流，涌泉等	0.3~1.2	0.2	3~5
镜池，珠泉等	—	—	2~4

注 水池表面蒸发量计算公式为$H=0.39(p_m-p)(1+0.135vcp)$。式中：$H$为表面蒸发损失；$p_m$为按水面温度计算的饱和水蒸汽压，mmHg；$p$为空气中水蒸气分压，mmHg；$vcp$为日平均风速，m/s。在计算月平均蒸发损失时，应将式中p_m、p和vcp分别以月平均值代入，并将计算结果乘以30。

这两者既不可分割，又相互影响。因此，总水头损失等于沿程水头损失加局部水头损失，即

$$h_{总}=\Sigma h_{沿}+\Sigma h_{局}$$

式中：$h_{总}$为总水头损失；$\Sigma h_{沿}$为沿程水头损失之和；$\Sigma h_{局}$为局部水头损失之和。

对于紊流，到目前为止，仍未从理论上获得完全符合实验的结果，因而使用借助于由实验建立的经验公式。

对于圆形管有压水流的沿程损失系数，用下式表示：

$$\zeta=\lambda\frac{L}{d}$$

式中：L为管长；d为管内径；λ为沿程阻力系数。

这样沿程水头损失可用下式表示：

$$h_{沿}=\lambda\frac{L}{d}\cdot\frac{r^2}{2g}$$

或

$$i=\lambda\frac{1}{d}\cdot\frac{r^2}{2g}$$

λ值只能由实验测定，不同管材的λ值不同。

此外也可以用比阻的方法计算水力坡降：

$$i=AQ^2$$

λ 值和 A 值见表 8。

在实际工作中常用查表法来计算沿程水头损失，就是根据流量和管径查表 9(引自《喷灌技术》)中的 1000 i 值，将 1000 i 乘 $\frac{L}{1000}$ 即为$h_{沿}$。

水力坡降计算公式和比阻公式 **表 8**

管别		水力坡降计算公式	比阻公式
旧钢管和铸铁管	v>1.2 m/s	$i=0.00107\frac{v^2}{d_i^{1.3}}$	$A=\frac{0.001736}{d_i^{5.3}}$
	v<1.2 m/s	$i=0.000912\frac{v^2}{d_i^{1.3}}(1+\frac{0.867}{v})^{0.3}$	
塑料管		$i=0.000685\frac{v^{1.774}}{d^{1.226}}$	$A=\frac{0.00111}{v^{0.226}d^{5.226}}$
玻璃管		$i=0.000745\frac{v^{1.774}}{d^{1.226}}$	$A=\frac{0.00121}{v^{0.226}d^{5.226}}$

因为表 9(c)是根据管壁厚等于 10mm 时编制的，因此当壁厚不同时，应进行修正，即 $h_{沿}=iK_1L$，式中 K_1 是修正系数。其值可由表 10 查得。

在喷泉设计时，经常会遇到多出口管道，就是每隔一定的间隔就有相同的流量分出。这样各分流点后的流量就会发生变化。在计算时本应分段计算，但为了简化计算，常先假定管内流量沿程不变，按进口处最大流量计算水头损失，然后乘上一个多口系数 C_d 进行校正。C_d 值可由表 11 中查得。

局部水头损失的计算公式为

$$h_{局}=\zeta\frac{\gamma^2}{2g}$$

一般只能通过实验测定。常见的局部水头损失系数见表 12。

3. 求总扬程(总水头) 总扬程计算公式如下：

总扬程 = 净扬程 + 损失扬程

为了简化计算，损失扬程可按净扬程的 10%～30%进行估算或参照表 12 进行估算。

在实际工作中还可以利用图表选择管径，见表 13。

钢管(水煤气管)的 **1000*i*** 和 ***v*** 值 **表 9(a)**

Q		D_g (mm)											
		20		25		32		40		50		70	
m³/h	L/s	v	1000i	v	1000i	v	1000i	v	1000i	v	1000i	v	1000i
0.504	0.14	0.43	38.0	0.26	11.3								
0.576	0.16	0.50	48.5	0.30	14.3								
0.648	0.18	0.56	60.1	0.34	17.6								
0.72	0.20	0.62	72.7	0.38	21.3	0.21	5.22						
0.90	0.25	0.78	109	0.47	31.8	0.26	7.70	0.20	3.92				
1.08	0.30	0.93	153	0.56	44.2	0.32	10.7	0.24	5.42				
1.26	0.35	1.09	204	0.66	58.6	0.37	14.1	0.28	7.08				
1.44	0.40	1.24	263	0.75	74.8	0.42	17.9	0.32	8.98				
1.62	0.45	1.40	333	0.85	93.2	0.47	22.1	0.36	1.11	0.21	3.12		
1.80	0.50	1.55	411	0.94	113	0.53	26.7	0.40	13.4	0.23	3.74		
2.16	0.60	1.86	591	1.13	159	0.63	37.3	0.48	18.4	0.28	5.16		
2.52	0.70	2.17	805	1.32	214	0.74	49.5	0.56	24.6	0.33	6.83	0.20	1.99
3.24	0.80	2.48	1051	1.51	279	0.84	63.20	0.64	31.4	0.38	8.52	0.23	2.53
2.88	0.90	2.79	1330	1.69	354	0.95	78.7	0.72	39.0	0.42	10.7	0.25	3.11
3.60	1.00	D_g = 80		1.88	437	1.05	95.7	0.80	47.3	0.47	12.9	0.28	3.76
3.96	1.10	0.22	1.95	2.07	528	1.16	114	0.87	56.4	0.52	15.3	0.31	4.44
4.32	1.20	0.24	2.27	2.26	629	1.27	135	0.95	66.3	0.56	18.0	0.34	5.18
4.68	1.30	0.26	2.61	2.45	738	1.37	159	1.03	76.9	0.61	20.8	0.37	5.99
5.04	1.40	0.28	2.97	2.64	856	1.48	184	1.11	88.4	0.66	23.7	0.40	6.83
5.40	1.50	0.30	3.36	2.82	983	1.58	211	1.19	101	0.71	27.0	0.42	7.72
5.76	1.60	0.32	3.76	3.01	1118	1.69	240	1.27	114	0.75	30.4	0.45	8.70
6.12	1.70	0.34	4.19	D_g = 100		1.79	271	1.35	129	0.80	34.0	0.48	9.69
6.48	1.80	0.36	4.66	0.21	1.21	1.90	304	1.43	144	0.85	37.8	0.51	10.7
684	1.90	0.38	5.13	0.22	1.32	200	339	1.51	161	0.89	41.8	0.54	11.9

续表

Q		D_g (mm)											
		40		50		70		80		100		125	
m³/h	L/s	v	$1000i$	v	$1000i$	v	$1000i$	v	$1000i$	v	$1000i$	v	$1000i$
7.20	2.0	1.59	178	0.94	46.0	0.57	13.0	0.40	5.62	0.23	1.47		
7.92	2.2	1.75	216	0.99	54.9	0.62	15.5	0.44	6.66	0.25	1.72		
8.64	2.4	1.91	256	1.13	64.5	0.68	18.2	0.48	7.79	0.28	2.00		
9.36	2.6	2.07	301	1.22	74.9	0.74	21.0	0.52	9.03	0.30	2.31	0.20	0.826
10.08	2.8	2.23	349	1.32	86.9	0.79	24.1	0.56	10.3	0.32	2.63	0.21	0.940
10.80	3.0	2.39	400	1.41	99.8	0.85	27.4	0.60	11.7	0.35	2.98	0.23	1.06
11.52	3.2	2.55	456	1.51	114	0.91	30.9	0.64	13.2	0.37	3.36	0.24	1.19
12.24	3.4	2.71	515	1.60	128	0.96	34.5	0.68	14.1	0.39	3.74	0.26	1.32
12.96	3.6	2.86	577	1.69	144	1.02	38.4	0.72	16.3	0.42	4.14	0.27	1.46
13.68	3.8	3.02	643	1.79	160	1.08	42.5	0.76	18.0	0.44	4,57	0.29	1.61
14.40	4.0	D_g = 150		1.88	177	1.13	46.8	0.81	19.8	0.46	5.01	0.30	1.76
15.12	4.2	0.22	0.824	1.98	196	1.19	51.2	0.85	21.7	0.48	5.46	0.32	1.92
15.84	4.4	0.233	0.89	2.07	215	1.25	56.0	0.89	23.6	0.51	5.94	0.33	2.09
16.56	4,6	0.244	0.966	2.17	235	1.30	61.2	0.93	25.7	0.53	6.44	0.35	2.27
17.28	4.8	0.254	1.04	2.26	255	1.36	66.7	0.97	27.8	0.55	6.95	0.36	2.45
18.00	5.0	0.265	1.12	2.35	277	1.42	72.3	1.01	30.0	0.58	7.49	0.38	2.63
18.72	5.2	0.276	1.20	2.45	300	1.47	78.2	1.05	32.2	0.60	8.04	0.39	2.82
19.44	5.4	0.286	1.28	2.54	323	1.53	84.4	1.09	34.6	0.62	8.64	0.41	3.02
20.16	5.6	0.297	1.37	2.64	348	1.59	90.7	1.13	37.0	0.65	9.23	0.42	3.22
20.88	5.8	0.31	1.45	2.73	373	1.64	97.3	1.17	39.5	0.67	9.84	0.44	3.43
21.60	6.0	0.32	1.54	2.82	399	1.70	104	1.21	42.1	0.69	10.5	0.45	3.65
22.32	6.2	0.33	1.64	2.92	426	1.76	111	1.25	44.9	0.72	11.1	0.47	3.87
23.04	6.4	0.34	1.73	3.01	454	1.81	118	1.29	47.9	0.74	11.8	0.48	4.09
23.76	6.6	0.35	1.83			1.87	126	1.33	50.9	0.76	12.4	0.50	4.33

续表

Q		D_g (mm)									
		70		80		100		125		150	
m³/h	L/s	v	$1000i$	v	$1000i$	v	$1000i$	v	$1000i$	v	$1000i$
24.48	6.8	1.93	134	1.37	54.0	0.78	13.2	0.51	4.57	0.36	1.93
25.20	7.0	1.99	142	1.41	57.3	0.81	13.9	0.53	4.81	0.37	2.03
25.92	7.2	2.04	150	1.45	60.6	0.83	14.6	0.54	5.06	0.38	2.14
26.64	7.4	2.10	158	1.49	64.0	0.85	15.4	0.56	5.32	0.392	2.24
27.36	7.6	2.15	167	1.53	67.5	0.88	16.2	0.57	5.60	0.403	2.36
28.08	7.8	2.21	176	1.57	71.1	0.90	17.0	0.59	5.87	0.413	2.46
28.80	8.0	2.27	185	1.61	74.8	0.92	17.8	0.60	6.15	0.424	2.58
29.52	8.2	2.33	195	1.65	78.6	0.95	18.6	0.62	6.43	0.435	2.71
30.24	8.4	2.38	204	1.69	82.4	0.97	19.5	0.63	6.72	0.445	2.82
30.96	8.6	2.44	214	1.73	86.4	0.99	20.3	0.65	7.01	0.456	2.95
31.68	8.8	2.50	224	1.77	90.5	1.02	21.2	0.66	7.31	0.466	3.06
32.40	9.0	2.55	234	1.81	94.6	1.04	22.1	0.68	7.62	0.477	3.20
33.12	9.2	2.61	245	1.85	98.9	1.06	23.0	0.693	7.93	0.49	3.33
33.84	9.4	2.67	256	1.89	103	1.09	24.0	0.71	8.25	0.50	3.45
34.56	9.6	2.72	267	1.93	108	1.11	25.0	0.723	8.57	0.51	3.59
35.28	9.8	2.78	278	1.97	112	1.13	26.0	0.74	8.90	0.52	3.72
36.0	10.0	2.84	289	2.01	117	1.15	26.9	0.753	9.23	0.53	3.87
37.8	10.5	2.98	319	2.11	129	1.21	29.5	0.79	10.1	0.56	4.22
39.6	11.0			2.21	141	1.27	32.4	0.83	11.0	0.58	4.60
41.4	11.5			2.32	155	1.33	35.4	0.87	11.9	0.61	4.98
43.2	12.0			2.42	168	1.39	38.5	0.90	12.9	0.64	5.39
45.0	12.5			2.52	183	1.44	41.8	0.94	14.0	0.66	5.80
46.8	13.0			2.62	197	1.50	45.2	0.98	15.0	0.69	6.24
48.6	13.5			2.72	213	1.56	48.7	1.02	16.1	0.71	6.68

续表

Q		D_g (mm)							
		80		100		125		150	
m³/h	L/s	v	1000i	v	1000i	v	1000i	v	1000i
50.4	14.0	2.82	229	1.62	52.4	1.05	17.2	0.74	7.15
52.2	14.5	2.92	246	1.67	56.2	1.09	18.4	0.77	7.61
54.0	15.0			1.73	60.2	1.13	19.6	0.79	8.12
57.6	16.0			1.85	68.5	1.20	22.1	0.85	9.15
61.2	17.0			1.96	77.3	1.28	24.9	0.90	10.2
64.8	18.0			2.08	86.6	1.36	27.9	0.95	11.4
68.4	19.0			2.19	96.5	1.43	31.1	1.01	12.6
72.0	20.0			2.31	107	1.51	34.5	1.06	13.8
75.6	21.0			2.42	118	1.58	38.0	1.11	15.2
79.2	22.0			2.54	129	1.66	41.7	1.17	16.5
82.8	23.0			2.66	141	1.73	45.6	1.22	18.0
86.4	24.0			2.77	154	1.81	49.7	1.27	19.5
90.0	25.0			2.89	167	1.88	53.9	1.32	21.2
93.6	26.0			3.00	181	1.96	58.3	1.38	22.9
97.2	27.0					2.03	62.9	1.43	24.7
100.8	28.0					2.11	67.6	1.48	26.6
104.4	29.0					2.18	72.5	1.54	28.5
108.0	30.0					2.26	77.6	1.59	30.5
115.2	32.0					2.41	88.3	1.70	34.8
122.4	34.0					2.56	99.7	1.80	39.2
129.6	36.0					2.71	112	1.91	44.0
136.8	38.0					2.86	125	2.01	49.0
144.0	40.0					3.01	138	2.12	54.3
180.0	50.0							2.65	84.9

铸铁管的 **1000*i*** 和 ***v*** 值　　　　表 9(b)

Q		D_g (mm)									
		50		75		100		125		150	
m³/h	L/s	v	1000i	v	1000i	v	1000i	v	1000i	v	1000i
2.16	0.6	0.32	6.9								
2.88	0.8	0.42	11.6								
3.60	1.0	0.53	17.3	0.23	2.31						
4.32	1.2	0.64	24.1	0.28	3.20						
5.04	1.4	0.74	32.0	0.33	4.22						
5.76	1.6	0.85	40.9	0.37	5.34	0.21	1.31				
6.48	1.8	0.95	50.8	0.42	6.59	0.23	1.61				
7.20	2.0	1.06	61.9	0.46	7.98	0.26	1.94				
7.92	2.2	1.17	74.0	0.51	9.47	0.29	2.29				
8.64	2.4	1.27	87.5	0.56	11.1	0.31	2.66	0.20	0.90		
9.36	2.6	1.38	103	0.60	12.8	0.34	3.08	0.22	1.03		
10.08	2.8	1.48	119	0.65	14.7	0.36	3.52	0.23	1.18		
10.80	3.0	1.59	137	0.70	16.7	0.39	3.98	0.25	1.33		
11.52	3.2	1.70	155	0.74	18.8	0.42	4.47	0.27	1.49		
12.24	3.4	1.80	176	0.79	21.0	0.44	4.99	0.28	1.66		
12.96	3.6	1.91	197	0.84	23.2	0.47	5.53	0.30	1.84	0.21	0.755
13.68	3.8	2.02	219	0.88	25.8	0.49	6.10	0.32	2.03	0.22	0.834
14.40	4.0	2.12	243	0.93	28.4	0.52	6.69	0.33	2.22	0.23	0.909
15.12	4.2	2.23	268	0.98	31.1	0.55	7.31	0.35	2.42	0.24	0.995
15.84	4.4	2.33	294	1.02	33.9	0.57	7.96	0.36	2.63	0.25	1.08
16.56	4.6	2.44	321	1.07	36.8	0.60	8.63	0.38	2.85	0.264	1.17
17.28	4.8	2.55	350	1.12	39.8	0.62	9.33	0.40	3.07	0.275	1.26
18.00	5.0	2.65	380	1.16	43.0	0.65	10.0	0.41	3.31	0.286	1.35
18.72	5.2	2.76	411	1.21	46.2	0.68	10.8	0.43	3.56	0.30	1.45

续表

Q		D_g (mm)											
		75		100		125		150		200		250	
m^3/h	L/s	v	$1000i$	v	$1000i$	v	$1000i$	v	$1000i$	v	$1000i$	v	$1000i$
19.44	5.4	1.26	49.8	0.70	11.6	0.45	3.80	0.31	1.55				
20.16	5.6	1.30	53.6	0.73	12.3	0.46	4.07	0.32	1.65				
20.88	5.8	1.35	57.5	0.75	13.2	0.48	4.32	0.33	1.77				
21.60	6.0	1.39	61.5	0.78	14.0	0.50	4.60	0.34	1.87				
22.32	6.2	1.44	65.7	0.80	14.9	0.51	4.87	0.36	1.99				
23.04	6.4	1.49	70.0	0.33	15.8	0.53	5.17	0.37	2.10	0.21	0.518		
23.76	6.6	1.53	74.4	0.96	16.7	0.55	5.46	0.38	2.22	0.21	0.545		
24.48	6.8	1.58	79.0	0.88	17.7	0.56	5.77	0.39	2.34	0.22	0.577		
25.20	7.0	1.63	83.7	0.91	18.6	0.58	6.09	0.40	2.46	0.23	0.605		
25.92	7.2	1.67	88.6	0.93	19.6	0.60	6.40	0.41	2.60	0.23	0.634		
26.64	7.4	1.72	93.6	0.96	20.7	0.61	6.74	0.42	2.72	0.24	0.668		
27.36	7.6	1.77	98.7	0.99	21.7	0.63	7.06	0.44	2.86	0.24	0.698		
28.08	7.8	1.81	104	1.01	22.8	0.65	7.41	0.45	2.99	0.25	0.734		
28.80	8.0	1.86	109	1.04	23.9	0.66	7.75	0.46	3.14	0.26	0.765		
29.52	8.2	1.91	115	1.06	25.0	0.68	8.12	0.46	3.28	0.26	0.802		
30.24	8.4	1.95	121	1.09	26.2	0.70	8.50	0.48	3.43	0.27	0.835		
30.96	8.6	2.00	126	1.12	27.3	0.71	8.86	0.49	3.57	0.277	0.874		
31.68	8.8	2.05	132	1.14	28.5	0.73	9.25	0.51	3.73	0.283	0.908		
32.40	9.0	2.09	138	1.17	29.9	0.75	9.63	0.52	3.91	0.29	0.942		
34.20	9.5	2.21	154	1.23	33.0	0.79	10.6	0.54	4.28	0.31	1.04		
36.00	10.0	2.33	171	1.30	36.5	0.83	10.7	0.57	4.69	0.32	1.13	0.20	0.384
37.80	10.5	2.44	188	1.36	40.3	0.87	12.8	0.60	5.13	0.34	1.24	0.216	0.421
39.60	11.0	2.56	207	1.43	44.2	0.91	14.0	0.63	5.59	0.35	1.35	0.226	0.456
41.40	11.5	2.67	226	1.49	48.3	0.95	15.1	0.66	0.60	0.37	1.46	0.236	0.492

续表

Q		D_g (mm)											
		100		125		150		200		250		300	
m^3/h	L/s	v	$1000i$	v	$1000i$	v	$1000i$	v	$1000i$	v	$1000i$	v	$1000i$
43.20	12.0	1.56	52.6	0.99	16.4	0.69	6.55	0.39	1.58	0.25	0.529		
45.00	12.5	1.62	57.1	1.03	17.7	0.72	7.07	0.40	1.70	0.26	0.572		
46.80	13.0	1.69	61.7	1.08	19.0	0.75	7.60	0.42	1.82	0.27	0.612		
48.60	13.5	1.75	66.6	1.12	20.4	0.77	8.14	0.43	1.95	0.28	0.653		
50.40	14.0	1.82	71.6	1.16	21.9	0.80	8.71	0.45	2.08	0.29	0.695		
52.20	14.5	1.88	76.8	1.20	23.3	0.83	9.30	0.47	2.21	0.30	0.743	0.20	0.301
54.00	15.0	1.95	82.2	1.24	24.9	0.86	9.88	0.48	2.35	0.31	0.788	0.21	0.320
57.60	16.0	2.08	93.5	1.32	28.4	0.92	11.1	0.51	2.64	0.33	0.886	0.23	0.358
61.20	17.0	2.21	106	1.41	32.0	0.97	12.5	0.55	2.96	0.35	0.985	0.24	0.398
64.80	18.0	2.34	118	1.49	35.9	1.03	13.9	0.58	3.28	0.37	1.09	0.255	0.443
68.40	19.0	2.47	132	1.57	40.0	1.09	15.3	0.61	3.62	0.39	1.20	0.27	0.486
72.00	20.0	2.60	146	1.66	44.3	1.15	16.9	0.64	3.97	0.41	1.32	0.28	0.532
79.20	22.0	2.86	177	1.82	53.6	1.26	20.2	0.71	4.73	0.45	1.57	0.31	0.629
86.40	24.0			1.99	63.8	1.38	24.1	0.77	5.56	0.49	1.83	0.34	0.734
93.60	26.0			2.15	74.9	1.49	28.3	0.84	6.44	0.53	2.12	0.37	0.850
100.8	28.0			2.32	86.8	1.61	32.8	0.90	7.38	0.57	2.42	0.40	0.969
108.0	30.0			2.48	99.6	1.72	37.7	0.96	8.40	0.62	2.75	0.424	1.10
126.0	35.0			2.90	136	2.01	51.3	1.12	11.2	0.72	3.64	0.495	1.45
144.0	40.0					2.29	66.9	1.29	14.4	0.82	4.63	0.57	1.85
162.0	45.0					2.58	84.7	1.45	18.3	0.92	5.79	0.64	2.29
180.0	50.0					2.87	105	1.61	22.6	1.03	7.05	0.71	2.77
216.0	60.0							1.93	32.5	1.23	9.91	0.85	3.88
252.0	70.0							2.25	44.2	1.44	13.5	0.99	5.17
288.0	80.0							2.57	57.6	1.64	17.6	1.13	6.63

钢管 D_g=125~350mm 的 1000*i* 和 *v* 值 表 9(c)

Q		D_g (mm)											
		125		150		175		200		225		250	
m³/h	L/s	*v*	1000*i*	*v*	1000*i*	*v*	1000*i*	*v*	1000*i*	*v*	1000*i*	*v*	1000*i*
9.00	2.5	0.20	0.93										
10.80	3.0	0.24	1.28										
12.60	3.5	0.28	1.68	0.21	0.77								
14.40	4.0	0.33	2.14	0.24	0.98								
16.20	4.5	0.37	2.64	0.26	1.20								
18.00	5.0	0.41	3.18	0.29	1.45	0.21	0.66						
19.80	5.5	0.45	3.77	0.32	1.71	0.23	0.78						
21.60	6.0	0.49	4.42	0.35	1.99	0.25	0.91	0.20	0.47				
25.20	7.0	0.57	5.84	0.41	2.63	0.30	1.19	0.23	0.62				
28.80	8.0	0.65	7.46	0.47	3.35	0.34	1.51	0.26	0.79	0.20	0.43		
32.4	9.0	0.73	9.25	0.53	4.14	0.38	1.87	0.29	0.97	0.23	0.53		
36.0	10.0	0.81	11.2	0.59	5.02	0.42	2.25	0.32	1.17	0.25	0.64	0.20	0.36
39.6	11.0	0.90	13.5	0.65	5.98	0.47	2.68	0.36	1.38	0.28	0.76	0.22	0.43
43.2	12.0	0.98	15.8	0.71	7.01	0.51	3.13	0.39	1.62	0.30	0.88	0.24	0.50
46.8	13.0	1.06	18.3	0.77	8.12	0.55	3.62	0.42	1.86	0.33	1.02	0.26	0.58
50.4	14.0	1.14	21.0	0.82	9.31	0.60	4.15	0.45	2.14	0.35	1.16	0.28	0.66
54.0	15.0	1.22	23.9	0.88	10.6	0.64	4.70	0.49	4.41	0.38	1.32	0.30	0.75
57.6	16.0	1.30	27.2	0.94	11.9	0.68	5.30	0.52	2.72	0.41	1.48	0.32	0.84
61.2	17.0	1.39	30.7	1.00	13.3	0.72	5.91	0.55	3.03	0.43	1.65	0.34	0.93
64.8	18.0	1.47	34.4	1.06	14.8	0.77	6.57	0.58	3.37	0.46	1.83	0.36	1.03
68.4	19.0	1.55	38.3	1.12	16.4	0.81	7.25	0.62	3.71	0.48	2.02	0.38	1.13
72.0	20.0	1.63	42.5	1.18	18.1	0.85	7.98	0.65	4.07	0.51	2.21	0.40	1.24
79.2	22.0	1.79	51.4	1.30	21.8	0.94	9.52	0.71	4.85	0.56	2.63	0.44	1.47
86.4	24.0	1.95	61.1	1.41	25.9	1.02	11.2	0.78	5.69	0.61	0.39	0.48	1.72

续表

Q		D_g (mm)											
		125		150		200		250		300		350	
m³/h	L/s	*v*	1000*i*	*v*	1000*i*	*v*	1000*i*	*v*	1000*i*	*v*	1000*i*	*v*	1000*i*
93.6	26.0	2.12	71.8	1.53	30.4	0.84	6.60	0.52	1.99	0.36	0.784	0.26	0.365
100.8	28.0	2.28	83.2	1.65	35.2	0.91	7.57	0.56	2.28	0.383	0.893	0.28	0.417
108.0	30.0	2.45	95.5	1.77	40.5	0.97	8.60	0.60	2.58	0.41	1.01	0.30	0.471
115.2	32.0	2.61	109	1.89	46.0	1.04	9.7	0.64	2.92	0.44	1.14	0.32	0.528
122.4	34.0	2.77	123	2.00	52.0	1.10	10.9	0. 68	3.26	0.465	1.27	0.34	0.588
129.6	36.0	2.93	138	2.12	58.3	1.17	12.1	0.72	3.31	0.493	1.41	0.36	0.652
136.8	38.0			2.24	64.9	1.23	13.4	0.76	3.99	0.52	1.55	0.38	0.718
144.0	40. 0			2.36	71.9	1.30	14.8	0.80	4.39	0.55	1.70	0.40	0.787
162.0	45.0			2.65	91.0	1.46	18.8	0.90	5.45	0.62	2.11	0.45	0.973
180.0	50.0			2.95	110	1.63	23.2	0.98	6.63	0.68	2.55	0.50	1.17
198.0	55					1.79	28.0	1.00	7.92	0.75	3.05	0.55	1.39
216.0	60					1.95	33.4	1.20	9.30	0.82	3.57	0.60	1.83
234.0	65					2.11	39.2	1.30	10.9	0.89	4.15	0.65	1.89
252.0	70					2.28	45.4	1.40	12.7	0.96	4.76	0.70	2.16
270.0	75					2.44	52.2	1.50	14.5	1.03	5.40	0.75	2.46
288.0	80					2.60	59.3	1.60	16.5	1.09	6.10	0.80	2.77
306.0	85					2.76	67.0	1.70	18.7	1.16	6.83	0.85	3.10
324.0	90					2.93	75.1	1.80	20.9	1.23	7.61	0.90	3.44
342.0	95							1.90	23.3	1.30	8.48	0.95	3.81
360.0	100							2.00	25.8	1.37	9.39	1.00	4.19
540.0	150							3.01	58.1	2.05	21.1	1.50	9.17
720.0	200									2.74	37.6	2.00	16.3
903.6	250											2.51	25.5
1037.2	302											3.02	37.2

中等管径钢管 1000i 值和 A 值的修正系数 k_1 表 10

公称直径（mm）	壁厚（mm）										
	4	5	6	7	8	9	10	11	12	13	14
125	0.61	0.66	0.72	0.78	0.85	0.92	1	1.09	1.18	1.30	1.42
150	0.66	0.70	0.76	0.81	0.88	0.93	1	1.08	1.16	1.25	1.35
175	0.70	0.74	0.79	0.83	0.89	0.94	1	1.06	1.13	1.21	1.29
200	0.73	0.77	0.81	0.85	0.90	0.95	1	1.06	1.12	1.18	1.24
225	0.76	0.79	0.83	0.87	0.91	0.95	I	1.05	1.10	1.15	1.21
250	0.78	0.81	0.86	0.88	0.92	0.96	1	1.04	1.09	1.14	1.19
275	0.80	0.83	0.86	0.89	0.93	0.96	1	1.04	1.08	1.12	1.17
300	0.81	0.84	0.87	0.90	0.93	0.97	1	1.03	1.07	1.11	1.15
325	0.83	0.85	0.88	0.91	0.94	0.97	1	1.03	1.07	1.10	1.14
350	0.84	0.86	0.89	0.92	0.95	0.97	1	1.03	1.06	1.09	1.13
400	–	0.88	0.90	0.93	0.95	0.97	1	1.03	1.05	1.08	1.11

注 该表引自《喷灌技术》。

多口系数 C_d 值 表 11

管上出口总数	C_d		管上出口总数	C_d	
	$x=1$	$x=\frac{1}{2}$		$x=1$	$x=\frac{1}{2}$
1	1.000	1.000	11	0.380	0.351
2	0.625	0.500	12	0.376	0.349
3	0.518	0.422	13	0.373	0.348
4	0.469	0.393	14	0.370	0.347
5	0.440	0.378	15	0.367	0.346
6	0.421	0.369	16	0.365	0.345
7	0.408	0.363	17	0.363	0.344
8	0.398	0.358	18	0.361	0.343
9	0.391	0.355	19	0.360	0.343
10	0.385	0.353	20	0.359	0.342

注 x=第一个分流口到总进口的距离/各分流口之间距离。

水头损失估算 表 12

净扬程（吸水高度＋扬水高度）	水头损失
5m以下	1m
6~10m	1~2m
11~15m	2~3m
16~20m	3~4m
21~40m	4~8m

四、喷泉的管道布置、管材以及附件

1. 喷泉的管道布置 喷泉的管道主要由输水管、配水管、补给水管、溢水管和泄水管等组成。现将其布置要点简述如下：

（1）在小型喷泉中，管道可直接埋在土中。在大型喷泉中，如果管道多而且复杂，应将主要管道敷设在能通行人的渠道中，在喷泉底座下设检查井。只有配水管或非主要管道才可以直接敷设在结构物中或置于水池内。

（2）为了使喷水获得等高的射流，对于环形配水管网，多采用十字形供水。

（3）由于蒸发等等原因，造成喷水池内水量的损失，此外水泵运行前需要充水，因此喷水池需设补充供水管。在管段上应设手阀或浮球阀或液位继电器，随时补充池内水量的损失，以保持水位的稳定。补充供水管如直接与城市自来水管相连接，应按规范要求设逆止阀，以防污染城市水源。

（4）为了防止因降雨等使喷水池池水上涨造成溢流，在池内应设溢水管，直通城市雨水井或水体，溢水管应有一定的坡度，在溢水口外应设有拦污栅。

（5）为了便于清洗和在不使用的季节把池水全部放空，在水池底部应设泄水管，直通城市雨水井。亦可结合绿地喷灌或地面洒水而另行设计。

（6）在寒冷地区，为防止冬季冻害，所有管道均应有一定坡度，以便在冬季将管内的水全部排出。

（7）连接喷头的水管不能有急剧的变化。如有变化，则必须使水管管径逐渐由大变小，并且在喷头前必须有一段长度适当的直管，直管的长度应不小于喷头直径的 20～50 倍，以保持射流的稳定。

（8）对每一个或每组具有相同高度的射流，应有自己的调节设备。一般用阀门或整流图来调节流量和水压。

（9）喷泉所有管道的接头应紧密。设在喷泉结构物内的管道安装完毕后，均应进行水压试验。

2. 常用管材 管材的类别繁多，这里仅就喷泉常用管材的特征、优缺点及水煤气输送钢管规格作介绍，见图7、表 13、表 14。

3. 管道附件 在喷泉的管道中，除开直管和喷头外，还有管道的连接件、控制件和分水箱等附件。现分述如下：

（1）连接管件。钢管的连接方式有螺纹连接（又称为丝扣连接）、焊接和法兰连接三种。钢管常用的管件当 $D_g \leqslant 100$ 时宜选用螺纹连接；当 $D_g > 100$ 时宜用法兰连接。

（2）控制管件。专供管道或分水箱控制水流通路的启、闭和方向之用的各种阀门。在喷泉管路中常用的阀门主要有闸阀、截止阀、逆止阀、电磁阀（在第 3 章中已经介绍）。其驱动方式一般为手动。连接方式有内螺纹和法兰两种，公称压力一般在 10 kg/cm² 以下。

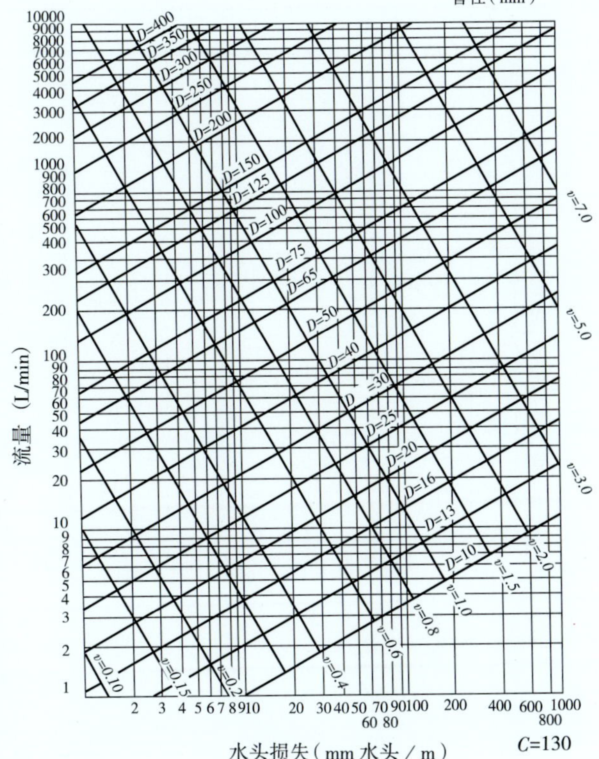

7 管径流量与水头损失

C 表示新钢管、新铸铁管、黄铜管的流速系数；
D 表示管径，mm；
v 表示流速，m/s

喷泉给水中常用管材 **表 13**

管材类别和名称			产品特征：管径 D_g（mm）	产品特征：单根长度（m）	产品特征：容许工作压力（kg/cm²）	优点	缺点
金属管	水煤气钢管	镀锌钢管（白铁管）	6～155	4~9	≤10（普通管）≤16（加厚管）	（1）坚韧：耐力大、抗震佳，弯切易。（2）薄轻：壁薄，质轻，耗料少，节长，接头少。（3）不糙：内壁较光滑，水力条件好。（4）易装：连接方便（白铁管的镀锌层能保护管和水的色味不锈损）	（1）易生锈：埋于土中易腐蚀，其寿命为 20~30 年，黑铁管更易锈蚀。（2）价昂。（3）白钢管比黑铁管重 3%~6%，因为有镀锌层，不宜焊接
		不镀锌钢管（黑铁管）	6~150	4~9（带螺纹）4~12（不带螺纹）	≤10（普通管）≤16（加厚管）		
	给水铸铁管	低压管	75～900	3～6	$H \leqslant 4.5$	（1）比钢管耐腐蚀，寿命长可达 70~100 年，但 30 年后要开始更换。（2）价廉	（1）质脆：抗震差。（2）厚重：比任何直径钢管多耗原料约 1.5~2.5 倍。（3）节短，接头多，且不能焊接。（4）易锈蚀：管壁会产生锈瘤，使内径变小，阻力加大
		普通管	75～1500	3～6	$4.5 \leqslant H \leqslant 7.5$		
		高压管	150～500	5～6	$7.5 \leqslant H \leqslant 10$		

续表

管材类别和名称			产品特征			优　点	缺　点
			管径 D_g（mm）	单根长度（m）	容许工作压力（kg/cm²）		
非金属管	硬聚氯乙烯塑料管	轻型管	15~200	4±0.1	≤6	（1）抗蚀：能抗酸、碱、油、水的侵蚀，无锈。 （2）质轻：比重轻，是钢管的 1/5。 （3）壁光：阻力很小。 （4）易装：易锯、焊、粘接头	（1）易老化：7~8 年后要变质。 （2）适应温度变化小，仅宜用于 -5~45℃流体。过热要变形，过冷要变脆，一般。适用于室内管道。 （3）不抗撞击
		重型管	8~65	4±0.1	≤10		

注　D_g为公称直径，或公称通径，它是管道标准化的基本参数之一。其中 D 表示管的直径，g 表示公称。

水、煤气输送钢管　　表 14

公称通径		外径（mm）	钢管				管螺纹				每米钢管分配的管接头质量（以每 6ml 个管接头计算）(kg)
			普通管		加厚管		基面处外径（mm）	每英寸牙数	螺纹长度(mm)		
mm	in		壁厚（mm）	不计管接头的理论质量（kg/m）	壁厚（mm）	不计管接头的理论质量（kg/m）			圆锥形管螺纹	圆柱形管螺纹	
6	1/8	10	2.00	0.39	2.50	0.46					
8	1/4	13.5	2.25	0.62	2.75	0.73					
10	3/8	17	2.25	0.82	2.75	0.97					
15	1/2	21.25	2.75	1.25	3.23	1.44	20.956	14	12	14	0.01
20	3/4	26.75	2.75	1.63	3.50	2.01	26.442	14	14	16	0.02
25	1	33.50	3.25	2.42	4.00	2.91	33.250	11	15	18	0.03
32	11/4	42.25	3.25	3.13	4.00	3.77	41.912	11	17	20	0.04
40	11/2	48	3.50	3.84	4.25	4.58	47.805	11	19	22	0.06
50	2	60	3.50	4.88	4.50	6.16	59.616	11	22	24	0.08
70	21/2	75.5	3.75	6.64	4.50	7.88	75.187	11	23	27	0.13
80	3	88.5	4.00	8.34	4.75	9.81	87.887	11	32	30	0.20
100	4	114	4.00	10.85	5.00	13.44	113.034	11	38	36	0.40
125	5	140	4.50	15.04	5.50	18.24	138.435	11	41	38	0.60
130	6	165	4.50	17.81	5.50	21.63	163.836	11	45	42	0.80

注　1. 钢管分不镀锌钢管（黑管）和镀锌钢管、带螺纹钢管和不带螺纹钢管。
2. 镀锌钢管比不镀锌钢管重 3%~6%。
3. 钢管长度：不带螺纹的不镀锌钢管 4~12m；带螺纹的镀锌钢管和不镀锌钢管 4~9m。
4. 钢管一般用材料：A3F，B3F。
5. 标记示例：通径 20mm，壁厚 2.75mm，长 1500mm的水、煤气输送钢管为煤气管 ϕ20×2.75×1500。

标准阀门产品的型号由以下七个单元组成(见下图示)。

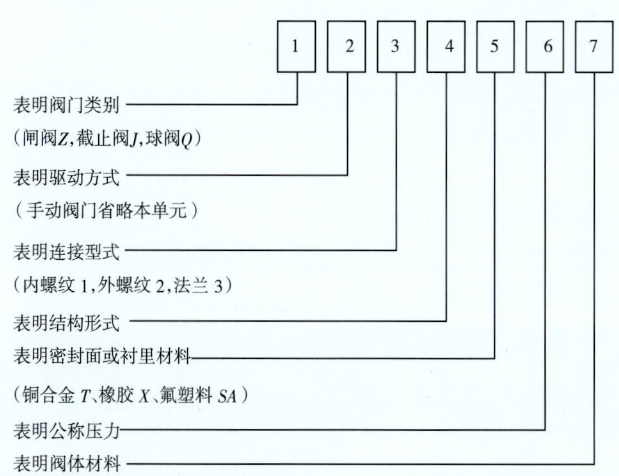

现就各类阀门的用途、产品特征及选用要点分述如下。

截止阀的作用是调节和隔断管中水流,在给水系统中是使用广泛的一种阀门。

这种产品具有以下特征:

(1)密合面受力均匀且易拆换,故适用于调节流量。

(2)开关省力,动作慢,水锤力小。

(3)水流路线曲折,过水孔断面收缩阻力大。因其局部阻力系数与管径有关,故只宜用于小管径的管段上。(内螺纹截止阀适用于≤D_g50 的管段。法兰截止阀适用于≤D_g80 的管段上。)

(4)有方向性,水流从下到上,不能装反。

(5)不宜用于浑浊度高的水,以防密封面磨损,影响密封。

闸阀只起隔断水流的作用。这种产品具有以下特征:

(1)阻力小,适用于>D_g50 的管段上。

(2)启闭缓,水锤力小。

(3)无方向要求,手轮应向上安装,否则阀体空腔内易积水,有些闸阀还关不严。

(4)密封面易损坏,在浑浊水中使用尤甚。

(5)法兰式价格贵。

逆止阀又称为单向阀,它是用来限制水流朝一个方向流动,用于水泵出水管和水源进水管等处,以防止水的倒流。逆止阀安装时,应注意阀门上标明的箭头方向须和水流方向相同。

其中旋启式逆止阀具以下特征:

(1)靠两侧水压差使阀瓣摆动。

(2)阻力较小。

(3)横管、立管均可使用。

(4)低压时密闭性稍差,故多用于中、高压大管段上。

4. 分水箱 分水箱通常用钢管或钢板制成。其外形多为圆形,因为圆形水箱在结构上较为经济。水箱的设置位置,根据需要可设在水泵房内或喷水池中。水箱的大小和钢板的厚度,应根据设计流量、连接管的多少、管子的直径和水的压力等技术条件,经计算后确定。分水箱构造见图8。

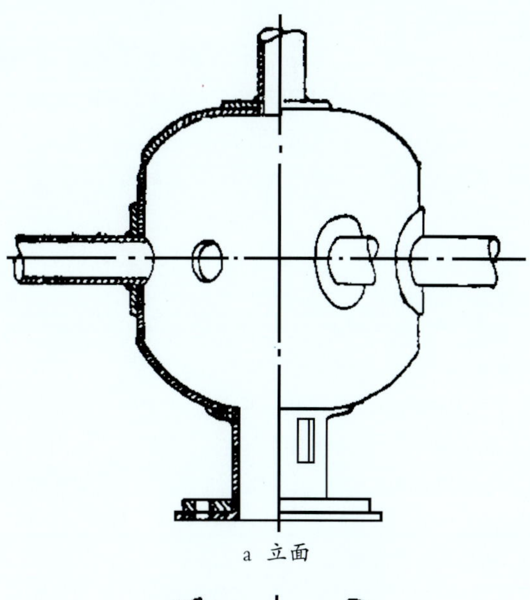

a 立面

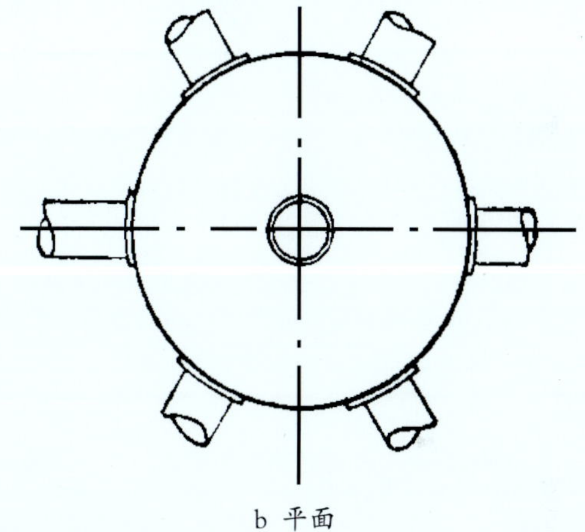

b 平面

8 分水箱结构

5. 管道的防腐与防噪声

(1)管道的防腐 给水管道除镀锌钢管外,必须进行管道的防腐。管道防腐最简单的办法是刷油,把管道外壁除锈打磨干净,先涂刷底漆,然后刷面漆。对于明装的管子去锈后先涂上樟丹,再涂调和漆;对于埋地的管子一般先刷冷底子油,再刷热沥青两层。对于装在喷水池内的明管,其面层调和漆的颜色应尽量与池壁的颜色统一。

(2)管道的防噪声 管网或设备在使用过程中会发生噪声,并沿着建筑结构或管道传播。

产生噪声的来源一般有下列几方面:

1)由于管材损坏,在某些地方(阀门等)产生机械的敲击声。

2)管道中水的流速太快,在通过阀门或由于管径改变流速急变处产生的噪声。

3)水泵工作时发出的噪声。

为了防止附件和设备上产生噪声,应选用质量良好的配件及器材,安装管道和器材时应采用防噪声的措施。应提高水泵机组装配和安装的准确性,采用减振基础等措施,以达到减弱或防止噪声的传播。

一、喷泉照明的特点

喷泉照明与一般照明不同，一般照明是要在夜间创造一个明亮的环境，而喷泉照明则是要突出水花的各种风姿。因此，它要求有比周围环境更高的亮度，而被照物体又是一种无色透明的水，这就要利用灯具形成各种不同的光分布和构图，创造特有的艺术效果，见图1、图2。

二、喷泉照明的种类

在喷泉照明中，常用的照明方式如下。

1. 固定照明 所谓固定照明是除闪光照明和调光照明以外的所有照明的总称。固定照明的投光灯类型见图3。

喷泉往往是人们专心观赏的中心，它要求比周围有更高的亮度，才能形成精彩的构景中心，吸引游人注目，见图2。在周围明亮时，喷水的近端应有100~200个勒克斯的照度，在周围暗的场合，需要50~100个勒克斯的照度。当喷水的高度不同时，要求灯泡的功率也不同，其关系见表1。

日内瓦莱蒙湖上耸入云天的145m高的大喷泉，就是在距喷水口20m处装设了一台巨型探照灯，形成银色水柱直刺暮空，十分壮观。

2. 闪光照明和调光照明 这是由几种彩色照明灯组成，通过闪光或使灯光慢慢地变化亮度，以求适应喷泉的色彩变化。彩色照明可以用彩色灯，也可以在普通光源前加一个彩色滤光片。色彩的切换要配合喷水姿的变换，可以用单色或混合色反复投光，随着每一喷水姿的变化，改变照明的颜色。色光随着光谱带的不同，其照度有相当大的差别，其变化关系见表2。

喷水高度与投光灯功率关系表 **表1**

灯泡功率(W) / 喷水高度(m)	反射型投光灯					汞灯		金属卤化物灯
	100	150	200	300	500	300	400	400
1.5	0							
2	0	0	0					
3	0	0	0	0				
4			0	0				
5			0	0				
6			0	0	0	0		
7				0	0	0	0	
8					0	0	0	
9							0	
10							0	0
10以上							0	0

照射喷水散落形成的空间，使水体层次更强，色彩更丰富，随着灯光和色彩的变化，产生变幻莫测的效果。

这是垂直柱喷与多个喷头散花结合型喷泉，照明亦采用垂直和周围散落相结合的投光方式。

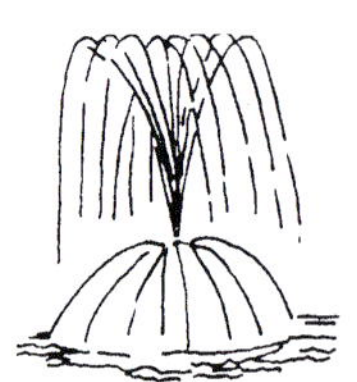
空中壁挂与水面蘑菇形结合的喷泉，投光应分两个层次进行，水下投照蘑菇形，水上投照壁挂落水。

1 喷水与照明方式

2 立体布置的喷泉照明及其光环境

用于喷泉和水景照明的灯具，从外形和构造上分为在水中露明的简单灯具和在水中密封的简单灯具两种。露明灯具安装方便，但使用受到限制，密封型灯具有多种光源类型，而且限定了使用的灯型，但可在水下任何方位使用，见图3。

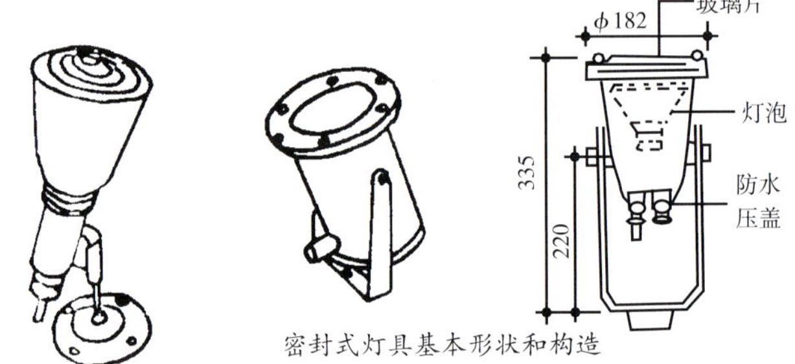

露明简单的水下照明器

密封式灯具基本形状和构造

3 固定式投光灯具

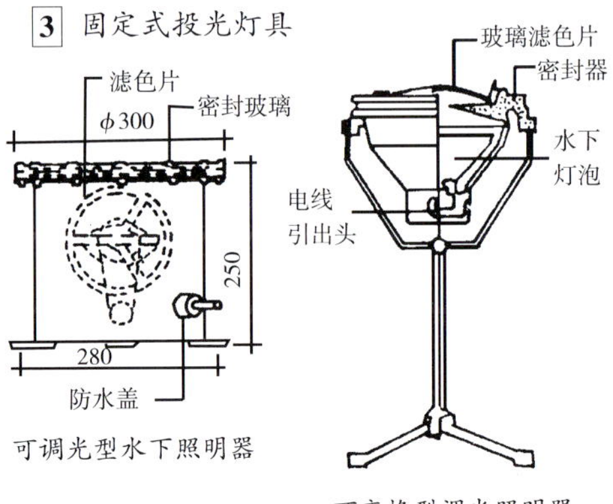

可调光型水下照明器

可变换型调光照明器

4 可调式投光灯具

图4是两种彩色照明灯具，滤色片的安装方法有在前面玻璃处固定的和可变换的两种。可调换滤色玻璃片有红、黄、蓝、绿和无色透明五种颜色。灯内可安装不同光束宽度的封闭式水下灯泡，从而得到几种不同的光强。

彩灯色光与灯的功率的关系 表 2

光色	等照度功率比	等效果功率比
透明	1.0	1.0
黄	1.3	1.2
赭石	2.0	1.5
红	7.0	2.0
绿	15.0	3.0
钴蓝	30.0	10.0

由表 2 可以看出照度减少的顺序是黄、赭石、红、绿、钴蓝。钴蓝色灯消耗的电力最大。由表 3 和表 4 可查常用光源及其特征。

3. 水上照明与水下照明 水上照明和水下照明各有优缺点。大型喷泉往往是两者并用。水下照明,可以欣赏水面波纹,并且由于光是由喷水的下面照射的,因此当水花下落时,可以映出闪烁的光,见图5~图7。

喷泉和水中照明常用光源 表 3

光源类型		适用灯具
一般光源	反射型投光灯 防护式柱形灯 卤灯 投光灯用灯泡 汞灯(含反射型) 金属卤化物灯	密闭型
喷水专用	反射型投光灯	灯光露明

常用光源的特征 表 4

灯的种类	功率(W)	特点
白炽灯	100~300	易于改变颜色、开关、调光
汞灯	200~400	光束较大,不易于色彩照明,不便开关
金属卤化物灯	400	光束较大,变换颜色不方便,不便开关

三、喷泉照明设计要点

(1)喷泉的体量、动态应与周围环境相适应。环境较宽阔,附近有高大建筑物时,喷泉应设计得宏大些;环境条件不太宽阔或与雕塑相陪衬的,应做得体量适中、生动活泼。

(2)喷泉是富于动态,集"声、光、色、形"于一体的设施。其中,光与色是同步产生和消失的,色必须通过光束才能表现出来。因此,应将色与光同时考虑,统一安排。

(3)喷泉的完美表现形式,是由复杂的技术系统作保证完成的。因此,在进行喷泉设计时,应与声、光、管道工程师密切配合,相互协作。

5 水上照明与水下照明相结合的喷泉光环境,三眼红蓝绿涌泉奇异迷人

6 水上与水下相结合的水钟浪喷泉照明

7 完全由水下照明营造的喷泉光环境

四、喷泉照明的手法

为了既能保证喷泉照明取得华丽的艺术效果，又能防止产生眩光，布光是非常重要的。照明灯的位置，一般是在水面下 5～10cm 处，在喷嘴的附近，以喷水前端高度的 1/5～1/4 以上的水柱作为照射的目标；或以喷水下落到水面稍上的部位为照射的目标。这时如果喷泉周围的建筑物和树丛等背景是暗色的，则喷泉水的飞花下落的轮廓就全被照射得清清楚楚。喷嘴群在有的场合呈环状排列。这时在喷嘴内侧配光要比在喷嘴外侧配光效果好。照明灯具的投射方向见图8。喷泉照明投射效果及光环境实景见图13、图14。

五、水下照明灯具的种类与选择

水下照明灯一般配置在水面下 5~10cm 处，其最大水深不超过 50cm。水下灯有将完全密封的、防冲击的灯泡直接置于水中的，有和将灯泡装在密闭的灯具外壳内，有置于水中或飘浮于水面的，还有一种水下灯是嵌于池壁之中的。它又可分为湿式池壁灯和干式池壁灯两种，见图9。

为了安全，水下灯一般使用 12V 的低压电源，或安装漏电保护装置，并在灯泡的外面设有不锈钢的保护罩。移动式和固定式水下灯见图10、图11，密闭型照明灯的构造见图12。

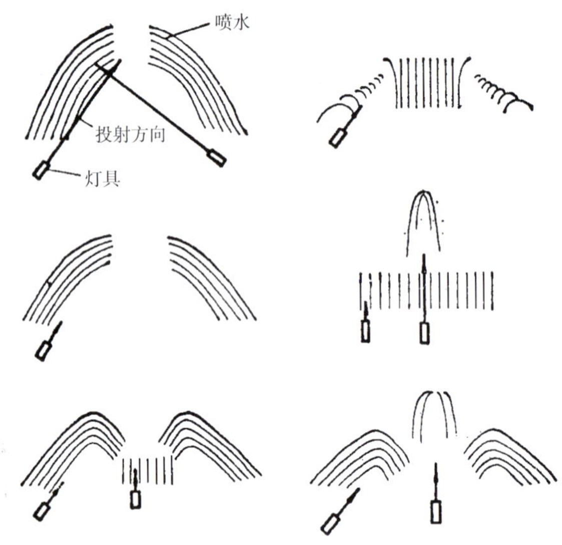

8 喷泉照明的布光位置与照明灯具的投射方向

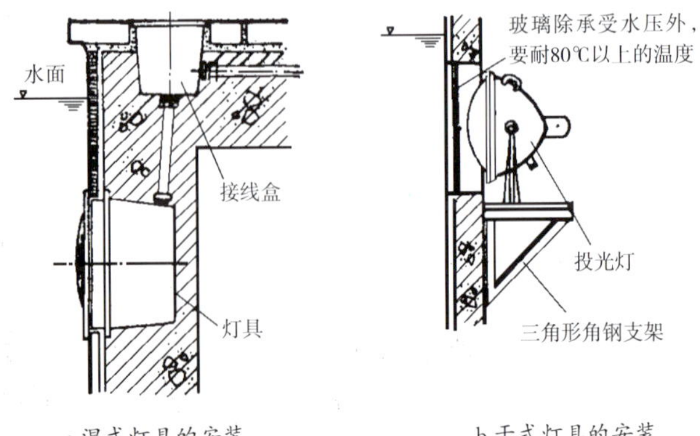

9 水下池壁照明灯具

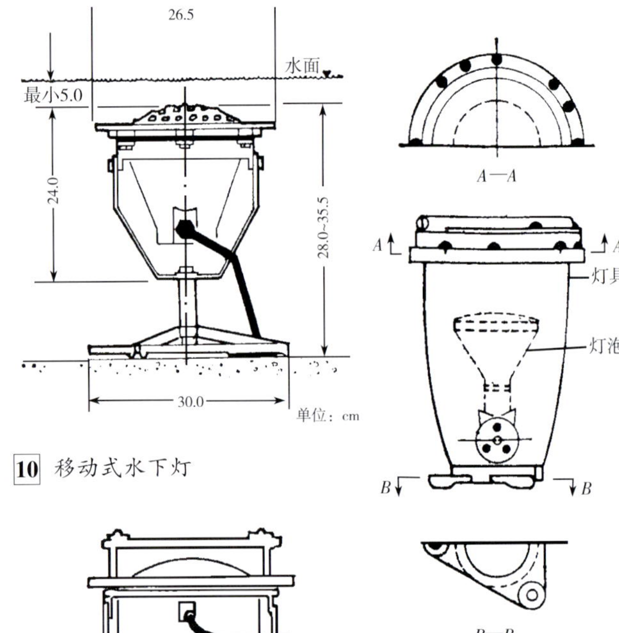

10 移动式水下灯

11 固定式水下灯

12 密闭型喷水照明灯的构造

13 水下灯水下投射，使球形水膜喷泉成为鲜艳的水体空间

14 水下灯置于水面投射，使喷泉动态水形更加明亮

15 大型园林喷泉照明及光环境效果，色彩和灯光变幻多端

16 图15中的不同角度下的环境效果

17 水下50mm处的照明投射效果

18 水下灯与池壁灯结合的光环境效果

19 图18喷泉整体光环境效果

20 地面、水上、水下和空中激光综合照明效果

21 动态的三维动画加激光构成的喷泉水幕光环境

一、喷水池的设计要点

1. 喷水池的组成 喷水池由池底、池壁、喷水供水管、吸水管、溢水管、泄水管和补充给水管等组成，见图1，实景见图3、图4。

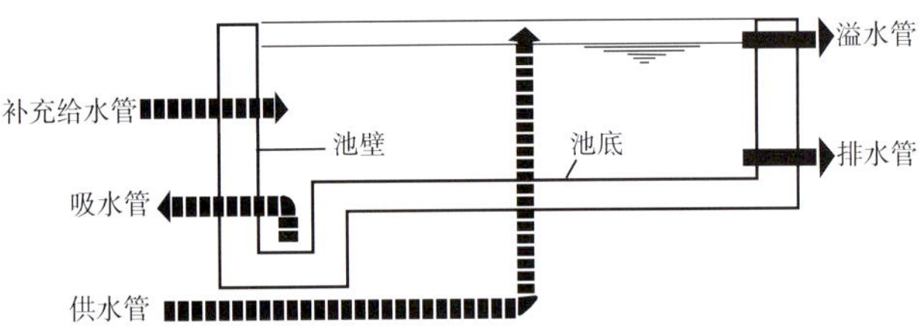

1 喷水池的组成示意图

2. 喷水池尺寸的确定 喷水池的大小应与周围环境相配合。例如，位于广场中心的喷水池，其大小必须与广场的体量相称。喷水池的大小尺寸还必须在设计风速时，考虑水滴不被风吹出池外。水滴在风力的作用下漂移的距离可用下式计算：

$$L=\frac{3}{4}\cdot\frac{\phi\gamma HV^2}{dg}=0.0296\frac{HV^2}{d}$$

式中：L 为水滴漂移的距离，m；ϕ 为与水滴的形状和直径有关的系数，一般在水滴直径为 0.25～10mm 时，ϕ 值可近似取 0.3；γ 为空气的容重(kg／m^3)，常温下取 1.29；H 为水滴最大降落高度，m；V 为设计平均风速，m／s；d 为水滴计算直径(mm)，其大小取决于喷头的形式，见表1；g 为重力加速度，m／s^2。

水池尺寸应比计算值大 1.0m 以上。亦可根据图2所示的水柱高度以及风力和水池大小的关系来初拟水池的尺寸。

喷头形式与水滴直径表　　表1

喷头形式	水滴直径 (mm)
螺旋式	0.25~0.50
碰撞式	0.25~0.50
直流式	3.00~5.00

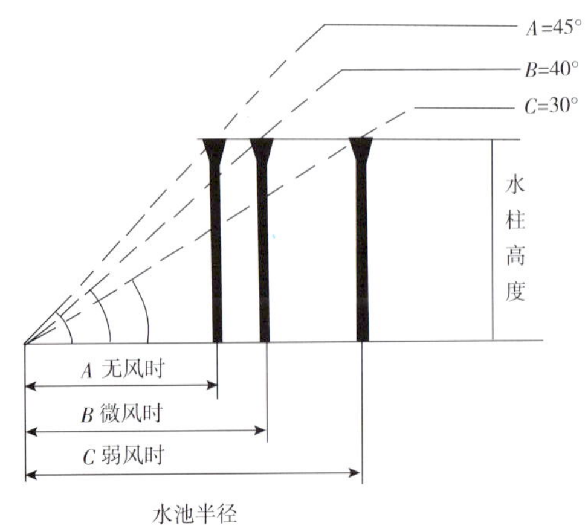

2 喷水池尺寸与风力及喷水柱高度的关系

3 水池与旱池、上落下喷相结合的景观喷水池

4 古典环境中的现代式喷水池

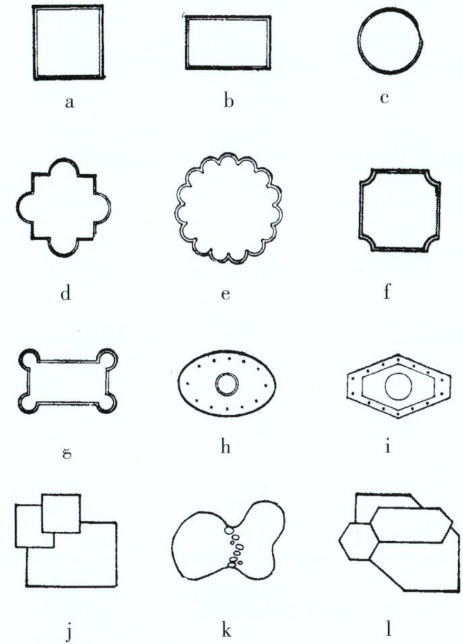

5 常用喷水池的平面形式

3. 喷水池的类型 喷水池的材料、造型和色彩等，是构成喷泉艺术的重要组成部分之一。它近乎一幅油画的画框、一个盆景的盆，甚至还能共同表现主题和意境。因此喷水池的形式应与喷水造型以及四周环境等统一考虑。如大型喷水池的外形轮廓应大致与广场的走向和建筑的形式统一。对于设在园林里的中小型喷水池，多与花架和廊子等结合，在外形上要与周围的建筑和环境相协调。不论水池的形式为规则式或自然式，一般水池造型应力求简洁、粗犷、大方，以衬托水的柔美。常用喷水池的平面形式见图5，实景见图6～图15。

6 街边的方形喷泉水池

7 宗教景园里的长方形喷水池

8 与图5c相同的圆形喷水池

9 城市公园里的椭圆形喷水池

10 与图5d相同平面形式的喷水池

11 与图5i相同平面形式的喷水池

12 与图5k相近的自然式喷水池

13 与图5k相同的喷水池

14 与图5l相似的喷水池

15 与图5j相同的喷水池

4. 喷水池的池壁类型 喷水池池壁的形式，对喷泉的景观同样有着重要的影响，池壁通常有以下几种形式：

（1）高出地面的池壁 这种形式的池壁是最普通的，使用较多。这种池壁一方面可以储水，同时池壁壁顶又可以供人们坐着休息。池壁一般高出地面0.25～0.40m，见图16 a、图16 b、图18、图19。

（2）与地面相平的池壁 设计这种喷水池时，要注意防止游人跌入水池中，一般的做法是明显地改变在水池周围的地面铺装。例如，用不同色彩或不同纹样的地面，以此提醒游人注意。其池壁形式见图16 c、图20。

（3）沉床式喷水池 这种喷水池的池壁低于四周地面，周围有台阶，水池设在底部，台阶上可供人们坐着休息，见图16 d、图21、图22。

（4）旱池式喷水池 旱池式喷水池是将喷水池的池底做成适当的坡度，使喷出的水能迅速地集中于集水坑中，再由水泵吸入循环使用，并多在喷水池地面铺装天然石材或内置大量卵石装饰池底。这就形成一个旱池式喷水池。其构造见图17，实景见图23、图24。

这种集水坑的水深最浅不宜小于0.1m。或是在喷水池上铺盖板，仅在喷水口处留一个孔，使水能由孔喷出，形成拔地而起的粗壮的水柱，见图25、图26。

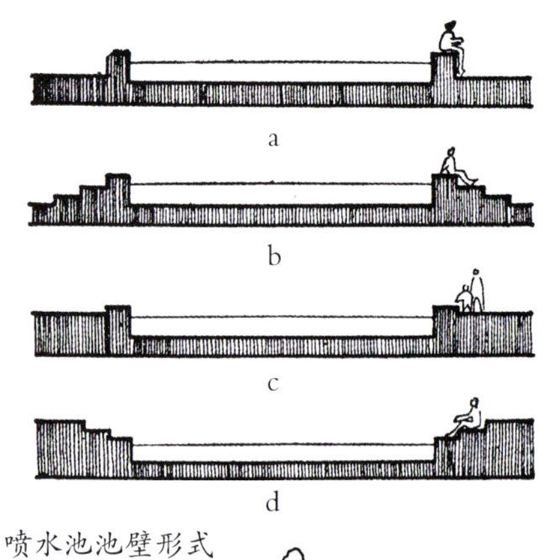

16 喷水池池壁形式

17 旱池式喷水池

18 与图16 a相同的池壁形式，池壁台成为人们乐意就坐的地方

22 与图16 d相同的、周围设有台阶的喷水池

19 与图16 b相同的池壁形式

20 与图16 c相同的池壁形式

21 与图16 d相似的沉床式草坡护面的喷水池，四周没有台阶，但人可以坐坡上休息

23 多喷头、有众多喷水变化程序的旱池式喷水池

24 日本的一个浅池喷泉，即使正在喷水，孩子们也可以走进玩赏，喷泉停用又可作为活动场地，很受儿童喜爱(毛培琳提供)

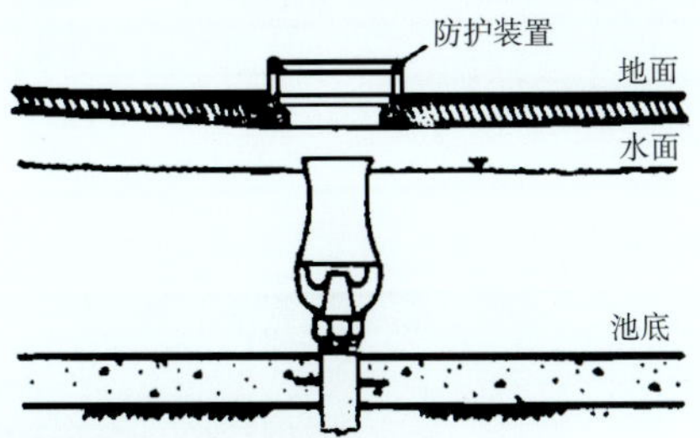

25 有防护装置的旱池式喷水池

26 铸铁铺盖板铺装的小型旱池式喷水池

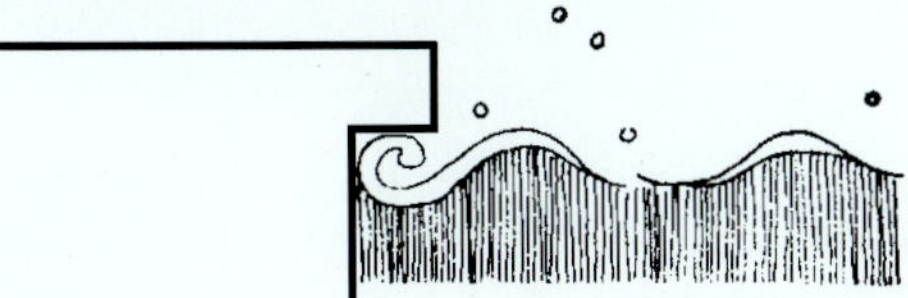

27 有挑檐的池壁

旱池式喷水池，人可以走进池内玩赏，并能避免一般喷水池因冬季停用而景观欠佳的局面，见图25、图26。

无论哪种形式的喷水池，池壁上部的盖顶石，最好做一个小小的挑檐。这样既可以防止由于风浪的冲击将水花溅出池外，又可以形成一条阴影线，从而增加水的深远感，见图27。

当水池设有溢流堰时，溢流顶的表面施工时应十分水平。流量很小时，堰顶落水口处最好嵌一条金属，以保证堰顶落水口的平整和光滑。并且应在挑檐的下面设一个小的沟槽，以破坏水的表面张力，防止水黏附在池壁上，使水自由地垂直下落。此外，如果堰顶是直角形的，当水的流速较大时，水不是垂直下落，而是以一定角度射出。其角度随着流速的增加而加大，这时如果把堰顶做成圆弧形，则水容易沿着弧面垂直下落，见图28。当下落的水量有90%能够垂直降落时，就能形成美丽的水帘。如果把溢流堰或水盘设计成不同形状，就能取得不同明暗变化的和富于节奏感的水态。

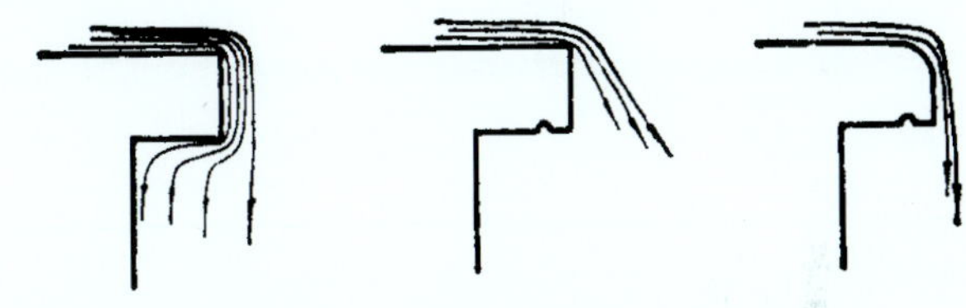

28 喷水池挑檐堰顶及下部沟槽做法

5. 喷水池的水深 喷水池的水深没有规定，是由设计者根据需要确定的。通常选用水深≥0.35m。如果在水池底部安装照明设备，灯具的顶部应在水下5～10cm。因此，在有水下照明设备的水池，水深最小应为0.25m。一般，水深不宜超过1m。如果安装成组的喷头、大型的灯具和潜水泵等需要较大的水深时，喷水池可以局部加深，而不需要将整个水池加深。水池愈浅，水池冲洗和换水时所需要的水量便愈小，可节约用水。但应注意，当水池很浅，池底又为深色时，水易被藻类等污染，又增加了清洗换水的工作。

6. 喷水池的防漏与防渗 在喷水池的结构设计中，要特别注意防止渗漏。根据喷水池的大小和结构特点，可选用不同的防水层做法。常用的方法有以下几种：

(1)刚性防水处理 一般在池底和池壁内外的墙面上，抹20mm厚的防水砂浆（在水泥砂浆中加入水泥重量5%的防水剂），或采用水泥砂浆和防水涂料分层涂抹处理(亦称防水五层处理)。施工时必须严格按操作规程施工，确保质量。

(2)卷材防水处理 常用二毡三油(五层作法)和三毡四油(七层作法)做防水层。目前多使用防水再生橡胶或三氯乙丙作防水层。对于小型简易水池，目前试用塑料布(聚氯乙烯制品)作防水层，以代替传统的卷材防水处理，均有较好的效果。

7. 伸缩缝构造 设在室内的喷泉或小型喷泉，因受气候的影响小，一般不需做伸缩缝。当圆形水池直径超过40～50m，不规则形水池的平面变化较大的部位或大型水池，每隔25m均应设一条伸缩缝。在伸缩缝中埋入橡胶或塑料止水带，使伸缩缝在收缩和不均匀下沉时，能保持良好的防水性。一般采用贴压式方法将止水带埋于混凝土池壁及池底厚度的1/2处。使止水带中间的空心圆对准伸缩缝，两侧的翼缘夹在混凝土中，用沥青麻刀填缝，再用填缝油膏封顶，见图29、图30。

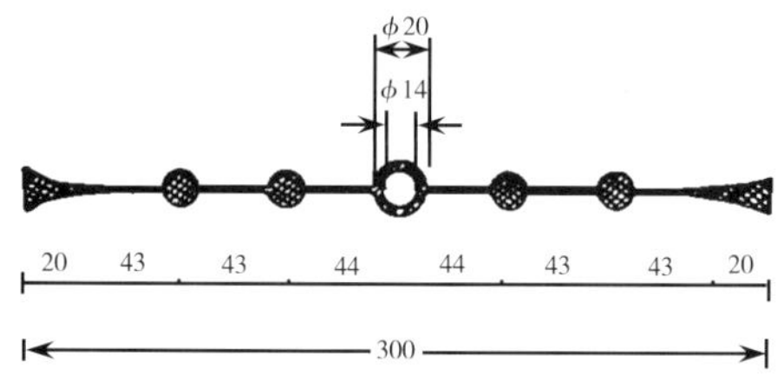

29 止水带剖面图

设在屋顶花园上的钢筋混凝土结构的喷水池的伸缩缝，适用紫铜片作止水带，因为橡胶止水带有老化问题，其作法见图31。

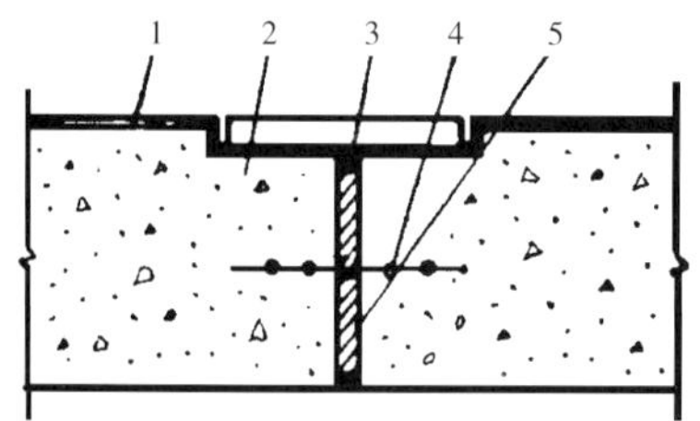

30 伸缩缝示意图

1—水池结构层；2—水泥砂浆保护层；3—填缝油膏；4—止水带；5—浸沥青的木丝板

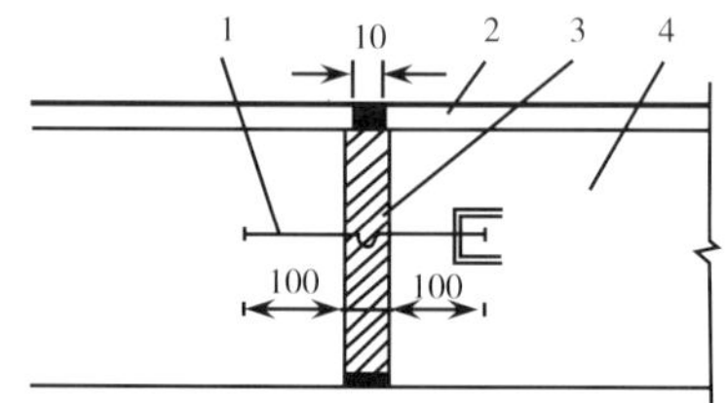

31 紫铜片伸缩缝示意图

1—1.5厚紫铜片打洞 ϕ10穿 ϕ8钢筋固定；2—熟化硅橡胶填料；3—沥青麻丝；4—水池结构层

最近亦使用811防水涂料直接灌入伸缩缝中，而不另加其他填充物，也有较好的防水性。

8. 喷水池的补充供水和泄水 喷水池由于蒸发和风吹水珠飞溅等造成池内水量损失，一般为循环水量的5%~10%。因此要按照需要，设补充供水管。

为了保持水的清洁，喷水池要定期换水，冲刷水池，这样喷水池要设泄水设备，泄水做法见图32。

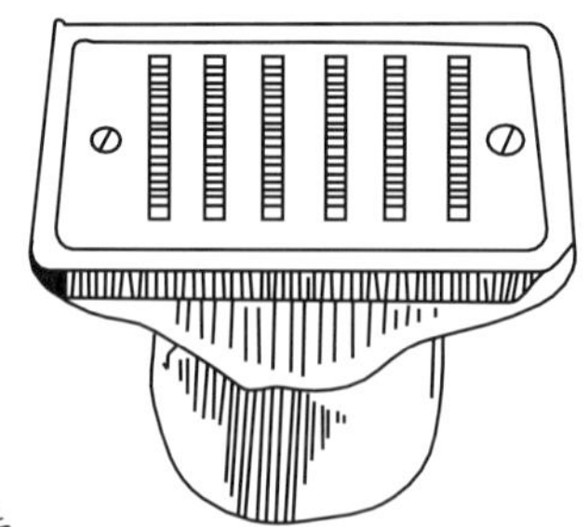

32 泄水口做法

9. 喷水池的溢水和通风管设备 喷水池溢水设备的作用是，把下大雨时或补充给水过量时造成的多余的水及时排除，以保持喷水池水位的稳定，防止溢流。此外，通过溢水口还可以排除水池表面的污物，保持水面的清洁。常用溢水口的做法有直管式、漏斗式和侧壁式等，见图33。

溢水口设置的要求如下：

(1)溢水口应设置在较隐蔽之处，既不影响美观，又便于清除污物和疏通管路。

(2)小型喷水池可设一个溢水口，大型喷水池设一个溢水口往往不能满足溢水量的要求，可以分设几个溢水口，但应均匀分布在池壁的四周。

(3)溢水口外应设置拦污栅，防止污物堵塞管道。拦污栅间隙应不大于排水管直径的1/4。

为了保持水泵房的通风和干燥，常在池壁和泵房间设通风管。通风管在池壁一侧的做法，见图34。

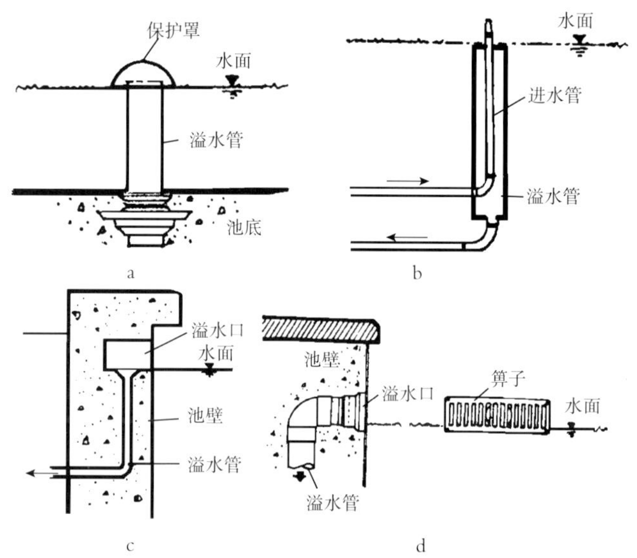

33 常用溢水口做法

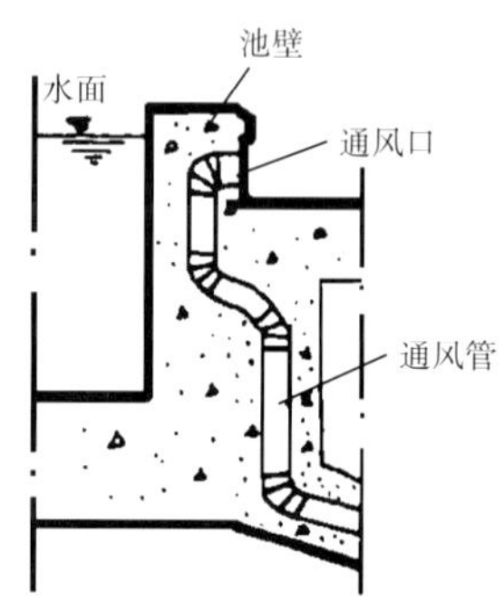

34 通风管做法

10. 喷水池的池内着色 水池内的不同着色，可以产生不同的观赏效果。如池内着深色，可以增加水的深度感和遮挡池内管路或其他杂物，并能产生倒影效果。此外，深色装修的水池在阳光的照射下吸收的热量多，水温升高后容易促使藻类、微生物和病菌的繁衍。浅色着色能使水呈现出清澈、闪亮的效果。因此，池内着色不可忽视。在一般情况下，喷水池多采用天蓝色和浅绿色，以使池水具有清凉和明快之感。

11. 其他 围绕喷水池四周的地面铺装，最好做成从水池外缘向外倾斜的坡度。这样既可为游人创造一个良好的观赏条件，又可防止地面污物侵入水体，以保持水面的清洁和卫生。

二、喷水池的构造与做法

喷水池的构造，因水池所在地区的气候、基址的地质、水池的大小和建筑材料的不同而异。池底和池壁的厚度应经过计算。下面介绍几种常用水池的断面。

1. 小型或临时性简易喷水池的做法 各种展览会、联欢会或园林中举办的花卉和盆景等展览，常常需要布置一个小的水景或喷泉来装饰环境。这种小的、临时性的喷水池，无论是在室内还是在室外都不需要砌筑水池，而只要在地面挖一个小坑或用砂子或木屑等围筑成一个小池，在内部铺一块塑料布，可选用聚氯乙烯制品，其厚度为 0.18～0.20mm 即可。在池壁的边缘用木块或砖石等压牢，就能形成一个小水池。在池内可以放一些粗砂或卵石，既能压住塑料布，又能起装饰的作用。若把水管接入池内或在池内置一个小的潜水泵，接上预先选好的喷头，就能形成一个小喷泉，其做法见图35。

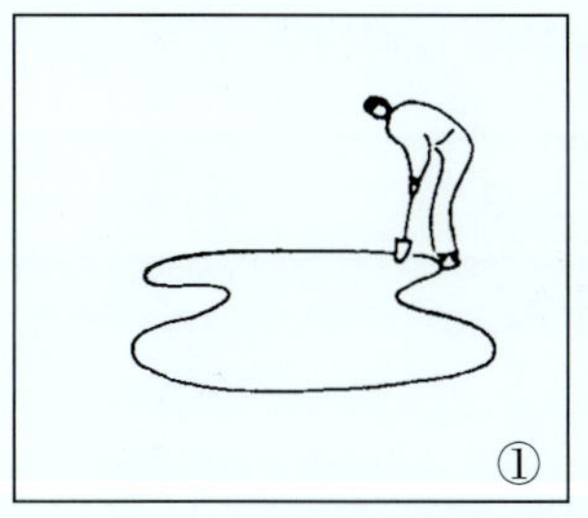

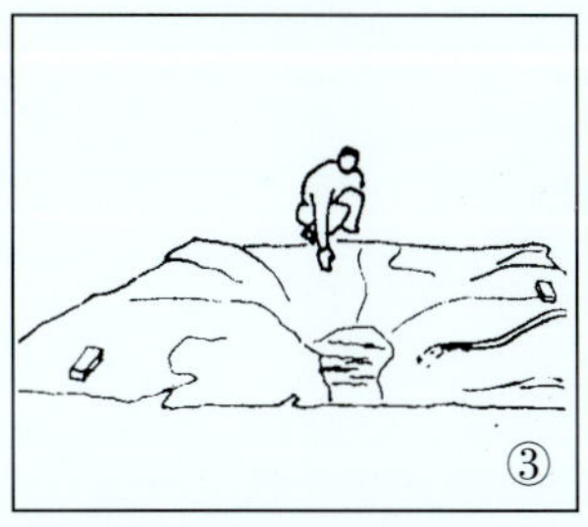

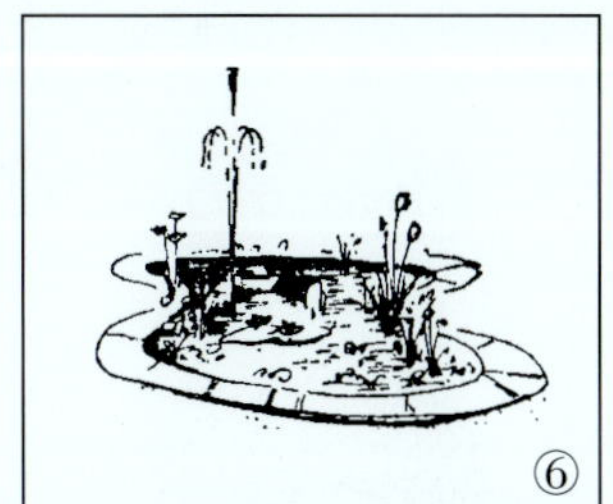

35 小型简易喷水池做法

2. 砖、石结构的喷水池 砖石结构的喷水池施工简便，造价低。当水池较小，池水较浅，池壁高度小于 1m，对防水要求不太高时(多用于室外)，可以选用这种结构。施工时应注意砖、石砌缝砂浆饱满，混凝土要浇灌密实，见图36、图37和图39、图40。

当防水要求较高时，砖砌池多采用外包油毡防水层做法，不宜采用毛石砌筑的水池，因为这种结构的墙体和墙内外防水层均不易确保防水质量。

3. 钢筋混凝土结构的喷水池 当水池较大，或水池设在室内、屋顶花园或其他防水要求较高的地方时，应选用钢筋混凝土结构的喷水池。因为这种水池自身防水性能较好，又能减轻重量，其做法可参考图38，实景见图41。

4. 水池防冻 在我国北方，修建喷水池时应注意防冻问题，通常可以采用以下做法：

(1)在喷水池池外回填土时，选用矿碴、焦碴或级配砂石等排水性能较好的材料，并在池壁外侧底部设花管，并与泄水管相接，将积水排除。

(2)在池壁外侧增设防冻沟，以防止冻土对池壁的冻涨破坏。

(3)对于设在室外的冬季不撤水的喷水池设计，应使泄水面与池外地面持平，这样可使池中水压与池外土的冻涨推力相抵消。为了防止池面结冰涨裂池壁，应在寒冬时节，将池边冰面层破开，保持水池四周为不结冰的水面，并最好在冬季仍喷水，使池水为动水，以减少冻涨。

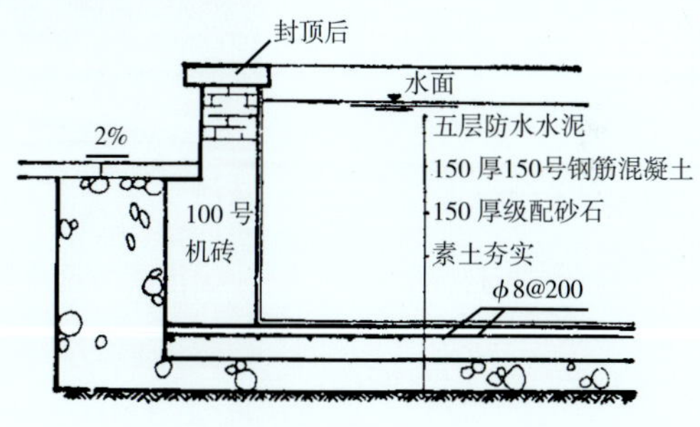

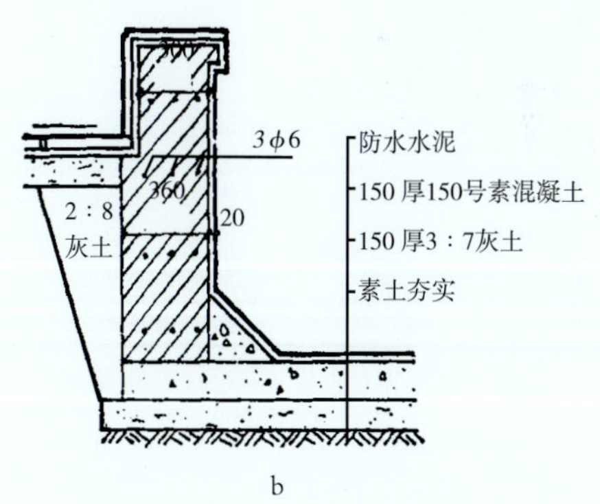

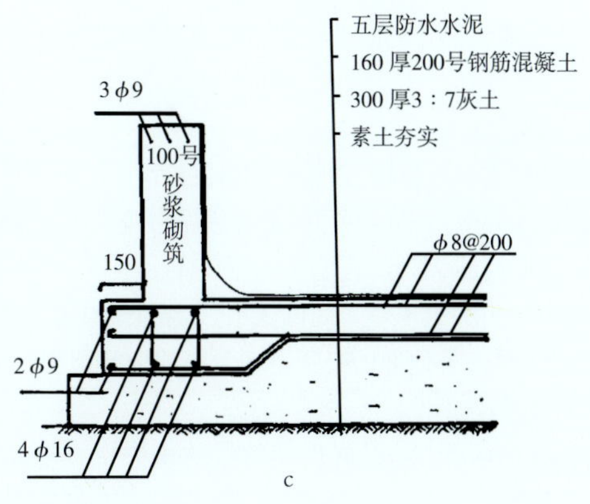

36 砖砌结构喷水池

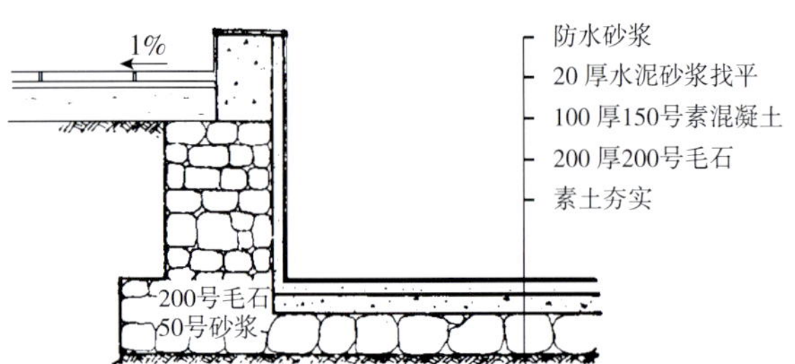

37 毛石砌结构喷水池

39 毛石砌结构，素混凝土护岸，防水砂浆贴卵石，石板镶沿的水池

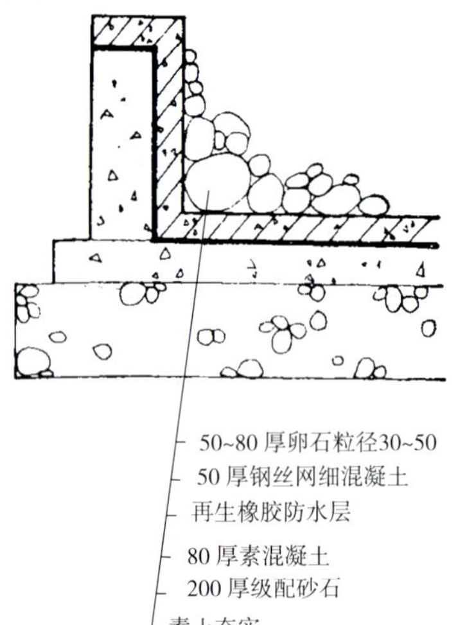

a

40 毛石砌结构的喷水池

41 钢筋混凝土结构、石材饰面镶沿的喷水池

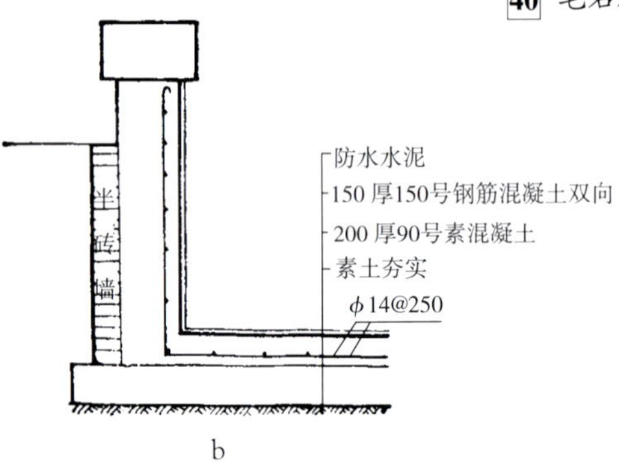

b

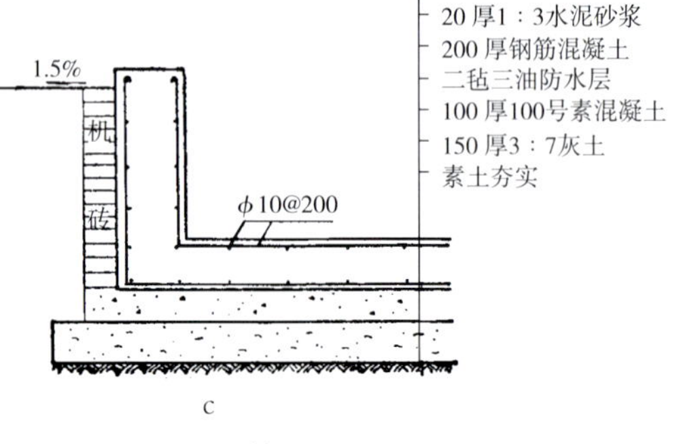

c

38 钢筋混凝土结构喷水池

三、儿童水游戏场和喷泉池

在设计儿童喷泉和水的游戏场时要注意以下几个问题：

（1）池底池壁除符合力学安全和防水要求外，还应充分考虑游戏功能。

（2）游戏设施应有教育性、趣味性和启发性。

（3）要注意水的卫生，水质要好，最好用城市自来水。如果用循环水，一定要过滤、消毒。

（4）水池内喷头的供水应采用低压水，以防止孩子们的脸在对着水的射流时伤害他们的眼睛。水池内的构筑物和机械设备等均应考虑安全、耐用。

（5）涉水池的水深，应根据孩子的年龄来决定，一般为30～50cm。

（6）游戏场应有部分遮阳设备，以防止日光直射。

42 美国加利福尼亚州Sena公园儿童水景游戏场

一、常规泳池与景观泳池

随着社会的发展,特别是人们物质与精神文化生活水平的不断提高,越来越重视娱乐健身和休闲活动。原来作为单纯训练、比赛用的游泳馆场已不能满足公众的消费需求,除了少数体育部门专业训练泳池外,社会上的大多数游泳场馆已由单纯型向娱乐、休闲和健身综合型方面转变。社区游泳场(馆)、宾馆和度假村的游泳池等,早已不是单纯的、简单的运动场所,而是兼作消费公共娱乐及社会生活的空间。

此外,这些为现代生活而建造的泳池,往往具有更多功能和人接触水的形式,更注重环境,以突出水体为中心的整体景观设计效果。有的居住区和度假村的泳池采用自然式或与人造沙滩相结合,加上流水、喷水和水滑梯等的应用以及乔灌木和假山的配置,成为具有园林水景形式的环境设计,成为园林水景的新类型。因而,我们称这类有着综合功能和园林装饰效果的泳池环境为景观泳池,见图1。

1 既是公园景观水面,又是功能明确的户外泳池

二、泳池的分类

1. 常规泳池 常规泳池的标准长度为50m、25m和20m,尽管在一些地区特别是一些小型社区内会有其他长度的游泳池。例如长12.5m和长15m的游泳池。一个长度至少为16.67m的游泳池对于健身游泳已很适宜,而长度小于此的游泳池则不能适应快节奏的竞赛。通常,一个游泳池的长度为100m的约数是很合乎需要的,因为游泳者很容易就可以在预定的距离内知道自己游了多少米。在竞技术语里,50m游泳池是指长距离比赛用池,25m游泳池则为短距离比赛用池。对于大多数地方游泳池而言,理想长度通常是25m。在游泳池侧面设可移动隔水壁可以灵活地将游泳池划分开,从而为各种形式的赛事做场地。例如,一个50m的游泳池可以被分成两个25m甚至3个或更多的场地。一个垂直的可移动隔水壁可以将游泳池分为一个独立的预先选定的构造。

常规泳池有4、5、6、8个或10个泳道,具体有几个泳道要取决于该游泳池的预期使用水准和竞赛水准。泳道可以为2~2.5m宽,高水准比赛(国际性的)要求有更宽的泳道,尽管地方游泳池中的外道要比里道宽。之所以会如此设计是为了尽可能地减小外道游泳者在游泳池中所受水阻力的影响。为此在一个10泳道的游泳池中,外道通常不用作比赛泳道。在比赛中,泳道常用反湍流间隔物分开;泳道间隔物的使用可能影响到泳道的宽度。制作大直径泳道间隔物成为趋势(从反湍流角度来说,此举可以较为有效),但这种间隔物却会大大降低泳道的有效宽度。

越来越多的人对健身游泳感兴趣,尤其是成年人。对于此类游泳来说,最切合实际的宽度确立方法就是在两个不同方向用绳子隔出至少两个泳道,尽管在大的游泳池里,工作人员会为不同游泳速度的人用绳子隔出几个泳道来,使所有游泳者都不得不加快自己的游泳速度。

如果一个4泳道泳池被隔出2个泳道专用于健身游泳,那么所剩空间对于嬉水娱乐等活动来说则过于狭小。所以,一个5个或6个泳道的泳池通常会更合适。当然,用充分的使用价值来判断游泳池的全长才是可靠实际的。如果不允许,建筑者就要决定是选择25m/4泳道的游泳池还是用相同水域其他构造,例如,设置20m/5泳道的游泳池。许多地方机构——几乎全部的游泳俱乐部——都倾向于使用25m游泳池,但在一些地区这种设置或许不是最切合实际的。

常规游泳池一般深度大约为0.9/1.0m~1.8/2.0m,而重要的竞赛性游泳池会更深一些。在深水区(至少2m),游泳者能游得更快一些,因为他们不会受到来自水底涡流所产生的反作用力的影响。公众使用的游泳池的深度不能超过2m,因而在这样的游泳池内设置一个或多个可移动池底是可行的,这样就可以使游泳池的各部分更适应游泳池的使用需要。常见的常规游泳池见图2。

此外,常规游泳池按其使用性质分为比赛游泳池、训练游泳池、跳水游泳池和儿童游泳池等。

2. 休闲化常规泳池 休闲化常规泳池,就像其名字所表示的那样,是一种混合产物。它们可以被看作建在休闲泳池大厅内的、具有近似常规性能的传统游泳池。所谓的"近似常规性能"意味着该泳池的长度为标准的25m,并且可进行游泳训练及健身游泳。此外,有些休闲游泳池还可见到一系列的水上设施。尽管一些休闲化常规游泳池还设有以90°角拍向泳道的人造浪,但水滑梯是最普遍的。在需要有大面积水域的地方,建造集常规与休闲于一体的游泳馆是面向社会和社区服务的主流。这种游泳馆既可以服务于休闲市场又可以服务于常规的游泳市场,而前者的主要消费群体为青少年和有儿童的家庭,后者则主要面向50岁以上的人以及学校和俱乐部。

2 设有10泳道用于竞赛和训练的常规泳池

没有完全相同的景观游泳池，因而这种自由的设计形式为设计者创造激情提供了机会。但设计者也必须意识到如果要保证水域和水上设施的安全性和易监管性，他们就需仔细计划和运筹。在设计阶段使用模型检验的方式来发现水上设施潜在的干扰或许是很必要的。

由于景观泳池的环境特征极为突出，它已不仅仅是一个休闲场所。它那充满魅力的设施、优雅的环境和迷人的景观，能让每一个人从紧张的工作中摆脱出来。既使不为游泳而来，景观泳池也充满诱惑，那动人的园林、流动的美感和波光粼粼的水面，让人无法抵御。

景观泳池一般有很大的水域外空间，如放置太阳椅和进行日光浴的地方、茂盛的植物区、通道、小桥和其他设施。游泳池边的小聚会是很盛行的，所以为各种集会或游泳者安排充足的周边环境是很必要的，见图5。

3 有激流跌水和滑梯、池岸曲婉的休闲景观泳池

4 多池穿插、拥有人造浪和喷泉的休闲泳池环境

3. 景观泳池 按其使用性质归类，景观泳池才是真正意义上的休闲场所，只是这类泳池更注重景观环境罢了。景观泳池可以是任何类型及任何形状，通常其水域为浅水(1.5m或更浅)。在这类游泳池里会有一系列的水上设施，多数游泳者可以找到动水水流，如人造浪、急流、水伐艇、间歇式喷泉以及激动人心的水滑梯等，见图3。这些水上设施，如人造浪、喷泉等构成游泳池功能和性质的主要决定因素，因此，园林化的环境和水上设施是景观泳池的重要特征，见图4。

5 水域外空间为茂盛密林环绕，池边又拥有充足、优雅的休息和集会周边环境，功能多样，设施齐全

一、泳池布置及水池类型

与园林水面一样，景观泳池按其平面布置和水形可分为规则形、异形、自然形和混合形。规则形又可分为方形、长方形、圆形、抽象形及组合形等。泳池的大小可根据设计要求和环境以及投资和使用人数确定。

室内泳池应结合建筑整体平面和形态、方位等，室外泳池应根据环境、园林布局及水池功能来确定景观泳池的方位、布置方式和水池形状。

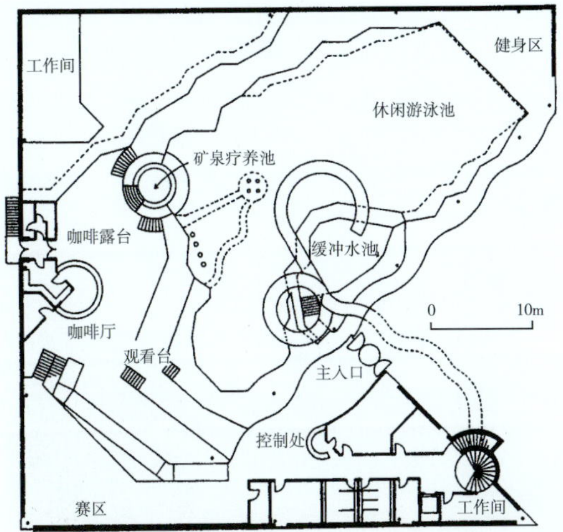

3 布莱克本 Waves 泳池

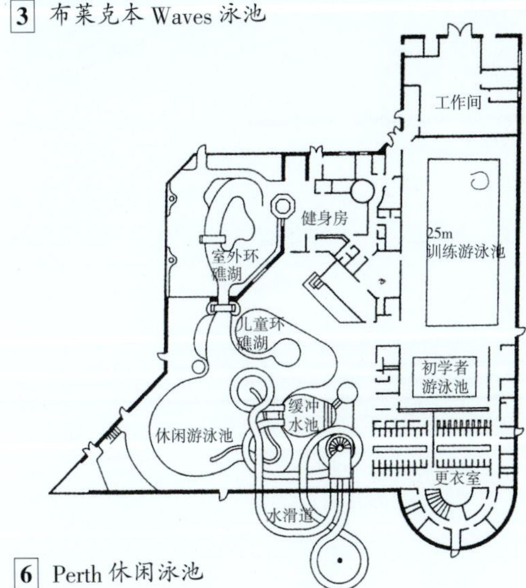

6 Perth 休闲泳池

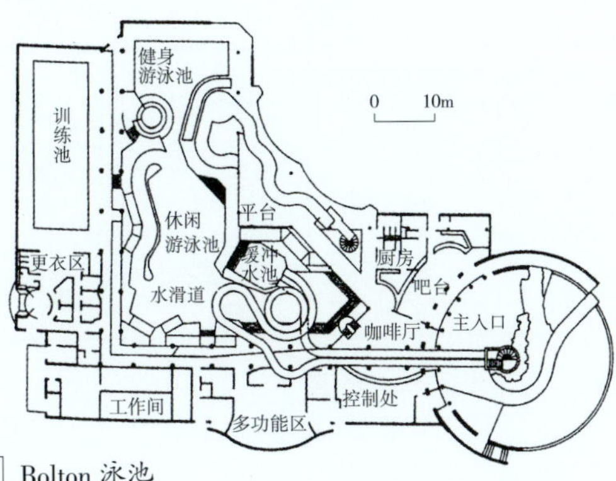

8 Bolton 泳池

二、实例

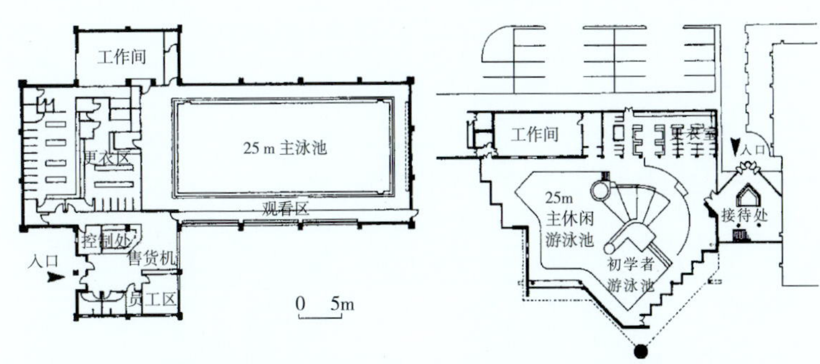

1 Charnwood 泳池

2 Withy 公园泳池

4 规则式的矩形和圆形泳池

5 结合庭院设计的异形泳池

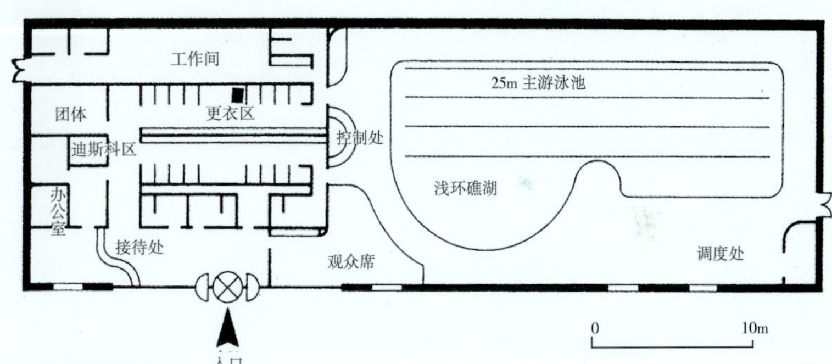

7 Dursley 泳池

9 以极富变化和动感的曲线构成的不规则浅泳池

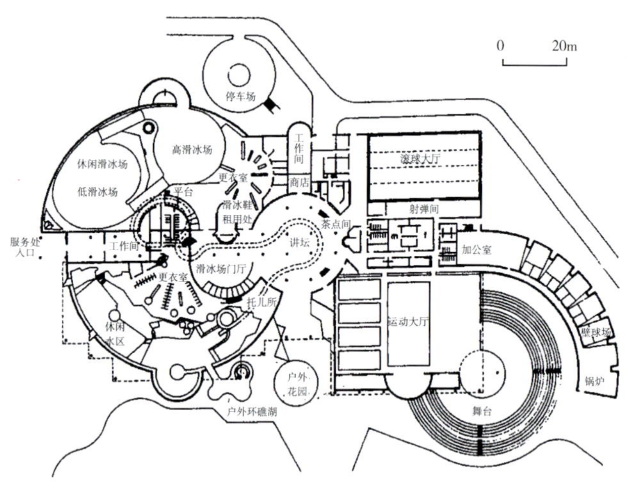

10 唐克斯特的 Dome 泳池

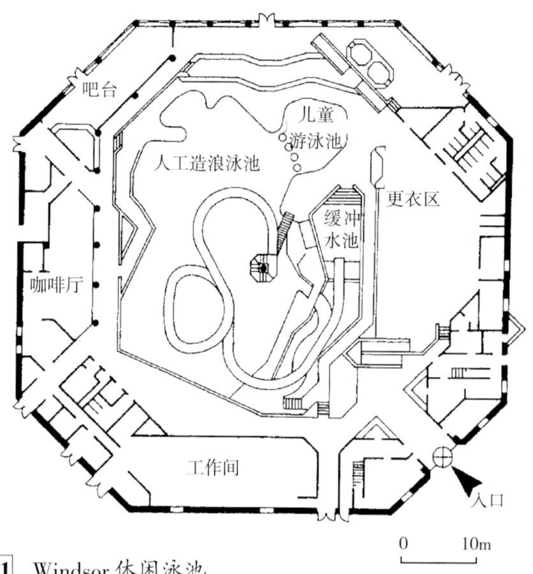

11 Windsor 休闲泳池

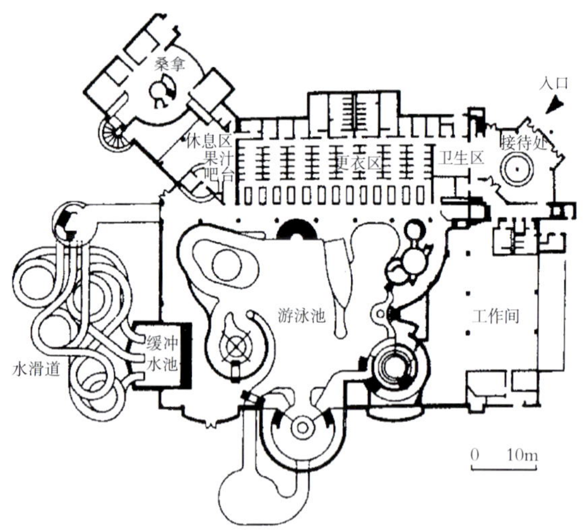

12 Bracknell 的 Coral Reef 泳池

13 人造沙滩为池岸的自然式景观泳池

14 布莱克浦尔 Sandcastle 泳池

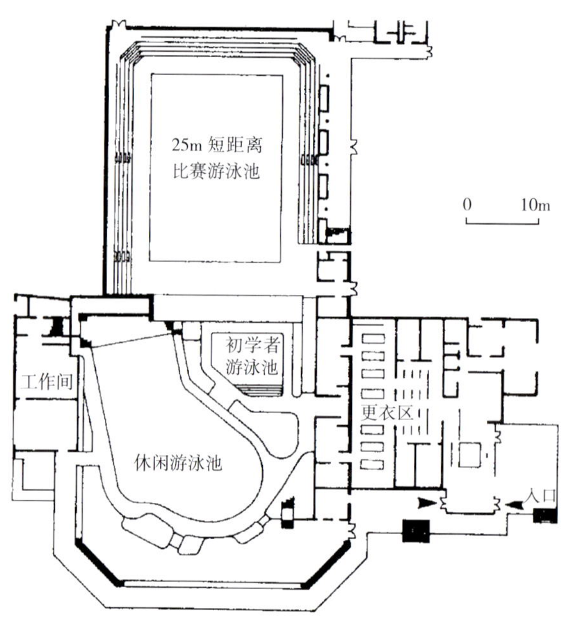

15 伊普斯威奇的 Crown 泳池

一、规则式泳池标准尺寸

1. 长度 主游泳池应为50m或25m长，这样比赛可以在相同端开始和结束。应注意的是50m和25m为转身点之间的最短距离，其中一个转身点在水面上300mm，另一个在水面下800mm。必须为记时踏板留出空间（50m泳池内为2mm×l0mm，25m泳池内为lmm或2mm×10mm），一是因为工艺总有误差(依墙壁整平方法的不同，泳池每端池壁可有2~6mm的容许误差)；二是因为混凝土池壁在使用过程中可能会收缩（25m泳池收缩10mm，50m泳池收缩20mm）。FINA和ASA规定，50m泳池的容许误差可为-0mm/+30mm；25m泳池的容许误差为-0mm+20mm，见图1。

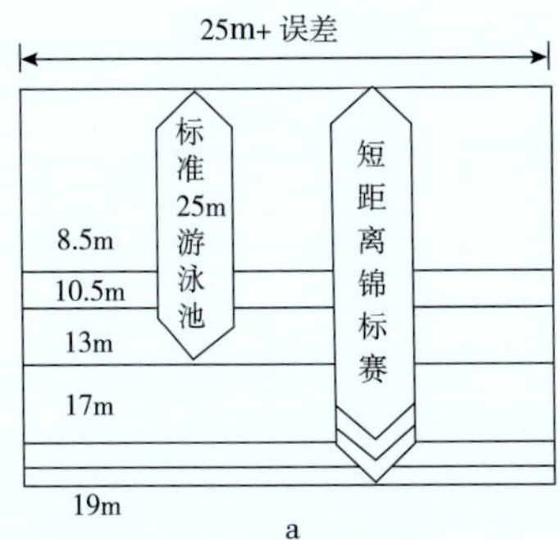

参考最新版的《FINA手册：设施规则》。这些设施规则每两年回顾一次。

普通标准：

8.5m=4×2m泳道+2个0.25m边空区；

10.5m=5×2m泳道+2个0.25m边空区；

13m=6×2m泳道+2个0.5m边空区。

8泳道短距离锦标赛标准：

17m=8×2m泳道+2个0.5m边空区；

18m=8×2.125m泳道+2个0.5m边空区；

19m=8×2.25m泳道+2个0.5m边空区。

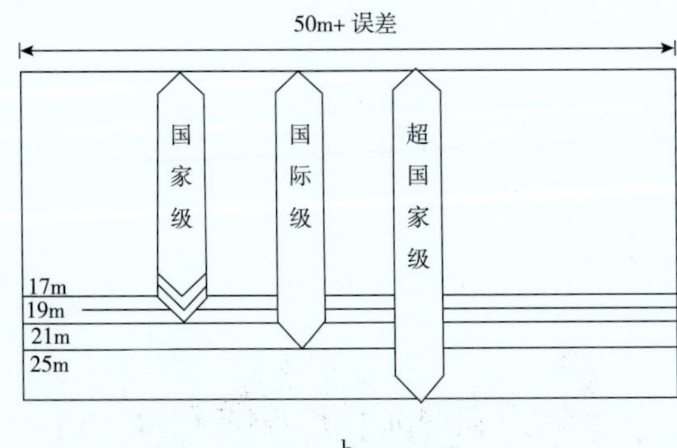

国家级：

17m=8×2m泳道+2个0.5m边空区；

18m=8×2.125m泳道+2个0.5m边空区；

19m=8×2.25m泳道+2个0.5m边空区。

国际级：

21m=8×2.5m泳道+2个0.5m边空区。

超国家级：

25m=l0×2.5m泳道。

1 游泳池尺寸

所有50m和25m游泳池尺寸由竞赛泳道的数量和宽度来决定。FINA赛事要求泳道宽度为2.5m，最小值为ASA要求的2m，但更宽的泳道会更好些。该图展示了游泳池宽的变化范围

2. 宽度 游泳池的整体宽度取决于泳道的宽度和数量。

一个FINA的国际泳道为2.5m宽，国际比赛要求有8条泳道，而且在这些泳道外还必须有多余的水体以改善外泳道的游泳条件。一个国际游泳池的最小宽度为21m(8×2.5m+2个0.5m边空区)。泳池的理想宽度为25m(10×2.5m)，可设置10条训练泳道，并具有按宽度再分游泳池的能力，使一些区域达25m长。国家级以下50m比赛用泳池的泳道宽可为2m，但游泳者和教练喜爱更宽一些的泳道。泳道宽度为2.125m或2.25m的8泳道泳池可以作为国家级以下50m比赛用泳池以及国家级25m短距离比赛用泳池，这样就产生18m（8×2.125m+2个0.5m）或19m（8×2.25m+2个0.5m)的宽度(见图1)。社区竞赛泳池的泳道可接受宽度为2m；这些泳池可以为8.5m宽4泳道泳池（4×2m+2个0.25m)、l0.5m宽5泳道泳池(5×2m+2个0.25m)和13m宽6泳道泳池(6×2m+2个0.5m)。

3. 深度 快速游泳需在深水区进行，正因为如此，FINA深度最小值为1.8m。国际游泳池设最小深度为2m，理想深度可增至3m，这是快速游泳的理想深度，见图2。

这样的深度使得游泳池无法为社区服务。设计者可将国家级以下50m及25m泳池的深度减少至最低为1m，如果深度再小就无法在水里翻转了。

在这种情况下，起跳端应在泳池的深水端，因为优秀的游泳者在水深大于1m时，习惯跳水式入水。

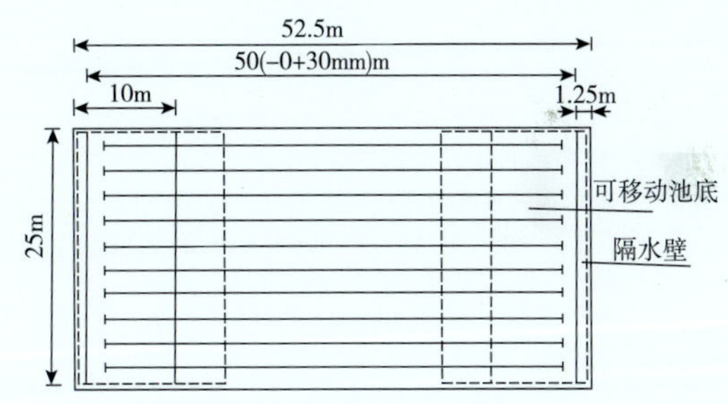

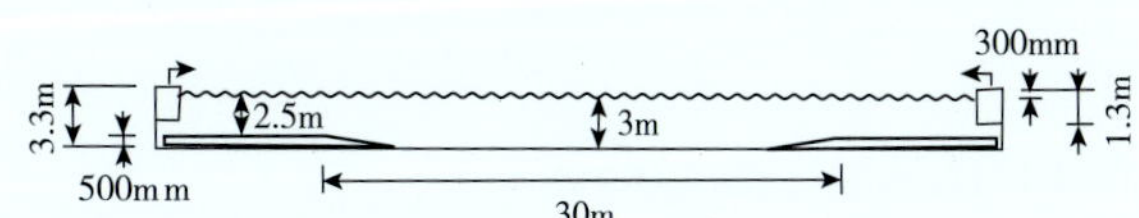

2 泳池长、宽尺度与深度的关系

二、可移动池底

可移动池底既可为游泳者提供深水区又可将主游泳池的社区服务功能加以延伸，使之允许人们在浅水区学习游泳。这就考虑了游泳池水域的可变深度。可移动池底通常按泳池完全宽度延伸，沿泳池长度可分别为8m、10m或12m。

可移动池底要求设有400~700mm深的区域，以容纳整个结构和移动装置，这就必须考虑所要求的最小深度。

三、各类泳池纵剖面及其尺度

如果泳池确切的纵剖面图要根据将进行的活动面设置，例如，游泳池将定期用于教学目的，则需将大面积水域定为 1~1.2m 深。典型纵剖面图见图4。

游泳池倾斜度在 1~1.5m 深的水域不超过 1：15，从理论上说，1：15 的倾斜度应在 1.7m 深的水域适用。

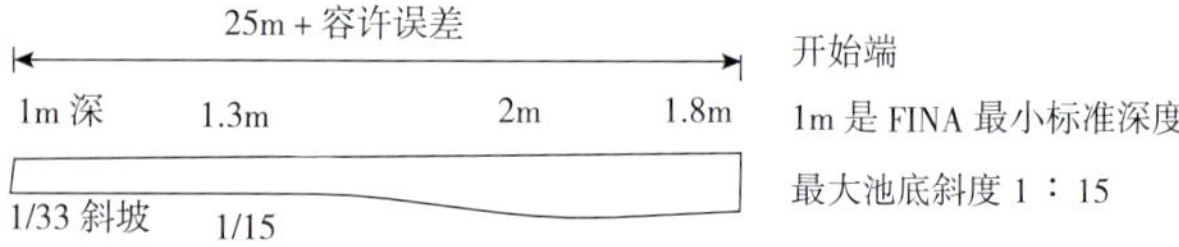

1 25m 游泳池——普通指南

- 可以翻转最小深度为 1m。然而，在某些条件下，浅水深度为 0.9m 也是可以接受的，例如，主要用于教学的游泳池，那些没有设置 单独的初学者游泳池并且当地没有该种设置的游泳池以及小社区游泳池。
- 大于等于 1m 是训练的最佳深度范围。
- 1.8m 是救生训练最小深度。
- 比赛应在泳池深水端开始。
- 当水深低于 1.5~1.7m 时，斜坡坡度不应超过 1:15。
- 可移动池底和隔水壁的设置将影响游泳池的整体纵剖面图。
- 当考虑一个新的纵剖面图时，设计应符合 ASA 和游泳池的设计规范要求。

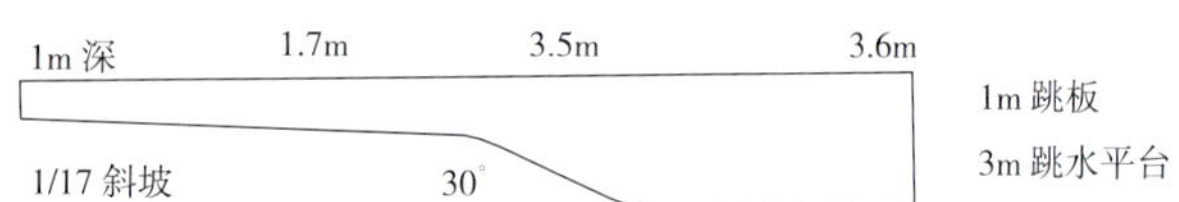

2 25m 泳池的跳水

从跳板或跳台向主游泳池跳水并不合适，只有在特别的条件下可以考虑进行，比如由于地点或成本所限建一个单独的跳水池是不实际的时候。这样，水深和泳池的纵剖面应参阅 FINA/ASA 对跳水设施以及(与其他泳区分开的)跳水区的最新规定。详情见《ASA 参考文献》。一个潜入式隔水壁是较好的解决方法，因为它可以阻止游泳者游入跳水区，或者应用一条反湍流的泳道线来清晰地限定跳水水域。

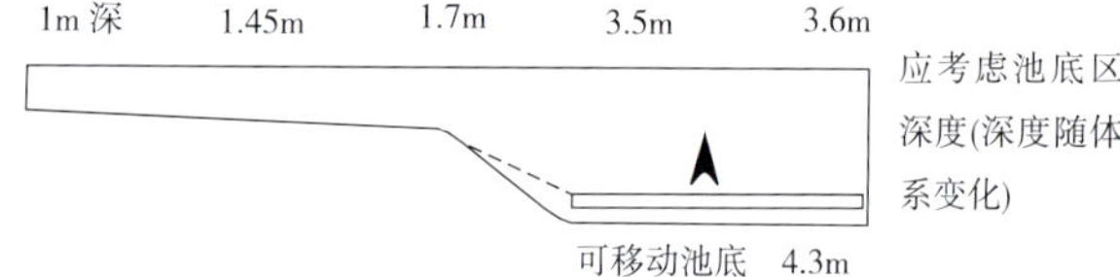

3 苏格兰 Lerwick 的 Clickimin 游泳池

可移动池底允许深度在 0~3.6m 之间变化。可移动池底及其机械装置厚度为 0.7m，这也是设计时要考虑的因素。

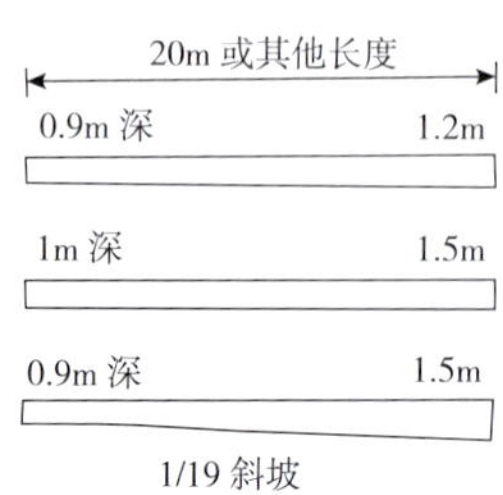

- 这些例子主要是浅水游泳池，可被用于教学、家庭娱乐游泳、训练和健身游泳及练习。
- 浅水深度 (0.9m) 低于 ASA 的建议深度 1m，但这对于年龄小的孩子和教学来说是合适的。
- 1.5m 水深则适合于基本救生方法的练习并可以为游泳者提供在深水区游泳的感觉。

4 训练、健身池

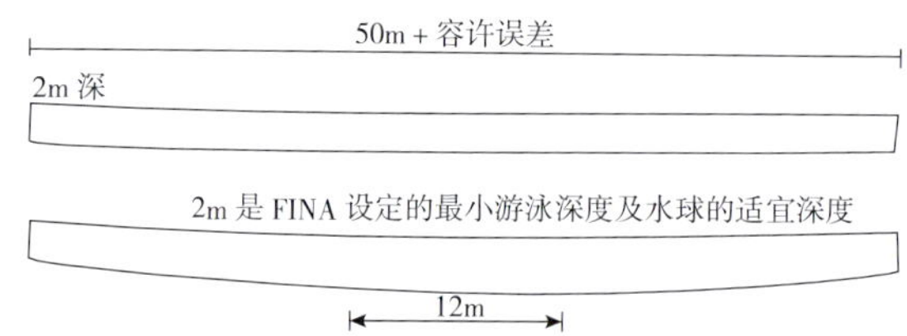

对于花样游泳，FINA 要求水深 3m，最低不能少于 2.5m

5 国际级游泳池

- 1.8m 是 FINA 世界级别游泳和水球赛事所要求的最小深度。
- 花样游泳需要在面积最小为 12m×12m、水深为 3m 的泳池内进行。

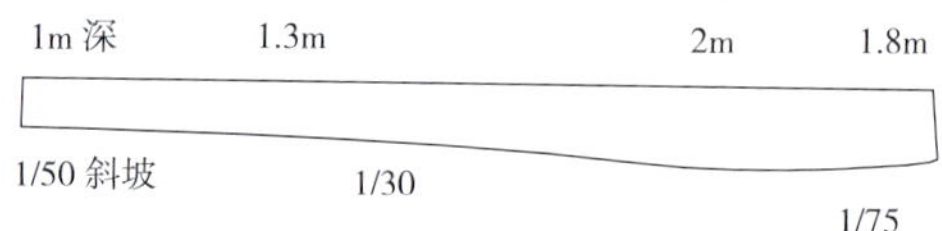

6 低于国家级要求的游泳池

同样的要求可用于 25m 游泳池，另外，地区和国家级水球比赛要求水深必须为 1.5~1.8m。

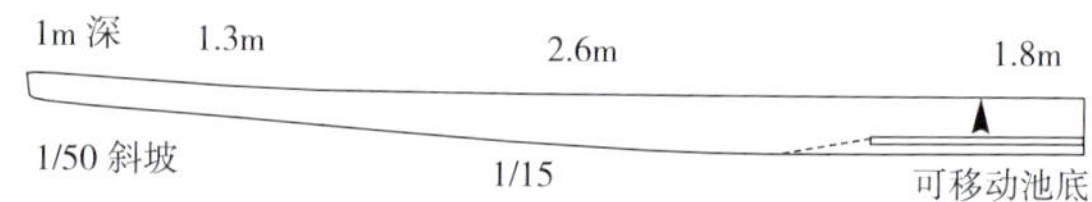

7 Stockport Grand 中心游泳池——一个低于国家级要求的游泳池

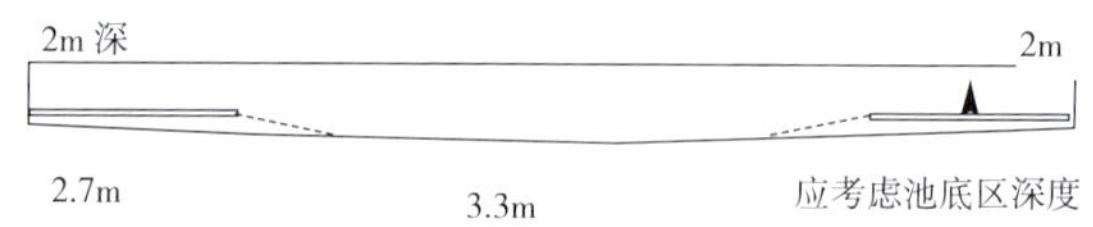

8 设计菲尔德 Ponds Forge 国际运动中心，一个在游泳、水球、花样游泳等方面符合 FINA 标准的游泳池

9 设计有深水跳台的规则式泳池

四、浅水池及其尺度

在浅水区，孩子和不会游泳的人可以学习游泳，因而应与主游泳区分开。其主要使用者如下：

· 通过玩和在水中获得自信来学习游泳的低龄儿童，通常为2~5岁。

· 6~11岁的少年，他们以游泳馆员工为老师来学习游泳，或参加游泳班来学习游泳。成年人和年长一些的孩子也属于这一范围。

1. 规划 浅水池应与主游泳池隔开，但也应和主游泳池紧密相连，这样家庭使用就不会受妨碍，见图1。在公众聚集期间，在游泳池间可以自由走动。

从概念上说，教学应远离嘈杂的环境，因此浅水池应该与其他游泳池从声音上被分隔。游泳池使用一个低的顶棚（比如3~3.5m）是有好处的，这将减小低龄孩子的胆怯心理，并且减少回音，这是教学中的一个重要因素。理论上说，游泳池应能在视觉上加上屏蔽，以便为某些集会提供隐蔽之地，使用合适材料制作的玻璃屏可以解决此问题。

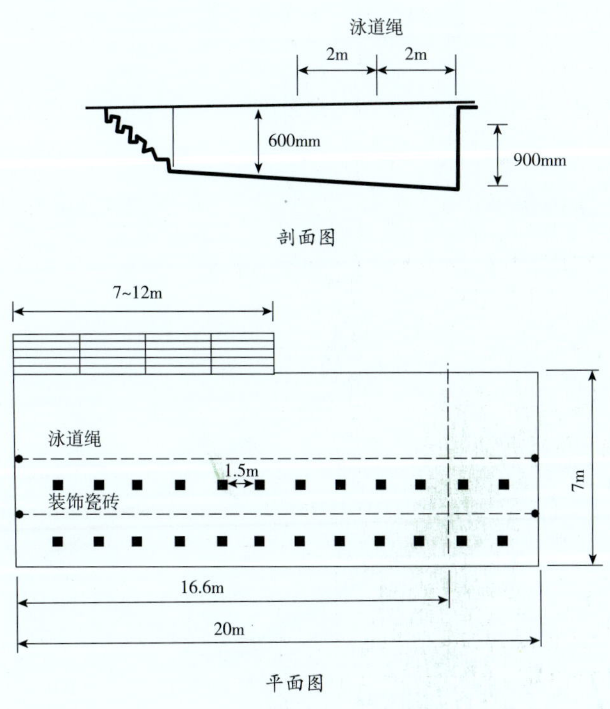

2 初学者游泳池尺度适于训练和健身游泳

2. 尺度 没有任何一个初学者游泳池的尺度是绝对固定的，但游泳池需足够宽大，从而保证学习者在从一边游到另一边之前可以划上几下，这是初学游泳者的第一个目标。为此，宽度为7~7.5m应较为合适。游泳池的长度应与它的使用目的有关，通常最小长度为13m，但如果长度增至16.67m或20m，游泳池在使用功能上就会有更大的灵活性，例如，低水平训练或健身游泳可以在16.67m或20m长游泳池的深水区进行，见图2。13m×7m游泳池能容纳20个孩子进行教学就足够了，图3是各种初学者游泳池布局的建议尺度。

1 与主泳区既有分隔又连接的浅水池(区)

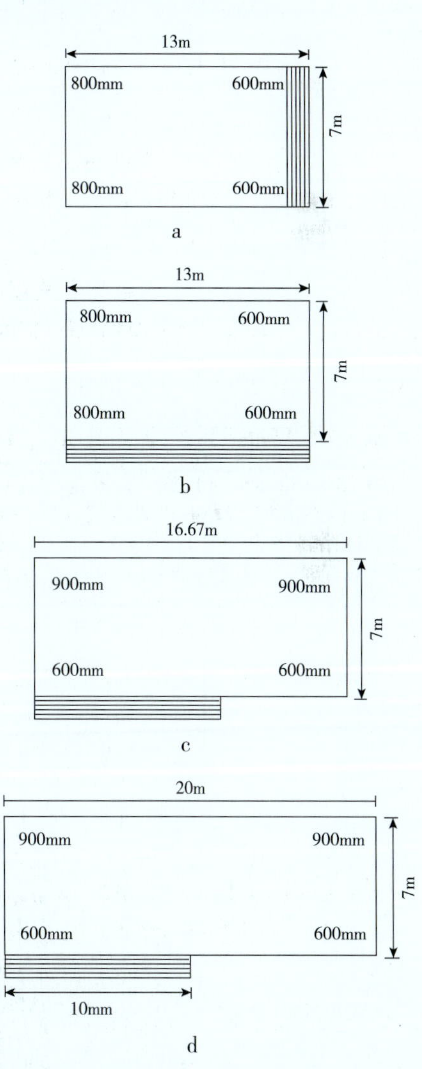

3 初学者游泳池布局的建议尺度

a图是许多现存游泳池布局中带有横穿游泳池台阶的典型图。另一类型初学者游泳池台阶的可沿泳池长度设置，如b图为低龄儿童设置更多的台阶空间。尽管游泳池长度被标明为13m，许多现存游泳池会低于此标准，例如12m或12.5m。

a图和b图中水深由台阶底端600mm过渡到游泳池另一边的800mm。c图和d图例子是为适用健身游泳和在深水区训练而设定的。深水区水深应为900mm，以适应这些活动。

五、不同时段泳池水域功能划分

5:30~8:30

俱乐部训练 50m 健身 | 或 | 25m 健身 | 25m 俱乐部训练

9:00~12:00　　14:00~16:00

公众 10m | 学校游泳者 30m | 学校非游泳者 10m | 或 | 公众 25m | 学校游泳者 15m | 学校非游泳者 10m

16:00~18:00

俱乐部 50m 公众 | 或 | 上课 10m | 俱乐部 大众健身 30m | 上课 10m

18:00~20:00

公众 10m | 花样游泳 / 水球 30m | 残疾人 10m | 或 | 其他

普遍泳池

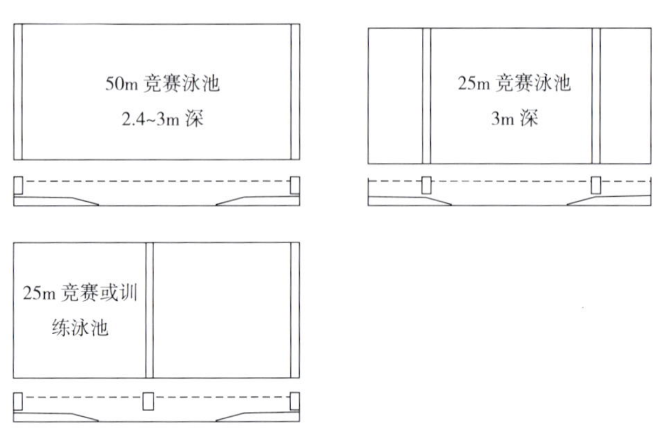

训练和竞赛泳池

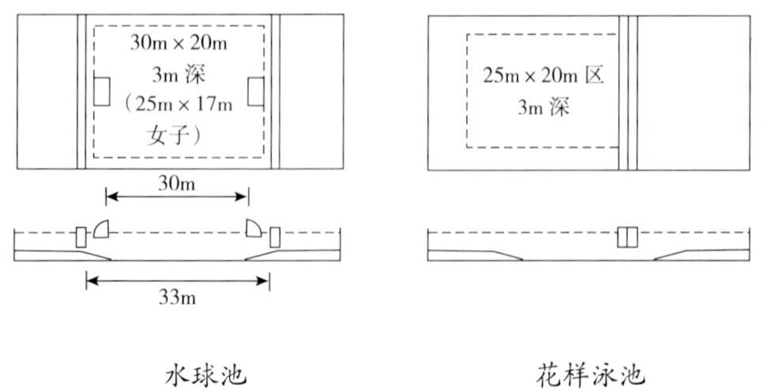

水球池　　花样泳池

1 一个拥有最大灵活性的游泳池，它有 2 个可移动池底、2 个侧向移动隔水壁

六、泳池的池边设计与做法

1. 隆起边　传统地说，游泳池有一个隆起边，大约高于水面 300mm。表层水沿泡沫渠道的边流动，这个渠道也可作为游泳者的扶手。水中的游泳者可清晰地看见泳池的池壁，这对竞技游泳者尤其有用。同时这个隆起边也提供了一个壁架，上面可以悬挂计时板。

然而，它对于在泳池边教学的老师和在水中学习的游泳者却不一定很方便。另外，进入游泳池再从此处退出要比从水平边上进出困难得多。在比赛中，游泳池边产生的反冲水会引起湍流，会对外道的游泳者产生不利的影响，见图 2 a。

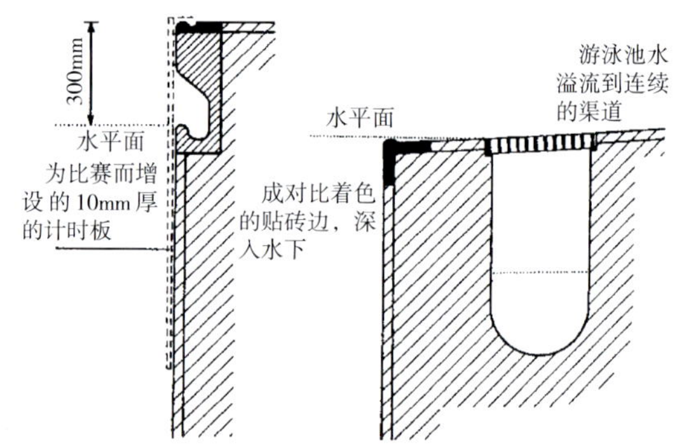

a 隆起边：适用于主游泳池的两端　　b 水平边：适用于主游泳池的两边

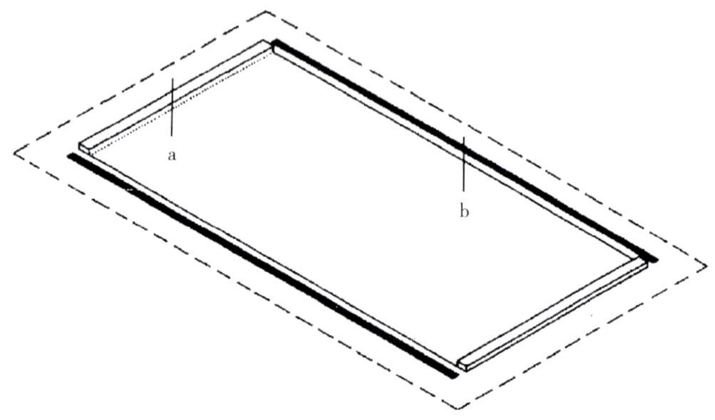

c 隆起边与水平边的结合

2 泳池边缘细部

2. 水平边　这一具体设施会使泳池的水溢到泳池边的环道上。水会沿边缘流进一个连续的格栅，格栅离泳池边大约 300mm。这会使池水看上去更近，这一设置有一些功能上的优势，如容易进出，并可提高对水池的监管能力，还可吸收外道游泳者所产生的反冲水流。如设置一个可移动池底，池底表面可升至游泳池边环道，这利于轮椅使用者的进入，见图 2 b。

3. 插孔类型 可使用多种类型的插孔和螺栓将上述设施固定。在固定时，往往要考虑到怎样在混凝土结构上凿孔的问题。所凿穴孔的大小要由插孔的类型和大小来决定，通常需使用稀水泥砂浆将插孔固定。对于应使用的安装方法及其构造等方面的要求，设计者应向专门供应商征求建议。图1~图6是由某加工供应商所提供的几种类型的插孔实例。

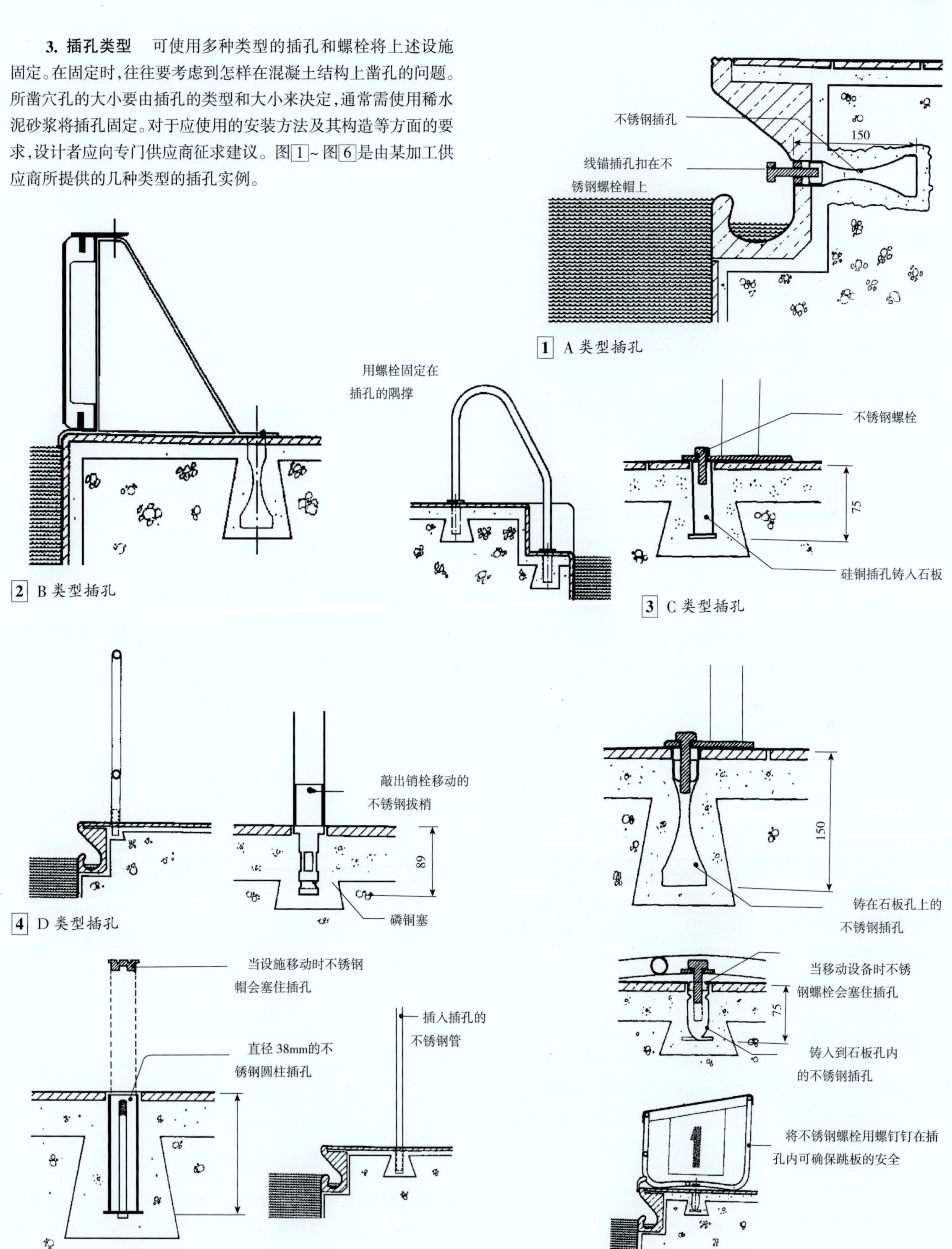

1 A 类型插孔

2 B 类型插孔

3 C 类型插孔

4 D 类型插孔

5 E 类型插孔

6 F 类型插孔

一、休闲娱乐泳池概念

休闲泳池通常被看作安装有水上娱乐设施并有着自由形状的游泳池。这种泳池模式是由英国建筑师怀特利·贝(Whitley Bay)和罗瑟拉姆(Rotherham)在 20 世纪 70 年代首次创造出来的，见图1和图3。

1 建在公园里的、以休闲娱乐为主的泳池。它将泳池和嬉水池分开，采用不规则形状，使休闲嬉水环境更具有吸引力

二、休闲娱乐泳池的特点

(1)许多人纯粹为了娱乐的目的才来游泳或戏水，见图1。

(2)比常规游泳池的环境更舒适、更吸引人，浅水区更大。

(3)鼓励游泳者去玩水从而促进游泳的学习，见图2。

(4)对家庭有着特别的吸引力。

早期游泳池的普及对休闲游泳池在数量和变化形式上的增加起到了促进作用。设计者在设置新的不同形状的水域、造浪机、间歇泉、水中小舟和水浪等水上设施方面表现出了巨大的创造力。

2 在休闲泳池岸滩区嬉水可帮助初学者和儿童获得对水的感觉，并增加自信，也有利于加快学习游泳的进程

三、休闲娱乐泳池与常规泳池关系

休闲娱乐泳池与常规泳池互为补充，因为它们为游泳者提供了多种多样的机会。它们成功的部分原因是将嬉水者与游泳者分开。

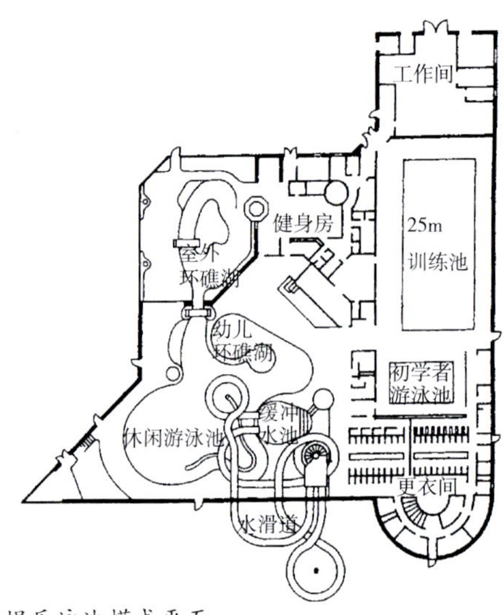

3 休闲娱乐泳池模式平面

这一点在那些有着独立的休闲娱乐泳池和常规泳池的游泳场馆中表现得尤其明显。为玩乐而来的人经常使用休闲水域，他们通常是比较喧闹的，这样一来，常规泳池就安静得多，从而也有利于俱乐部及学校等专门来游泳的人。

因而，在简要设计阶段，休闲娱乐泳池的设计应放在其他现存和已计划好的常规泳池的背景下考虑，见图4。

在要求大水域的地方，休闲娱乐泳池和常规泳池应设置在同一环境的不同泳池水域（大厅）。这就创造了一个综合性游泳场所，可以为使用者提供各种变化和需要，而且在操作上要比将同样水域分建在两个或更多的单独环境或建筑物内节省得多。

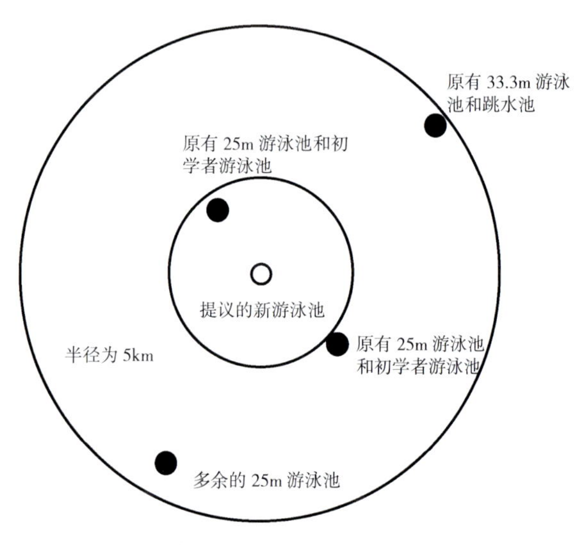

4 休闲娱乐泳池的设计应放在其他现存和已计划好的常规游泳池背景下考虑。本图表明对现存设施的计划怎样帮助决定最合适的游泳池类型。在这种情形下，一个休闲泳池的雏形可清楚表露出来

四、休闲化常规泳池

然而,在许多情况下,在一个常规游泳池旁边建一个大的休闲游泳池是不合适的:这样做成本太高,但要求或许过低,从而使偌大的水域无法充分发挥其作用,有些委托人并不希望在一个大的游泳馆中将全部水域集中为某一特定群体服务。有关游泳馆设计的规定也建议,对绝大多数地区的社区游泳馆来说,休闲化常规游泳池最好的形式是在休闲式泳池大厅内修建长方形的常规游泳池。如果该泳池内能设有专门的休闲水域以及水上娱乐设施,则更佳。

休闲化常规游泳池或是有目的性地进行设计,或是通过重新设计泳池形式和额外增加水上设施来在原有常规游泳池的基础上建立起来。这种类型的游泳池,无论是新的还是重新改建的,会给使用者提供大范围的娱乐机会,但这种灵活性是妥协的结果,例如在一个能提供人造浪的游泳池中的泳道池区就不会像一个简单的常规游泳池那样为游泳比赛提供很好的场地,见图5。

休闲游泳池为游泳池的设计引进了关于吸引力和舒适度的新标准。许多这类标准可以而且应该被运用到新常规游泳池的设计中,如颜色、大面积种植区及悬挂装饰物的运用,以及贴砖、装饰品和功能性人工照明的精心选择等。

5 纯粹为休闲目的而设计的度假村泳池

五、设计要素

常规游泳池的大小由竞赛需要来决定。与常规游泳池相反,休闲游泳池的大小、深度和形状不受任何规定限制。它们的整体构造和比率要受下列条件所限:

(1)它所服务的集水区的大小。

(2)在那个区域里现存游泳池的类型。

(3)顾客情况。

(4)水上设施的不同。

(5)可得到的建筑经费。

休闲游泳池总的建筑面积通常是总体水面积的5倍。

六、水面积和深度

1. 休闲游泳池 一座休闲泳池内的水面积可以为50~3000m^{2}变化不等,而水面积达3000m^{2}的大型休闲泳池常被称为"水上乐园"。在中国,一般区域的水面积为300~1000m^2,见图6。就经验来说,每2m^{2}水域容纳1个游泳者,但水域实际的安全容限应依据游泳池的设计来制定。

从浅水区到常规区水深发生变化,且深水区深度的最大值是1.5~1.8m。许多泳池水深最大值为1.25m,而通常有至少75%的水域要浅于此标准。

水上设施常决定泳池的大小、形状和深度。一些主要水上设施要求水域面积的最小尺度如下:

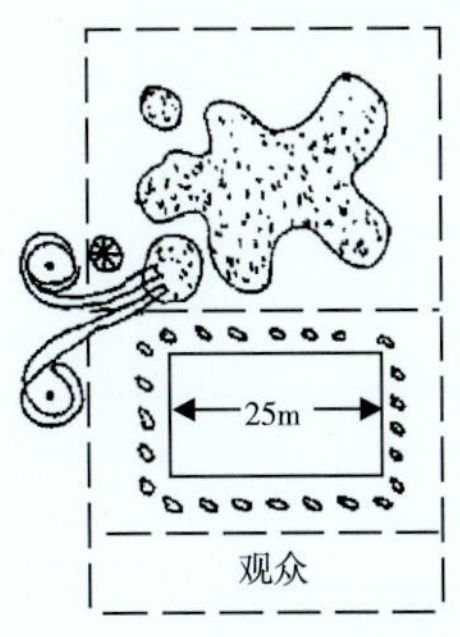

a 最佳布局,即常规游泳池与休闲游泳池分别处于不同的水域或泳厅,具有良好的观看区

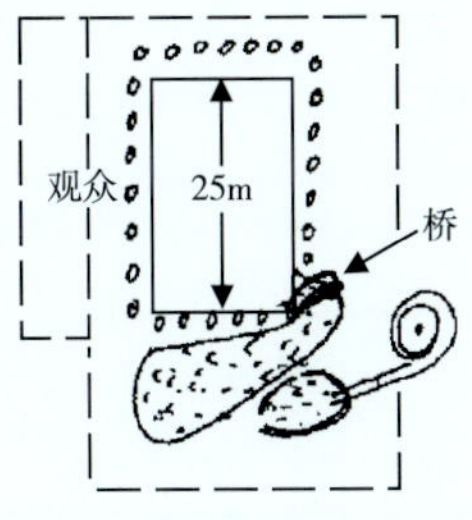

b 这个布局设有较少的休闲水域,且该水域与25m主游泳池相连。在主游泳池周围为游泳者和裁判提供便利的入口,以及良好的观看区

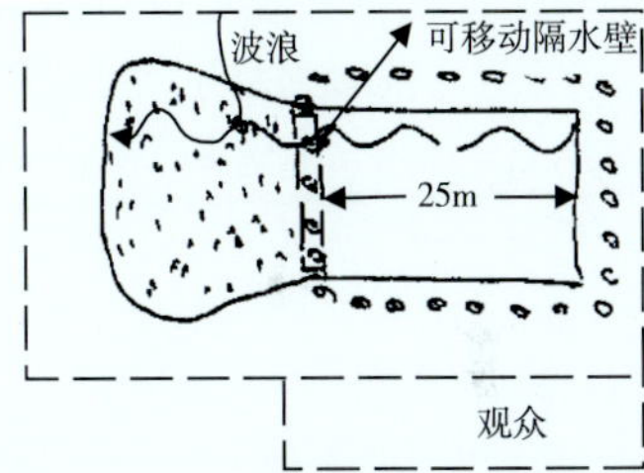

c 在带有潜入式隔水壁的长人工造浪泳池中,隔水壁将25m游泳区与休闲自由式水域/岸滩区分开。在25m区的周边设立了便利的入口,但在容纳设有造浪机的干舷高度时会出现问题。尽管靠近泳道的观看者会受干舷高度的干扰,但该泳池仍有良好的观看区

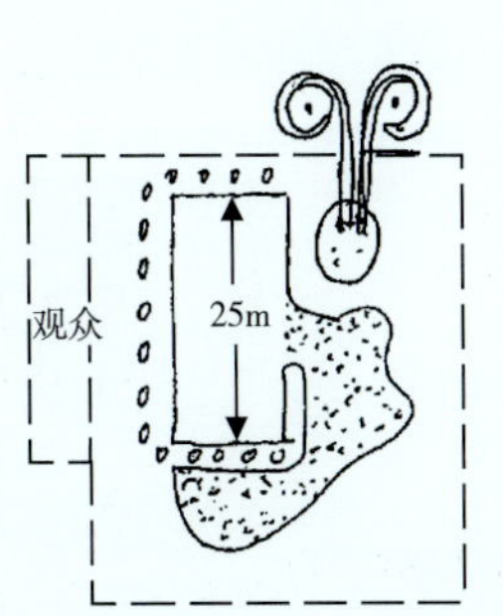

d 这种布局为水面积200m^{2}的小型游泳池提供了一个合理的方案。为游泳者而设的入口会受到限制

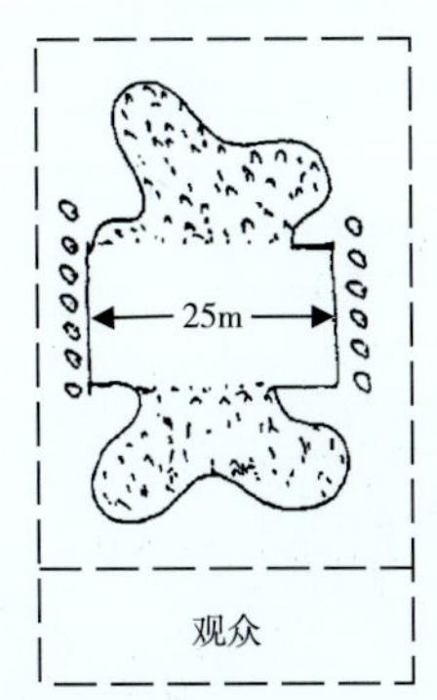

e 带有一个休闲式水域的25m竞赛池布局,不适合正式的训练和竞赛游泳。观众视线会被休闲设施和植物遮挡住

6 休闲游泳池和休闲化常规游泳池类型实例

（1）人工造浪泳池，见图[7]，在造浪机处水深最小值为1.5m，从造浪机处游泳池地面向上倾斜至岸滩处斜度不超过1:15。因此，人工造浪泳池最小长度是22.5m，尽管25~30m更为普遍。人工造浪泳池宽度为6~30m。

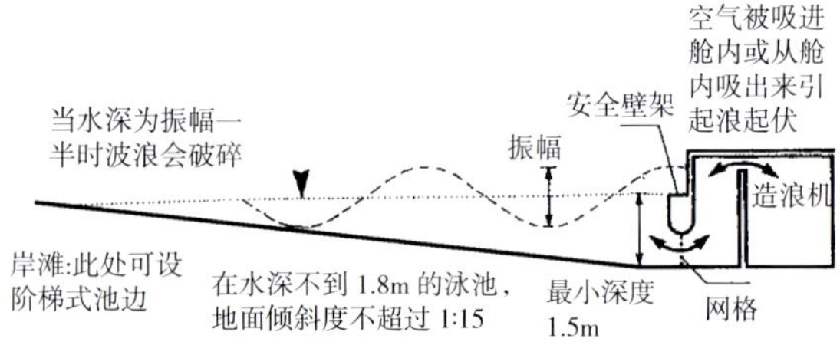

[7] 横穿人工造浪泳池的典型截面

（2）滑梯缓冲水池从滑梯边到楼梯起始端的最小长度值为6m。如果只有一个滑梯，则滑梯缓冲水池的宽度应为4m，每增加一个滑梯，则应在水池宽度上增加2~3m。通常，缓冲水池深度为1~1.25m，但由于滑梯会设在水面之上，因此池水要加深。缓冲水池尺度应与滑梯设计者认真核查，并参阅相关标准。

（3）一条慢流河需50m长(通常会更长些)，宽为2.5~4m，深度为0.75~1.25m。当河流与装置水泵或其他水上设施的中心区形成循环圈时，河流的使用是最为有效的，见图[8]。

更多的休闲游泳池会设有单独的水域区——或是出于安全原因，例如水滑梯缓冲水池的设置；或是操纵运作的原因，如健身游泳区的设置；或是因为专业设施(如漩涡池等)要求设单独的水池。

2. 休闲化常规游泳池 休闲化常规游泳池的尺度在很大程度上由泳道数和其自身的状况来决定。用于训练的游泳池可以为12.5、16.67、20m或25m长，2个或3个泳道；而用于竞赛使用的游泳池通常为25m长，4~6个泳道。

这种类型的游泳池水面的总面积通常是200~700m²。较大些的游泳池可以设4或6个泳道，长度为25m。这类泳池可单独设置，也可设在以三条直边为界的总水域区的一端。这种设置对于水中心区长可达25m的泳池较为适用。

以上着重指出了在设计休闲游泳池或休闲化常规游泳池的水域时应考虑的主要因素。

（1）游泳池的整修 上述标准的认真实施将帮助消除许多现存游泳池给人的陈旧感，这些现存游泳池包括上百个有着20年

[8] 一条与主泳池相连的慢流河，即使其两侧没有岸滩，波浪仍可被导入。这条与主泳池相通的、波浪翻腾的慢流河深受普通家庭的喜爱

[9] 游乐园经整修后的休闲泳池内景

或更长历史而且需整修的游泳池。当需修补或整修游泳池时，应该考虑改变其旧形象，见图[9]。

将已有的33.33m游泳池缩短到25m就是有益整修的最好范例。多余的水域空间可以被转化为初学者游泳池和为水滑梯而设的缓冲水池或矿泉水池等。

（2）游泳池边贴砖 与游泳池环道相对比，游泳池边贴砖应该有明显不同的颜色。就水平边游泳池而言，池边贴砖鲜明的颜色应与水中贴砖颜色相同。

（3）水平边 一个水平边可使游泳池水填满游泳池环道。水流沿边流入设在离泳池边大约300mm的连续的网格里，为入池和出池提供了方便，尤其是对残疾人使用者，同时为在泳池边进行无障碍的监管提供了方便。

这一具体设置可以适用于大的休闲环礁湖、矿泉疗养池和休闲化常规游泳池。

（4）隆起边 浪的形成以及河流、急流和入水池的水流都需要隆起边(或干舷)来牵制其流向。当游泳池环道的高度高于水面300mm，让游泳者直接入水的行为是不值得提倡的。隆起边还会削减对游泳池游泳者监管的能力。当隆起边达到水中的游泳者无法够到的高度，此时就需在高于水面300mm范围内设置扶手。设置一个泡沫渠是较为理想的，但一个简单的壁架所达到的效果是一样的。不提倡使用固定在池壁上的扶栏，因为这样会弄伤游泳者，而且也不便于清洗。

（5）隆起边和水平边的一体化 将隆起边和水平边一体化是一个很好的设计方案，例如，在人工造浪泳池内，将隆起边设在离水边上1~2m处，而水平边沿池边顺势而下，这样游泳池环道就会有较大的入水空间，见图[10]。

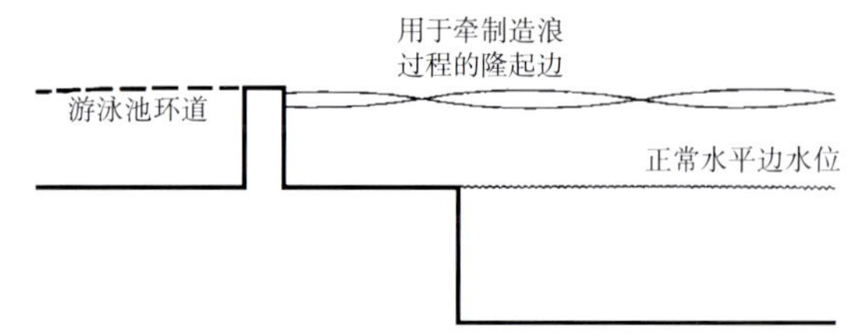

[10] 只有在正常水平面上设牵制体系，波浪才可以形成。牵制体系可以由游泳池池边形成，或者设距泳池边有一定距离(比如1~2m)的墙壁

七、水滑梯

近几年来，随着休闲娱乐业的发展，水滑梯的数量和种类都有了很大的增加。从儿童用简单滑梯到多滑道水滑梯以及大型水上乐园，其变化种类极为繁多，见图1、图2。

水滑梯的工作原理是水流沿倾斜表面向下流动，这一倾斜表面提供了下滑时获得速度的下滑力。滑梯的设计因高度、角度、斜道方向、滑道表面类型和水量的不同有所变化。滑道设计必须考虑滑梯使用者的大小和能力。

不同种类的滑梯要求有不同的安全系数，不同的国家也有各自不同的安全标准，既有具安全与趣味为一体的滑梯，又有危险重重的滑梯。

1 适用于儿童的简单滑梯

2 右边的滑梯是自由下落滑梯，另外一个是弓形下落滑梯。其终端都用承载设置，这样就可以使滑驶者平稳停下来

1. 水滑梯类型 水滑梯因制造商和滑驶类型的要求会有不同的大小和形状。可通过滑驶类型来将其分类，但因每个制造商有其自己的设计准则，因而没有具体的尺度要求。

随着工业的不断革新和发展，滑具的种类也是层出不穷，因而上述类型并不能代表全部。滑道要由专业人士——制造厂家或有经验的人来联合设计，这一点是很重要的。从不同的制造厂家那里参看一些相同的产品，从使用者那里得到一些使用情况的反馈的观点，这些做法也是非常必要的。典型的滑梯如下。

(1)常规滑道 在许多地方，常规滑道作为独立的水上设施可安装在休闲泳池和常规游泳池内(见图1～图5)。当水滑梯在20世纪80年代首次被引入时，在安装水滑梯的游泳池内嬉水的人数就增加了。现在这种现象渐趋平缓，因为尽管水滑梯被认为是休闲游泳池和休闲化常规游泳池整体设计的一部分，但越来越多的游泳池已经安装了此类设施。它们的高度在5~15m之间变化不等，可被单独使用，也可多种形式联合使用。

(2)速度滑梯和自由下落滑梯 自由下落滑梯是使滑驶者在下滑时享受自由自在的感觉，见图2～图8。这种滑梯常为露天式，笔直且高度为10~25m。滑梯的末端逐渐变细，以便增加其水深，减缓滑驶者的下滑速度，直至停下来。使滑驶者在下滑全程时一直与滑道表面接触，这一点是保证安全的关键。

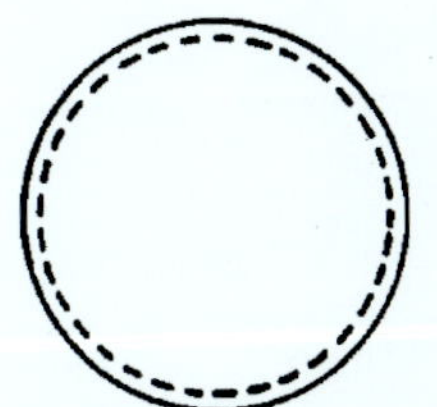

3 带有滑驶面的滑道沿周长而设，主要用于室外

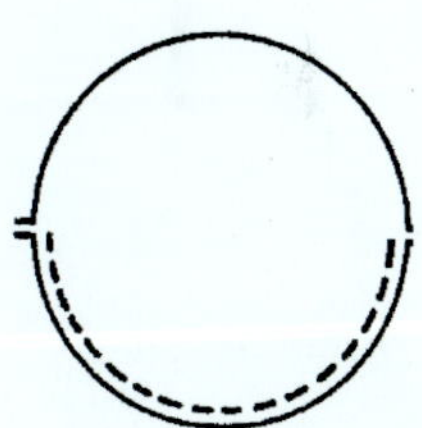

4 带有滑驶面的封闭式滑道，仅沿低水区周长而设，主要用于室外

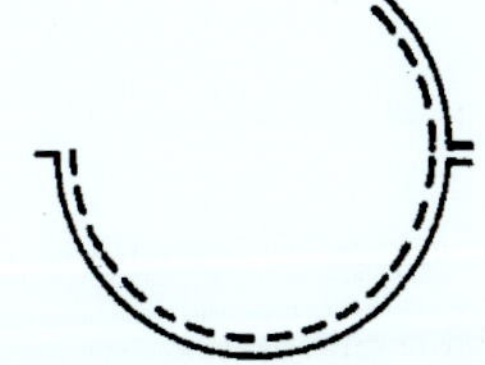

5 在弯曲处设有喷射器的开放式滑道，主要用于室内

6 水上乐园的室外开放式滑道装置

弓形下落滑梯为开放式滑梯，弓形突出物可以逐渐增加滑行范围。通常，滑梯为15~20m高，且多为倍数设置。滑梯为直型开放式，由末端滑出。

此外也有许多管式滑梯，其直径为0.8m。其设计意图是使滑驶者在一个受控位上转弯滑行，从8~15m的高度下落。滑梯可以相互缠绕，入水处为一个直的滑道，也可为弓形滑道，也可像自由下落滑梯下滑的方式一样设一个单独的下落点。

(3)胎形滑具和急流河滑梯 在较大直径的U形滑具或滑管中可用适合1~2人使用的充气圈或木伐滑行，见图9和图10。其水位需高于常规滑梯的流水位。由于滑管可以减慢滑驶者的速度，提供一些缓冲力，这样滑驶者在较短的时间内就可完成减速。

有许多专门为充气圈或木伐设计的滑梯，这些充气圈和木伐

7 滑管式泳池滑具

8 休闲水上娱乐世界的室内组合滑梯，根据成人和儿童的不同需要设有三种形状、大小不同的滑梯和两个滑管

9 有中心岛的休闲娱乐泳池，也是急流河滑梯的起点

可以延缓承载装置的使用寿命。这些滑梯有直径可达1.8m的开放式滑槽，有与常规滑梯相同的弯曲和下落点。新产品还包括更大直径的滑槽，可以载下更大的木伐产品，容纳4个人或5个人。

(4)儿童滑梯 小滑梯是休闲游泳池里重要的设施，见图1和图7。对于3~7岁的可以在父母监看下玩耍的儿童来说，这一设施应是安全的。水应很浅，坡度不要过陡。

大部分这种类型的滑梯不需要复杂的水流抽泵系统，而是应依靠滑道表面的光滑度来让孩子们下滑。通常滑道设计为动物造型，并建在专为年龄小的孩子们设立的嬉水区域。

(5)木伐滑具 木伐滑具常设在有足够空间的主题公园里，因为木伐滑具既庞大又昂贵。然而，其容载量比常规滑具大得多。

2. 材料 从理论上说，任何材料都可以被用来建造滑梯。但实际上取材仅限于聚酯纤维玻璃(GRP)和不锈钢，表面涂有低浓度聚氧乙烯的环氧培基混凝土可用作室外急流河滑梯的建筑材料。

滑梯面应该光滑，而且要避免不规则物的出现。应尽可能避免两部分交汇处出现在滑梯下滑方向上的情况——即使可在交汇处设一小型台阶。但这种情况并不理想。

滑梯表面的耐久性是维持其寿命和保证其安全的主要因素。由于聚酯纤维玻璃有凝胶外壳，因而可以用作滑梯表面。在某些情况下，这种外壳会有断层，暴露的纤维或许会引起严重的割伤。因而，应定期检查滑梯，及时维修，还应向滑梯制造厂家询问使用材料的寿命期限。

任何滑驶者可触及的表面应光滑，而且不应有任何障碍或锋利的边角，以免导致任何伤害。若使用聚酯纤维玻璃，其每一角都应被磨圆。

3. 构造设计 尽管滑梯可以被建在地面上或混凝土框架的建筑中，但滑梯的支撑框架常为钢结构。设计支撑框架和滑梯时，应考虑到水、作为负载点的人滑出时的压力，同时，来自于外界的风和雪的影响也应在考虑范围内。此外还应兼顾安全的因素。

4. 滑梯设计

(1)通道楼梯 滑道起点处通道常用楼梯连接，一些室外公园也有使用青草斜坡的情形。坡道可以作为通道路径的一部分，安装时应考虑排队等安全因素。坡道应设有防滑表面和扶栏，斜

度不超过1∶15。楼梯建造应遵守当地建筑制度，宽度为两人宽左右。这需考虑更替交班的员工和不想滑驶的使用者同时下楼的需要。如果楼梯通向多个滑道，就应该有可排队的空间。此外应安装额外的扶栏来分离排队人群。楼梯终端应防滑，当楼梯积水时，应有合适的排水方式。应避免水滴落到排队滑驶者的现象，因为这样还会影响电和照明装置。

对于胎形滑具或使用垫子的滑具来说，楼梯应比普通的楼梯要宽，这样可以使充气圈或垫子通过，也可用升降系统将充气圈放到起始平台处。

(2)顶端站台 顶端站台应能容纳滑梯的起始部分、准备使用滑梯的滑驶者、后续滑驶者和监管员工。如果多个滑梯从相同站台起始，那么应设有安全屏障来分离每组排队等候滑梯的人，同时还要为每条滑梯的服务人员设有足够的空间。

(3)起始部分 设计起始部分(见图10)应确保滑驶者可以安全进入滑梯。水常在此处被抽入滑梯。在设计时，要考虑到避免使滑驶者被迫进入滑道，同时要避免滑驶者从顶端站台跑上起始部分。可在此处设一个缓台，或使用高于滑道表面大约0.8~1.1m的"摇摆杆"，从而帮助滑驶者顺利进入滑道口。

(4)滑梯设计准则 U形开放滑道，或封闭式滑管，大多参照相同的设计准则。弯曲点、垂直下落区应保证滑驶者在滑梯表面平滑移动，而无任何受空气挤压的可能性。受空气挤压的滑驶者是失去控制的，当他再次与滑道接触时有可能造成伤害。设计时应防止这种事件的发生。

滑驶者进入弯道的速度也很关键。滑驶者应始终能保持他的滑驶位置并且在弯曲点不会颠翻。除下滑速度较慢的滑梯以外，其他所有滑梯中的转弯点都不应直接与另外一个滑梯相通，除非这两个滑梯间有直滑部分。除下滑速度较慢的滑梯外，该准则适用于任何滑梯。

滑梯因斜度不同而有变化，平均斜度10%~11%的滑梯适合于家庭使用，11%~12%的斜度适合于较兴奋的滑梯。斜度为12%~15%适合于追求刺激的人群。家庭滑梯速度缓慢，可以在直行滑道的两个弯曲点之间设方向相反的弯度。

下落部分是倾斜度变化的激增区，长度在0.5~6m间转变。它们应设在滑道的直行处，任何弯曲点的底部都应设有直行滑道。下落部分不应用作滑梯的第一部分，因为这样就会使滑驶者在起始部分抛出自己，而在半路却停下来。当然，在滑道端口附近设落体区有利于使滑驶者快速滑入滑梯末端部分，这样使所有的滑驶者保持大致相同的速度。

在U形滑道，滑驶者应始终在滑道里运行，滑道上的弯曲点会使滑驶者在滑行时上升至滑梯的顶边，而设置连续段和搅流器就可以保证滑驶者在滑道内安全滑行。

滑管内应有足够的灯光，可以使滑驶者看清自己所处的位置。同时为便于监管，灯光的照明也应使在侧面的下滑者可以从外侧看到滑驶者。一些滑管内有意地被漆成黑色，创造"黑洞"效应，制造更为兴奋的滑驶过程。在这类滑管中应设有半透明区域，可以射进光来。应事先提醒滑驶者，滑道内部很黑，他们会遇到无法想象的弯曲处，见图7。

10 大型水上娱乐世界中的急流河，滑道由混凝土建成，有泡沫做衬板以确保安全

滑道最后部分是使滑驶者安全进入缓冲水池或接受承载装置的预设阶段。斜度应小，直行式较好，这样滑驶者会意识到他们将结束滑行。

一些滑梯在滑驶者下滑时会设垫圈来减慢滑驶者速度。但它们不能被用来掩盖较差的安装质量和不稳固接缝的工具。

(5)滑梯直径 不同的滑梯制造厂家会制造出不同直径的滑梯，其直径变化范围在0.8~1.5m之间不等。0.8m直径常用于速滑的滑管里，在这一滑管里，滑驶者需在滑行的整个过程中处于安全状态。它也可以用于儿童滑梯。较大直径的滑梯内可使用胎形滑具或木伐滑具，这样滑驶者可使用充气圈完成下滑。

(6)着陆区设计及尺度 有两种类型的着陆区——缓冲水池或者接受承载装置，作为水滑梯的一部分，其内承有一定量的水。

从水滑梯末端开始的缓冲水池最小长度应为6m，见图11。无论滑驶者怎样入水，其宽度都应使他不会接触到其边缘。如果多条滑梯在同一泳池入水，滑梯之间的空间应不会使滑驶者冲突，见图12。理想水深应不小于1m，设计者设计时应参考最新的标准，从而获得有可能修改的水深最小值。但泳池水深不应大于1.2m(参见最新水深最小值标准)，因为不会游泳者出水时会有很大困难。在后增设水滑梯的地方，应以绳索的形式或隔水壁的形式(固定或活动的)安装障碍栏，这样着陆区可以与泳池其他部分真正地分开。

泳池出口楼梯应该在滑梯相反处，因为这样就可以使滑驶者尽可能快地离开水域，而不会影响其他人。

接受承载装置是水滑梯的延伸，水滑梯末端逐渐变细可使其中的水深逐渐升高。这样就会使滑驶者以舒适易控制的方式将自己带入入水，见图 11 b。接受承载装置的长度和水深要根据滑驶者的速度来确定。低坝设在尾端，可以将水排出接受承载装置，保持合适的水深。

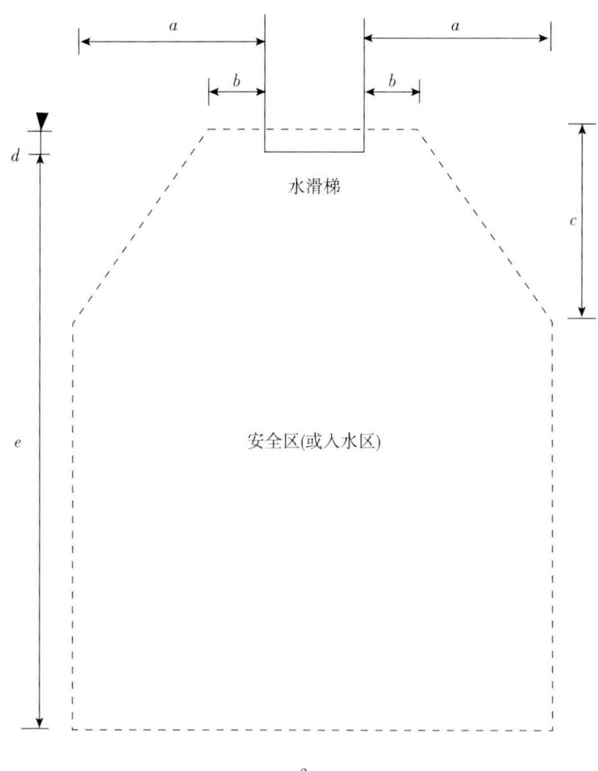

a

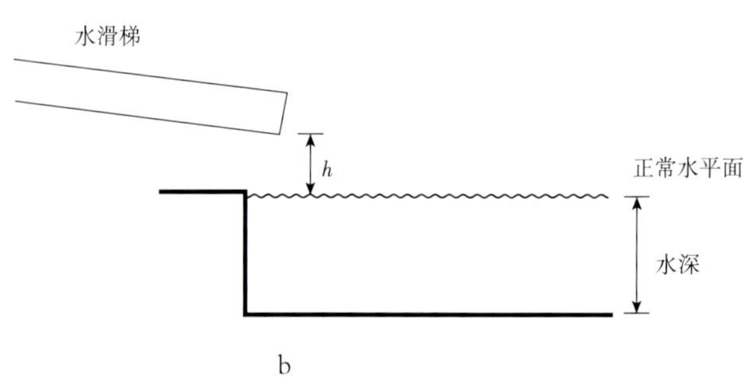

b

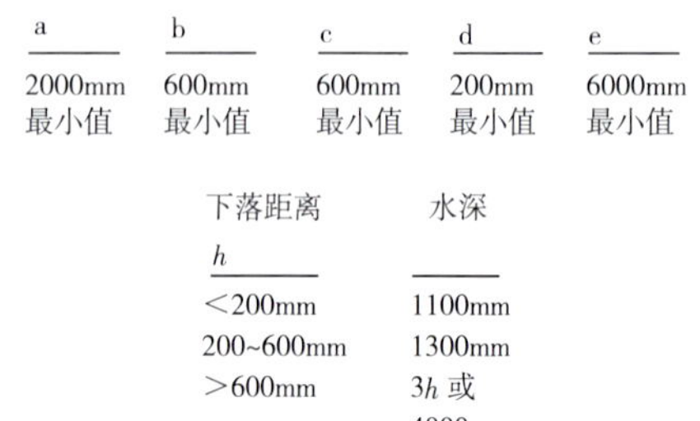

a	b	c	d	e
2000mm 最小值	600mm 最小值	600mm 最小值	200mm 最小值	6000mm 最小值

下落距离 h	水深
<200mm	1100mm
200~600mm	1300mm
>600mm	3h 或 4000mm

11 一条水滑梯入水区尺度

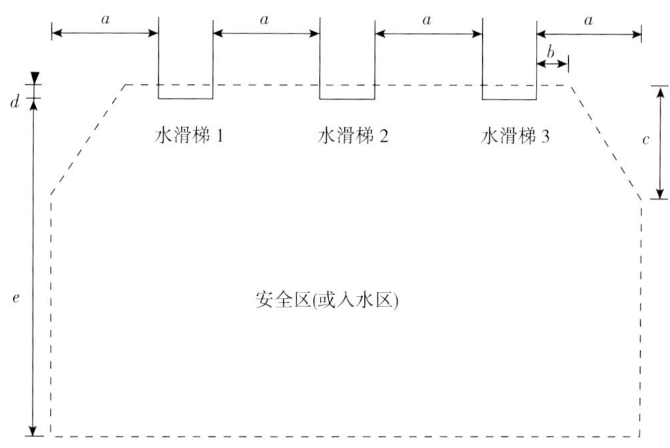

12 两条或更多常规水滑梯入水区尺寸。水滑梯的削减处不能集中；否则，应考虑设单独的安全区

5. 水流供给 沿滑梯下流的水流会影响滑行质量和其操作的安全性。一些滑梯水流量小但倾斜度很大，而另一些滑梯水流量大但倾斜度较小。应该控制流水比率，这样可以保持流水不断的状态。

流水应给予治理，而其过滤植物也应能承受游泳者所产生的负面效应。水流周转率一般以不超过 1h 为宜，也可参见类似标准。

水滑梯会使较大的水流量排出泳池。为降低游泳者或滑驶者受限程度，这一设施的吸水管不应距泳池过远。一般来说，水应该从相应的平衡蓄水池或专用渠中提取。

6. 控制和监管 在滑道顶部和尾端应设有服务人员，彼此间可以进行有效的沟通，可以是直接的可视通讯线路、闭路电视摄像机和控制机或对讲机。对于多滑道滑梯，在繁忙期应在每条滑道都设服务人员。当滑驶者在下滑过程中穿过某一特定点的红外线光柱时，可使用交通信号监探系统来控制滑梯顶端的旋转栅门。同时，这也可以用于提示服务员和滑驶者，前一位滑驶者离去，后一位可以开始。在这方面应遵循国家对滑梯的相关要求运行，而设计者应依据上述要求进行设计。

滑梯上滑行更换率由滑驶者频率来决定。因此每 10 秒钟 1 次间隔的话，1h 可以下滑 360 次。频率依据滑驶者速度的变化而不同。如果滑梯缓冲水池存在冲撞的可能性，则不允许滑驶者进入滑道。

7. 水滑梯的布置与安装

(1)在新建休闲泳池时整体布置

随着休闲游泳池和休闲化常规游泳池数量的增长和发展，水上嬉水设施在数目和类型上有了相应的发展。水滑梯、喷水池、喷流、间歇式喷泉、水瀑布和各类气流膨胀结构在这些类型的泳池里变得普遍起来。这些嬉水设施也可作为升级现存泳池的设备，为漂白无菌的内水区注入了光彩和活力。在这些发展的前前后后也引进了可移动池底和隔水壁，它们主要用于主游泳池和现存的跳水池。

正如图[1]概念布局所示的为新建休闲游泳池。

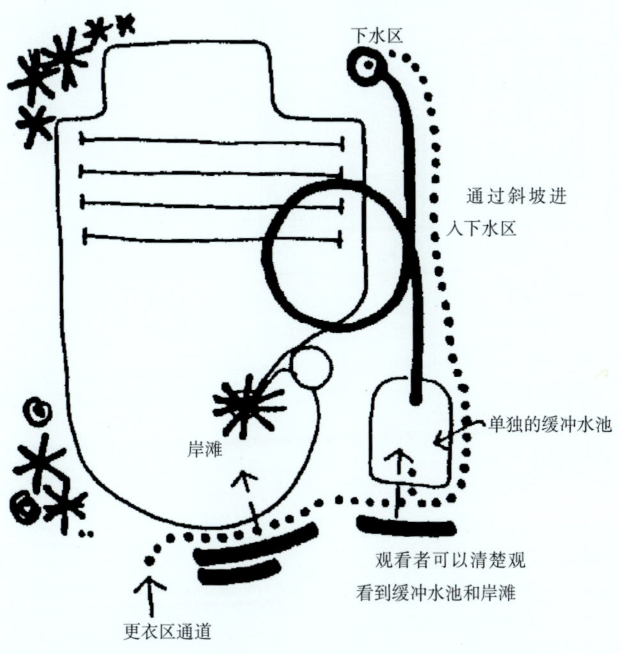

[1] 带有内滑道的休闲游泳池

从入口处，游泳者可以通过两种方式到达水滑梯入口楼梯，一是穿过岸滩，二是绕过深水区。需设立护栏使游泳者远离深水区。设计入口点时应考虑滑梯楼梯的位置，从而避免或减少这类问题。在深水区附近站排的事情应绝对避免。在图[2]中，应设置防护栏或在远离池边的地方设排队处，并以围栏作为标志。

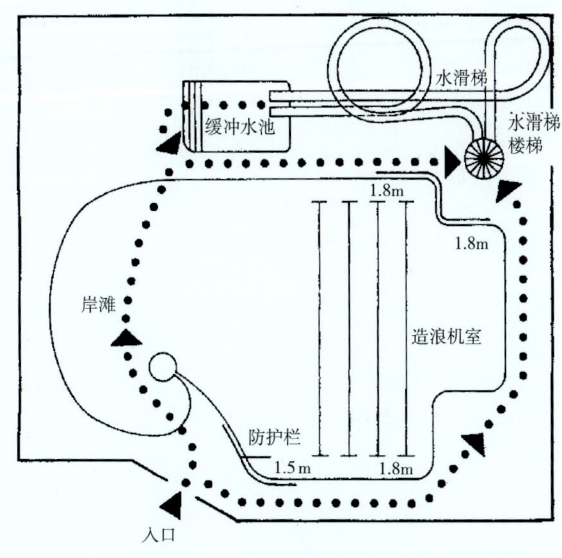

[2] 带有水滑梯的休闲游泳池的布局

[3] 水上公园里新建的整体布置的休闲娱乐泳池

(2)在原有的泳池环境中安装水滑梯 早些年建成的休闲泳池中，普遍存在设施单调、设备单一的问题，为适应新的发展需要，就需要对其进行改造，主要是增设水滑梯、水滑管和喷泉、人工浪等。

图[2]是一个设内滑道的休闲游泳池，建在一个休闲游泳池布局基础上。然而，将滑道引入现存常规游泳池的设计中时，就会产生许多潜在的问题。下列示意布置图(图[4]~图[8])都有表述，列出了每种布局的优缺点。显然，图[4]和图[5]为最佳设计。

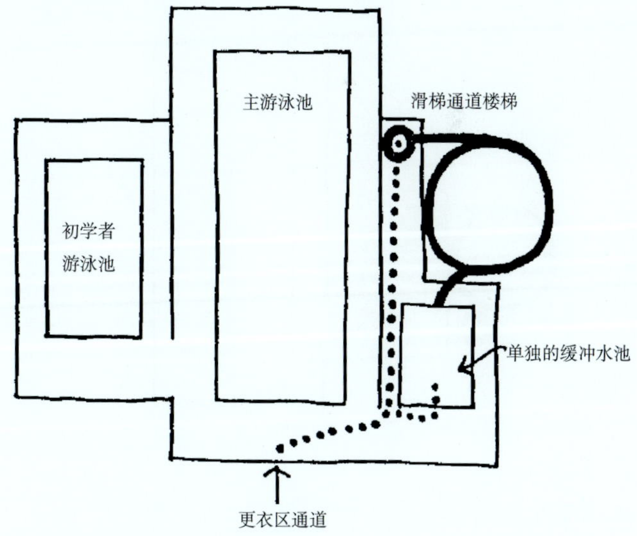

[4] 建在新的缓冲水池外侧的滑梯／通道楼梯

优点：

- 主游泳池和初学者游泳池活动不会受影响。
- 排队使用滑梯的使用者不会在主游泳池周围形成拥挤。
- 滑梯上的嬉戏者的噪声不会影响主游泳池和初学者游泳池的活动。
- 高度和滑梯设计受限范围减小。

缺点：

- 与其他实例相比需更多的员工服务。
- 建筑物外表受影响。
- 既需主资金成本又需额外运作成本。

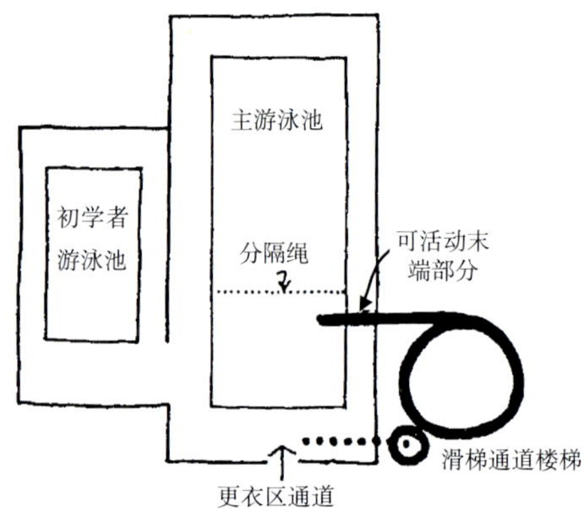

5 建在外部的滑梯/通道楼梯，滑梯终端在主游泳池内

优点：

- 滑梯结构不依赖建筑结构。
- 流通/通道楼梯不会阻碍主游泳池环道。
- 滑梯高度和规划受限制较少。
- 滑梯便于移动或调节。

缺点：

- 滑梯末端阻碍游泳池环道。
- 主游泳池水域（浅水末端）受限制。
- 主游泳池活动（例如训练）受限。
- 建筑物外表受影响。

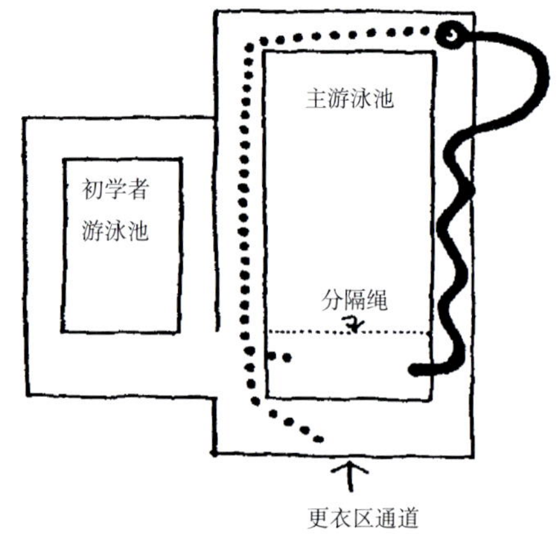

7 建在内部（局部在外部）的滑梯/通道楼梯，滑梯终端在主池内

优点：

- 与图 6 相比有较长的滑道。
- 由管和槽而形成的滑梯会给嬉水者带来兴趣。

缺点：

- 通向滑梯的通道位于主游泳池深水区末端，所以可能会有更多的人在深水区附近排队。
- 滑梯阻碍环道，因而会限制通向水域通道的流通，会影响对水面的监管，从而导致安全问题。
- 从滑梯末端到楼梯通道之间的路会使游泳者经过深水区。

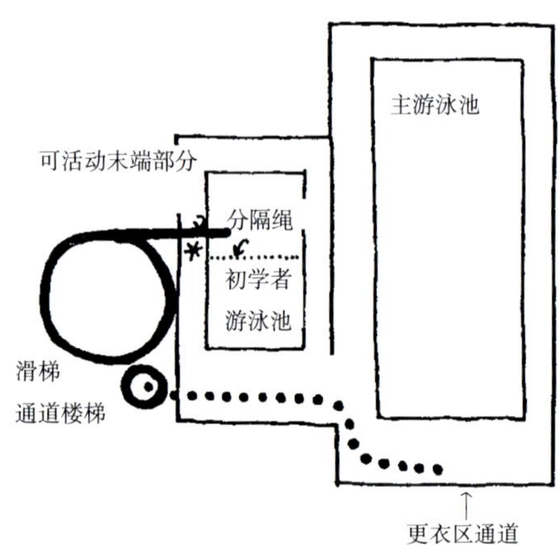

6 建在外部的滑梯/通道楼梯，滑梯终端在初学者游泳池内

优点：

- 滑梯结构不依赖建筑结构。
- 主游泳池活动不受限制。
- 初学者游泳池不会过于拥挤，因而环道受阻的问题并不重要。

缺点：

- 初学者游泳池受限。
- 从主泳池大厅穿过初学者泳池大厅的人会影响初学者游泳池内的游泳者。
- 建筑物外表受影响。

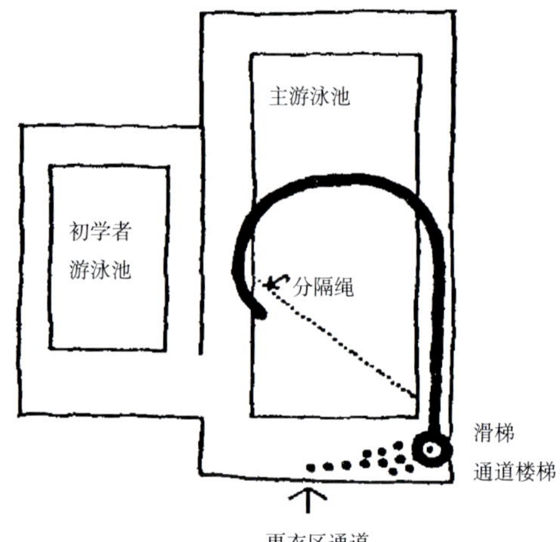

8 建在内部的滑梯/通道楼梯，滑梯终端在主游泳池内

优点：

- 建筑物外表不受影响。
- 滑梯设计可以为泳池大厅内部增添光彩和趣味。

缺点：

- 滑梯影响泳池大厅的全景和泳池环道，对于观看竞技游泳赛事不甚理想。
- 滑梯长度受泳池大厅高度限制。
- 排队等候使用滑梯的人可能会引起拥挤。
- 主游泳池的浅水端受限制。

自20世纪90年代以来,由于宾馆不断地扩充各项设施以增加效益及其在市场中的竞争力,所以世界各地在这段期间出现了众多的宾馆游泳池及宾馆休闲娱乐中心。

宾馆游泳池及休闲娱乐中心有很多类型——从矿泉游泳池及带桑拿浴设施的游泳池,到休闲娱乐式游泳池及带有健身房的游泳池。游泳池的大小取决于宾馆的大小,其类型也取决于宾馆的类型,同时,在设计时还要考虑服务对象及其所针对的市场。尽管有的宾馆功能多样,但休闲娱乐功能设施是必不可少的。

一、泳池与宾馆的关系

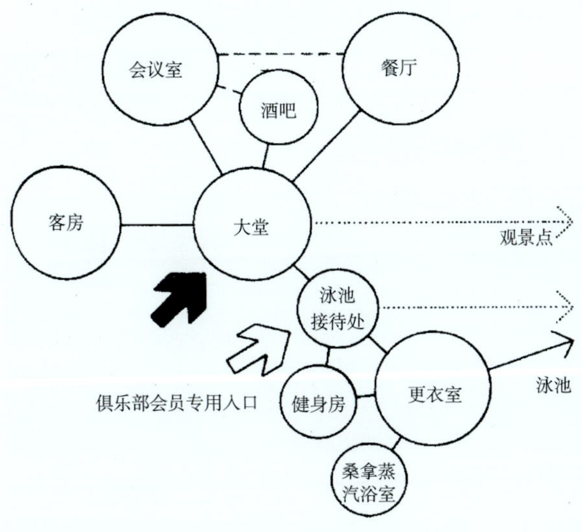

1 泳池与宾馆各部分关系示意图

二、典型的宾馆泳池布置设计

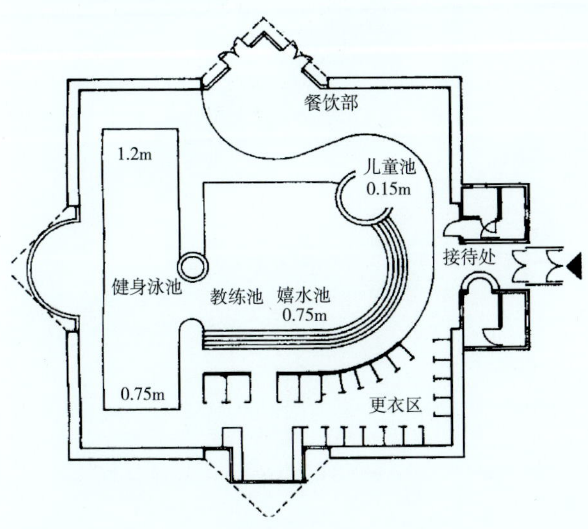

2 英格兰建筑师迈克·彼特(Mike Peart)在一次宾馆泳池设计竞赛中获胜的一个泳池设计方案

三、室内泳池

1. 室内泳池的特点和优势 在四季分明的国家和地区,室外游泳池只能在夏季使用,所以在较冷的季节,室外游泳池对游客没有太大的吸引力。游览宾馆在夏季时通常能有很高的入住率,所以他们认为额外的娱乐设施并不会增加客人的数量。室内游泳池一年四季都可以使用,而且如果娱乐设施选得恰当的话,即使在旅游淡季也可为宾馆增加入住的客人数,见图3和图4。并且以家庭为单位的旅游者通常都集中在寒暑假等旅游高峰期。

因为室内游泳池所需成本大大地多于室外游泳池,所以它们的规模是设计时的一个要素,小型长方形游泳池对客人没有丝毫的吸引力,因此这种泳池即使建成了也没有任何价值。大型宾馆可以考虑增建休闲娱乐池,以便和度假村竞争。这类泳池中应设有温泉池、喷水口、急流区及水上滑梯。

3 建在顶层的宾馆室内泳池

4 空间开敞、采光极好的都市大酒店室内泳池

5 长方形的泳池和室内，两面墙均有采光

6 与图5同一度假村的单面墙采光的室内泳池

2. 室内泳池的采光设计 泳池大厅中的自然光在图7a和图7b中有水面反射，但在图7c中则没有。如果采光天窗朝北，那么太阳光可进入建筑，从而给内部区以活力。通过设在泳池上方的采光天窗而进入室内的自然光，不但照明效果好，而且不炫目，见图5～图10。

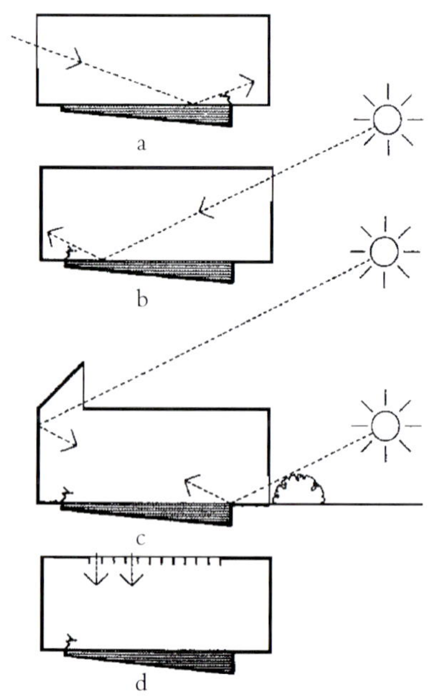

7 室内泳池的采光原理

8 同图7a、图7b的自然采光泳池，水面有强烈反射

9 同图7c的间接自然采光泳池，水面反射轻微

10 高窗和低窗结合的直接自然采光泳池

四、室外泳池

宾馆游泳池或其他娱乐设施的基本目的应该是将客人留在宾馆内，不让他们去别处娱乐。就增加入住率而言，它意味着餐饮收入的增长，从而使宾馆受益。

在气候温暖的国家，室外游泳池要好于室内游泳池，见图1。游泳池大小应与宾馆的规模及额定房客的多少相符。除此之外，它还和宾馆的位置及邻近游泳馆的有无相关。即便是宾馆位于海边，游泳池也依然有优势，即安全卫生，见图2和图6。部分宾馆仅建造普通长方形游泳池，但较多宾馆更倾向于修建具有独特形状的泳池，见图3和图4。一般来讲，宾馆游泳池不会提供专门游泳馆所能提供的多项娱乐设施，但随着竞争的日益激烈，越来越多的宾馆游泳池开始提供多样化的娱乐服务。来宾馆游泳池内嬉水的人并不是想游泳，他们只是想借游泳池来“凉快凉快”，进行日光浴或在游泳池边放松放松。

1 热带植物为背景的室外泳池，成为就餐欣赏的一景

2 室内瀑布、室外澄蓝色泳池和远处大海构成一条水景线

虽然高级宾馆通常能够提供全面的服务，但是休闲娱乐式游泳池修建与否和宾馆的档次及类别没有直接关系，然而档次较高的宾馆中通常都配备有游泳池，见图5。在某些情况下，游泳池及其他休闲娱乐设施也会成为宾馆吸引顾客的一种有效手段。

3 按庭院布局设计的多边形泳池

4 从尖角处看泳池环境

5 宾馆的庭院式室外泳池

在宾馆中增建游泳池之前，或对新宾馆中泳池进行设计之前，要先进行可行性研究，要确定修建游泳池的目的，即先要弄清它是为入住率服务还是为收入服务。另外，可行性研究还应包括对宾馆所针对市场的分析、对其他宾馆的了解，以及对附近体育场馆的调查。

一些地区将宾馆看作为社区提供休闲娱乐服务的场所。在某些情况下，能够提供休闲娱乐设施是修建宾馆的前提。一些市镇商务区开发商认为，宾馆是商务区的必要组成部分，它应该能为区内的人们提供娱乐设施，他们希望通过这种手段能够吸引更多的、更好的公司在该区选址入驻。图7、图8为中国南方大城市商务区宾馆内的室外泳池。

另外，宾馆还应设有餐饮部，以方便游泳池边的游客，见图1。这些餐饮部应距离游泳池较近，如游泳池周围，但它们不应直接毗邻泳池。在酒吧及餐厅旁也可增设娱乐设施。计划周详的娱乐设施能使宾馆对各类人群都有吸引力，能在淡季吸引客人，并通过他们在宾馆内的消费增加收入。室内和室外泳池的优势是随时可以转换的，室内游泳池在夏季的阴雨季节也颇具吸引力，那些因天气不好不愿去海滩的人都会光临室内游泳池。

6 毗邻海边的泳池，远远望去，身在池中便可欣赏海景

7 L形的室外泳池

8 都市商务区宾馆内的园林环境的室外泳池，具有优雅的休闲环境气氛

五、游览宾馆泳池

游览宾馆所面临的压力主要来自度假村，后者能提供较大的休闲游泳池及其他设施。通常来说，游览宾馆所在旅游胜地不具备投资兴建休闲娱乐建筑项目的能力。因此，各个游览宾馆就要自己想办法吸引观光客入住，增建娱乐设施是一种有效的手段，见图1和图2。

1 日内瓦阿尔卑斯山下的游览宾馆的室外庭园中的泳池

2 绿篱围就的、造型独特的小型泳池

六、商务宾馆泳池

商务宾馆主要为出差在外的人及各类会议提供服务，在该类宾馆内增设娱乐设施也会增加房间的入住率，见图3和图4。会议组织者倾向于选择能提供娱乐服务的商务宾馆，因为这会使会议气氛更加活跃。然而，事实上，绝大部分参加会议的人不会使用这些娱乐设施。而大部分新建宾馆之所以要修建娱乐设施就是为了在市场上更有竞争力，因为大多数宾馆都已具备娱乐设施。

商务宾馆中典型的游泳池面积为7m×12~16.67m（包括能容纳6个人的温泉池），深度为900mm~1.35m之间。泳池的长度最好不要小于16.67m，因为很多人可能为了健身而进行长距离游泳，长度小的泳池不受欢迎。另外，应设小型的浅水池供儿童嬉水用。

3 新加坡滨海商务区的美年商务酒店泳池

4 新加坡河畔的茂昌阁商务酒店的室外庭园泳池

七、乡间别墅式宾馆泳池

虽然周末时会有儿童光临乡间别墅式宾馆，但其服务对象主要是成年人，所以在设计乡间别墅式宾馆的游泳池时，要特别留意使用者的特点，见图5和图6。

整个泳池可分为游泳区、温泉区以及供儿童使用的浅水区。泳池处应留有充足的空间供人们休憩放松，可以在泳池边开间小酒吧。

家庭是这类泳池最主要的顾客群，所以泳池必须能够吸引每个年龄段的人，特别是能够吸引小孩子的兴趣。在泳池旁应有足够的空间来供游客小坐或漫步。对室外游泳池来说也是这样，因为人们需要空间来举行一些特殊的活动，如烤肉晚会及迪斯科派对等。

5 散布在丛林中的别墅式宾馆，这是建在林中空地上的泳池，泳池旁有充足的场地空间供旅客休憩和散步

6 直线与曲线结合的三角形泳池，为图5局部

八、度假村泳池

度假村更具有休闲娱乐的特征，大多建在风光秀美、阳光充足、历史文化内涵丰富的地区，此外还有建在寒冷地区的滑雪度假村和拥有温泉资源的温泉度假村等等。尽管度假村的形式多样、种类不同，但它们的共同之处在于：再也不像一般旅馆和酒店那样，仅仅作为入住者的栖身之地或作为商务场所；而是为度蜜月的情侣、消磨假日的家庭、放松身心的白领一族提供设备齐全和居住舒适安逸的场所，见图1和图2。

1 有着浓郁泰国热带风情和传统文化内涵的度假村

2 图1中度假村泳池及庭园环境

在进行游泳池的选址时，要注意周围建筑的位置及规模，以避免可能造成的遮光现象影响游泳池的光线。同时，也应考虑整个景观的效果，使游泳池能有令人心旷神怡之感，见图3～图6。

3 将泳池选址在"U"形建筑和原始生态的森林公园之间，使泳者在嬉水的同时能欣赏到自然景色

4 将泳池布置在度假村庭园之中，使一池蓝水融于园林之中

5 根据建筑围合的场地布置泳池，使造型优美的泳池成为环境中心

6 通过狭长水渠与图5连为一体的后庭园泳池，成为度假村集嬉水和观赏于一体的园林水体系统

一、室外园林式泳池的功能特征

长期以来，由于气候等方面原因，室外游泳池在各国一直没有得到重视。与室外游泳池相比，室内游泳馆不易受天气情况的影响，并能一年四季不间断地提供服务。因此，很多室外游泳池由于缺少资金或养护而急需整修。但是，在许多气候条件比较恶劣的国家里，仍有很多运作得不错的室外游泳池。例如，冰岛温泉游泳池及莫斯科巨大的室外游泳池就是其中的典型代表。

室内泳池不能取代室外泳池，因为后者能为顾客提供许多前者所不能提供的服务。如果设计得当、规划适宜，室外游泳池能够根据自身地理位置及服务对象提供诸如户外娱乐、休闲、健身、训练和赏景等功能。除功能性以外，具有园林景观环境是室外泳池的重要特征，也是室外泳池吸引人的因素之一，见图1。

1 犹如园林景园的室外泳池环境

二、景观特征

有意识的景观设计能够使游泳池的环境避免单调乏味。植物可为休闲区提供一个幽静的氛围，并在视觉上丰富游泳池的色彩及质感，从而构成一个天然屏障，使游泳池外的人不能窥视，同时还能将不同的游泳区连接起来。这样的设计会使室外游泳池的环境变得极富吸引力，使游泳者不但感到兴奋，而且能放松身心。因此，我们建议室外游泳池的早期设计应有景观设计师的参与，见图2。

2 建筑与乔灌木共同围合成了一个隐蔽而幽静的泳池环境，犹如池塘的泳池成为景观中的重要组成部分

三、功能与环境的规划

1. 功能的规划 室外园林式泳池的功能规划不同于普通常规泳池，其各区域的功能关系也比常规泳池复杂，除泳池本身的功能外，还应充分考虑游客更衣、接待、餐饮及停车场等，见图3。

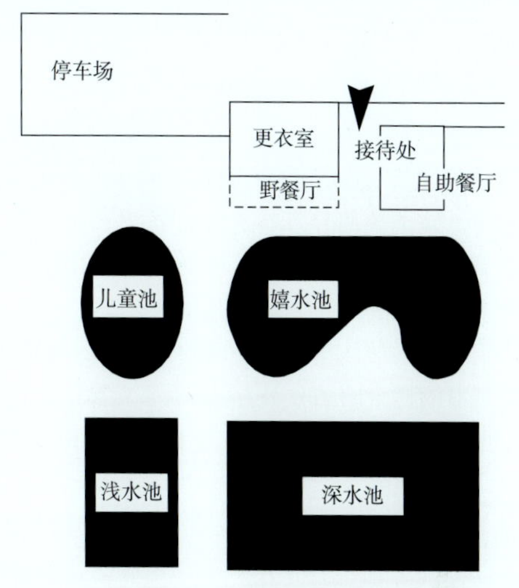

3 室外游泳池所提供的服务及功能区关系

2. 传统方法 国内外现有许多老建筑环境中的室外游泳池均建于20世纪50年代以前，都是独立式建筑，其中以20世纪30年代所建游泳池为最多，例如我国上海这一时期兴建的酒店、公馆及私家别墅中的室外泳池。这些室外游泳池无一例外地只为游泳健身者、跳水者及初学游泳者服务，很少考虑儿童的需要。这些室外游泳池（包括近期修建的室外游泳池）非常受欢迎，但是大多数每年只能运营不到5个月，使用时间段过短。

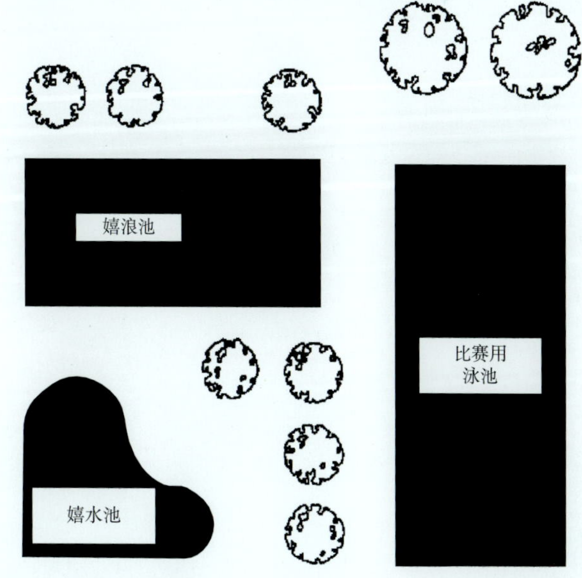

4 德国休闲公园

在欧洲国家特别是在德国，很多室外游泳池都修在有树木的开阔草地，并且往往建有具有不同功能的多个泳池，例如，用于健身泳及竞赛泳的游泳池，用于娱乐的泳池，以及安装有造浪机的休闲游泳池等，见图4。

3. 当代方法 近几年来，前往温暖地区旅游的人们，如中国的海南岛、欧洲地中海及美国南部诸州等，希望室外游泳池能够建有以下设施：

(1)各种水上滑梯。

(2)水炮。

(3)嬉浪池。

(4)其他令人兴奋的漂流娱乐设施。

在室外游泳池的开发中，水源是个焦点问题。那些因有水而修建室外游泳池的度假村，因为能够满足不同年龄段顾客的需要而迅速发展起来。在绝大部分室外游泳池中，最受欢迎的设施是那些能够使顾客享受到在室内游泳馆享受不到的乐趣的设施，见图5和图7。

除了能够提供室内游泳馆所能提供的常规服务项目之外，室外游泳池本身具有同样全面的吸引力。所有来游泳的人都可以享受雨天泡在水里的乐趣。室外游泳池与室内游泳馆相互结合可以为顾客提供更广泛的服务。

4. 使用人群的特点 为慎重起见，在设计的早期阶段，设计者就必须努力了解室外游泳池使用人群的情况。这项必需的调查应该能够弄清游泳池应为哪一类或哪几类人服务，见图6和图7。

5 美丽的花园、充足的阳光和泳池完备的设施，使其更具有吸引力

一般来说，应考虑以下几方面：

(1)儿童。

(2)游泳学习者。

(3)以娱乐为目的的游泳者及嬉水者。

(4)以健身及比赛为目的的游泳者。

(5)来休闲放松寻找乐趣者。

(6)季节性顾客——常客及旅游观光者。

(7)常年光临的顾客——常客及旅游观光者。

总的说来，室外游泳池的地理位置及其所处的具体地点决定了其使用人群的特点，这也是设计师进行设计的依据。

四、泳池设计

1. 泳池的种类 和室内泳池一样，室外游泳池也可按泳池形状和功能分类。

(1)按泳池形状分类，可分为以下两类：

1)传统的长方形比赛用池，见图8。

2)自由几何形状的休闲娱乐池，见图9。

(2)按泳池功能分类，可分为以下两类：

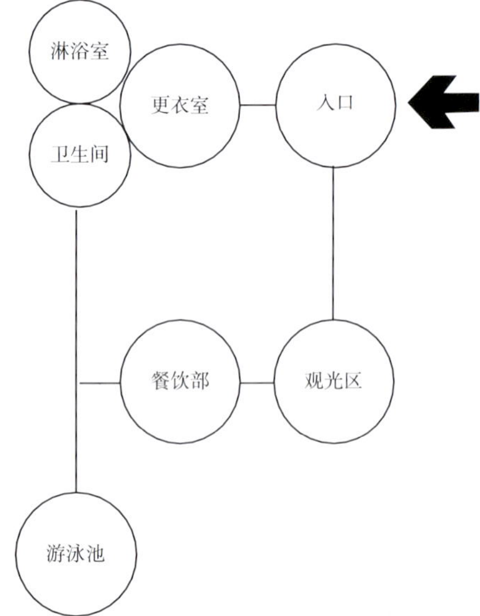

6 室外游泳池各部分示意图

7 建有多个不同功能的泳池，能满足儿童、游泳学习者、嬉水者和休闲度假者的多种需要

1)跳水池。

2)与室内泳池相连的室外泳池。

在气候温和的地方,独立的室外泳池,无论其形状是传统的长方形还是现代的自由几何形,其使用都要受到季节的限制。在气候较寒冷的地区,室内外泳池相连使室外的设施一年四季都可以使用。

2. 泳池周围的空间 泳池周围空间的设计与泳池本身的设计同样重要。室外游泳池应该能够提供众多的设施,以供人们在那里从事各种相关活动。这些功能性设施包括以下几类:

(1)日光浴。

(2)闲坐以放松身心。

(3)游戏。

(4)餐饮。

(5)烤肉野餐。

泳池周围空间设计实例见图 10 和图 11 。

3. 安全性设计 儿童及青少年游乐区应与深水区有相当距离,并应设有足够的安全设施以及安全提示,提醒父母或成年人对儿童及青少年进行监护。激烈的体育运动,如手球和飞碟等,应远离主泳池、休闲区和日光浴区。

植物、墙壁及堤岸等能够减轻大面积开阔空间的单调感,并且还能够起到遮风挡雨的作用。在设计室外空间的景观及植被时要特别注意落叶及草木修剪后残留物的处理。

同样地,泳池的设计应以顾客的快乐为出发点,如果有可能应避免潜在的冲突。在对儿童及不会游泳的人有吸引力的浅水区不应设置易导致过激行为的水上滑梯及水上漂流工具。

特别要注意以下方面:

(1)嬉水池应为游泳者(包括不会游泳的人)提供较大范围的安全区,即免受水上滑梯及快速水上漂流工具的影响。

(2)水上滑梯及快速水上飘流工具和瀑布的入水区应远离主泳区(见图 12)。

(3)没有必要非将室外嬉水区定在深水区,绝大多数嬉水活动完全可以在水深不超过 1.2m 的泳池内进行。

(4)如果必须设深水区,那么就应该对其进行认真的设计,以使其不能对那些不会游泳的人——特别是青少年——构成威胁。

(5)对嬉水游泳池而言,有效的监管至关重要,泳池的地势及景观区能够构成视觉上的屏障,使游泳池边服务员不能看到所有的游泳者。

(6)有关嬉水区安全问题及嬉水设施安全性的详细资料可从《游泳池里的安全》一书中获取。

9 自由几何形状的休闲娱乐泳池

10 泳池周围空间充足,具有日光浴、闲坐、餐饮和野餐功能

8 最为常见的长方形室外比赛用池

11 泳池纵向两侧建有园林式借书亭和酒吧

4. 嬉水池 室外嬉水池应该能提供以下种类的娱乐项目：

(1)水上滑梯及快速水上漂流设施。

(2)冲凉池。

(3)水炮、造泡机及蘑菇形温泉区。

(4)水上瀑布、温泉，见图 12 。

12 建在嬉水池中的瀑布，既增加淋水功能，又为池水增添一景

5. 跳水池 跳水池设计的关键是安全。跳水设施应远离浅水区，包括可能有很多游泳者的泳区。最理想的解决方案是将跳水池作为一个独立的泳池来设计。这对超过 1m 的跳板跳水极有必要。

6. 室内外泳池相连 如果游泳者能从室内游泳池游进室外游泳池，这对顾客将具有巨大的吸引力，见图 13 、图 14 。但室内外泳池之间的过渡区水不宜太深，不会游泳的人应该也能通过。

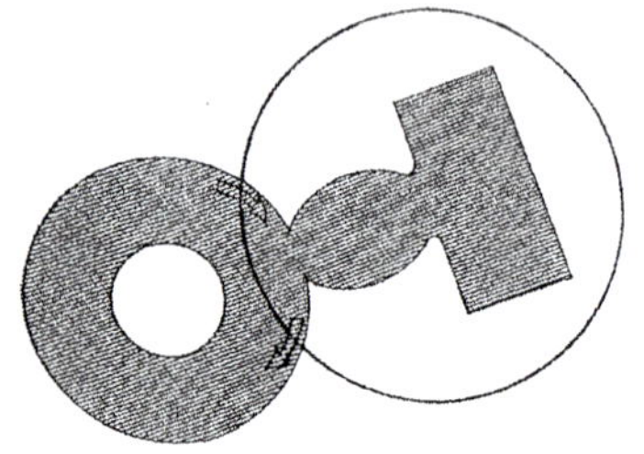

13 如果有条件，室内外游泳池应相连，以使游泳者能从一个泳池游入另一个泳池

14 与室内泳池相连的室外园林休闲嬉水池

7. 比赛用泳池 通常仅在温暖国家建有能进行正常游泳比赛的室外游泳池，例如，罗马及洛杉矶的奥运会游泳池，奥克兰及新西兰的英联邦运动会游泳池，以及利比亚的黎波里和班加西的国际比赛用游泳池等。

这类游泳池的设计除了要有优美的环境，还应具有以下功能：

(1)不受常刮风及风沙的影响。

(2)使游泳者及观众不受太阳直接照射。

(3)在气候极为炎热的地区，游泳池的设计要充分利用任何可能有的阴凉处来为行为遮阳，如阶梯式坐位及高架通道。相反地，观众席台阶也可作为进行日光浴的地方，见图 15 。

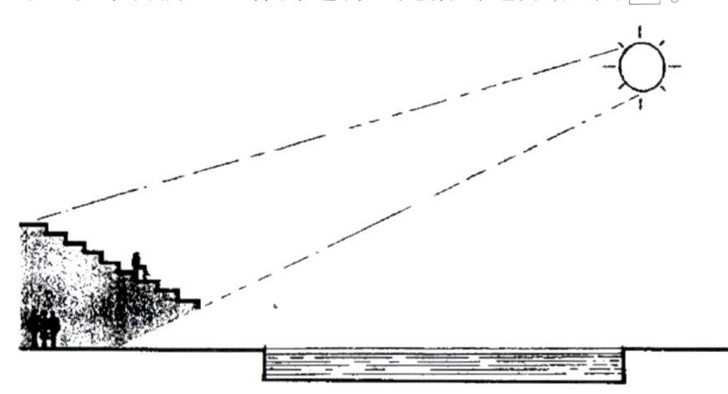

15 在热带地区，室外比赛用游泳池要特别注意遮阳问题，以便为观众及参赛者提供阴凉的环境

在温带地区，正规的室外游泳池能被改建成游泳运动员在夏季进行训练的地方。这类游泳池可以像众多的室内公共游泳馆那样提供多种可供顾客选用的设施。

8. 泳池水下照明及水下视窗 室外园林式泳池通常布置有水下照明，使平静的水面变得多彩绚丽，更能烘托泳池的景观效果，见图 16 、图 17 。

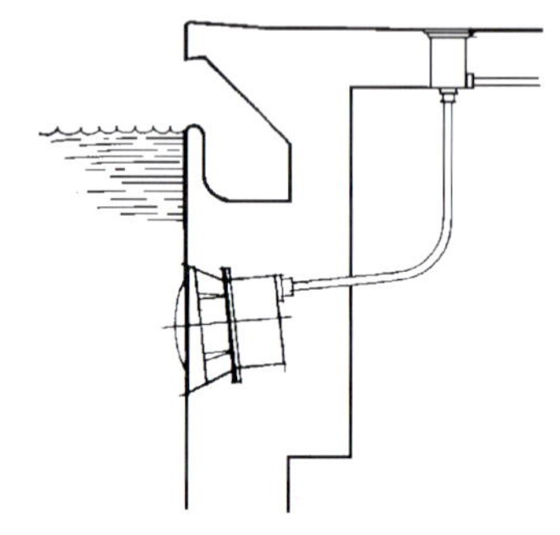

16 水下照明能增加视觉上的美感

17 带有水下照明和水下视窗的室外泳池

五、泳池设施及装饰

室外游泳池的建筑形式与室内游泳池的建筑形式相似。

1. 泳池周围地面 泳池周围空间地面设计极为重要。它们必须具备防滑、防脱色饰面，并且必须易于清洗，见图1。

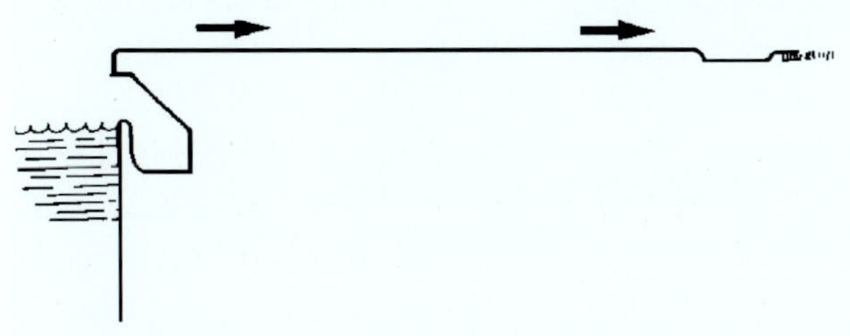

1 泳池周围地表水流离泳池边缘示意图

铺草皮区应与泳池保持一定距离。泳池边甬道应远离泳池边缘，以便甬道上的水能集中起来，并流入一个与池水过滤系统完全隔离的系统。

2. 泳池循环过滤系统 任何一个室外游泳池的成功都不仅仅依赖于游泳池的整体规划及所提供的环境，它还依赖于池水过滤系统的良好性能，即水质非常重要。

在设计初期，要考虑池水的循环及表层水的去除问题。室外游泳池池水循环的方式与室内游泳馆池水循环的方式相似，包括溢流槽、表面水流槽以及浮物堰。

由于室外游泳池中容易被风吹进或由游泳者无意中带进剪枝后的残渣或落叶，所以有必要采取措施以防止这些东西进入过滤系统。例如，可在回流系统中安置集污箱或过滤箱。

3. 泳池消毒 室外游泳池水的消毒方式有很多，如氯化与臭氧处理结合法、溴及亚氯化钠消毒法等，后者用得比较普遍。

由于室外游泳池受日光照射充足，并有较高温度，所以其水中易滋生藻类植物，所以有必要在泳池中使用除藻剂。

4. 池水加热 因为池水能储存大量热能，又因为室外游泳池中相对较低的水温就可以使人感到舒适，所以室外游泳池中安装低等级的太阳能板及热泵等供热设施就已足够了。

来自太阳能的热量是室外游泳池最经济的热来源。最简单的获取太阳能的方法为：将泳池底部颜色定为深颜色，而泳池四壁颜色定为浅颜色。泳池四壁反射的光被深色泳池底部吸收。另外还可使用太阳能毯或太阳能吸板对池水进行加热。

有效但投入资金较大的供热方式为热泵。该设备能将空气或邻近河流中的热量抽出并传送到池水中。热泵的效率非常高，它在运转过程中每耗费 lkW 的初始能量就能产生 3~7kW 的热能。

其他的泳池供热方法为“非高峰期”电力或常规锅炉。然而，以上方法的运作费用会很高，而且锅炉只能作为供热的“追加”方式，除非它们还兼有其他供热工作。

在晴朗的夜晚热损耗量较大。表面池水的散热量占池水全部热量损耗的 80%~90%，所以室外游泳池在不用的时候应盖保温毯。

5. 更衣区 如果室内外游泳池相连，那么所有顾客可共用一个中心更衣区。一般来说，具有季节性特征的室外游泳池应有自己的更衣设施。

室外游泳池的更衣设施设计与室内游泳馆更衣设施设计相似。根据预期的使用方案，更衣区内可能不设供暖装置。

如果有可能，应考虑引进“更衣村”，见图2。“更衣村”是由男女通用的、成组的隔间及锁柜构成。它们特别适合于以家庭为单位的顾客。成组的隔间比传统的成排的隔间更有优势，因为前者通过巧妙的设计使男(女)服务员能更好地提供服务。

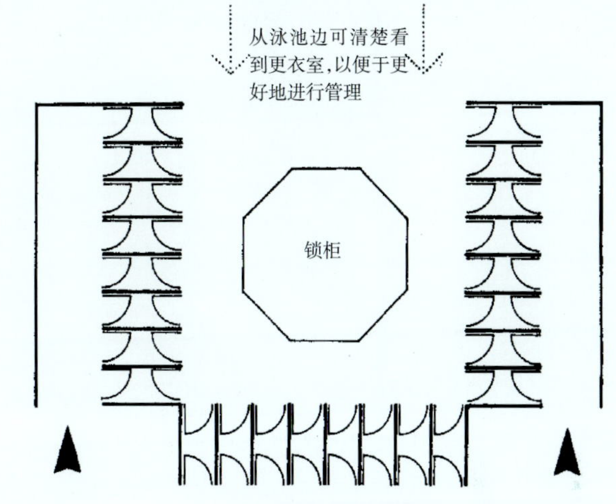

2 更衣村

室外游泳池经常会出现实际客流量要远远大于真正在游泳池中嬉水游泳的人的情况。除了建有游泳池之外，还要建有其他能供顾客从事日光浴、闲坐等休闲活动的地上游乐区，尤其是在夏季，这些地上游乐区往往会吸引大量的顾客。但是，按所有光临游泳池的人为标准设计更衣区是不实际的，因为设计师要考虑下面这种情形，即人们完全可以像去海滨那样换好衣服再来，或直接在海滨换衣服。

确定更衣区面积以及锁柜数量，要充分考虑以下诸因素的影响：

(1)运营高峰期的次数。

(2)是否需要广播设施来控制顾客每场游泳的时间。

(3)泳池类型——正规池、嬉水池和教练池等是彼此隔开还是彼此相连。

(4)该室外游泳池的使用人群是否为普通顾客、有组织的团体、俱乐部以及学校等。

一般说来，室外游泳池更衣区设计与室内游泳馆更衣区设计所涉及的设计要素是相似的。考虑到室外游泳池中有进行日光浴的顾客，所以在室外游泳池中要设计专门的日光浴更衣区，该更衣区可以是男女分开的集体更衣室，另外还要设计专门的卫生设备，以供日光浴顾客使用。不过，也有很多日光浴者带着自己的衣服去日光浴区的情况，但这并不影响日光浴更衣柜数量的确定。

6. 餐饮区 餐饮区的设计要考虑以下因素：

(1)该室外游泳池是否为独立建筑。

(2)该室外游泳池是否与室内游泳池相连。

(3) 该室外游泳池是否仅在夏季使用。

餐饮区应该能为游泳者及日光浴者提供点心及饮料等。野餐区可以安装野餐桌，这些桌子在白天或傍晚可用来进行烤肉野餐。烤肉野餐区的灯光一定要特别讲究，同时要注意安装垃圾收集设施。

如果室内外游泳池相连，那么两个游泳池的餐饮设施可共享，从而为顾客更好地提供服务。

3 泳池周围充足而宽阔的园林空间，散布着日光浴躺椅、闲坐区、儿童娱乐区和餐饮区

4 为图3园林环境泳池一端的圆形草顶餐吧间。掩映在绿丛中的这个草顶茅屋餐吧厅，是在原有庭园泳池毗邻区修建的方便泳者的园林式建筑，与泳池相邻却又相隔一段绿地，这样做既方便就餐又不影响泳池环境

7. 饰面 室内外游泳池的饰面也大体相同，以下是可供选择的饰面类型：

(1)瓷砖——应经过玻璃化，并有防冻功能，吸水率要低，以适应室外的环境。

(2)马赛克——对其要求与瓷砖相同，见图5。

(3)抹灰——首期投入资本较低，但易受紫外线辐射的伤害，易裂、易变色。

(4)涂漆——可用泳池专用漆进行喷涂，但需要定期养护，见图6。

(5)衬板——可用乙烯基或其他合成衬垫膜贴在泳池四壁及池底。若要避免臭氧或紫外线对衬板的破坏，应该使用乙烯基保护剂。

适用于泳池边甬道的材料包括防滑瓷砖或混凝土铺面石板，见图7。

5 泳池壁镶贴马赛克，池边甬道铺贴防滑瓷砖的泳池

6 池底、池壁涂海蓝色，池底绘有海豚图案的泳池

7 池壁池底镶贴马赛克，池边甬道为混凝土铺面石板的泳池

1 为图 2 室外游泳池局部，地处逻罗湾黄金海岸观光区的芭堤雅海滨度假村（泰国）

2 芭堤雅金海岸酒店庭园泳池全景（泰国）

3 为图 2 中的泰国传统风格建筑

4 为图 5 泳池环境局部

5 大型多功能池组成的庭园式室外泳池（泰国）

6 为图 8 泳池周围空间中一侧休闲区

8 四面建筑围合、50m 标准长度的长方形休闲式室外泳池（泰国）

7 马六甲公主度假村 U 形建筑围合的泳池(马来西亚)

9 都市商务大酒店的庭园式室外泳池，利用循环水和地形高差，从上至下设有三级跌水，使整个泳池庭园有了动态的水景（新加坡）

10 为图 9 中U形建筑围合的庭园泳池

11 利用建筑围合的不规整空间而设计的异形室外泳池（泰国）

12 为图 11 中从外入口处看泳池全景

13 为图 11 中不同角度下的泳池环境

14 著名的悉尼邦迪海滩——世界冲浪的天堂。岸滩岩石下是为儿童和学习游泳者建的海水泳池（澳大利亚）

15 马六甲新世纪度假村椰树熏风、翠绿围合的泳池(马来西亚)

16 度假村前庭园中的泳池,通过狭长小渠与后庭园泳池相连

17 前庭园及泳池局部

18 后庭园环境及泳池局部

19 配有滑梯和温泉池的后庭园泳池

20 后庭园泳池及园林环境

21 从两园连接处俯瞰后庭园

22 连接前后庭园泳池的、供儿童嬉水的浅水池及其周围环境

23 从纵轴末端俯瞰后庭园

24 从庭园一角俯瞰泳池环境

25 黄金海岸市 Conrad Jupiter 娱乐中心泳池(澳大利亚)

26 为图 25 中带喷泉的浅水嬉水池

27 为图 26 中泳池环境一角

28 涌泉嬉水池及池边休闲空间

29 为图 25 中泳池环境局部

30 都市度假村的庭园式泳池(新加坡)

31 城市公园中的休闲娱乐泳池

32 布里斯班南岸公园大型自然水景式的室外泳池(澳大利亚)

33 与布里斯班河一路之隔的水景式泳池

34 驳岸与人造沙滩岸结合的泳池

35 既是泳池,又是湖塘水景,水系全园贯通

36 与图32深水池相连的沙滩区浅水池,虽为人工,婉若天然

37 造景与泳池完美结合

38 不同泳池水域间的河溪浅滩连接

39 与图32相对应的公园另一端的景观泳池,河石与木质塑岸相结合

40 吉隆坡城市中心绿地公园中的景观泳池(马来西亚)

41 为图40局部鲜艳的湖蓝色曲池岸与湖水隔离

42 南方某中心城市商务宾馆的景观泳池环境局部(中国广东)

43 城市商务宾馆的休闲泳池(马来西亚)

44 黄金海岸边的度假村泳池(澳大利亚)

45 为图44中的浅水池

与园林中栽培的草本植物不同，水生植物最好是在生长季节移植，从晚春到夏末为最佳时节。如果水景完工时已错过这一季节，可以将一些处于睡眠状态的植物用罐子装好，移入池内，等冬季一过，植物就会迅速抽芽生长。水中造氧植物引进池塘最理想的季节，是春季和秋季。

一般来说，新建水景开始难免显得光秃难看，如果抓住最佳时节、品种搭配得当、配置合理，水生植物很快就以惊人的速度在池中生长，水景看上去就会有很成熟的风韵了。

在野外天然池塘中，由于地面倾斜，水池的深度很可能深浅不一。大自然就往往将这些小角落都布满了各类水生植物。有些植物完全淹没在水中生长；有一些虽然生活在水底，却将花朵和枝叶伸出水面。而有一些植物只是将根部深入水面。还有一些植物根本不需要土壤，它们只飘浮在水面上，见图1和图2。

这些水生植物慢慢衍生、杂交，产生出各式各样不同的品种，开放出形态各异、色彩纷呈的花朵和趣味盎然的枝叶造型。许多新型的水生植物与野生植物是源于同一品种。

一、莲花及水莲类的水生植物

莲花及水莲类的水生植物生长在池底，只有叶片和花朵伸出水面。这类植物的品种繁多，可以生长在几厘米到几米深的池水中，它们为水体提供绿色的植物华盖；在夏季为池水遮阴，还能够减缓水藻的生长，观赏鱼也最喜欢在覆盖的绿叶下嬉戏。因此，园林水体、水景应将水面至少1/3~1/2的表面用这种类似荷叶的飘浮叶片覆盖。这大概相当于每1.5~3m²的池水中种一棵荷或莲。

二、池边植物

池边植物生长在池边的浅水滩中。在条件允许的情况下，应当在池塘边缘为它们提供合适的台阶，这极有利于这种植物的生长，并获得绝佳的装饰效果。另外，池边植物生长浓密，可以成为遮风的绿色屏障，可以提供相当大的绿阴，还可以为微小的水生物提供栖息地。

在建池布置植物时，池边植物至少占到池周长1/3以上。当然，还可以再多种一些。

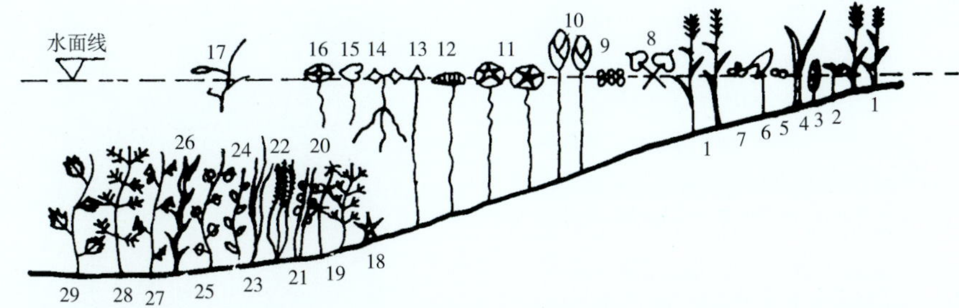

1 水生植物生长习性图

1—芦苇；2—花蔺；3—菖蒲；4—菰；5—青萍；6—慈姑；7—紫萍；8—水鳖；9—槐叶藻；10—莲；11—芡实；12—两栖蓼；13—茶菱；14—菱；15—睡莲；16—荇菜；17—金鱼藻；18—黑藻；19—小茨藻；20—苦草；21—苦草；22—竹叶眼子菜；23—光叶眼子菜；24—龙须眼子菜；25—菹草；26—狐尾藻；27—大茨藻；28—五针金鱼藻；29—眼子菜

有些被称为深水池边植物，可以种植在低矮一点的架子上。还可选种不同的水莲分类品种。

三、水下植物(生产氧气的植物)

水下植物生活在水中，有些种类的叶片和花朵漂浮在水面。它们好像没有什么朝气，但是这种植物有助于保持池水的自然平衡(见图1)。之所以称为“生产氧气的植物”，是因为虽然在白天这种植物可以通过光合作用产生氧气，但是到了夜间，它们也会消耗一部分白天生成的氧气。对于水中生物来说，主要的氧气来自水面。这些水生植物最重要的作用是能够消耗掉池中多余的养料，减少会造成绿色水体和杂草丛生的水藻类的繁衍，净化水质。另外，它们还可以为水中的微生物，包括鱼苗，提供保护地。因此，应确保在新水池中投入足够的水生植物，投放量约每平方米的水池面积投放5株。在超过15m²大的池塘当中投放的密度可以小一些，大约每平方米投放3~4株即可。

2 池塘中的水生植物和池边喜湿植物品种繁多，形成迷人的水生植物景观

漂浮植物一般浮在水面，为池水提供装饰和绿阴。这些植物可以很快在水池内繁植，并且能够比睡莲更快地提供水中遮盖装饰。但是应特别注意，此类植物有些品种生长和繁衍得特别迅速，可能会成为水中一害。另外，慎将这类植物引入大型的池塘和湖泊，因为如果想将这类植物从大水域中清除将会非常困难。

漂浮植物是一种利与害并存的水生植物，考虑引种就应考虑控制。通过给水面遮阴及消耗掉水中的养分，漂浮植物可以帮助减少水藻类的生长。在大约 1~1.5m² 的水池面积投放一株漂浮植物即可。

3 一株漂浮植物可为水体投下一片阴凉，呵护鱼类

4 生长迅速的鸢尾草，是多种美丽的水边装饰植物之一。鸢尾草喜湿阴地，生长在池塘边

四、喜欢潮湿的植物和泥潭植物

喜欢潮湿的植物和泥潭植物生活在池塘边潮湿的土壤中，或者生活在建造适宜的泥潭池塘里。这类植物通常可以忍受没顶之水，但是更喜欢只将根部扎入水中。这类植物品种繁多，它们可以在水边潮湿的土壤中形成浓密的滨水灌木丛。

5 喜潮湿的泥潭植物品种较多，它们可以在潮湿的土壤中形成水边浓密的灌木丛，既起到美化池边作用，又有很好的护岸作用

五、常用水生植物表

水生植物名录

类 型	中文名	学 名	水深(cm)	花期(日)	花 色	株高(cm)	其 它
挺水植物	黄菖蒲	Iris pseudacorus.L		$4_{下}$~$5_{下}$	黄乳白	50~70	喜湿润土，在浅水中可生长
	海滨鸢尾	I.spuria.L			淡紫		
	马 蔺	I.ensata		$4_{下}$~$5_{下}$	蓝紫	30~40	
	菖 蒲	Acorus calamus.L		6~9	红		芳香
	金钱蒲	A.gramineus Soland		5~7	红	20~30	
	鸭舌草	Monochoria vaginalis	8~9	8~9	蓝带红	30	喜浅水，在湿润土中能生长
	花菖蒲	Iris raempferi	5~10	$5_{下}$~$6_{上}$	红紫	40~50	
	燕子花	I.laeuigata	5~10	$5_{中}$~$6_{上}$	蓝紫	40~50	
	石菖薄	A.tatarinowii		2~4	绿,黄白		芳香
	千屈菜	Lythrum salicaria.L	5~10	7~9	玫瑰红	80~120	
	雨久花	Monochoria korsakowii	5~10	8~9	白,蓝,蓝红	80	
	水 葱	Scirpus tabernaemontani	3~10	6~8	黄褐	60~120	浅水
	慈 姑	Sagittaria sagittifolia	10~20	6~7	白	100	
	荸 荠	Eleocharis dulcis	3~10		白	20~70	
	水 芋	Colocasia esculentum	3~15		白		
	水 芹	Oenanthe javanica	6~10	3~7	白	15~80	
	水 蕨	Ceratopteris thalictroides				30~80	
	灯心草	Juncus effusus				70~100	
	香 薄	Typha angustifolia	50~100	6~7	褐色	150	深水
	荷 花	Nelumbo nucifera	30~100 (130~170)	6~9	红,粉,白	30~90	
	睡 莲	Nymphaea tetragona	10~60	6~8	紫白,粉黄	7~25	约 40 余种
	芦 苇	Phragmites communis		7~11		100~300	潮湿处能长
浮水植物	水浮莲	Pistia stratiotes		0~9		10	
	荇 菜	Nymphoides peltatum		5~6	黄		
	绿 萍	Lemna minor					
	萍逢草	Nuphar pumilum		5~7	黄		
	王 莲	Victoria amazonica			白		
沉水植物	眼子菜	Potamogaton distinctus		7~8			茎上部叶浮于水面
	苦 草	Vallisneria spiralis		夏秋	绿	20~40	
	莼 菜	Brasenia schrebei		5~7	紫	5~12	
	玻璃藻	Najas major		夏秋			
	黑 藻	Hydrilla rarticillata		夏秋			浅水
漂浮植物	田字萍	Marsilea quadrifolia					
	满江红	Azolla pinnata					叶紫红色或蓝绿色
	水 鳖	Hydrocharis asiaticus				白	
	风眼莲	Eichhornia crassipes			7~9	堇蓝	
	浮 萍	Lemna minor					
	大 藻	Pistia stratiotes					
	粗梗大蕨	Ceratopteris pterioides				30~50	
海滩红树木群落	海 莲	Bruguiera sexangula					
	木 榄	B.gymnorrhiza					
	红 树	Rhizophora apiculata					
	红海兰	R.stylosa					
	秋茄树	Kandelia candel					
	角果木	Ceriops tagal					
	海榄雌	Auicennia marina					
	假茉莉	Clerodendron inerme					
	海 桑	Sonneratia caseolaris					
	水 椰	Nypa fruticans					
	榄 李	Lumnitzera rocemosa					
	海 漆	Excoecaria agallocha					
	瓶花木	Scyphiphora hydrophyllaceahy					
	银叶树	Heritiera littorallis					
	木果楝	Xylocarpus granatum					
	老鼠勒	Acanthus iliicifolius					
	金 蕨	Acrostichum aureum					
	桐花树	Aegiceras corniculatum					

注 水生植物大多数种类,不论是营养繁殖还是种子繁殖,均自行繁殖甚快。因此在进行种植设计时,应注意在两种之间,必须预留适当的距离,如用混凝土矮墙等分隔。在岸边者可以间以草地,以便清除混杂的植株。当然,如果有意搭配以取得各种景观的效果,则是另一种需要了。

一、睡莲

宋理学大儒周敦颐独爱"莲之出淤泥而不染,濯清涟而不妖,中通外直,不蔓不枝,香远益清,亭亭净植,可远观而不可亵玩焉。"由此可见,一池清水没有莲是不可想象的,见图[1]。

耐寒睡莲的叶子一般在晚春时节就会露出水面,尽展英姿并不断繁衍,直至秋季才会慢慢谢去,沉入水中,即便最后一片枯叶也不愿显露生命的凋零。

随季节和阳光照射时间的不同,睡莲一般在初夏或仲夏开始绽开它们迷人的花朵,此时气温不低于摄氏 18 度。初开的睡莲可能花朵没有盛开期的大,花色也淡,但一旦扎根,睡莲便会在整个夏季盛开,并常常开到初秋。花朵每天早上展开花瓣,傍晚才合拢。每朵花儿要这样开上 3~5 天才会最后枯萎,沉入水中。如果阳光充足,气温高,花儿便会在凌晨就开放,午后开始合拢。

睡莲花质差也可能意味着根部受到花盆的限制或缺乏肥料了。睡莲喜欢在阳光足、气温高的地方生长。若种植在背阴处或水温低的流动水中,花的颜色就会变淡,花期也会相应变短。

因为睡莲根系贪长,应被种植在尽可能大的容器内,土壤深度不少于 15cm。盆栽睡莲可以移植到较大的容器内而不影响其生长。移植时把老叶和多余的根去掉,移种时间越快越好。把带芽的根状茎,即芽冠,朝水面向上栽,不要把芽冠掩埋在泥土或小石子里,也不要让它脱离开泥土。

将睡莲逐步地放入池内,最后达到预定地点。先把花兜打开,放进一个朝上的篮子或者其他支撑架里,芽冠没入水中深度不超过 15~25cm,待叶子长出水面时再把它放低一级。如果想把睡莲最终植到 1m 以上深度的池底,就需用上 1~2 年的时间才行。否则,整株睡莲的生长都会因此受到影响,产生叶片小、花质差的现象,甚至导致死亡。

体大株壮的睡莲品种扎根迅速,比较适合于深水种植。不过,这也容易产生繁衍太快的麻烦,过小的池子很快就会给全部占满。而中小株型的睡莲品种很快会长到适中的规模,较适合于中小型池塘。可能开始看上去不起眼,同时又比体大株壮的品种贵一些。

[1] 香远益清、亭亭净植的莲花

微型睡莲不适合作为中心花卉种植,对一般的池塘来说都太小了点,而在池边架上或小水槽里就会显得很合适。即使种在 1L 容量的花篮中也会嫣然盛开,因为比起其他大品种来说它们不需要多少土壤。但应注意的是,霜冻可能是对微型睡莲芽冠的最大威胁,所以一定要将它们种在冰层之下。

1. 睡莲的大小

(1)Gladstoniana 体大株壮型睡莲。它花瓣硕大宽阔,长着深黄色花蕊的白色花朵和肥硕的橄榄绿叶子,最适合于种植在大池塘里,见图[2]。

(2)Alba 硕大株型睡莲。这种常见的睡莲原产于欧、亚两洲,有着洁白的杯状花朵、鲜黄色的花蕊和众多翠绿的叶子。在完全扎根后,它们可以耐受 2m 深的冷水,见图[3]。

(3)Candida 小株型睡莲。原产于欧、亚两洲,有着白色花朵和金黄色的花蕊。

(4)Caroliniana Nivea 小株型睡莲。花瓣细窄,花香淡雅,中心长着黄色花蕊的白色花朵伸展于水面之上,见图[4]。

[2] Gladstoniana体大株壮型睡莲

(5)Gonnere 中小株型睡莲。这种睡莲每一片顶端渐窄的白色花瓣浓密地簇拥在黄色花蕊的周围,构成花瓣重叠的球状花朵,见图5。

3 Alba 硕大株型睡莲

(6)Hermine 中株型睡莲。具有造型精美的白色花朵,花瓣顶端稍尖,盛开于整个夏季。成熟花枝略高于水面之上,枝叶的颜色由橄榄绿转为翠绿,是最适合于种植在中小池塘里的睡莲。

4 Caroliniana Nivea 小株型睡莲

(7)X marliacea Albida 中株型睡莲。20 世纪初培植出的一大批耐寒睡莲品种,其中许多至今依然被广泛种植。它们可以保证在每一个池塘都繁花盛开,绽着金黄色花蕊的白色花朵,深橄榄绿叶子上镶嵌着一圈紫褐色的花边,见图6。

5 Gonnere 中小株型睡莲

(8)Odorata varalba 中小株型睡莲。原产于美洲,以其幽雅宜人的花香著称于世。这种睡莲花株有相当大的杯形花朵,鲜黄色的花蕊和顶端渐窄的白色花瓣与翠绿的圆形叶子相互陪衬。

(9)X pygmaea Alba 微株型睡莲。这种可称得上是名副其实的微型。它的花朵呈星形,有较大的黄色的花蕊,花朵直径不超过 4cm。它实在是太娇小玲珑了,但在小水槽或大花盏里就会产生相得益彰的美,点种即能成活,见图7。

(10)"白色女皇"大株型。这是原产于美洲的睡莲变种,有着花瓣半重叠的白色花朵。

(11)Tuberosa Richardsoni 中株型睡莲。原产于北美洲,是后来又经改良培植的睡莲品种。它有绿色的萼片托着浓密又雪白冰清的花瓣,簇拥成美丽的球状花朵。粗壮的根茎萌出苹果绿色的圆形叶子,嫩茎上披着一层绒毛。

(12)睡莲的大小。睡莲一般根据花株的大小来分类。这为选择睡莲预植地点的适当水深度提供了有益的指导。睡莲的生长还会受诸多因素的影响,包括日照、土壤和肥料等。这里所说的深度是指芽冠没入水中的深度,而不是指整个水池的深度,如下表所示。

6 X marliacea Albida 中株型睡莲

睡莲芽冠没入水深度

睡莲花株规格	芽冠没入水深度
硕大株型睡莲	40~90cm,即 16~36in 或更深,完全扎根后水深度可达 120cm 或 48in
大株型睡莲	30~70cm,即12~28in
中株型睡莲	25~50cm,即10~20in
小株型睡莲	20~35cm,即8~14in
微株型睡莲	15~25cm,即6~10in

扎根后睡莲一般呈圆心状分布繁衍,直径约为芽冠没入水中深度的 1.5~2 倍。如果在过浅的池子中种植,它的茎叶就会伸出水面之上。

7 X pygmaea Alba 微株型睡莲

2. 黄色睡莲

(1)Charlene Strawn 中株型睡莲。原产于美洲，这种睡莲有硕大的黄色花朵，花瓣顶端渐尖，花身略高于深绿色的叶子，花香沁人心脾，见图1。

1 Charlene Strawn 中株型睡莲

(2)Colonel A J Welch 硕大株型睡莲。花朵呈辐射状星形，花瓣细窄，顶端渐尖并朝里呈波纹状弯曲，并长有浓密簇拥的绿叶，嫩叶上还间或点缀着紫褐色的斑点。通常要盛开到傍晚才合拢花瓣，但花朵相对叶子显得稀少。这种睡莲最适合于种植在深水池塘及湖泊中。

(3)X marliacea Chromatella 睡莲。这种黄睡莲是最常见也是最受欢迎的一个品种。它有着硕大的橄榄绿叶子，呈椭圆形并点缀着紫褐色的条纹；怒放的杯状花朵为鲜黄色，最外边硕大宽阔的花瓣底部还泛出淡粉色，中心长着金色的花蕊。这种睡莲可以保证花的盛开，但很快就会将小池子全部占满，见图2。

2 X marliacea Chromatella 中大株型睡莲

(4)Moorei 中株型睡莲。它与前一种在各方面都很相似，但花朵的盛开与花株的规格都稍逊一筹，另外，它的叶子点缀着的是紫褐色的斑点，而不是条纹。

(5)Odorata Sulphurea 小中株型睡莲。这种睡莲高高的尖嘴花苞露于水面上，盛开时为柔和的淡黄色星状花朵，长着橘黄色花蕊。在阳光足、气温高的地方，这种常见的睡莲可以保证盛开，见图3。

(6)X pygmaea Helvola 微株型睡莲。这是最常见也是最受欢迎的微型睡莲，直径不超过 5cm 的小小黄色花朵呈星状，漂浮在椭圆形并点缀着紫褐色斑点的绿叶之间。这种睡莲的花朵可以一直开到傍晚，并总是竞相怒放，见图4。

(7)日出莲中株型。它娇艳的星形花朵亭亭玉立于水面之上，花瓣细窄，叶边呈波纹状朝里弯曲，绿叶成熟后转为翠绿，但嫩叶上点缀着紫褐色的斑点并披着一层浓密的绒毛。日出莲生性喜暖，夏日和充足的阳光是它茁壮生长的必要条件。只要调理得当，它的花儿便娇美无限，见图5。

4 X pygmaea Helvola 微株型睡莲

5 日出莲

3 Odorata Sulphurea 小中株型睡莲

3. 粉色及红色的睡莲 粉色的睡莲色泽从淡淡的粉白到娇艳的玫瑰红；而红色的睡莲则从深粉色到艳丽的紫红。

(1)Amabilis 中株型睡莲。尖尖的花苞盛开时为巨大的肉红色星状花朵，花瓣底部的粉色会越来越浓，花中间长着灿烂的金黄色花蕊。

(2)"美国星"中大株型睡莲。花瓣呈细窄的辐条状，顶端渐尖并朝里弯曲，花朵中间金黄色花蕊向外辐射伸展。花株略高于水面之上，花瓣底部为浓浓的粉红，越往上越浅，顶稍只抹有极淡的粉色，见图1。

1 "美国星"中大株型睡莲

(3)Atropurpurea 中小株型睡莲。成熟花株上盛开的花朵为浓烈的深红到大红色，与带着金黄穗头的红色雄花蕊和点缀着紫色的暗绿色的叶子相映成趣，艳丽多姿。

(4)Attraction 中大株型睡莲。花朵盛开时从底部中心花瓣的酒红色往上淡出，顶梢花瓣外部几乎已近纯白，缀着火焰般的橙红的金色雄花蕊为它点上了最美妙的一笔。这种睡莲在开始一两年里可能花色较淡，但待完全扎根后便会如火如荼，并可以耐受很深的水。这是最受青睐的红色睡莲，见图2。

(5)Caroliniana Perfecta 小株型睡莲。这种睡莲开着小小的浅粉色花朵，花中间有着橙红的花蕊，花香淡雅并总是竞相盛开。

(6)Charles de Meurville 硕盛株型睡莲。这种睡莲巨大浓烈的酒红色花朵，花瓣外部及内花萼色泽较淡，花茂叶盛，满池生辉。中间的金黄色花蕊厚密地长成一片。

2 Attraction 中大株型睡莲

(7)Colossea 硕大株型睡莲。巨大的红色花朵惹人注目，花瓣顶端尖窄，底部浓浓的肉红色往上渐淡，是生命力极其旺盛、争芳斗艳的睡莲品种。

(8)Conqueror 大株型睡莲。这种睡莲扎根后，株大色浓的酒红色花朵点缀着白色的斑点，花瓣外部色泽明显变浅，花茎披着一层浓密的绒毛，见图3。

3 Conqueror 大株型睡莲

(9)Ellisiana 小株型睡莲。长着娇小的金色花蕊，艳丽的紫红色花朵外边包着浅粉的萼片，紫绿色的叶子渐成翠绿，叶茎硕长。

(10)Escarboucle 中株型睡莲。顶端尖窄的花瓣红得如此鲜艳，其他品种的红色睡莲很少会像它一样。花瓣外部色泽相对较浅，花蕊处生着一圈耀眼的金色花蕊，中间橙黄外侧变红，盛开至傍晚，满池生辉。它的特点是需要充足的空间，见图4。

(11)Fabiola 中株型睡莲。金黄色花蕊被椭圆形顶端微尖的紫粉色花瓣簇拥着，顶端为淡粉色，见图5。

(12)Firecrest 小中株型睡莲。它长有均匀分布的粉红色花朵，中间有一丛金色花蕊，花瓣上涂了火焰般的橙红色彩。

(13)Froebeli 小株型睡莲。花朵旺盛，最适合于种植在小型池塘中。四片翻卷的萼片托出挺拔的深酒红色花朵，花株略高于水面，随波轻荡。心形的叶子成熟后呈鲜亮的苹果绿。它是颇受青睐的红色睡莲。

4 Escarboucle 中株型睡莲

(14)Gloire du Temple sur Lot 中株型睡莲。有着醒目的细窄双花瓣，顶端微微翘起。内层花瓣簇拥着金黄色花蕊。花朵初次绽放时为淡粉红色，底部渐浓。花色会随着绽放次数逐渐变浅，最后呈乳白色。

(15)Gloriosa 中小株型睡莲。花朵旺盛，初开时为淡粉红色，花色会逐渐变成浓艳的深红色，花蕊则为金色，最适合于种植在小型池塘中，见图6。

(16)荷兰莲，属中大株型，双叶瓣，花色粉红，底部渐深，见图7。

5 Fabiola 中株型睡莲

6 Gloriosa 嘉兰属小中株型睡莲

(17)James Brydon 中小株型睡莲。长有巨大的粉色花苞，绽放时为玫瑰色杯状花朵，花中间长着毛茸茸的金黄色花蕊，花香芬芳可人。它成熟花株上的花瓣为浓郁的深红到大红色，花多叶茂，满池盛开。嫩叶上点缀着紫褐色的斑点，完全展开时渐成墨绿，镶着棕色的边，见图8。

7 荷兰莲，中大株型睡莲

(18)X laydekeri Fulgens 小中株型睡莲。叶子为椭圆形，中间有一个明显"V"字，叶茎硕长。这种睡莲虽然需要一两年才能完全扎根，但花株旺盛。因为它比其他品种的红色睡莲叶子少，因此最适合于种植在小型池塘和大水槽中。花朵盛开时火焰般鲜艳，缀着些许洋红，淡红的雄蕊与金黄的雌蕊使它的美热烈奔放。

(19)X laydekeri Lilacea 微小株型睡莲。长有小巧的浅粉色花朵和细窄的花瓣。成熟花株上的花朵为玫瑰色。

(20)X laydekeri Purpurata 微小株型睡莲。成熟花朵的花瓣为酒红色，上边点缀着白色条纹，花瓣细窄，花蕊为橙黄色。

(21)Lucida 中小株型睡莲。肥大的花瓣顶端锐尖，两侧朝里弯曲。花朵外部色泽为淡桃红，中间是朱红色，花蕊里有一丛明媚的金色雌花蕊。

8 James Brydon 中小株型睡莲

(22)Madame Wilfron Gonnere 中株型睡莲。有着硕大碧绿的叶子，绿叶衬托着粉红深杯状花朵，双层花瓣底部浓浓的胭脂红往上渐淡，顶端为淡粉色并点缀着白色斑点，见图9。

(23)X marliacea Carnea 中大株型睡莲。花色如少女腮边的红晕般可爱，花香令人心旷神怡。它的生命力极其旺盛，易于培植且花开一整夏。硕大的花瓣顶端渐尖，初绽时几乎为纯白色，几天后花瓣底部便腾起浓浓的粉红色，往上渐淡，顶端为淡粉色，中心处有一丛美丽的金色雄花蕊，两侧朝里弯曲。花朵外部色泽为淡桃色，中间是朱红色，见图10。

(24)X marliacea Rosea 中株型睡莲。与前一种红色睡莲在各方面都很相似，但成熟花朵的色泽是更为均匀的粉红。

(25)Masaniello 中大株型睡莲。盛开的花朵漂浮在繁茂并点缀着橄榄绿色的碧叶间，少数花株略高于水面之上。它长有簇拥着美丽金色花蕊的玫瑰红花瓣，硕大宽厚而顶端渐尖，花瓣中部是浓浓的粉红色，外部渐淡为淡粉白色。

9 Madame Wilfron Gonnere 中株型睡莲

10 X marliacea Carnea 大中株型睡莲

(26)Mrs Richmond 中大株型睡莲。毛茸浓密的金色花蕊的背面缀着橘红色的斑点，花香芬芳。盛开时它有造型优美的玫瑰色花朵，花瓣呈椭圆形，花瓣中部和底部是浓浓的玫瑰色，往上渐淡。其特点是花瓣的颜色随花株的不同而不同，见图11。

(27)Norma Gedye 中硕盛株型睡莲。一旦扎根后，这种睡莲硕大均匀的玫瑰红花朵和繁茂的墨绿色的叶子相映成趣。

11 Mrs Richmond 中大株型睡莲

(28)Odorata William B. Shaw 小中株型睡莲。一般情况下花株娇小，但在阳光充足气温高的地方会茁壮生长，叶子繁茂，花香袭人，每天盛开至傍晚。它长有椭圆形的叶子，成熟后由翠绿转为橄榄绿，嫩叶上点缀着紫色。顶端稍尖的浅粉红色花瓣中间有一丛金色花蕊。这种粉红色睡莲有许多变种，花香淡雅的花朵亭亭玉立于水面之上。

(29)"水池明珠"中株型睡莲。会开出明丽的粉红色花朵，双花瓣顶端稍尖，一丛金色花蕊点缀其间。

(30)Perry's Pink 中株型睡莲。艳丽多姿的双花瓣簇拥在一起,玫瑰红点缀着橘红。椭圆形顶端稍尖的花瓣中间有一丛金黄的花蕊。火焰般灿烂的橘色中间点缀着大红点,艳丽得令人眩目。它原产于美洲,是新近引进的许多同类粉红色睡莲之一。同类粉红色睡莲还有几种双花瓣品种,色泽为更浓郁的深粉红;另外两种在叶子的幅宽与花蕊的深浅上略有不同。

(31)Pink Sensation 中株型睡莲。花开茂盛,漂浮在椭圆形并披着稀疏绒毛的青铜绿色的叶子间,它那顶端尖窄的洋红色花瓣往上淡出,顶梢几近银白,边缘呈波纹状朝里弯曲,簇拥着金黄色的花蕊,见图12。

(32)X Pygmaea Rubra 微小株型睡莲。开出娇小的酒红色花朵,花瓣上点缀着白色的条纹。其纯正品种极其罕见,而以此名义出售的则多为它的杂交品种类。

(33)Rembrand 中大株型睡莲。它的花有硕大而浓郁的玫瑰红花瓣,花蕊金黄,花色在花瓣外部逐渐呈淡粉与红色相间的条纹状。

12 Pink Sensation 中株型睡莲

(34)Rene Gerard 中株型睡莲。玫瑰红花瓣硕大而娇艳,顶端尖窄。花瓣的颜色中间浓外部淡,最外一圈为淡粉白,点缀着红色的斑点。这种睡莲花盛叶茂,见图13。

(35)Rose Arey 小中株型睡莲。这种睡莲的纯正品种亦为珍品。花瓣顶端尖窄,边缘呈波纹状朝里弯曲。花色为娇艳的粉红色点缀着玫瑰红,中间是带着金黄穗头的红色雄花蕊,花朵艳丽多姿,花香也令人心驰神往。

(36)Rosennymphe 中株型睡莲。这个品种的睡莲叶茂花盛,尖瓣金蕊,初开为美丽的贝红,后转为奶油红。心形叶子初为紫色,逐渐转为深橄榄绿,见图14。

(37)Sirius 中大株型睡莲。它那硕大而浓郁的玫瑰红花瓣上端尖细,花中色淡,花朵平卧于水面。花蕊上橙黄与大红相间,碧绿的叶子上有巧克力色斑点。

(38)Sultan 中株型睡莲。它那硕大鲜红的花朵,往上渐淡,形状也呈尖锥状,见图15。

(39)tuberosa Rosea 中株型睡莲。盛开的花朵完全舒展开来,花瓣顶端渐尖,花蕊金光灿灿。

(40)William Falconer 中小株型睡莲。深郁的酒红色杯状花瓣,娇艳的金黄雄蕊环绕着花蕊。叶子也呈红色,成熟时变成深绿,镶着紫色的边,见图16。

13 Rene Gerard 中株型睡莲

4. 黄铜色与金黄色的变色睡莲花

这种睡莲的花色介于黄色与红色之间。随着盛开期的过去花色会逐渐变深。这种睡莲一部分种类的叶子,尤其是嫩叶上还点缀着奇妙的斑点。其中一些改良品种的花株大小也产生了变化,适合于种植在小池塘中。由于它们的花与叶的颜色不断发生变化,很难明确分清其种类。

14 Rosennymphe 中株型睡莲

15 Sultan 中株型睡莲

(1)Aurora 微小株型睡莲。花朵为点缀着玫瑰色的黄色花朵,然后逐渐由金粉色向橘黄色过渡,这种睡莲嫩叶为橄榄绿,上面像是用重笔涂抹着深浅不同的棕褐色。

16 William Falconer 中小株型睡莲

(2)Comanche 中小株型睡莲。这种睡莲花扎根后便繁花盛开,漂浮于水面,桃红色花朵舒展娇艳,花瓣随盛开期逐一显现出橘红色的斑点,尤其是内侧的花瓣,再加上灿烂的橙金色花蕊的衬托,整个花株姹紫嫣红,艳丽无比,见图17。

(3)Graziella 小株型睡莲。花色鲜黄,盛开时泛出浓浓的粉红。它的花长有顶端圆钝的花瓣,翠绿的圆叶子镶嵌着一圈橄榄绿花边,还点缀着浅巧克力色的斑点。绿叶陪衬着红花平展于水面,满池熠熠生辉。

(4)Indiana 小株型睡莲。这种睡莲有着顶端圆钝的花瓣,花色由桃粉色向缀着铁红色调的金铜色转换。

(5)Paul Hariot 中小株型睡莲。盛开着造型优美的玫瑰色与金铜色相间的花朵,花朵微露于水面,花色由玫瑰黄向橙红的金色转换,并泛出大红。繁花盛开,直至傍晚,见图 18 。

(6)Sioux 小中株型睡莲。这种睡莲的花瓣顶端微尖,中间有着厚硕的金色花蕊,成熟花株上花大叶茂,花朵微露于水面,花色由桃粉色向橘粉色过渡,底部最浓。嫩叶为深绿,缀着巧克力色的斑点,老叶为橄榄绿色。

5. 热带睡莲 原产于温暖地带,最适合于种植在暖房的池塘中。这种睡莲是带有浓郁异国情调的品种,花盛叶茂,艳丽的星状花朵火焰般耀眼,亭亭玉立于水面之上。随波轻荡的叶子边缘常呈波纹状,有时还点缀着斑斓的圆点。有些品种每天傍晚开花至次日中午。

热带睡莲的种植方法与耐寒睡莲相同,一般在初春开始种植。将其放入浅水,芽冠没入水中深度不要超过 10cm,待植株长壮再把它放低。一旦扎根它们可以耐受 30~40cm 以上的水深,气温较低的地方就应该浅一些。热带睡莲喜欢在阳光足、气温高的地方生长,光照时间长也是最基本的条件。气温高于 21℃最为理想。

热带睡莲一旦移植成活就会很快茁壮生长,生长过程中需要充足的水生植物肥料。在阳光足、气温高的地方可以保证其花朵盛开直至初冬。在气温比较冷一点的地方,花期结束后应把它们移出池塘,让其在浅水池或室内的池塘中过冬。常见部分热带睡莲的品种如下:

(1)晚霞睡莲(Afterglow)。桃红色花瓣,顶端为粉红色,黄色花蕊,见图 19 。

(2)蓝美人睡莲(Blue Beauty)。大大的蓝色花朵,花蕊顶端为紫色。

(3)娇蓝睡莲(Daubeniana)。繁花盛开,小小的淡蓝色花瓣簇拥成娇小可爱的花朵。

(4)水泽乔治睡莲(Director George T. Moore)。金色花蕊的深紫罗兰色花瓣中间有一丛紫粉色花蕊,见图 20 。

(5)爱米丽睡莲(Emily Grant Hutchings)。晚间开花的睡莲品种,硕大的粉与红两色相间的花朵,长着红色花蕊,姹紫嫣红。

17 Comanche 中小株型睡莲

19 晚霞睡莲

20 水泽乔治睡莲

(6)艾雯丽睡莲(Evelyn Randig)。硕美的粉色花朵,中间生着一圈金色花蕊,托着浅粉色的花蕊。

(7)魄神将军睡莲(General Pershing)。茁壮的粉红色品种,花盛叶茂,花香浓烈。

(8)玛丽安睡莲(Marian Strawn)。淡雅的白色花中间有一丛黄色花蕊。

(9)密苏里睡莲(Missouri)。晚间开花的白色睡莲品种,适合于种植在温暖宽敞的池塘中。

18 Paul Hariot 中小株型睡莲

(10)乔治夫人睡莲(Mrs. George C. Hitchcock)。硕大的玫瑰红花朵,红色花蕊,也是晚间开花。

(11)琶美拉睡莲(Pamela)。有淡紫罗兰色花瓣,中间有向日葵般灿烂的金黄色花蕊。

(12)巴拿马太平洋睡莲(Panama Pacific)。有洋红色花朵,顶端为紫色。

(13)红火焰睡莲(Red Flare)。晚间开花的睡莲品种,长着火焰般鲜红的花朵。

(14)噶拉哈德爵士睡莲(Sir Galahad)。硕大茁壮的睡莲品种,花盛叶茂,展开的花瓣洁白无暇,中间长着一丛金色花蕊。

(15)王莲(Victoria amazonica)。白色花瓣,根状茎初直立,成熟叶片为圆形,边缘向上反卷,叶片特大,直径最大可达 2.5m,为莲中之王,见图 23 、图 24 。

6. 睡莲类水生植物 睡莲属不是惟一能被种植在深水池塘及湖泊中的植物。还有一些种类的水生植物也能亭亭玉立于水面,花儿满池盛开,叶子随波轻荡。

(1)水山楂(Aponogeton distachyus),池塘水草。这是一种适合种植于任何池塘及湖泊的水生植物,长着墨绿色长条纹状的叶子,叶上点缀着巧克力色的斑点。它们会开出美丽而奇特的叉子状花儿,花瓣有时还缀染着粉色,花蕊金黑色。花朵漂浮于水面之上,带有浓郁的香草味。这种花儿几乎会连续开上整整一年,仲夏时节才会最后停开。过热的酷夏或结冰的严冬会导致它的死亡。种植时应把花兜放进泥土层下。这种适应性极强的植物可以耐受

8~60cm 的不同水深，但以 15~30cm 为最佳深度。它还有极强的耐寒性，只要在冰点之上便能生长，并开花结籽，见图 21 。

(2)圆形萍逢草(Nuphar lutea)。这种茁壮的植物可以种植在任何不适合睡莲属的池塘及湖泊内。它有着小小的杯状黄色花朵和宽大肥厚的心形叶子。它的叶边呈波纹状弯曲，却是亭亭舒展于水面下，随波微荡。圆形萍逢草需要用上一两年的时间才能扎根，但它可比睡莲属耐受更凉更深的水，深度至 150cm。它在光照不足且缓缓流动的水中也能生长。先把它种植在深度不超过 40cm 的水中，逐步低放，最后达到预定地点。它的成熟花株上有着发达的根系，注意不要把它们窒息在过小的池子里。还有些同类品种的萍逢草花株相对小些，适合于种植在小一些的池子里。

(3)篷边睡莲(Nymphoides Peltata)。小巧美妙的花株上抽出长长的花穗，叶茎颀长，缀满淡淡的橄榄绿叶子，叶边呈弯曲的波浪状。纤巧的五角形黄色花朵，每朵花儿只能开上一天，盛开期从仲夏至夏末。它可以耐受很深的水深，挺拔玉立于水面之上，繁殖快，又可根据需要盆栽或修剪成所需的大小规格。需要注意的是，在底部满是淤泥的池塘中它会疯长，将占满全部池塘。

7. 荷花 莲属荷花有着美丽而奇特的叶子，修长的叶柄伸出水面，使硕大的粉红色花朵高出水面 50~150cm，芬芳四溢，见图 22 。开花后，荷花的子房形成漂亮的罂粟花样的莲蓬头形。种植时荷花芽冠应栽在尽可能大的容器内，土壤要肥沃而且厚实，将花兜平放在土壤上面朝上栽植，将土壤掩压在花盆上，上边再盖上一圈小圆石子。随时注意不要把嫩芽损伤或捂压坏，又要保证把它们覆盖好。一开始荷花芽冠没入水中深度不得超过 8~10cm，一旦扎根再把它们放低到约 15~30cm 的深度。也可以先把它们种植在水池外的大塑料容器内，土壤深度低于容器面 15cm，按时浇水。把它们放在阳光充足的避风处，定期施足肥料。只要有几个气温在 27℃的温暖夏季，它们便可在污泥底的池塘中茁壮生长繁殖。而且只要在冰点之上一些便能安度冬日。

21 水山楂

荷在池塘中的景观效果见图 25 ~图 32。

常见优良的荷花品种如下:

(1)大荷花(alba grandiflora)。一种花瓣硕大的单片白色荷花。

(2)Chwan Basu。一种娇小可爱、镶嵌着粉红花边的白色荷花。

(3)黄荷花(Lutea)。一种原产于北美洲的黄色荷花。

(4)桃蓓蕾荷(Momo Botan)。有着金色花蕊的双花瓣的粉红色荷花。

(5)柏希太太荷(Mrs Perry D.Slocum)。硕大双花瓣的金粉色花朵，会慢慢变成黄色。

(6)黄荷花(nucifera)。一种原产于印度的奶油黄色荷花，花朵上点缀着玫瑰色，见图 22 。

(7)北京红荷(pekinensis rubra)。一种娇小的深红色荷花。

22 Nelumbo nucifera 黄荷花

23 与睡莲、荷花等配植的王莲

24 池塘中引人注目的王莲

25 朱自清《荷塘月色》里描绘的清华园东荷塘满池荷花和杨柳拂岸的景象

26 清华园东荷塘一隅

27 东荷塘的荷花与睡莲

28 东荷塘壮美的荷莲景观

29 公园小溪中用容器栽植的荷花，可将荷花控制在一定水域内

30 为图 29 的局部

31 皖南古村落前的荷塘

32 荷塘围护的古村落，形成曲水环绕的风水布局，既可赏景又可作为安全屏障

二、水边植物

1.植物特性　水边植物极富装饰和景观效果，它们一般都为多年生植物，通常被种植在水池边缘的浅水处，但是也可以生长在其他各种浅水区域，如在岛屿周围、在水流舒缓的溪流中，或者水塘上突裸的潮湿土壤里。图1、图2为天然环境下的水边植物，成为自然水环境景观的重要组成部分。图3和图4是人工湖、塘边配植的水边植物，成为水体、水景的极好点缀和装饰。。

移植时，先把这些植物种植在容器中。把几个不同品种栽在同一个容器里时，就应特别注意，因为有些植物品种繁殖力极强，很快会将其他种类的植物置于死地。因此，不要把生命力过强的植物品种和较弱的植物品种混种。可以将几种有不同生活习性的品种交叉种植，例如，香蒲属植物有非常发达粗壮的根系，体态挺拔向上，而勿忘草根系疏短，枝茎柔软垂散，将这两种植物种在一起可以优势互补。

不同的水边植物对于水深有不同的耐受性。有些品种在深水中容易腐烂，而有些在冬季则需要用水覆盖，以保护根茎不被冻坏。较理想的办法是将植物种植在水深大于5cm的水中，然后再根据不同植物的特殊需求随时调整合适水深。所谓合适水深是指水淹没花盆土壤层的高度。如果把池塘植物架子安置于20cm深的水中，那也是没有问题的。如果有必要，可随时调整架子的高度，将容器提高或者放低。

如果植物原来是长在泥炭混合土中，那么，在向池塘里移植之前应将大部分泥炭混合土清除掉，否则植物就有可能腐烂。很多池塘边植物必须逐渐适应在池内的水深。在最初的几个月中，可将植物容器稍微抬高，这样慢慢地使容器内的植物适应2~3cm的深度。这对形成茂盛的绿色自然景观的矮桩植物特别重要，因为这类植物不能够承受突然的水深变化。

2. 植物品种

(1)菖蒲属植物(甜旗子)。类似于鸢尾属植物的菖蒲属植物有着绿油油的芬芳的叶片，它们的根从缓慢匍生的根茎上长出。极有特色的棍状的花朵从叶片中伸出。更加富于装饰效果的花斑菖蒲长着带有奶油色条纹的绿叶，一年四季郁郁葱葱。大片的花斑菖蒲簇拥在一起时景观效果最佳。

水深：2~15cm

高度：60~75cm

阳光：完全置于阳光下~半阴

1 天然环境湖边的水边植物

2 天然环境湖边的水生草类

3 公园人工湖边的挺水植物

(2)禾木科彩斑灯心草。这是一种形似普通草叶的灯心草植物,长有黄色斑纹的绿叶。

水深:池塘 ~8cm

高度:25~30cm

阳光:完全置于阳光下 ~ 稍加遮阴

(3)花蔺科开花灯心草。这种类似于灯心草的植物,叶片有着坚韧的三角形切面,呈深绿色,从高高的柄梢绿叶中探出粉红色的花朵。这种植物需要很大的空间,必须种在大型容器中才能够开出更多美丽的花朵。它有很强的耐热性,可以适应炎热的气候环境,见图5。

水深:5~25cm

高度:100~120cm

阳光:完全置于阳光下 ~ 稍加遮阴

花期:仲夏到夏末

(4)水芋属植物。这种植物的茎匍匐蔓延于整个池塘水面,形成一片融融春色。根茎上长出的心形蜡质绿叶非常美丽诱人。水芋属植物特有的小白花在开放成熟后会结出红色的浆果。

水深:池塘 ~10cm

高度:10~20cm

阳光:完全置于阳光下 ~ 稍加遮阴

花期:仲秋到深秋

(5)驴蹄草属植物(沼泽万寿菊)。这种植物在春天会开出许多类似于毛茛属植物的花朵,有时候在夏末也会部分绽放,适应性极强,它们圆形的带有锯齿边缘的叶子能构成池塘边极富魅力的绿色景观。这种植物非常耐热,适合于高温气候。

(6)沼生驴蹄草。这种植物会开出鲜艳的、类似于毛茛属植物的黄色花朵,见图6。

水深:潮湿的土壤 ~15cm

高度:25~35cm

阳光:完全置于阳光下 ~ 半遮阴

花期:仲夏到夏末

(7)白色沼生驴蹄草。这种植物会开出漂亮的、带有金色花蕊的白色花朵,而且它开花的时间比大多数其他水生植物都要早。这种花可以自由播撒种子,见图7。

水深:潮湿的土壤 ~5cm

高度:20~25cm

阳光:完全置于阳光下 ~ 稍微遮阴

花期:早春到仲春

(8)密集型驴蹄草。这种深绿色叶子的植物会开出双瓣的金黄色花朵,不结种子。白色和密集型的驴蹄草属植物都可以密植,比较适合于栽种在小型的池塘里。

水深:潮湿的土壤 ~5cm

高度:15~20cm

阳光:完全置于阳光下 ~ 稍微遮阴

花期:早春到仲春

(9)多重瓣儿驴蹄草。这种植物是驴蹄草类植物中的巨人,特别适合于栽种在大型的池塘里。硕大的黄色的花朵比其他种类开放得稍晚。

水深:泥潭 ~10cm

高度:60cm

阳光:完全置于阳光下 ~ 稍微遮阴

花期:仲春到晚春

(10)苔属莎草(金色蓑衣草)。这种水生植物极其漂亮;长着带有乳白色纹路的金色叶片,叶的美丽色彩一直可以保持到秋天。这种植物会在叶柄的顶端结出花种冠。另外一种体态略小的、极富进攻性的彩纹蓑衣草的叶子比较细窄,呈奶油色,带有绿色条纹。高高的叶柄上结着黑色的种子头冠,见图8。

水深:潮湿的土壤 ~5cm

高度:40cm

阳光:完全置于阳光下 ~ 稍微遮阴

4 公园池塘边的植物,几丛水边植物形成枝繁叶茂的水边灌木丛

6 沼生驴蹄草

5 开花灯心草

7 白色沼生驴蹄草

(11)光晕叶金花球。这种植物娇小玲珑,在整个夏天都长着鲜亮的绿色叶片,叶片的上方开着小小的黄色球状花朵。一簇簇地放在一起,是美化、装饰水池边的岩石缝隙和空地的理想花卉。光晕叶金花球应用头年夏天结出的种子不断重栽。这些植物如果淹没在水中,它们可以承受比较温和的冬季,见图9。

水深:潮湿的土壤 ~10cm

高度:20cm

阳光:完全置于阳光下 ~ 稍微遮阴

花期:晚春到仲秋

(12)叶互生莎草属植物(雨伞草)。这是非常漂亮的一种赏叶型植物,有着降落伞般的伞状花絮,经常被用作室内观赏植物,但同时也可以生活在水当中。尽管不算强壮,但是只要置于冰层之下,这种植物还是能够承受普通冬天的寒冷气候,见图10。

水深:8~20cm

高度:100cm

阳光:完全置于阳光下 ~ 稍微遮阴

花期:仲夏到秋天

8 苔属莎草(金色薰衣草)

(13)甜茅属彩斑阔叶草(甜甘露草)。这种阔叶植物带有绿色和奶油色的花纹,到了春天还带有粉红的色彩。一旦扎根,这种植物就具有非常强的繁殖力,因此最好能栽种在容器当中,见图11。

水深:5~20cm

高度:60cm

阳光:完全置于阳光下 ~ 半遮阴

9 光晕叶金花球

10 叶互生莎草属植物(雨伞草)

(14)密集型蕺菜属植物。长有红色的根茎,心形的深绿色叶子,半双瓣的、带有奇特的圆锥形花蕊的白色花朵,这是一种优质的池边植物,见图12。有一种蕺菜的颜色比较单调,但是还有另外一种被称为三色/杂色蕺的蕺菜具有多种不同颜色的叶子,从奶油色、绿色,一直到闪光的、点缀着斑驳橄榄绿的红色。蕺菜的适应力非常强,它能够生长在潮湿的土壤中,也可以生活在水里。最好把它种植在容器当中,因为它具有侵犯性很强的根系。这些根只要放在冰层下就可以度过冬天。但是新春长出的嫩芽可能会暂时受到晚霜的伤害。

水深:潮湿土壤 ~10cm

高度:15~30cm

阳光:完全置于阳光下 ~ 稍微遮阴

花期:初夏到仲夏

11 甜茅属彩斑阔叶草(甜甘露草)

(15)光滑鸢尾属植物。美观、大方,非常适合于用作园林水景的装饰,这种植物是池塘边植物中最优质的品种之一。它的生命力既不过分强,体态也不过分高大,可以适应于大多数池塘。这种植物的花朵寿命比较短,但可以不断地开放。尽管光滑鸢尾属植物的开花期很少超过 3~4 周,但是它恰好在百合花之前怒放,从而标志着一个夏季开花期的美好开端,这种枝杆挺拔向上的植物虽貌不出众,却能一年四季为池塘提供极好的绿叶背景。一簇簇堆长在一起时能给人留下深刻印象。它们可以生活在潮湿的土壤中,也可以旺盛地生长在水里。光滑鸢尾属植物一般开三瓣花朵,颜色为蓝色或白色。当然,现在也有一些经过精心改良培育出的品种:

1)秋水仙:这种硕大的六个花瓣的白色花朵上点缀着蓝色和紫色的花斑点儿。

12 密集型蕺菜属植物

13 菖蒲与鸢尾混植的滨水浅滩

2)半夜花:这种令人难以置信的六瓣花朵呈深蓝色的天鹅绒状,每一个花瓣上都点缀着黄色的斑纹。

3)雪花飘:六个花瓣的白色花朵中间点缀着精细的金黄色和淡紫色花蕊,见图 14 。

(16)彩斑光滑鸢尾1号。它带有淡紫色的蓝色花朵,妩媚的乳白和绿色的叶片,其缤纷美丽可延续整个夏季;彩斑光滑鸢尾比其他种类生长得要低矮一点,见图 15 。

水深:5~10cm

高度:50~70cm

阳光:完全置于阳光下

花期:初夏或仲夏

14 光滑鸢尾属植物"雪花飘"

(17)假菖蒲鸢尾属植物(鸢尾旗)。这是一种原产于欧洲的鸢尾属植物,它们有高高的绿色叶片和鲜艳的黄色花朵,生命力极强。这种植物对于生长野生植物的池塘来说是极其迷人的装点,见图 13 。但是对于小型池塘来说,它们显得有几分过于粗犷。

水深:潮湿的土壤 ~25cm

高度:100~120cm

阳光:完全置于阳光下 ~ 半遮阴

花期:初夏到仲夏

有一些经过精心改良培育出的假菖蒲鸢尾属品种,如果有充足的阳光照射和5~10cm 的浅水滋润,都会开出艳丽的花朵。比较普及的品种有以下几种:

15 彩斑光滑鸢尾

1)硫磺女皇:叶子细窄,开淡黄色的花朵,可以自由繁殖。要求最大的水深是20cm。

2)金色女皇:开有深色的金色花朵,最大水深是 15cm。

3)金色峡谷:开有奇特的、点缀有紫色和棕色斑点的黄色花朵,最大水深是15cm。

彩斑假菖蒲鸢尾 1 号的体型比其他人工培育出的品种要矮小一些,高度约在60~90cm,开有黄色的花朵,叶片上黄绿相间的斑纹光彩照人。到了夏末,叶子的颜色慢慢褪成淡绿色。这种植物要求的最大水深是 13cm。

(18)变色鸢尾(美国蓝旗)。有窄窄的叶子,开蓝紫色的花朵,这种植物底部点缀着金、银色的斑点。这种花的花瓣比其他的光滑鸢尾品种更加纤细,开花期较晚。同样,这类植物也有很多人工栽培的新品种,最普遍的是胭脂红鸢尾,它会开出浓密的紫红色花朵。

水深:5~10cm

高度:60~75cm

阳光:完全置于阳光下 ~ 稍微遮阴

花期:仲夏

其他种类的美国水中鸢尾包括美国路易斯安纳州杂交品种和美国黄褐色水中鸢尾。它们的株体较短,开有橘红色的花朵,在冬季要求更多的覆盖,以保护它们免受霜冻。

(19)螺旋喷射灯心草属植物。这种草长有独特的螺旋形的叶子。

水深:5~10cm

高度:30cm

阳光:完全置于阳光下 ~ 半遮阴

花期:仲夏到夏末

(20)闪光半边莲。这种植物长有深栗色的叶片,猩红色的花朵争奇斗妍,极易吸引人目光。尽管经常被种植在池塘周围,闪光半边莲也完全乐于生活在池塘的水中。红花半边莲是与闪光半边莲同类的一个品种,它的叶子是深绿色的,在底部稍微有一点发红,见图 16 。

水深:2~12cm

高度:75cm

阳光:完全置于阳光下

花期:夏末

(21)水中薄荷属植物(水中薄荷)。水中薄荷具有极强的生命力。它的叶片气味芬芳,绿色中透着紫晕,开淡紫色的花朵。这种植物进攻性较强,最好种植在容器当中,并且要进行一年一次的修剪。

水深:潮湿土壤~8cm

高度:35~45cm

阳光:完全置于阳光下~半遮阴

花期:仲夏到夏末

(22)三叶豆属睡菜(泥塘豆)。这种漂亮的水中爬藤植物长有缓缓匍匐地面的根茎,根茎上长着三叶形叶片和精细的穗头,开淡粉色的星星形花朵,花朵的边缘缀有流苏花边。

水深:泥塘~15cm

高度:15~20cm

阳光:完全置于阳光下~稍微遮阴

花期:初夏到仲夏

(23)沟酸浆属植物(猴子麝香)。这种植物的茎上长着浓密的绿叶,不久还将会被颜色鲜艳的花朵所包围。这类植物的杂交品种都不喜欢深水,也不喜欢炎热的气候;它们在水池边、溪流边、瀑布喷泉边缘以及泥潭土壤中生长状况最好。尽管耐受性不是很强,有些品种还是可以自然地开花结籽。

16 闪光半边莲

17 沟酸浆"燃烧的火焰"

黄色沟酸浆属植物和圆点酸浆属植物经常混生在一起。黄色沟酸浆植物的杂交品种的生命力较强,有高高挺立的茎,开着浓密而又鲜艳的黄色花朵。圆点酸浆在花沟处带有小红圆点,可以随意地播撒种子。黄色沟酸浆的花瓣上点缀的红点比较大。

水深:潮湿土壤~5cm

高度:45cm

阳光:完全置于阳光下~半遮阴

花期:初夏到仲夏

(24)沟酸浆属熏衣草(熏衣草麝香)。同其他品种相比,沟酸浆属熏衣草的株体枝干粗壮,在夏末开出小小的淡紫色和蓝色的花朵。这种植物还比较喜欢深水。

水深:8~15cm

高度:50cm

其他的人工培育和杂交的品种如下:

1)"A. T.约翰逊"黄色熏衣草,它的花带有更加深红的印花色底。

2)"女皇的奖赐"株体较矮,开有艳丽的黄色花朵,花朵上点缀着柔和的淡紫色斑纹。这一品种不够健壮。

3)"燃烧的火焰"的花朵是绚烂的铜红色,深绿的叶子蓬勃、繁茂。这一品种喜欢生长在潮湿的土壤或浅水中,见图17。

(25)蝎子尾巴形水中勿忘我草。尽管有些人认为这种植物比较像野草,但实际上它很容易控制,而且会开出漂亮的天蓝色花朵,这些花朵可以长时间盛开。水中勿忘我草的根茎带着生机勃勃的浓密绿叶,它们在水面匍匐蔓延,还可以爬入泥潭或遮盖住植物容器的边缘。这种植物不一定是全年生草本,但是可以靠撒种培埴。如果在池塘周围播撒一些种子,就会有相当数量的种子发芽、生长,见图18。

水深:潮湿土壤~8cm

高度:15cm

阳光:完全置于阳光下~半遮阴

花期:初夏到夏末

(26)水中狐尾藻属(鹦鹉羽毛)。这是一种适应力极强的水边植物。它有着粉红色的根茎,根茎上包裹着浓密的羽毛状绿叶,非常漂亮。它可以生活在不同深度的水中,但是必须在冰层之下才能度过严冬,见图19。

水深:8~30cm

高度:10cm

阳光:完全置于阳光下~半遮阴

(27)水中奥昂蒂属植物(金棒棒)。这种植物长有海绿色的叶片,发出银色的光泽。独特的黄白色花朵,形似一根根小棒

18 蝎子尾巴形水中勿忘我草

19 水中狐尾藻属

子从水中探出身体,花谢后会慢慢长出豌豆粒儿般的种子,非常有趣而具有观赏性。奥昂蒂属植物生长缓慢,但是一经扎根以后,就会展示漂亮迷人的风采。这种植物的根系非常粗壮发达,因此最好种植在大小适宜的容器中,见图20。

水深:8~25cm

高度:22cm

阳光:完全置于阳光下~稍微遮阴

花期:初夏

20 水中奥昂蒂属植物

(28)带玛瑙纹的蕊芋属(剑形海芋属植物)。这种植物生长缓慢,原产于北美洲。它慢慢会长出美观的闪光发亮的剑形叶片。淡绿色的花朵紧接着就会结出灰绿色的浆果。还有一种开白花的品种,体形较矮小,生命力也不太强,但是会长出红色的浆果。

水深:8~12cm

高度:50cm

阳光:完全置于阳光下~稍微遮阴

花期:仲夏

21 心形的海寿属植物

(29)心形的海寿属植物(狗鱼科)。这种植物长有粗犷浓密的矛形叶片,在夏末,当很多池边植物花期已过,海寿属植物便会独领风骚,长出聚生的穗头状蓝色花朵,保鲜可以长达好几周。有开白花和紫蓝花两个品种。柳叶刀形海寿属植物叶片细窄,开蓝色花,但缺乏对冬季的抗寒能力。所有这些种类的植物在冬天都需要足够的水覆盖,以防止根被冻坏。另外,它们还都应当被栽种在较深的容器当中,见图21。

水深:8~15cm

高度:45~60cm

阳光:完全置于阳光下

花期:仲夏到夏末

(30)红灰色水薄荷。这是一种带有芬芳气味的池边植物,细窄的锯齿状叶子长在高挺的茎上,开淡紫色的聚合花。这种植物属于薄荷家族。尽管它不像多数薄荷类植物一样具有极强的进攻性,最好还是将它栽种在容器中,见图22。

水深:8~12cm

高度:30~45cm

阳光:完全置于阳光下~稍微遮阴

花期:夏末

22 红灰色水薄荷

(31)毛茛科舌形大花(巨型矛疣花)。这种植物在高高的茎上长有矛形的粉红色叶片。这些粉红色叶片慢慢变成狭窄的绿叶片。它的花朵硕大,闪烁出夺目的毛茛属花朵所特有的光彩。这种生命力极强的植物必须栽种在容器中,以严格控制它的蔓延。

水深:5~12cm

高度:60~75cm

23 白色草属植物

阳光:完全置于阳光下~半遮阴

花期:仲夏或夏末

(32)箭头形山茶花(日本箭头花)。这种植物在初夏会长出箭头形状的叶子,夏末开花。植物的根可在水中蔓延,在根尖处形成球茎,这种球茎第二年会发芽,长出新的枝叶。箭头形山茶花需要较大的容器才能够长得好。这种植物开白色的花朵,花朵中心有黄色的花蕊。还有一种箭头形山茶花能开出独特的双瓣纯白色花朵,遗憾的是这种花的花期太短。常见的箭头形山茶花株体较短,开白花,花中间有较深色的花蕊。

水深:8~12cm

高度:45cm

阳光:完全置于阳光下

花期:仲夏或夏末

(33)下弯的三白草属植物(蜥蜴尾巴)。这种心形的草叶呈淡绿色,开白色花朵,丛生成长长的、蛇一般的植物串。这种植物会发出淡淡的芳香。由于其根系发

24 条纹宽叶香蒲

达，富有侵犯性，因此这种植物最好也栽种在容器当中。

水深：5~12cm

高度：45cm

阳光：完全置于阳光下～稍微遮阴

花期：仲夏或夏末

25 窄叶型香蒲属植物

（34）白色草属植物（条纹宽叶香蒲）。这是一种非常具有观赏价值的绿叶植物，最适宜于种植在大型水池之中。它有着高高的繁灯心草般的茎，茎上平行环绕着白色和淡绿色的花纹。它需要很大的篮子来限制其强壮发达的根系，同时保持它在风中的稳定性。在夏季，白色草的茎头上会开出有丛毛装饰的棕色花朵，见图23、图24。

水深：5~15cm

高度：100~130cm

阳光：完全置于阳光下～半遮阴

26 小型香蒲属植物

（35）香蒲属植物（猫尾巴）。这是一种极富特色的植物，长有棕色的小烧火棍形状的花冠头。有一些品种的香蒲属植物属于最知名的水边植物。可选择一个恰当的、不会在池塘中疯长的品种。利用容器来限制它们善于穿透的根系。那些美妙的小烧火棍形状的花冠头是在早春开始长出的。

窄叶型香蒲属植物是一种体型适中、能够适应各种不同池塘的品种，见图25。

狭窄型香蒲属植物的株体更加矮小，叶片也更狭窄。

27 深色马蹄莲

水深：5~20cm

高度：120cm

T. latifolia 大型香蒲属植物比较适合于大型池塘和湖泊。它的叶片比较宽大，“猫尾巴”也较为粗壮。这种植物是属于香蒲属植物的一个变种。

水深：8~30cm

高度：200~250cm

T. minima 小型香蒲属植物是惟一的适合于在小型池塘生长的品种。它具有狭窄的灯心草般的叶子，鼓棒槌形状的花头，见图26。

水深：泥塘～10cm

高度：60~75cm

（36）绿宝石婆婆纳属（溪流石灰石）。椭圆形的深绿色叶片被包裹在微小的蓝色花朵之中。绿宝石婆婆纳属最好是栽种在容器当中。泥潭池塘中最好不用这种植物，因为在泥塘中它会过多产籽儿。

水深：潮湿土壤～10cm

高度：15cm

阳光：完全置于阳光下～半遮阴

花期：仲夏或夏末

（37）深色马蹄莲属。这种植物的叶片肥厚，颜色深绿，在叶子之间会开出艳丽的、海芋属植物特有的花朵，花朵中带有金色的花蕊。这些花可以保持3~4周的鲜亮状态。人们通常认为这种植物应当种在池塘周围。但是实际上它们在水中的生长状况也非常良好。在冬季必须将深色马蹄莲属覆盖在冰层之下，见图27。人工培植杂交品种如下：

1）刺果马蹄莲：这一品种的体型稍小，比普通品种的耐受力更强。

2）绿神仙：这一品种的体型稍高，能开出带有绿色顶端花瓣的花朵。

水深：潮湿土壤～20cm

高度：40~75cm

阳光：完全置于阳光下～稍微遮阴

3. 喜温水生植物及池塘边缘植物

以下植物特别适宜于生长在比较温暖的气候条件中：

（1）水雍属植物。这种植物与水山楂类似，它会将乳黄色的花朵托出水面。

（2）大麻科野芋。高高的茎上开着黄色、橘红色和粉红色花朵，宽宽的蓝绿色叶片呈披针形。这种植物需要定期施用大量的肥料，见图28。

28 大麻科野芋

29 水中罂粟

水深：5~20cm

高度：150cm

阳光：完全置于阳光下

花期：仲夏及夏末

（3）田螺莎草属植物。这种植物与叶互生莎草属植物（雨伞草）很类似。它有高高的茎，茎顶端长有密密茸茸的棕色花穗。这些棕色花穗可能会躺靠在水面。每当花头接触到水面，新一代的植物又会成长出来。

水深：5~10cm

高度：60cm

阳光：完全置于阳光下～稍微遮阴

（4）水中荇菜属植物（水中罂粟）。这种植物与蓬边睡莲很类似，但是它的叶片肥厚、闪光，呈椭圆形。它会开出带有三个花瓣儿的、扁平形状黄色花朵，见图29。

（5）苹属植物。这种坚韧的水上四叶红花草在美国是非常普遍的水生植物。

（6）荇菜属植物（水中雪花）。这种植物也与蓬边睡莲很类似。它拥有星星形状的花朵，带有紫色的绿色叶子。

30 落新妇属植物

（7）再力花属植物（水中大麻）。尽管名字显得很有力量，这种漂亮的水生植物在冬季却需要特殊的保护。它有高高的茎，蓝绿色狭长的叶子呈平行状对长在叶柄上。它独特的紫色的花朵生长在柄的顶端，夹在呈苞片形状的枝轴之间。

水深：5~10cm

高度：120~180cm

（8）马蹄莲属植物。这种植物是黄色马蹄莲属的变种，比较娇嫩，颜色也更加鲜艳，花朵呈橘黄或红色。椭圆形马蹄莲有着黄色的海芋属植物类花朵和缀着白点的绿叶。

三、喜湿植物

1. 湿度标准

（1）能够短期忍受干旱环境。

（2）喜欢不完全干燥的土壤。

（3）喜欢潮湿、肥沃但是没被水浸的土壤。

（4）能够忍受泥塘、水分饱和的环境。

31 古奴属植物

2. 喜湿植物品种 有许多植物，喜欢生活在潮湿的土壤、水边或者泥潭当中，这类植物特别适宜于种植在池塘边缘。如果池塘土壤不够自然潮湿，那么就应当设法培植一块泥潭区域，或者选用比较耐干燥的植物。

喜湿的植物如同生命力比较顽强的常年生园中植物一样，最好是在春季或者秋季栽种，不过，种植在容器里的植物可以在夏季移植到池塘边，只要确保植物的根部不过分干燥就行。某些喜湿的植物可以忍受很湿的环境，甚至可以短期生活在水中。但是还有一些植物，尽管喜欢潮湿的土壤，可一旦根部被水浸漫就会枯萎。

32 萱草属（日百合）

（1）落新妇属植物。该植物有多种人工培育的杂交品种，非常漂亮。它们的适应能力很强，而且有着浓密蕨菜样叶片和鲜艳的羽毛状的花朵，可称得上是美化环境的好植物，见图30。

湿度：1~2

高度：40~100cm

阳光：完全置于阳光下～稍微遮阴

花期：夏末到早秋

33 玉簪属（车前属百合）

（2）蹄盖蕨属（小型女士蕨）。有很多蕨类都是适宜于种植在水边，它们都必须有潮湿或者阴凉的环境，避免被风吹。蹄盖蕨属植物有着熠熠发光的绿色叶片。

湿度：1～2

高度：30cm

阳光：完全置于阳光下～稍微遮阴

花期：夏末到早秋

（3）盾形雨伞草。这是一种理想的水边观赏植物。高高的茎，浓密的叶子，叶片直径超过30cm。伞状的花朵呈粉红色。

这种植物的微型变种，比较适宜于窄小的地域。

湿度：2～3

高度：100～120cm

阳光：完全置于阳光下～半遮阴

花期：春季

（4）古奴属植物。该植物非常像大黄。它长有带刺的叶子，见图31，特别适宜于种植在湖边或河沿。其种子囊呈松球形，带有一簇簇手指样的突出物，能够伸出水面约60cm。粗皱型古奴属植物的体形比较矮小，而生命力则更加顽强。只要用枯叶将芽冠盖住，古奴属植物就可以度过严冬。但有些品种怕热，无法忍受非常炎热的夏季。

湿度：2～3

高度：200cm

阳光：完全置于阳光下～半遮阴

（5）萱草属（日百合）。一种草本植物，有着灯心草一样的叶子。这些叶子都点缀在花期短、反复开放的喇叭形花朵中间，见图 32 。萱草的花朵会放出醉人的芬芳。现在，这种植物有很多人工培植的杂交品种。黄色日百合会开出漂亮的黄色花朵。

湿度：0～3

高度：60～120cm

阳光：完全置于阳光下～稍微遮阴

花期：晚夏到秋天

（6）玉簪属（车前属百合）。这种植物有着粗大的叶片、下垂状的茎和淡紫色的花朵，见图 33 。玉簪属植物的适应力都很强。如果处于阴凉地则能够更好地保持其花朵的新鲜娇艳。有很多人工培植的新品种的名字叫法很乱。选种时最好先看看植物本身。

湿度：0～3

高度：20~100cm

阳光：完全置于阳光下～半遮阴

（7）鸢尾属植物。用于美化池塘的水鸢尾属植物主要有两大类：一类是日本鸢尾，开有很大的扁平花朵，有蓝色、淡紫色和白色，另有一些人工培植的杂交品种可以开出柔和的紫色花朵，见图 34 ；另一类是西伯利亚鸢尾，花朵呈深蓝色，它的叶片也比较细窄。这两大类鸢尾属植物都偏爱潮湿并施用过炭灰肥料的土壤。特别是在冬季，它们能够抗水浸泡。

34 日本鸢尾

35 报春花

湿度：1～2

高度：75～90cm

阳光：完全置于阳光下或稍微遮阴

花期：仲夏

（8）海芋香草。这种植物样子很像海芋的大花朵，在早春时节绽放，随后才萌发出硕大的绿叶。这种植物根系发达，但是生长极为缓慢，需要培育 3~4 年才能开花。产于美洲的同类有着鲜亮的佛焰苞，另一个品种花株略小一些，开白色花朵。

湿度：2～3

高度：50～120cm

阳光：完全置于阳光下或半遮阴

花期：初春到晚夏

（9）荚果蕨属（鸵鸟羽蕨）。这种蕨属植物长有鸡毛毽形叶片。

潮度：2~3

高度：高达 90cm

（10）皇家蕨属。这种植物有着高大挺拔的枝叶，饱含秋天的丰富色泽，一些绿色叶片上长有棕色的孢子。

湿度：2~3

高度：高达 120cm

36 鬼灯檠属植物

（11）报春花属。这是极好的喜潮土的观赏植物，有着色彩艳丽的花朵。只有很少几个品种真正耐涝，多数适宜于在湿润但排水充分的潮土中生活，例如掺了炭灰肥料和砂土的黏土砂泥。每两三年的春天分一次花墩，并需经常用堆肥护根。

报春花属有许多改良品种，包括淡紫粉色与橘黄色报春花、高株鲜红色报春花和酒红色报春花等。还有一些花株高大，花期比较迟的品种，有着下垂的铃铛形的花朵。其中有一些花香非常浓郁，包括奶油色和紫罗兰色报春花、火焰金红报春花和金黄色报春花等。各式各样色彩斑斓的鼓槌状报春花以及其他一些玫瑰花色般艳丽的报春花构成了春天绚丽的色彩，见图 35 。

湿度：2

高度：15～90cm

阳光：完全置于阳光下～半遮阴

37 鬼灯檠属植物

（12）掌状裂纹红色大黄。一种大型的观赏植物，长着弥漫着胭脂红色的嫩叶和高高的、红色羽毛状花朵。

湿度：2

高度：200cm

阳光：稍微遮阴或半遮阴

花期：仲夏

（13）鬼灯檠属植物。这种植物属极好的赏叶类观赏植物。它生长缓慢，但是生命力很强，高高的茎上开着乳白色或粉红色的聚合花朵。它适于种植在宽敞但是有遮盖的环境当中。最好的品种包括橡树叶鬼灯檠和青铜叶鬼灯檠这两个人工培植品种，见图 36 、图 37 。

湿度:2～3

高度:120cm

阳光:稍微遮阴

花期:仲夏到夏末

(14)卡菲尔百合。这种植物有多种人工培育品种。它们的花朵和小苍兰花很类似,有红色、粉红色和白色。卡菲尔百合的优势是开花期较晚，冬季需进行保护性覆盖。

湿度:1～3

高度:40cm

阳光:完全置于阳光下

花期:晚秋

(15)玄参属水生植物。这种植物的绿色叶片上布满了白色斑点,开不很显眼的红色花朵。

湿度:1～3

高度:1m

阳光:完全置于阳光下～稍微覆盖

花期:晚秋

(16)金莲花属植物(球体花)。这种植物有高挑的茎，叶片很像毛茛属植物,柔和的叶片上会开出绚丽的黄色及橘红色花朵。

湿度:1~3

高度:60cm

阳光:完全置于阳光下~ 稍微覆盖

花期:仲夏

38 漂浮植物能全部或局部覆盖水面,使水面充满生机

四、漂浮类植物

1. 植物特性及应用 将漂浮类植物轻轻放置在水面，它们的根会在水中飘荡。大一些的水中漂浮植物要用几天时间来获得平衡,小一点儿的则会很快站稳脚跟。如果嫌它们繁殖太快可以随时把多余的取掉,见图38～图43。

供观赏的水面漂浮植物并不多,这些植物大多原产于温带地区,还有许多原产于亚热带地区的种类,甚至取代了其他的水面漂浮植物。在无霜期的国家和地区，漂浮植物常常会生长泛滥,因此有些国家限制或严禁这类植物,更多的地方年复一年地培植它们,每次在前一年春天的冰霜期过后用新株取代老株,到了冬季,可以把它们保持在阳光充足温热的暖房水池中,或把它们养在室内的水盆中,盘底放一点土壤以提供养料。

2. 常见的植物品种

(1)满江红属(仙女苔,水生蕨)。这是一种非常漂亮的覆盖性漂浮植物。植物本身只有1～3cm，但是它们颜色翠绿鲜亮，在凉爽的季节又会变成粉嘟嘟的红色。这种植物能够迅速蔓延,所以不要把它们引入大型池塘或湖泊。冬季的霜冻会约束它们的生长,见图39。

(2)凤眼蓝属(水中风信子)。这种独特的植物有着膨体的叶基，因此能够浮在水面。它们长长的蔓根在水中漂浮着,经常被池塘中的鱼儿用作排卵的好场所。在炎热的夏天，水中风信子蜡质的绿叶能够长得很高,淡紫色的美丽花朵非常惹人喜爱。但是,像很多浮游植物一样,水中风信子对于霜冻非常敏感,见图40。

(3)水鳖属植物。这种水生植物长着小巧的、漂浮在水面上的圆形的叶片,美丽优雅,叶片的直径不超过7cm。开出细小的、生命周期很短的白色花朵，这些花朵开开谢谢,持续整个夏季;还发出长长的匍茎和一串串伏地根。作为一种生命力极强的水生植物，它会在池底萌发能够熬过冬季的幼芽。

(4)浮萍(鸭水草)。浮萍是最常见的、生命力极强的植物，有微小鲜亮的绿色叶片。由于浮萍在养分过于充足的水池中能够疯长，所以大部分浮萍品种都不提倡在池塘使用。但是长春藤叶浮萍例外,这种浮萍进攻性不强，它有着小小的多角形的叶子。这些呈透明绿色的叶子飘浮在水面之下,经常会被大一点的鱼类吞食。

(5)大藻属(水莴苣)。这种海绵状的绿

39 满江红属植物

40 肥厚型凤眼蓝属植物

色叶片表面有着一层细细的绒毛，这使得水莴苣能够浮在水面，形成蔷薇花状的漂浮装饰。水莴苣也是一种对于霜冻极其敏感的植物。

(6)水中士兵。这种植物看上去很像菠萝的头部，奇特而有趣。叶子上有刺，呈半透明的绿色。在天气冷时，特别是在冬天，这些叶子可以沉入水底。在夏天则半浮在水中，颜色也可以从透明的灰绿色变为鲜艳的苹果绿。开着小小的白色花朵，刚好浮在水面之上。这种植物的生命力很强，可以掐断它的新根，然后移种到别处。

(7)菱科植物(荸荠)。茎质地肥厚，颜色发红，漂浮在水面之下，形成了深绿色的放射形蔷薇花状装饰。在炎热的气候条件下，这种植物会开出小白花儿。它的伏根一直伸到水下，很有魅力。这种植物的生命力不强。

41 欧菱，荸荠

(8)狸藻属植物。这是一种不寻常的水生植物，轮廓清晰的叶片就漂浮在水面之下。叶子上长有小小的囊，这些囊会抓住一些微小的水中昆虫。其中有些品种生命力很强。在夏季，水面上会浮现出这种植物细碎的黄色花朵。一般来说，狸藻类植物比较偏爱软水。

42 大藻属水莴苣

43 伸出水面的荷叶和浮萍将池塘覆盖，使水面翠绿尽染

五、水下造氧植物

1. 植物特性及应用 这些植物对于水中的生态平衡是非常重要的，也有一定的观赏价值，见图44。不同的植物种类每年在不同的时期兴旺繁殖，而且它们原生地的水质情况也不同。并不是所有的水下植物都适合于引入池塘，应选择那些适应性强并生长茂盛的品种。

花卉市场上的水下供氧花草一般是分成一个个分切好的花篼来出售。它们一般需要先被植进比较浅的花盆里，盆深约7~10cm，土壤要很肥沃。先把植物的根放在盆中，覆盖上约20cm厚的小石头子儿。方形的容器可以种植6个花篼，它们会很快发芽。用金属铅块帮助花篼沉在水池底下，它们不会对花草造成任何损害。不要把各种水下花草种植在一个花盆中，可以把它们分种在水边的花架上，然后移栽到不超过100cm的较深水中，但是不要把新近栽植的花篮放入深水中，而且如果池塘中的水过于浑浊，阳光不易穿透，移栽的植物就很难保证成活。

2. 常见植物品种

(1)繁缕属星形草。这种水下植物，有着鲜绿色的嫩叶，叶子呈星形，花朵露出水面时呈小小的玫瑰花形，非常漂亮可爱。此类植物的大部分品种只能在含矿物质较多的硬水中成活。

(2)金鱼藻类属水草。这种植物长有脆嫩的带绒毛的叶子，叶子的颜色从翠绿到墨绿，是极好的水下观赏植物。它不像其他的水下植物那样生根，而只需要依附在池塘中的石头或金属铅块表面就可以生长。

(3)青锁龙属东草，沼泽景天属。这种水生植物极易繁殖，生长过于旺盛，常常会使池塘中的其他植物因缺氧而窒息。

(4)伊乐藻属水草。这种植物翠绿的叶子形状更加细长。与加拿大的盆栽水草习性与特征都很相似，它们在水池中生长旺盛，但不适宜于种植在冬天过于寒冷的硬质水中。

(5)针状发草属水草。这是一种装饰性极强的水生植物，青草般的叶子，叶色鲜绿，可以沿着池塘或水槽的边缘种植，其高度可达20cm(8in)。

(6)伊乐藻属菲藻类(加拿大的盆栽水草)。小小的墨绿色叶子生长在脆嫩的叶茎上。它在水中生长非常旺盛，是很好的水下造氧植物。

(7)水藓属(杨柳苔)水草。这是一种细小的墨绿色水下植物，小巧的绿叶繁密地排列在脆嫩的叶脉上。它们生长缓慢，喜欢水质清冽的、缓缓流动的水。

(8)沼泽赫顿草属水草。这种水下观赏植物的叶片形状精美独特，它们的顶端有一簇簇浅粉红色的花朵，花朵在初夏时节探出水面。

44 清澈的河水使水下观赏植物一览无遗，并与水边植物相映成趣

45 曲卷形伊乐藻属水草

47 盾形毛茛属水草

这是浅水水景中一种非常好的观赏植物。它适应于生长在水质软而微微有一点浑浊的水中，但不是很容易生根发芽。

(9)曲卷形伊乐藻属水草。它是一种很容易生根发芽的水下观赏植物，叶脉很长，上边挂满墨绿色的叶子，叶片向背面卷曲，见图45。

(10)狐尾藻类水草。该植物有着多种不同的变异品种。它们都长着非常精美细小的羽毛状的叶子，颜色分别为绿色、橄榄绿和棕色。有些会生出细小的花，花穗头很短，只有几个厘米，并在初夏时节伸出水面。这种水下观赏植物一旦扎根，可以耐受很深的水，但是它们容易被线状藻类缠住。

(11)曲卷形眼子草属水草。这是一类生长非常茁壮旺盛的池栽水下观赏植物。这种植物有着长长的波浪状半透明的绿色叶子。它们开小小的粉红色穗状花朵，早春时节开花。如果想要移植并且使它们牢牢扎根，移植期越短越好，快速是成功的关键。它们最适应于在缓慢流动的水中生长。

(12)毛茛属刺果刷水草。这是极好的水下造氧植物一族，有着形状非常漂亮的绿色叶子和纤巧的白色花朵，白花在初夏时节露出水面。开花期后，这种植物会进入休眠状态，部分植株会枯萎。它的许多其他品种(如盾形毛茛属)有着小小的漂浮在水面的叶子，适合于生长在不流动的池水中，见图46、图47。

(13)适应于温热气候的水下供氧观赏植物。虽然大部分水下植物都可以耐受比较高的水温，但其中一些在池水温度过高时会变得萎靡不振，毫无生机。如果水温在18℃以上，就应该试着栽种水盾草属、水囊衣属和密集形伊乐藻属等几类原产于温热带的水下供氧观赏植物。它们的叶子大多露出水面。另外还有观赏性很强的丁香蓼类、苦菜属和慈姑属等也都能够达到很好的效果。

46 毛茛属刺果刷水草

一、种植方法

1. 容器种植法 可将植物直接放入位于水池基底或者支架上的土壤袋中，但是如果使用编织植物篮容器会更方便些。这类植物篮容器可以使多种植物很容易地排列组合，也很容易随意移动进行维护。使用编织植物篮容器同时还可以减轻土壤对池水的污染，因为只需要在水池当中置入很少的土壤。可以把生命力极强的植物与比较娇嫩的品种分别种植，这样处理起来比较轻松。但是不要将砾石铺在池底，因为它们会积留污物。

有各式各样的植物篮供选择，其中大部分都是防腐塑料的，总的来说黑色是最不显眼的颜色，见图1。植物篮的边常常是孔状的，以方便植物的根须伸出容器，扎入水下的土壤当中，从而获得额外的养分，也可以使氧气和池塘中的微生物进入土壤，使土壤的透气性提高，防止水池中的土壤淤塞和腐臭。尽管有些植物可以生长在固定型边缘容器中，但是多数植物不适应生长在这种地方，它们会很快因为拥挤而死亡。因此，只能将固定型边缘容器用于限制入侵性植物的生长，或者保护观赏鱼，防止在其他种类的容器边擦伤。

选择时尽可能使用大型的基底宽大、坚固的容器，这会使得移动位置很随意。小型的容器容易被掀翻，而且它所含的极其有限的土壤中的养料很快会被植物耗尽。要小心选择合适的容器，使池水刚好淹没容器中的泥土。

由于编织篮容易使土壤漏出，因此应在篮子中衬垫一层麻布。麻布可以在吸收水分后膨胀，将土壤固定保持在植物篮内。等到麻布腐烂之后，篮子中的植物根系就已经生长发达，完全可以保护土壤使其不至于流失。还可以使用塑料的编织容器，但是它们非天然的性质会限制某些植物的生长。

陶瓷容器包括陶制花盆和陶缸，适宜于大水域的环境使用，能够根据人的愿望将水生植物布置到需要的水域。同时还能控制水生植物，使它们不至于失控疯长，见图2~图4。

在容器当中堆放尽可能多的土壤，每一层都要压结实。在移植入植物之前，使容器上形成一个高出边缘的小土丘。当植物移植到容器当中时，将周围的土壤压结实。然后把植物篮放入水中，或者用水将篮子浸透，去除所有微小的杂质及空气泡，再次将土壤压结实。如果这时土壤

1 塑料植物容器

2 用陶瓷花盆栽种的水生植物

3 在较大水域使用陶缸种植的荷花

4 在景观池塘中，下用编织篮，上用护篱种植的荷花

有所下陷，应当再添加些土壤，但是要注意不要使植物窒息。将容器中多余的麻布仔细折叠整齐，然后在土层之上撒一层20~25mm深的不含石灰的砾石，一来保护土壤不至于流失，二来防止观赏鱼翻掘土壤。最后，将容器轻轻地放到水池中适当的位置。也可以用绳子拴在大型植物篮壁上，将篮子吊放入水池中。

2. 直接种植法及土壤、肥料的选择 图5～图9为直接种植法的应用实例。在正文中栽种水生植物的最佳用土是完全腐质化的上层土，土中不含杀虫剂，土壤稳定性强，且含有一定的合理营养成分。虽然可以使用黄泥，但是单纯的黄泥缺乏养分，会限制大部分植物的生长。使用专门用于栽种水生植物的腐质土是最好的选择。

避免使用砂质土或白垩土，因为这类土容易从植物篮中流淌出来，且经常缺乏养分。呈碱性的白垩土壤对一些植物有害。泥炭土壤或者以泥炭成分为主的土壤对于泥潭水池来讲是理想的。但是泥炭土壤在水下很快会变成缺氧性土壤。而且，这种土壤含酸性强，缺乏养料，还容易从水下的容器中浮出水面。在泥炭土壤里自然生长的水生植物很少，大部分植物的生长情况并不理想，甚至于可能会死亡。应当避免使用一般的庭园土壤或者盆栽植物土壤，这种土中含有过多的泥炭或溶于水的肥料。

大部分肥料和庭园腐质土容易被过滤到水中，进而促进水中藻类而不是盆栽植物的生长。发酵质量不好的肥料最容易在水中产生阿摩尼亚，对鱼儿产生极大的危害。优质的土壤在大小合理的容器当中会为植物提供足够维持三四年的养料。还可以使用一种缓慢放出养分的片剂来促进植物的生长。这种片剂可以通过植物的根系进入土壤。

5 直接种植在池塘土壤中的植物

6 池塘浅水域设围堰并将植物直接种植在围堰土壤中，可防止植物蔓延

7 岸边植物和水中植物均直接种植

8 浅水池中直接种植的水生植物

9 浅水池中分区域直接种植的水中植物

二、植物的选择和安排

选择理想的、呈蓬勃生机的植物，有病或者受损的植物不能引种。可选择裸根水生植物或去园林部门选购种植在容器中的水生植物。它们大多已生长成形，也更容易在新水池内安家落户。植物容器有大有小，从1L的小号花盆到22L的大植物篮都有。

随着植物的生长，尽可能快地将它们从小花盆移植到较大的花盆当中，再在一年之内将其移进更大的植物篮中。基本上完全成型的，已经被置入足够大的篮子中的植物可以直接放入水池。根据水质的不同，这些植物可以2~3年不用再移盆。

植物的安排对于整个水景的设计起到画龙点睛的作用。体态硕大、枝繁叶茂的植物看上去比环绕着水池边排成一圈的低矮植物效果更佳。要充分考虑到植物完全长大后的高度、它们的叶片及花朵颜色的搭配。高大的池边植物可以用来做较矮的植物的背景衬托，不同形状的叶子也可以相映成趣，见图1~图4。不同植物的造型，无论是圆墩形、尖塔型，还是毫无规则的蔓生型，都可以安置于花朵前后。在安排植物篮时应周密地考虑。

三、植物的芬芳

植物的芬芳可以极大地烘托出园林的魅力，对于那些视力较差的人来说特别重要。能够散发出来浓郁馨香的水生植物品种有限，但是以下植物可供参考。

1. 橡树果菖蒲 这种池边植物在相互碰撞时会释放出一种特别浓郁的柑橘芳香。

2. 香草水山楂 这种带有浓郁香草芬芳的水山碴花能够将香味溢向很远很远。

3. 合叶子属草地兰 这种草地兰是喜欢潮湿的植物，它的花朵经常带有一种沁人肺腑的甜美香气。

4. 萱草属日百合花 这种总在白天开放的百合花也是喜欢潮湿的植物，一簇簇这样的百合聚合在一起会散发出醉人的芬芳。

5. 蕺草属 这种池边植物的叶片在破裂时会散发出一股带有微酸柑橘味的清香。

1 水溪中的植物在层次丰富而广阔的岸边植物背景衬托下，形成生态效果的植物空间

2 从水中荷花、芦苇、菖蒲到岸边灌木和乔木，形成丰富的水景植物景观

3 为图1的局部

4 按不同高程梯线水池布置的水生植物

5 水中薄荷有沁人肺腑的清新气味，但它容易在池中疯长，应注意

6. 水中薄荷 这种水生植物长有薄荷一样的叶子，会挥发出强烈的清凉通畅的薄荷味，见图5。

7. 黄色薄荷香草 这是一种非常芬芳的池边植物。当从这种植物旁边穿行而过时，它会飘溢出一种甜美的薄荷香气。

8. 报春花属欧洲樱草 这类报春花大部分都有一种淡雅的香气。这种植物最适合于在泥潭水池种植。

主要参考书目

1　毛培琳. 水景设计. 北京:中国林业出版社,1998
2　薛健等. 室内外设计资料集. 北京:中国建筑工业出版社,2002
3　Anthony Archer-Wills. 园林水景设计. 伦敦:Conram　Octopus 出版社,2000
4　詹姆士·埃里森. 园林水景. 伦敦:Intenpet　Publishing　Inc,2001
5　朱钧珍. 园林理水艺术. 北京:中国林业出版社,1998
6　樋口正一郎. 水景艺术. 东京:柏书房株式会社,2001
7　唐学山,李雄等. 园林设计. 北京:中国林业出版社,2002
8　孟兆祯,毛培琳等. 园林工程. 北京:中国林业出版社,1996
9　彭一刚. 中国古典园林分析. 北京:中国建筑工业出版社,1986
10　建筑设计资料集编委会. 建筑设计资料集. 第二版. 北京:中国建筑工业出版社,1994
11　薛健等. 世界园林、建筑与景观. 北京:中国建筑工业出版社,2003
12　张丙印. 倪广恒等. 城市水环境工程. 北京:清华大学出版社,2005
13　赵运林,邹冬生. 城市生态学. 北京:科学出版社,2005

薛健环境艺术设计研究所简介

该研究所是薛健建筑装饰设计事务所从事专业学术研究的机构，由著名设计师及工程施工专家薛健教授牵头，由 5 所专业院校、十几个设计院所的 20 余名专家学者、设计师组成，属非营利性的专业学术研究所。该所旨在研究总结中国环境艺术的理论与实践经验，大力促进中国环境艺术理论与施工作业水平的提高。该所已经编著出版了20余部具有权威性的设计与施工指导性专著，完成了几十项大型工程和十几项标志性国家工程项目，积累了丰富的设计施工经验，取得了丰硕成果，特别是创新了许多规范性的装修施工作法，并已被广泛应用。

主要学术成果

自 1990 年以来，先后编著出版了环境艺术与园林景观等专业著作 20 余部，发表论文 80 余篇。其中，主要有历时 3 年集体编著的我国环境艺术设计领域第一部百科全书《装饰装修设计全书》、《室内外设计资料集》，装饰装修指导性工具书《装修设计与施工手册》以及个人专著《世界景园》、《世界城市景观》、《世界住宅》、《环境小品》、《国外室内外环境景观设计丛书》、《装修构造与作法》、《现代室内设计艺术》、《日本环境展示艺术》、《家具设计》、《易居精舍》和《国外建筑人口环境》、《景观与环境设计丛书》等。目前与美国和欧洲的十几家有影响的设计机构(事务所)和专业院校建立了学术交流与协作关系。

主要设计作品

十多年来，先后完成（或参与完成）了几十项大型工程的设计与施工，其中主要有北京光大购物商场室内设计、北京紫竹宾馆室内装修设计、北京云岫山庄古建筑装修及庭园设计、北京长城饭店分店装修设计与施工、北京剧院室内装修设计、中国国际贸易中心商场室内设计、北京亚运村宾馆室内装修设计、山东齐鲁宾馆室内装修设计、舜耕山庄装修改造设计与施工、山东润华世纪大酒店装修设计与施工、山东万博大酒店装修设计与施工、济南贵友大酒店装修设计、济南中银大厦装修设计、中国驻波兰大使馆室内设计、南京金谷大厦室内设计、南京鸿运宾馆室内设计、南京鼓楼商场装修设计、江苏食品大楼室内外设计与施工、徐州银河乐园室内装修设计与施工、湖南泰之岛广场商场室内设计、湖南芙蓉宾馆改造装修、江西铜鼓宾馆室内设计、长沙地税局大厦装修设计、兰州植物园规划设计、北京雾灵山森林公园园林设计等等。

薛健环境艺术设计研究所
地址：江苏徐州南郊泰山村 8-021 号(中国矿业大学西侧 500 米)
邮政编码：221008
电话：徐州（0516）83882446　13852032906
　　北京 13811078300
E-mail:Xjworks@pub.xz.jsinfo.net